« L'ÉVOLUTION DE L'HUMANITÉ »

BIBLIOTHÈQUE DE SYNTHÈSE HISTORIQUE

LA CIVILISATION ÉGÉENNE

**

*Ouvrage publié avec le concours
du Centre National des Lettres*

*La collection « L'Évolution de l'Humanité »
a été fondée par Henri Berr*

NICOLAS PLATON

Professeur émérite de l'Université de Thessalonique
Professeur à l'Université de Crète

LA CIVILISATION ÉGÉENNE

**

LE BRONZE RÉCENT ET L'ÉPOQUE MYCÉNIENNE

AM

ALBIN MICHEL

Traduit du grec par l'auteur
et Béatrice de Tournay

22, rue Huyghens, 75014 Paris.

ISBN 2-226-01304-0

QUATRIÈME PARTIE

II

LE BRONZE RÉCENT EN CRÈTE

CHAPITRE II

LES ARTS ET LES TECHNIQUES A L'ÉPOQUE DES NOUVEAUX PALAIS

Les fresques

A l'époque des Seconds Palais, l'évolution de la décoration stuquée, qui fait véritablement partie intégrante de l'architecture, a conduit au développement exceptionnel de la peinture ornementale et figurative. Nous avons déjà vu le rôle de la fresque dans l'architecture, étudions-la maintenant en tant que technique et art.

La technique, quoique connue dans ses grandes lignes, reste assez imprécise dans les détails. La préparation du matériau — surtout de la chaux avec du sable fin — nous est connue par les tas qui ont été trouvés dans des pièces abandonnées au moment où elles allaient être peintes ; il y avait plusieurs couches d'enduits de grain de plus en plus fin. Ces couches sont particulièrement visibles dans les fresques à reliefs : quand l'enduit était encore frais, on étendait la couleur de base avec de larges pinceaux ; la couleur était faite à partir de matières minérales qui étaient absorbées par le matériau humide et se fixaient (technique *a fresco*) ; quand la première couche avait un peu séché, on en ajoutait d'autres qui recouvraient en partie les précédentes ; lorsque le mur était presque sec on ajoutait les détails avec des pinceaux fins, les couleurs étant toujours faites de matières minérales, mais cette fois la fixation se faisait à l'aide de diverses colles et peut-être même à l'œuf. Dans certains cas on creusait un peu la couche prête pour mettre, comme en incrustation, une couleur préparée spécialement donnant les éléments essentiels de la représentation. Pour avoir la direction des traits de base, surtout des cadres, on imprimait des lignes en tendant des cordes. Toutefois, les contours des décors et des figures n'étaient ni incisés ni peints à l'avance ; plus tard, les contours, loin de constituer un travail préparatoire, ont été peints à la fin. Souvent pour que les différentes couches d'enduits tiennent mieux on traçait des lignes irrégulières ; la première couche était ainsi posée sur une surface rugueuse. Des analyses de couleurs ont montré qu'on utilisait des matières non organiques — ocres diverses, oxydes de cuivre et de fer, malachite, azurite, limonite, etc. C'est à leur nature minérale que ces couleurs doivent leur grande stabilité ; elles sont à peine passées aujourd'hui. On se demande quel genre de pinceaux pouvaient bien être employés, car on ne distingue pas de traces de poils ni de bavures.

On a rarement trouvé de grands fragments de fresques, en place, sur les murs ou les cloisons ; le plus souvent on en découvre des morceaux éparpillés ou tombés en tas, mais il n'est pas rare non plus qu'ils aient été jetés loin de l'endroit qu'ils décoraient, dans des dépotoirs, ou, plus rarement, enfouis sous les sols postérieurs. On voit donc aisément les difficultés qui existent, aussi bien pour les dater d'une manière précise que pour les replacer dans un contexte. Les problèmes de restitution et d'exposition des fresques sont particulièrement complexes. Mais des techniciens, dirigés par les archéologues, ont réussi à reconstituer des ensembles importants, qui nous donnent une image assez satisfaisante de la décoration peinte à l'époque néopalatiale ; ils sont aidés, pour replacer correctement des fragments d'une même fresque qui n'ont souvent aucun lien entre eux, par l'épaisseur, la variété des couleurs, les traces de feu, les lignes incisées de la préparation, le dessin d'ensemble, etc. De nombreuses compositions n'ont cependant qu'un caractère indicatif, surtout si elles relèvent de l'espèce purement ornementale. Beaucoup de personnes ont soutenu, et surtout des artistes, qu'on ne devrait pas compléter l'image pour ne pas troubler la valeur esthétique des pièces originales, et ne pas ajouter des éléments qui demeurent incertains. En particulier, on a considéré comme fantaisistes et antiesthétiques les reconstitutions effectuées par Evans sur les fresques de Cnossos, grâce aux artistes peintres Gillieron père et fils ; ils ont utilisé des couleurs particulièrement vives. Sans compléments, la plupart des fresques seraient restées incompréhensibles pour les non-spécialistes ; c'est pour cela qu'on a jugé nécessaire, tout récemment, de les compléter dans des tons beaucoup plus faibles — *sotto voce* — de façon à ne pas gêner l'effet esthétique de l'ensemble. De même, pour l'exposition, on a préféré des systèmes qui continuent à donner l'impression de fresques — par exemple sans cadres lourds et étroitement adaptés au mur — et qui donnent la possibilité de changer les fragments de place, en ne les encastrant pas définitivement dans le plâtre. Peut-être trouvera-t-on à l'avenir des systèmes nouveaux pour mieux reconstituer et recomposer les fresques incomplètes. L'expérience acquise avec les fresques minoennes de Théra, sur lesquelles ont travaillé plusieurs techniciens spécialisés, a assuré un progrès dans ce domaine.

La tendance coloriste d'après laquelle des couleurs lumineuses et saturées — le rouge, le bleu, le jaune et le blanc, rarement le vert — s'assemblent en alternances variées joue un grand rôle dans l'ensemble ornemental. Cette tendance nous la rencontrons également en Egypte, en Orient, et aux premiers temps de la civilisation grecque, mais nulle part comme dans le cycle minoen elle ne donne un tel sentiment de bien-être, de joie puérile. Associée à la mobilité caractéristique des motifs, elle a fait de l'intérieur des palais et des autres grands bâtiments un monde irréel, de contes et de rêves, auquel ajoutait encore la polychromie des éléments architectoniques. Dans aucune autre branche de l'art minoen on ne voit plus clairement la pureté enfantine de ces hommes qui, avec beaucoup de charme et sans aucune emphase, célèbrent la nature divinisée ou représentent les cérémonies sacrées. Partout on devine la sensibilité et la tendresse envers la nature et ses créations. On sent une vibration mystique dans le mouvement caractéristique des motifs, qu'ils soient ornementaux ou figuratifs. Ce mouvement est rendu avec la même force d'expression qui — nous l'avons vu — a constitué l'élément originel dans chaque manifestation de l'art minoen depuis les époques les plus anciennes. C'est là-dessus que repose l'attrait exercé par la peinture minoenne dans laquelle on sent souvent un souffle poétique comparable à celui de la peinture japonaise.

Evans a daté quelques-unes des fresques minoennes les plus importantes de la première phase néopalatiale, c'est-à-dire avant 1600 ; pour avoir fait une erreur de stratigraphie et mal reconnu le sujet, il a daté de l'époque des Premiers Palais la fresque du « Cueilleur de safran ». Aujourd'hui on pense que ce sont surtout quelques fresques portant des motifs décoratifs variés qui remontent à la première phase : spirales enchaînées qui alternent sur simple ou double registre, entrelacées, entrecoupées d'éléments végétaux, de rosaces et de panaches, des motifs comme le labyrinthe, des méandres, des rosaces entre des bandes, etc. Ces motifs décoratifs existent encore, avec un caractère quelque peu différent, dans les phases suivantes, le plus souvent en frises, sur les linteaux ou les chambranles des portes, et sur les plafonds où ils semblent suggérer l'infini. De ces derniers d'assez nombreux fragments nous sont parvenus de telle sorte qu'on peut reconstituer le thème entier ; les fragments qui présentent des filets de spires sont très intéressants ; entre ces spires il y a quelquefois des grandes rosaces à l'intérieur de quatre-feuilles et des rosaces plus petites sur un fond bleu, comme des étoiles (dans une salle du secteur nord-ouest du palais de Cnossos) ; un plafond des appartements royaux porte un réseau de spires peintes avec des éléments de remplissage en forme hybride de lis et de papyrus, motif dont ont hérité la fresque et la sculpture mycéniennes. De la Villa des lys d'Amnisos nous avons un filet d'anneaux attachés avec des éléments intermédiaires végétaux. Le palais de Zakros avait, dans de nombreuses pièces, des chambranles décorés de frises de spires en relief, et un long bandeau sous un plafond, d'une longueur de 26 mètres, décoré de spires enchaînées ; d'autres frises étaient peintes de spires de grandeur inégale dans des bandeaux torsadés. A Phaistos, les niches qui bordent l'entrée vers les appartements royaux, dans la cour centrale, sont décorées de rectangles dont les diagonales sont composées de séries de losanges bout à bout. Bien d'autres fragments décorés de motifs végétaux et provenant de ce palais appartiennent peut-être à la première phase. Du petit palais de Malia — la maison E — nous avons déjà mentionné la fresque représentant des rideaux et des guirlandes suspendues. A Cnossos, dans la dernière phase, la fresque du grand escalier, combinant des boucliers sur un bandeau de spires continues, fait penser que la garde royale se tenait dans cette véranda ; il en est de même, mais d'une autre manière — avec de véritables boucliers suspendus au mur décoré de spires —, d'après Evans, dans l'appartement du roi.

C'est dans la fresque néopalatiale qu'a pu s'exprimer, et de la meilleure façon, le goût qui s'était développé depuis longtemps pour les représentations naturalistes ; jusque-là elles ne s'étaient presque exclusivement manifestées que dans la petite sculpture. Les hommes qui ont vécu si joyeux, si libres, dans la nature divinisée, qui ont tant profité de la mer et de son monde mystérieux ont maintenant la possibilité de traduire la nature, malgré un conventionnalisme traditionnel, sur les surfaces des murs, tantôt sur une vaste étendue et sans contrainte, tantôt sur des surfaces réduites, sur des frises limitées ou dans des panneaux où ils se laissent davantage aller à la miniature. Nous sommes sûrs que ce type de décoration trouve sa source dans l'âme des hommes de l'époque qui pouvaient par là exprimer leurs croyances intimes et leur propre conception du monde. Aussi n'est-il peut-être pas juste de considérer ces thèmes comme scènes de genre, comme rendant de simples scènes de la vie quotidienne ou de simples impressions. Il est évidemment difficile de distinguer les scènes à caractère purement religieux, d'autres qui semblent simplement réalistes. La différence essentielle avec l'art de la fresque en Egypte et en Orient, réside dans le fait que le monde représenté s'est fort peu relié au passé et fort peu occupé de perpétuer l'activité humaine sous toutes ses formes ; il manque le sens historique et la tendance à glorifier les actions humaines. C'est pour cela que la fresque, comme les autres manifestations artistiques, est restée anonyme. Non seulement elle n'est liée à aucune espèce d'inscription, mais elle ne représente pas des événements historiques précis, comme cela s'est fait ailleurs. Devant nous, passe comme un rêve la vie silencieuse du monde marin ; les dauphins qui bondissent dans les vagues, les poissons qui fendent les eaux, les nautiles que bercent leurs petits tentacules, les poulpes qui guettent impatiemment leur victime, les porphyres, les coraux, les algues, les éponges sur les rochers au fond de l'eau ; l'expression conventionnelle de l'eau — en écailles ou ondulations formant des filets — traduisait des phénomènes connus de la réfraction de la lumière à la surface de l'eau, ainsi que l'a montré Marinatos, photos à l'appui. Les poissons ailés qui sautent à la surface de l'eau ont été peints de façon très caractéristique ; une composition entière sur ce sujet a été conservée dans la colonie minoenne de Phylakopi de Mélos. Parallèlement, s'étend devant nos yeux le monde floral, tantôt sous forme d'un fourré au milieu duquel les animaux évoluent de façon très naturelle, vivent, guettant leur proie comme les chats sauvages de la belle fresque de la villa royale d'Haghia Triada ; on peut encore y voir des animaux agiles s'enfuir effrayés — des antilopes, des chamois, des lièvres, etc. — ou bien voltiger des oiseaux au plumage ravissant ; on retrouve aussi la flore des jardins royaux, où l'environnement est à moitié artificiel : petits rochers, ruisseaux, jets d'eau, etc., jardins qui montrent les grands progrès réalisés dans le domaine de l'horticulture ; les rochers sont rendus dans une alternance de couleurs, comme si on les avait polis, et on voit leurs veines intérieures ; c'est dans ces jardins qu'évoluent animaux et oiseaux exotiques, entre les premiers singes de la famille des cercopithèques, parés de diadèmes, qui cueillent des fleurs ; parmi la gente ailée, on distingue les oiseaux de paradis au plumage bleu. Les fresques de ces jardins royaux proviennent de la Maison des fresques de Cnossos, qui était peut-être la demeure d'un dignitaire du palais. La fresque du « Cueilleur de safran », trouvée dans le palais, représentait des singes cynocéphales qui cueillaient des crocus (fleurs de safran) dans les pots des jardins royaux du palais. Ces animaux qui aiment jouer sont parés de ceintures et de bracelets ; ils sont en laisse et il est très clair qu'il s'agit d'animaux que les rois recevaient comme cadeaux des Pharaons « frères ». Dans ces jardins royaux on est particulièrement impressionné par la forme des différentes plantes, dont certaines sont très proches des espèces naturelles — arbustes, plantes rampantes, fleurs cultivées — tandis que d'autres sont hybrides, c'est-à-dire qu'elles sont composées de deux espèces ou davantage ; la manière dont ces formes sont rendues — alternance de couleurs, éléments internes décoratifs dans un mouvement ondoyant ou en spirale, ou jaillissement des fleurs sur leurs longues tiges, etc. — est impressionnante aussi. Les plantes favorites sont les pois de senteur, les menthes, les lis, les roses sauvages, les lierres, les iris, les plantes papyroïdes. Ailleurs — surtout dans les fresques d'Amnisos — il y a quelque chose de très structuré avec des constructions en gradins ou en forme d'autels qui sont peut-être à mettre en rapport avec les « autels de la végétation » ; les triples tiges de lis tout blancs, les iris rouges qui bordent les touffes de menthe ou les pois de senteur recèlent peut-être un caractère symbolique et religieux. D'une manière générale, devant de tels ensembles, on devait sentir la présence divine. Dans de nombreuses représentations la végétation semble sortir de partout, et bien des plantes ont été représentées à l'envers ou en biais, exactement comme le cadre marin rocheux. Sur la frise de l'hôtellerie cnossienne — le Caravansérail — on voit des perdrix très réalistes qui, par paires ou isolées, semblent sommeiller dans des creux sombres ou descendre vers l'eau, rendue symboliquement, coulant au milieu de rochers et de coquillages polychromes. Un oiseau brun-jaune, exotique — de la famille des Upupa — y donne une note charmante. Sur ces fresques, le fond est rendu par des zones ondulées et ajoute beaucoup à l'harmonie de l'ensemble. Les tons intermédiaires sont encore rares et il est très étrange que le vert, couleur naturelle de la végétation, ait presque partout été remplacé par le bleu ou le ciel ; les couleurs sont distribuées avec autant d'emphase sur le pelage des quadrupèdes ou le plumage des oiseaux.

La forme humaine apparaît surtout dans des représentations de cérémonies ou de fêtes honorant la divinité. Et quand on veut montrer de nombreux personnages on est obligé — il existe sans aucun doute une certaine tendance au minuscule et au charmant — d'en faire des miniatures, dont l'ensemble est particulièrement intéressant. La déesse elle-même doit avoir été représentée mais, comme dans les autres représentations des arts mineurs, il nous est difficile de la distinguer avec certitude. Il faut la reconnaître dans les fresques qui décoraient la niche — une sorte d'alcôve de culte — du mégaron des femmes dans les appartements royaux de la villa d'Haghia Triada : la déesse y est représentée à moitié assise sur son autel ; elle porte une robe richement brodée ; une autre figure, une jeune fille, qui n'est pas entièrement conservée — peut-être la déesse-fille — est agenouillée pour cueillir des fleurs dans la prairie. C'est d'une façon assez comparable qu'ont été représentées sur des fresques en relief de l'île de Pseira, les deux déesses vêtues de robes brodées, assises au bord de la mer, sur des rochers. Ailleurs, la déesse est remplacée par sa colonne sacrée à laquelle sont attachés, avec des cordes à nœuds, les animaux supraterrestres, comme les griffons en relief de la salle du trône de l'aile orientale du palais de Cnossos ; dans l'autre salle du trône, la salle des cérémonies de l'aile occidentale, les griffons antithétiques ont été représentés près du trône royal où s'asseyait le représentant de la divinité. Cette fresque, trouvée *in situ* et qui remonte à la dernière phase du palais, est un exemple de l'emphase et de la symétrie du style du palais, de même que de certains progrès réalisés dans le domaine de la perspective. A l'extrémité du « Corridor de la procession », au point où l'on passait dans la cour centrale, la fresque à relief du « Prince aux fleurs de lys » ou du « Roi-prêtre », comme le voulait Evans, montrait le roi, svelte, avec une couronne de lis sur la tête, qui avançait tirant derrière lui, avec une corde peut-être, un animal supraterrestre, un griffon ou un sphinx, comme on le voit plus tard sur une pyxide en ivoire découverte dans une tombe taillée de Mycènes. Le personnage est blanc rosé, couleur peut-être caractéristique de la noblesse. Certains ont préféré — à tort — voir dans cette figure une femme, et attribuer la couronne au sphinx qui suit. Evans a donné un sens symbolique au jardin avec les iridés et les papillons — jardin des Champs-Elysées — au milieu duquel se mouvait la figure.

On a souvent représenté sur les fresques — qu'elles soient en relief ou planes — des cérémonies ou des fêtes comparables à celles qu'on trouve sur des ustensiles rituels ou sur des bagues-cachets et des gemmes. Dans la salle du trône de l'aile orientale du palais de Cnossos, avec les griffons sont représentés des jeux athlétiques, lutte, boxe et, semble-t-il, tauromachie. Mais des scènes semblables se retrouvent sur un rhyton à reliefs en stéatite provenant de la villa d'Haghia Triada. C'est peut-être de la même salle du palais cnossien que proviennent — quoiqu'ils appartiennent sans doute à une phase plus ancienne — les fragments portant la partie supérieure du corps et la tête de femmes de la cour royale, qui ont permis de reconstituer la fresque des « Ladies in Blue », (il y a également des fragments des « Ladies in Red ») qui surprend par le charme et l'expression des gestes (une main joue avec les perles du collier de sa voisine), les robes brodées, les bijoux dans les cheveux. Il est difficile de dire à quelle sorte de réunion ces dames prenaient part (elles devaient être assises « en tailleur » comme sur d'autres fresques miniatures).

On connaît mieux une autre cérémonie — une procession cette fois — représentée dans une grande composition décorant le « Corridor de la procession » et les Grands Propylées du palais de Cnossos. Dans cette procession qui partait de l'entrée sud-ouest pour aboutir aux Propylées, plus de 350 participants ont été représentés — ce chiffre est calculé d'après la place qu'ils occupaient —, répartis en différents groupes (porteurs d'offrandes, musiciens, clergé, personnages de la cour, etc.) ; bien que la plupart de ces figures, représentées grandeur nature, n'aient été conservées qu'en partie — les pieds ou, dans des cas isolés, à partir de la taille — nous pouvons nous en faire une idée relativement complète en rapprochant les divers éléments de représentations miniatures. Dans les propylées, les personnages avançaient sur deux registres superposés, ce qui nous permet de connaître la hauteur du bâtiment. Les porteurs d'offrandes étaient vêtus de pagnes brodés maintenus fermés par une sorte de filet bordé de glands (en plomb ?) de caractère décoratif. Les ceintures en argent et en or, les bracelets, les boucles d'oreilles — dans la seule forme presque totalement conservée, celle du Porteur de rhyton —, les cheveux soigneusement tressés prouvent l'origine noble des participants. Les musiciens portaient de longs vêtements qui allaient jusqu'à terre avec une rayure centrale et des bordures décorées ; les prêtresses avaient des jupes très variées avec des volants. A un certain point, la procession rencontrait une figure féminine en robe d'apparat, dont la bordure était ornée de demi-rosaces antithétiques ; des lignes blanches descendaient jusqu'à ses pieds ; s'agit-il donc de la divinité qui reçoit le péplos qu'on lui offre, ou bien la forme elle-même portait-elle un péplos comme une mariée ? Des processions de ce genre ont trouvé, plus tard, une grande expansion dans le monde mycénien.

Les cérémonies — presque toujours religieuses — sont plus faciles à reconnaître dans l'autre type de fresques, les fresques miniatures, ou dans celles de taille moyenne. Les vestiges incomparablement les plus nombreux proviennent du palais de Cnossos. Des fragments représentent la foule amassée, qui brandit des javelots ou qui acclame. Ailleurs on voit le sanctuaire à trois colonnes avec les doubles haches suspendues aux chapiteaux et les doubles cornes entre les colonnes. Les compositions qui sont le mieux conservées ont été trouvées dans le complexe nord-ouest et sont connues sous le nom de « Scène du sanctuaire » et « Fête dans le bois sacré ». Dans la première, l'intérêt est concentré sur le sanctuaire tripartite de la divinité qu'on reconnaît aisément, au milieu de l'espace vide rectangulaire — sans doute la cour centrale —, par ses trois compartiments — celui du milieu plus haut — avec les colonnes et les cornes de consécration, et aussi par les vestiges des cornes de consécration sur la corniche ; il y a des femmes de la cour tout autour, assises jambes croisées ou debout dans les portiques, sur les balcons ou les vérandas. Il a été prouvé que les longs fûts de colonnes de type particulier (avec des corniches rectangulaires ou des achèvements décoratifs), ont un rapport avec les mâts des temples. Une foule de gens, hommes et femmes, rassemblée dans la cour extérieure, a été peinte au-dessus du sanctuaire, en perspective cavalière. Ici aussi, on est impressionné par le mouvement expressif des bras et des corps des femmes, par la foule disposée en rangs qu'on a l'illusion d'entendre. Cette illusion est encore plus forte dans la « Fête dans le bois » : les femmes de la cour ont trouvé refuge à l'ombre des arbres tandis que le peuple, hommes et femmes, qu'on distingue par de grandes taches rouges et blanches, exposé au soleil, acclame. Il s'agit d'un ballet exécuté sur l'herbe par des groupes de danseuses, dont on voit le jeu des bras.

Dans d'autres fresques — celles des appartements royaux — des danseuses, à une grande échelle cette fois, tournoient, chacune séparément dans un panneau particulier, exécutant des pirouettes comme le prouvent les cheveux qui volent et le mouvement des bras. Ailleurs, le sujet nous échappe : que signifiait cette main masculine approchant un beau collier à pendeloques d'un cou féminin qu'on distingue grâce à la couleur blanche du fond ? Evans a imaginé qu'on avait affaire à une hiérogamie et que c'était l'offrande symbolique à la déesse. La « Petite Parisienne » est universellement connue ; ce n'est pas Evans qui lui a donné ce nom mais les ouvriers de la fouille ; c'est une personne charmante qui porte un vêtement à moitié transparent et riche ; les traits du visage sont vifs : œil grand et expressif, nez retroussé, accroche-cœur sur le front, lèvres peintes ; un large ruban pend sur son épaule. Evans a ajouté les fragments qui avaient été trouvés au même endroit, dans la grande salle des cérémonies de l'étage de l'aile occidentale — celle des sanctuaires — et il a publié le tout comme *Camp-stool fresco* à cause des pliants sur lesquels étaient assises quelques-unes des figures qui prenaient part à une cérémonie religieuse ; on a pu savoir de quoi il s'agissait grâce aux restes qui sont parvenus et où on se passe la coupe sacrée de la communion. Finalement, des recherches récentes ont permis de compléter la scène sur deux registres : des figures portant des vases à libations s'avancent vers des prêtresses assises et des prêtres habillés en femmes, pour qu'ils remplissent les coupes sacrées qu'on se passe ensuite de main en main ; la Parisienne est l'une de ces figures sacerdotales, ainsi que le prouve le nœud sacré qu'elle porte sur l'épaule.

Parmi les sujets religieux, les plus typiques et peut-être les plus impressionnants sont ceux qui représentent des « jeux de taureaux », ces concours dangereux d'un très haut niveau athlétique qui sont les ancêtres des tauromachies actuelles. On a de nombreux fragments qui représentent différentes phases du jeu, tantôt dans un style miniaturiste, tantôt d'une taille moyenne ; l'ensemble le plus intéressant a été trouvé dans le remblai d'une petite cour de l'aile orientale du palais de Cnossos ; il provenait peut-être de la véranda qui donnait sur cette courette ; les phases du concours avaient été peintes dans un encadrement de rochers schématisés, et elles se succédaient peut-être ; dans le fragment qui est conservé, on voit le mouvement rapide des jeunes gens et des filles qui attrapent la bête par les cornes ; leurs corps décrivent des arcs dans l'espace, et ils tombent sur le dos de l'animal après un double saut périlleux ; à la fin ils sont guidés, pour retomber sur leurs pieds, par des aides. Jamais on n'a rendu un instantané de façon aussi satisfaisante et aussi persuasive ; cela est dû — a-t-on dit — au fait que les trois phases du galop de l'animal sont condensées dans ce qu'on appelle le « galop volant », mais aussi à la représentation de plusieurs figures qui exécutent successivement le saut et aux positions et gestes des acrobates. En dehors de nombreux restes d'autres fresques semblables, il existe une admirable représentation en miniature, peinte à fresque sur le revers d'une plaque en cristal de roche, qui montre jusqu'où étaient parvenus les miniaturistes dans le rendu de sujets de ce type.

Les représentations miniatures de sujets non religieux sont rares. Le « Chef des Noirs », qui provient de la Maison des fresques de Cnossos, représente un officier minoen conduisant d'un pas alerte des soldats noirs, armés de la même façon mais plus simplement que lui. Une autre peinture du palais représentait des enfants jouant aux osselets, par terre.

Il est difficile d'affirmer que les sujets de la fresque monumentale à relief, qui ornaient les vérandas des petits bastions de l'entrée nord du palais de Cnossos — sans aucun doute la capture d'un taureau — sont religieux. La capture des taureaux suivant les méthodes que nous connaissons par les célèbres coupes en or de Vaphio (Laconie) — qui, pour Evans, ont été inspirées par les fresques mêmes de Cnossos — n'était peut-être pas sans rapport avec les préparatifs des tauromachies, et constituait donc un acte religieux ; nous n'avons toutefois aucune certitude là-dessus. Mais les fragments de cette fresque à relief qui nous sont parvenus nous montrent jusqu'où est allé l'art naturaliste minoen, qui a si bien réussi à rendre l'halètement et l'angoisse de l'animal pourchassé et son mouvement effréné dans le bois d'oliviers où le piège était tendu.

L'art de la fresque semble s'être développé dans tous les grands centres néopalatiaux de Crète centrale et de Crète orientale ; malheureusement peu de choses nous sont conservées, la plupart provenant de la villa royale d'Haghia Triada. On peut considérer comme certain que les autres grands palais — Phaistos, Malia, Zakros — n'étaient pas décorés de façon aussi grandiose que Cnossos, et le palais d'été de Phaistos à Haghia Triada doit à son caractère particulier de l'avoir été. Des fresques ornaient pourtant des fermes et des riches maisons, isolées ou groupées ; des restes intéressants nous sont parvenus et nous en avons déjà mentionné quelques-uns. A Tylissos, on a mis au jour des fragments de fresques miniatures comportant des représentations athlétiques, des processions et une partie d'un grand éventail. Du Mégaron de Nirou provient une fresque avec un nœud sacré. Les maisons de Prassa ont donné un visage féminin et des frises décoratives, la ferme d'Epano Zakros des motifs décoratifs avec des ornements végétaux.

Particulièrement intéressants sont des fragments de fresques d'Haghia Triada, qui datent d'une époque correspondant à la phase finale du palais de Cnossos. Les sujets — processions et cérémonies religieuses — et la technique sont très comparables à ceux du célèbre sarcophage royal d'Haghia Triada ; celui-ci est indubitablement de la même époque. Nous verrons les sujets de ces fresques dans le chapitre sur la religion. Il faut pourtant noter ici l'esprit nouveau et la technique de cette époque, qu'à Cnossos on appelle créto-achéenne ; dans les processions rituelles qui ont été représentées c'est le même style structuré et presque rythmique que dans la fresque cnossienne de la procession ou les griffons antithétiques de la salle du trône de Cnossos. Ici aussi, les fresques annoncent directement les fresques mycéniennes, même en ce qui concerne la technique. A la pure tendance coloriste, aux couleurs tranchées, a succédé une échelle de couleurs avec des tons intermédiaires, et c'est la technique des contours qui a le dessus. Ce qui est caractéristique aussi c'est la façon dont sont traitées les scènes à l'intérieur de panneaux prévus à cet effet, comme cela avait déjà commencé à se faire dans les dernières fresques cnossiennes. Que décoraient exactement les fresques d'Haghia Triada dont on a trouvé des morceaux jetés à l'extérieur de l'ensemble architectural principal ? Nous ne pouvons pas le savoir ; l'hypothèse la plus probable est qu'elles ornaient les murs d'un sanctuaire du type de celui qui a été mis au jour au-dessus des bâtiments néopalatiaux qui bordaient la route de Phaistos ; ce dernier avait un sol décoré de motifs marins et semble être de l'époque postpalatiale ; nous en parlerons dans un autre chapitre. Le sarcophage royal a été trouvé remployé dans une petite tombe sans importance, juste à côté des tombes à tholos. On ignore où se trouvait la tombe royale dans laquelle il avait été déposé à l'origine.

L'épanouissement de la fresque à l'époque des nouveaux palais coïncide avec celui de toutes les autres branches de l'art et l'on n'est pas surpris par l'important effort de renouvellement qu'ont tenté les artistes minoens dans leurs créations après chaque catastrophe. Le cycle ornemental et figuratif s'est enrichi et rajeuni au cours d'étapes successives, depuis les époques prépalatiale et paléopalatiale ; mais le renouvellement a d'abord touché, comme l'a très bien montré Schachermeyr, les arts mineurs, et surtout la glyptique ; maintenant au contraire il s'est diffusé dans toutes les expressions de l'art et plus particulièrement la peinture et les vases de pierre. Nous verrons ailleurs les caractères essentiels du nouvel art minoen et l'apparition, sous une forme particulière, du naturalisme, ceci dès que nous aurons complété l'image de l'art ornemental et figuratif à l'époque néopalatiale.

La céramique

La grande peinture, qui s'est surtout exprimée dans la fresque, faisait intégralement partie de l'architecture ; elle a exercé une grande influence sur la céramique de l'époque et a également été influencée par elle. La céramique, comme nous l'avons vu, avait gardé au cours de son évolution (époques prépalatiale et protopalatiale) son caractère purement décoratif ; les motifs figuratifs n'avaient été adoptés que lorsqu'ils pouvaient devenir des ornements et se plier à la dynamique du mouvement. Maintenant, au contraire, la renaissance de l'art, et de la création en général, fait que la céramique accueille plus volontiers des éléments figuratifs empruntés à la nature, mais toujours à condition qu'ils puissent s'adapter au rôle ornemental de la céramique, et autant que le permet la forme du vase et le mouvement qui ne cesse de s'appuyer sur les mêmes principes de base. Bien sûr, ce renouvellement ne s'est pas fait brusquement mais par étapes qu'il s'est montré difficile de suivre ; en effet, la plus grande partie de la céramique provient des couches de destruction, et est ainsi représentative des années qui ont immédiatement précédé chacune des catastrophes. Mais des maisons isolées, détruites entre deux catastrophes, des dépôts fermés dans les intervalles, et les ensembles funéraires, les tombeaux qui n'ont pas cessé d'être utilisés, ont permis de combler les vides.

Au début de la première phase, la céramique est un peu différente du Camarès polychrome de la fin des premiers palais. Il faut concentrer l'attention pour remarquer que les ornements sont devenus plus fins, plus soignés, plus mobiles, qu'ils comportent davantage d'éléments végétaux et que l'échelle des couleurs s'est réduite pour tendre à la bichromie, au blanc sur fond sombre ; ce dernier commence à être plus varié et il tire souvent vers le marron, le noirâtre, le violet, etc. Ces tendances se manifestent davantage au fur et à mesure qu'on avance dans le temps, et vers la fin de la période — le MM III B d'Evans qu'il distingue du MM III A — c'est le *Light on Dark* qui prédomine, et le fond moyennement sombre — marron, noirâtre et violet — est devenu la règle. Les beaux vases de Camarès, souvent très soignés, du MM III A, ont été considérés par certains chercheurs (Doro Levi, Poursat, Pelon, Cadogan, etc.) comme paléopalatiaux, soit qu'ils aient pensé que cette phase appartient aux premiers palais, soit qu'ils aient rangé cette céramique dans le MM II B. Les ensembles les plus importants proviennent de la « Région des poids de métiers à tisser » (*Loom-Weight Area*) du palais de Cnossos — vases qu'Evans a toutefois attribués au MM II B —, de la maison sud-ouest et des « Maisons de la rampe » du palais de Phaistos, des grands bâtiments du Quartier Mu de Malia, de la tombe à tholos de Kamilari, et en partie des grottes funéraires de Poros (Héraklion), Mavrospilio et Prophitis Elias de Cnossos, ainsi que des dépôts de la colline d'Haghios Antonios (Zakros). Les ensembles des dépôts et des monuments funéraires sont également représentatifs de la deuxième partie de cette phase, le MM III B, au cours de laquelle commence à s'effectuer, sans dominer encore, le renversement des styles et le passage du *Light on Dark* au *Dark on Light* ; c'est également à ce moment-là que le style de Camarès prend un caractère plus rustique — le *Camares Rustico* des fouilleurs italiens. C'est cette céramique qu'on trouve dans tous les endroits des palais et des autres bâtiments remblayés à la fin de la première phase néopalatiale — le MM III B d'Evans. D'autres ensembles typiques — en dehors de ceux que nous avons déjà mentionnés — proviennent du secteur nord-est et des « Maisons de la rampe » du palais de Phaistos, des maisons qui ont été remblayées à l'extérieur de l'angle sud-est du palais de Cnossos et de celles qui ont été remblayées à la fin de la première phase néopalatiale à Zakros.

J'ajouterai quelques exemples caractéristiques de la céramique de ces deux époques : le beau pithos avec les trois palmiers déployant leurs feuilles et des inflorescences végétales, le grand skyphos à bec ponté avec ses frises de rameaux blancs, toute une série de petites cruches et amphores à large décoration blanche qui ont été trouvées dans la *Loom-Weight Area* du palais de Cnossos. Des « Maisons de la rampe » de Phaistos nous avons de belles coupes avec des rameaux et des spires, des amphorisques, des cruches, des lampadaires au décor similaire, des cruches à bec ponté, des cruches à goulots décorées de lis, et une admirable base cylindrique faisant partie d'un grand vase, décorée en relief de dauphins évoluant dans un riche paysage marin. Un magnifique rhyton globulaire avec des spires reliées entourant des crocus, provenant du remblayage de maisons de la cour occidentale, remonte au début de la phase. Des bâtiments du Quartier Mu de Malia nous avons des cou-

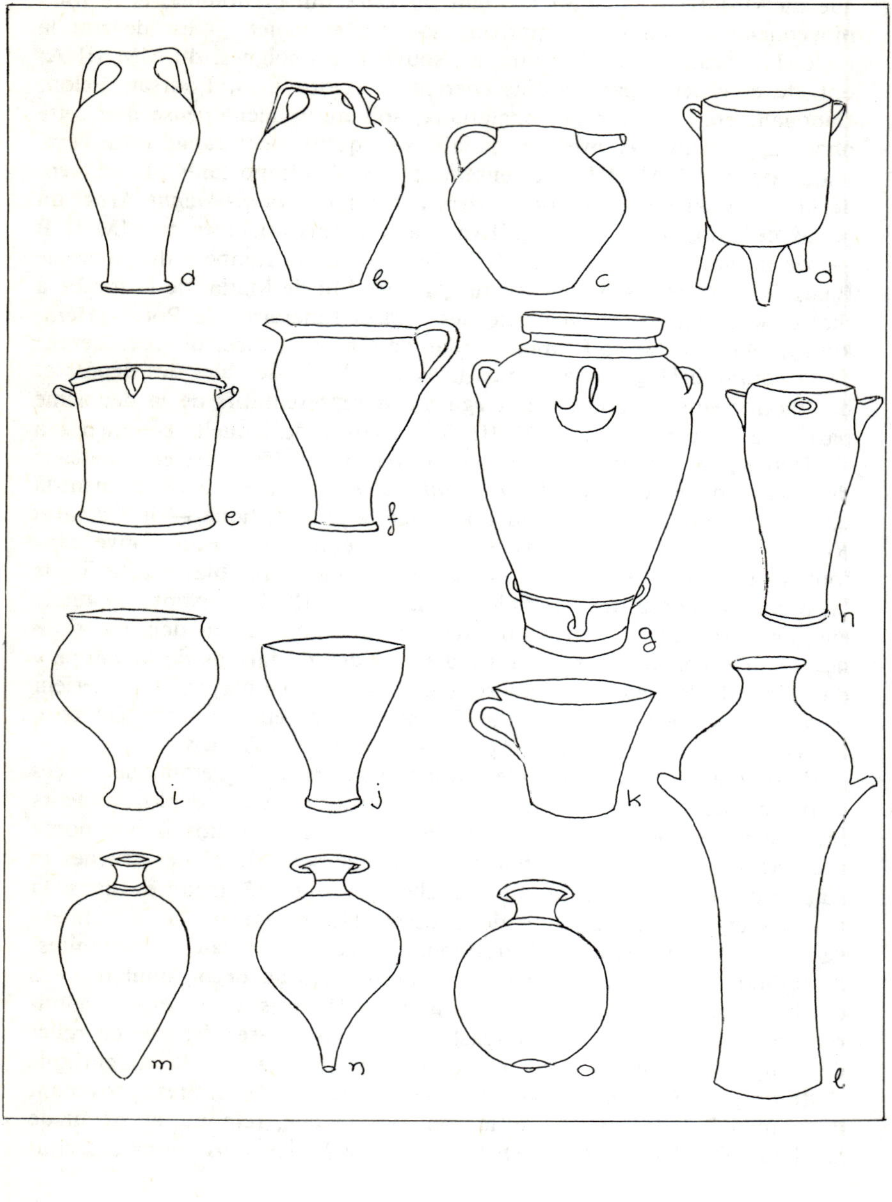
a
b
c
d
e
f
g
h
i
j
k
l
m
n
o

Fig. 1. *(ci-contre)* — Formes de vases de la période néopalatiale minoenne, phases I-II.

Fig. 2. *(ci-dessus)* — Motifs décoratifs de la période néopalatiale minoenne, phases I (a-i, r) et II (j-q).

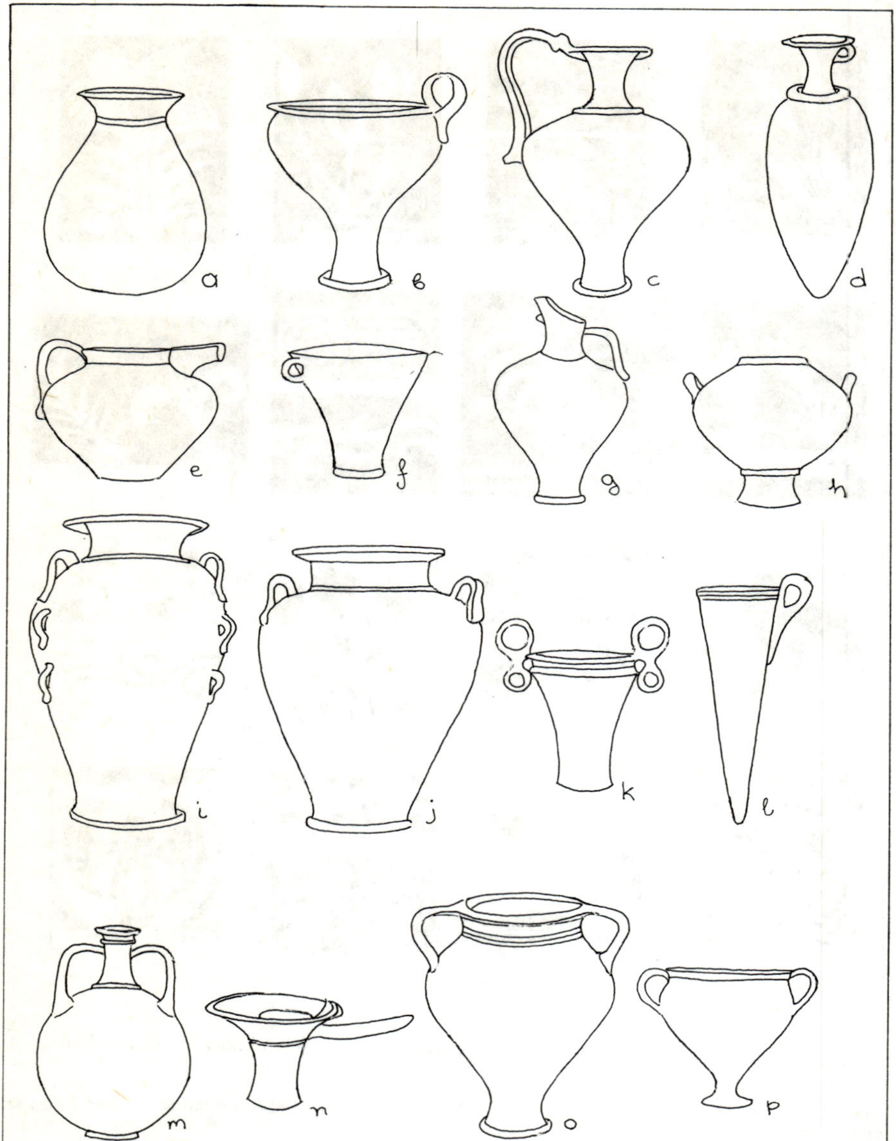
a
b
c
d
e
f
g
h
i
j
k
l
m
n
o
p

Fig. 3. *(ci-contre)* — Formes de vases de la période néopalatiale minoenne, phases III et IV.

Fig. 4. *(ci-dessus)* — Motifs décoratifs de la période néopalatiale minoenne, phases III (a-l) et IV (m-p, style du palais).

pes et des petites bassines portant un décor floral blanc très fin et très soigné, dans le style de Camarès. Des tasses avec un décor comparable ont été trouvées à Pyrgos de Myrtos. Mais les exemples les plus caractéristiques de vases divers avec rameaux, fines rosaces, spires enroulées, imitation de pierres tachetées et veinées, etc., proviennent de la tombe à tholos de Kamilari et des grottes funéraires de Poros et du Prophète Elie de Cnossos. Le dernier stade où s'affrontent les styles *Light on Dark* et *Dark on Light* — où le style de Camarès s'éteint dans une production presque grossière alors qu'apparaissent des vases brillants portant des motifs végétaux et décoratifs dans une couleur sombre sur fond clair — est représenté surtout par des secteurs abandonnés et remblayés de Cnossos, Phaistos et Zakros.

Les formes des vases sont plus élancées et plus dynamiques, les contours plus souples et le centre de gravité reporté vers le haut, vers l'épaule, tandis que bases, pieds, cols, lèvres et anses deviennent plus accentués, leur fonction étant particulièrement soulignée. Des formes qui étaient rares — rhytons, vases plastiques, petites jarres amphoroïdes à trois, quatre anses et plus — se font fréquentes et s'imposent par leur simplicité et leur charme. Les skyphoi à bec ponté acquièrent une forme contournée, les becs sont accentués, et les anses s'élèvent, obliques ou verticales. Les rhytons sont de formes variables — ovoïde, globulaire, ovale dans le sens de la longueur, conique à parois droites ou concaves —, ou plastiques (surtout des têtes d'animaux sacrés, mais aussi des animaux tout entiers). Les cruches et les amphores sont extraordinairement variées, et nombre de ces vases avaient un usage rituel qui influençait leur forme. Les variétés de coupes, de tasses, de gobelets, de vases en forme de canthares, d'écuelles et de petites bassines sont très nombreuses. Des ustensiles en forme de seaux avaient en tant que « *ἁμνία* » une destination rituelle : ils recueillaient le sang des animaux sacrifiés ; les fruitiers, les braseros, les réchauds et les brûle-parfums servaient pour la plupart au culte. Les vases des magasins sont particulièrement bien connus : des pithoi, tantôt ouverts et coniques, tantôt à col en forme de poulie ou cylindrique et à panse ovoïde, ou bien encore en forme de tonneau. Une étude typologique de ces pithoi apprend beaucoup sur leur évolution et leur chronologie, comme d'ailleurs leur décoration — imitation de cordes ou bien, en peinture, du liquide qui a débordé. En même temps, il existe de très belles jarres portant un décor végétal, des spires, des rosaces, des symboles religieux, etc. Cuves, seaux, amphores à embouchure elliptique ou ronde, hydries, etc., inondent littéralement les magasins. Les séries de vases culinaires sont interminables, surtout les marmites à trois pieds et les marmites simples. On a toutefois vu se développer de nombreux types d'ustensiles qu'on utilisait comme grils et sur lesquels on cuisait la viande, ou bien encore des supports pour broches et brochettes. C'est encore aux besoins culinaires que répondaient des ustensiles en terre cuite comme les cuillers, les entonnoirs, les passoires, ustensiles pour le transvasement, etc. La plupart d'entre eux ne sont pas décorés mais certains le sont admirablement, bien que leur usage ait été très nettement pratique. Leur taille varie des très petits aux très grands.

Il serait difficile, et peut-être pas très utile de considérer ici l'évolution de la technique, de la typologie et du décor céramique au cours des différentes phases néopalatiales et même dans leurs variantes locales. L'examen de détail fait l'objet d'une branche à part, de la céramologie, essentielle pour les archéologues ; ils peuvent ainsi établir une chronologie et une répartition géographique. Il nous suffira de voir les caractéristiques de base et de donner quelques exemples représentatifs. Dans la phase transitoire, qui marque le passage entre la première et la deuxième phase, on voit déjà dominer les motifs empruntés au monde végétal et au monde marin ; en même temps se développent des motifs décoratifs essentiellement limités à la spire, au croissant, aux écailles, aux torsades, etc., et aux symboles — double hache, doubles cornes, nœud sacré, bucrane, etc. Leur utilisation présente cependant une extraordinaire diversité grâce à l'emploi des deux techniques du clair sur sombre et du sombre sur clair aussi bien qu'au mélange des deux. La cuisson parfaite, les vernis brillants, le polissage du fond rendent cette céramique particulièrement résistante, bien que les décors blancs en rehauts soient devenus très délébiles et s'effacent en grande partie. La combinaison de plusieurs techniques sur le même vase a donné des résultats très intéressants qui suppléent jusqu'à un certain point la polychromie du style de Camarès en voie de disparition. Pour plus de variété on ajoute même de fines bandes ou des remplissages de couleur orange qui accroissent l'effet de polychromie souvent provoquée par une oxydation inégale pendant la cuisson. Ces tendances vers la polychromie sont limitées dans les phases suivantes, mais ne font jamais totalement défaut. Parmi les plus beaux exemplaires du style transitoire on citera les vases aux lis d'un dépôt dans l'aile orientale du palais de Cnossos ; ce sont des seaux décorés de trois tiges de lis tout blancs s'ouvrant vers le haut comme sur les fresques des lis d'Amnisos ; ailleurs les fleurs tombent en s'éparpillant sur toute la surface du vase. Il y a aussi des amphores et des petites bassines enjolivées de chaînes de spires, blanches sur fond marron, qui proviennent du même dépôt, et des jarres ouvertes, décorées de doubles haches croisées qui dessinent des rosaces ; ils ont été trouvés dans un magasin voisin. Des pithoi de ce type étaient utilisés pour des sépultures dans les collines voisines de Cnossos ; ils étaient ornementés de gigantesques rosaces radiées, blanches ou polychromes. De belles amphores et des cruches provenant des dépôts des *Temple Repositories* nous donnent, en polychromie, une grande fleur aux pétales triangulaires qui s'épanouissent en rayonnant, et des imitations de pierres. C'est du même endroit que provient une autre amphore avec des tulipes toutes blanches. Des vases comparables, avec des plantes blanches et des imitations de pierres, ont été trouvés à Palaikastro et à Zakros. On aime représenter les pois, les pois de senteur, les myrtes et les menthes, dans les deux techniques. C'est surtout la Crète orientale qui a fourni de nombreux exemples de pithamphores décorées de grandes plantes, fréquemment aquatiques, aux tiges flexibles, et dont les fleurs et les feuilles sont illuminées de nombreux rehauts blancs. Le cimetière de Pachyammos a donné quelques-uns des exemples les plus caractéristiques. C'est du même cimetière que viennent deux belles jarres représentant, en *Dark on Light*, des dauphins qui bondissent, d'une manière tout à fait charmante, dans un paysage marin. On voit là l'influence de la fresque sur la céramique. Des motifs végétaux avec des rameaux blancs et des fleurs s'enroulent obliquement sur la surface d'amphores à embouchure elliptique qui proviennent des *Temple Repositories* de Cnossos et de la tombe à tholos de Kamilari, près d'Haghia Triada. Sur le beau vase en forme de lébès, sur une base cylindrique avec passoire provenant de Zakros à côté des zones de motifs décoratifs *Dark on Light*, on a une large zone de fleurs serrées en *Light on Dark*. Dans la phase transitoire les motifs en zébrures sont très en faveur ; ils sont faits avec un pinceau qui a laissé des traces indécises tremblées. Plus tard cette décoration prendra la forme de lignes parallèles, irrégulières et tremblées. C'est de l'île de Pseira que proviennent des grandes amphores et des pithoi très caractéristiques de la transition entre la première et la deuxième phase : l'un de ces vases est décoré de bucranes et de doubles haches au milieu de rameaux et d'une foule d'inflorescences blanches, ainsi que de zones alternées de chaînes de spires et de feuilles de lierre ; deux petites jarres à lèvre plastique ont été ornées de filets de spires avec des points blancs ; ces filets s'ouvrent ou se ferment avec souplesse s'adaptant très bien à la surface courbe des vases. Les cruches à bec dressé ou à bec ponté portent des bandes de spires enchaînées au contour épais avec une boule centrale assez marquée ; la plupart d'entre elles, et les plus belles, proviennent de Cnossos. A partir de là, les trois styles principaux — végétal, marin et purement décoratif — évoluent presque uniquement en *Dark on*

Light avec beaucoup moins d'embellissements et très rarement des écarts vers la polychromie. Dans la deuxième phase, le décor végétal est plus fréquent, alors que le style marin est plutôt caractéristique de la troisième phase ; le style décoratif évolue parallèlement pour aboutir à des arrangements plus structurés et plus rythmés qui annoncent le style dit du palais, caractéristique de la quatrième phase de Cnossos. Peu à peu le monde de la végétation n'est plus représenté que dans la technique *Dark on Light* : bourgeons rampants ou grimpants, rameaux fleuris, roseaux ou herbes fines, palmiers, lis dont les pétales s'enroulent en hélices, iris et tulipes, papyrus et lotus, rameaux et feuilles qui entourent le col ou la panse des vases, etc., traduisent de façon charmante mais conventionnelle le monde de la nature, répondant merveilleusement au but décoratif et très bien adaptés à la forme du vase. Le décor marin n'est pas moins charmant ni dynamique ; il exprime admirablement la vie silencieuse des profondeurs et de la surface de la mer : poulpes, seiches et calmars, nautiles, mollusques, huîtres, algues, éponges et coraux ; les poulpes croisent leurs tentacules à ventouses en guettant leur proie, les yeux grands ouverts ; les nautiles jouent avec leurs tentacules minces à la surface de l'eau ; les pourpres et les tritons se mêlent aux poissons et aux étoiles de mer transformées en étoiles par souci décoratif ; l'eau de mer est représentée conventionnellement par des ornements en écailles, en filets ou ondoyants. L'influence des fresques est évidente, non seulement dans les motifs mais même dans leur utilisation et leur organisation. C'est volontairement pourtant que la céramique à son apogée n'a pas emprunté d'éléments figuratifs qui auraient altéré son rôle décoratif ou qui auraient été déformés sur les surfaces courbes, incurvées ou bombées des vases ; c'est ainsi qu'elle mettra du temps à adopter la forme humaine en action, les oiseaux, les insectes et les quadrupèdes ; plus tard, quand elle commence à faire des concessions, elle s'occupe d'abord des formes qu'on peut le plus facilement adapter, pour aboutir enfin à des compositions qui manifestent une activité. Dans le monde végétal et animal, si souple, elle continue à rendre le mouvement qu'on trouve dès le début : le tourbillon, l'enroulement, le tournoiement, le tressage ; cela permet aux figures de se mouvoir librement sur la surface du vase, sans qu'elles obéissent à des principes structuraux ; l'arrangement symétrique ne semble pas provenir de recherches théoriques, mais d'une patiente observation pour parvenir à la meilleure adaptation à la surface du vase et au maximum d'efficacité. Ce n'est que vers la fin de la troisième phase, peut-être sous l'influence achéenne, que commencent à entrer en vigueur des principes plus abstraits qui visent à plus de grandeur ; dans la phase suivante, ce style devient le style du palais, bien connu dans la dernière phase du palais de Cnossos. C'est dans ce style que le décor, qu'on utilisait auparavant de façon spontanée, a été soumis à des règles, ces dernières s'étant imposées avec la recherche du grandiose et du monumental. Les animaux marins et les plantes sont désormais intégrés dans des cadres fixes — bandes et métopes —, dont la syntaxe n'est pas simplement structurale, mais aussi, dans certains cas, architecturale, puisque des éléments décoratifs architecturaux y sont entremêlés. Les plantes constituent des réseaux sciemment construits : couronnes multiples de branches et de feuilles, chaînes de caractère structural, etc. ; les animaux marins étendent leurs membres de façon symétrique et perdent leurs caractéristiques naturelles, en devenant des éléments purement ornementaux, de même que les plantes. Le maniement des motifs décoratifs n'est plus libre, mais obéit à une fonction structurale. Les symboles religieux, tout en gardant leur valeur symbolique, forment une décoration plus élaborée. Les éléments de remplissage ponctuent abondamment les espaces intermédiaires et, peu à peu, se forme une tendance qu'on ne peut caractériser que comme *horror vacui*. Vers la fin, les oiseaux aquatiques viennent s'ajouter à une décoration déjà dense, ainsi que les insectes et enfin les animaux supraterrestres et les quadrupèdes.

Des adaptations analogues ont lieu en ce qui concerne la forme des vases, qui se diversifient au fur et à mesure que les besoins augmentent. Embouchure, col, bec, panse, anses, partie inférieure et base deviennent de plus en plus sveltes et dynamiques et enfin, lorsque le nouvel esprit a le dessus, chaque élément se distingue par sa fonction. Certaines catégories, surtout les ustensiles rituels, sont finement ouvragées, soit pour acquérir une forme plastique, soit pour mieux s'adapter à leur rôle. Il y a beaucoup d'imitations de vases précieux en métal. Les derniers sont exagérément soignés et sophistiqués. Certaines formes dominent : les grandes pithamphores à trois ou quatre anses — dont la panse, au fur et à mesure qu'on s'avance dans le temps, est de plus en plus structurée, la lèvre plane bien marquée, le col cylindrique, et le disque de la base proéminent. Les coupes sur base discoïde, dites éphyréennes, influencent et sont influencées par les modèles continentaux ; elles deviennent plus hautes et leur support se fait cylindrique ; plus tard elles ont abouti à la kylix du type « coupe à champagne ». L'évolution de l'amphore à étrier est significative : la fausse embouchure est courte au début, il y a souvent trois anses et deux protubérances ; la véritable embouchure est large ; les deux embouchures deviennent de plus en plus hautes et le vase n'a bientôt plus que deux anses. Le progrès réalisé dans l'évolution de cette forme est dû à son utilisation commerciale (pour que les liquides arrivent à leur destination, souvent éloignée, surtout le vin et l'huile). Nous verrons les ustensiles rituels dans le chapitre sur la religion. Les récipients tout simples, destinés au stockage et à la cuisine, se multiplient et se diversifient de façon extraordinaire. Il est intéressant de suivre l'évolution des pithoi dont la forme et le décor sont très caractéristiques pour chacune des phases, malgré un certain conservatisme. Aux zones cordées, par exemple, on préfère, à la fin de la période, les entailles multiples aux impressions faites par les doigts, et leur disposition devient, au fur et à mesure qu'on avance dans le temps, plus régulière et plus structurée. Les décors peints ne sont utilisés que pour les meilleurs pithoi des magasins royaux ou des sanctuaires.

Quelques exemples suffiront à donner une image des caractéristiques essentielles de l'évolution de la céramique néopalatiale. Dans le style végétal, de beaux vases à décor de roseaux ont été trouvés à Gournia — amphore à étrier —, à Phaistos — haut pot de fleurs avec des roseaux blancs —, à Nirou Khani — skyphoi à bec ponté —, à Zakros et à Cnossos — coupes et tasses diverses. De beaux vases sur lesquels l'herbe touffue constitue le décor, proviennent de Phaistos (cruche) et de Zakros (coupes). Des cruches de Gournia et de Katsamba sont ornées de plantes aquatiques. Des crocus caractéristiques décorent des rhytons de Gournia et des papyrus une cruche de Palaikastro. Des rameaux qui montent vers le haut se trouvent sur un beau skyphos à bec ponté d'Haghia Triada. Une oinochoé du style qui précède le style du palais, provenant de Palaikastro, portait un rameau en hélice. Les plus beaux exemples du style marin ont été mis au jour dans les villes de Crète orientale et dans la région de Cnossos. Les amphores à étrier, les alabastres et les flacons avec des poulpes, qui enserrent les vases dans leurs tentacules comme s'il s'agissait de rochers, sont bien connus ; ils proviennent de Gournia, Palaikastro, Zakros et Cnossos. D'autres vases charmants, avec des nautiles, ont été découverts à Zakros — cruches à bec ponté et oinochoés ; c'est peut-être là qu'a été faite la belle « Oinochoé de Marseille » avec les nautiles, qui a été trouvée en Egypte. D'autres vases portant un décor marin extrêmement varié — poissons, pourpres, étoiles de mer, coraux, nautiles, etc. —, la plupart d'entre eux en forme de rhytons, viennent de Palaikastro, Gournia, Malia, Nirou Khani. De beaux vases imitant des pierres veinées ont été mis au jour à Gournia, à Zakros, à Cnossos et à Haghia Triada. Des récipients décorés de doubles haches ou d'autres symboles religieux proviennent de Cnossos, Phaistos et Haghia Triada, Pseira, Mochlos, Gournia, Palaikastro et Zakros. D'autres motifs — écailles, plumes crantées, les *notched plume* ou *adder mark* d'Evans, en forme de colliers avec des pendeloques, lignes parallèles, etc. — ont été trouvés dans la plupart des centres minoens. A Cnossos il y a toute une série, absolument merveilleuse, de pithamphores représentatives du style du palais, avec trois tiges de lis et des fleurs de papyrus, des feuilles de lierre, des poulpes stylisés, des motifs architectoniques, etc. Une partie d'entre eux a été trouvée dans le Petit Palais et l'annexe voisine. C'est de cette dernière que provient toute une série de très belles kylikes qui annoncent les coupes éphyréennes. On en a trouvé aussi dans la tombe royale sud, peut-être en usage pour le culte des rois-prêtres. Dans les cimetières d'Isopata, de Zapher Papoura, de Katsamba, etc., on a mis au jour de nombreux récipients du style du palais, de belles pithamphores — à Katsamba l'une d'elles était décorée de casques —, des cruches — l'une, très belle, dont la forme imite un vase de métal, également du cimetière de Katsamba — et des vases du type des alabastres aplatis. Une série de vases rituels funéraires, provenant de Cnossos, des seaux avec des anses en 8, a été peinte dans des tons délicats ; le style, étrange, introduit des motifs dont la signification est peut-être symbolique (casques et boucliers au milieu de réseaux de spires). On retrouve ces couleurs délébiles dans d'autres catégories de vases funéraires comme des brûle-parfums et des réchauds, et plus tard sur quelques sarcophages en terre cuite.

La plastique

La plastique, avec le développement des ustensiles rituels représentant les animaux sacrés de la divinité, s'est trouvée étroitement liée à la céramique, et ceci beaucoup plus que dans les périodes précédentes. Les rhytons en forme d'animaux — taureaux surtout — n'étaient pas rares et le soin avec lequel sont rendues les caractéristiques essentielles des animaux est une conséquence de la tendance au naturalisme qui s'est généralisée et a dominé à l'époque néopalatiale. Deux rhytons en forme de taureau, provenant de l'établissement de Pseira, sont de véritables chefs-d'œuvre, le premier pour le rendu dynamique du corps, l'autre pour le rendu merveilleux du poids et de l'aspect imposant de l'animal dont le corps est couvert d'un filet rituel. C'est avec la même force qu'ont été représentés les bouquetins, les porcs, les tritons marins, et peut-être d'autres animaux dont nous n'avons que des fragments. Les rhytons en forme de tête d'animal sacré, et surtout de taureau, étaient beaucoup plus fréquents ; nous en avons de beaux exemples de Palaikastro et de Gournia, et un dans le style du palais qui vient de Cnossos ; d'autres sont des têtes de chats sauvages (Palaikastro et Zakros) ou de bouquetins (Zakros), etc. ; il y a aussi des ustensiles dont le bec était une protome d'animal, comme pour les beaux vases de Zakros et Palaikastro, surtout de bouquetins dont les cornes se déployaient pour devenir des anses. Une cannelle de la ferme d'Epano Zakro se terminait en tête de lion grossièrement faite. Cependant, on a aussi modelé des animaux en terre cuite, pas toujours très artistiques, pour les offrir dans les sanctuaires. A Krousonas, on a mis au jour des fragments d'un gigantesque taureau en terre cuite, mais il est difficile d'en reconstituer la forme, de caractériser l'idole et de lui donner une date précise.

Evans pense qu'on utilisait des ustensiles plastiques spéciaux pour nourrir les serpents sacrés ; une série de récipients de ce genre a été trouvée dans une maison de la cour occidentale du palais de Cnossos : il s'agit de vases en forme de cruche, de vases à trois anses et en forme de nid de guêpes avec de nombreux petits trous ; ils portaient un décor de serpents en relief. Des vases en forme de tuyaux, avec des petites coupes à l'extérieur, trouvés avec les autres récipients, servaient de demeures aux serpents ; on les rencontre dans bien d'autres sanctuaires : Iouktas, Myrtos (lieu-dit Pyrgos), et beaucoup de sanctuaires postpalatiaux où ils ont été découverts, pour la plupart, en même temps que des figurines de divinités.

Les séries de figurines d'adorants et d'adorantes de la divinité, si fréquentes aux époques prépalatiale et paléopalatiale, sont devenues rares et on les trouve exclusivement dans les sanctuaires qui ont été en usage jusqu'à la fin de la première période néopalatiale. La plus intéressante est celle du sanctuaire de Piskoképhalo ; elle comprend de belles figurines d'adorants aux cheveux bouclés, portant des pagnes mais quelquefois vêtues, dans des attitudes d'adoration ; et aussi des figurines de femmes, extrêmement intéressantes, à la chevelure soignée, qui portent des robes nous donnant une idée des modes de l'époque. Les traits des visages sont en partie peints et ils ont le plus souvent disparu. La tension des corps et les mouvements des bras — gestes d'adoration — sont très dynamiques. Elles sont la preuve des progrès accomplis dans la plastique. Avec ces figurines on a trouvé des petits animaux qui représentent des cantharides du type *Rhinoceros oryktes* ; ils avaient un rapport avec la présence de la divinité puisque certains d'entre eux grimpaient sur les adorants ou bien étaient représentés dans des maquettes simulacres de sanctuaires, en terre cuite elles aussi, dédiées sur place et qu'on identifie facilement d'après leur couronnement de cornes sacrées. Des maquettes de sanctuaires ont été trouvées ailleurs, et il existe aussi des ustensiles qui prennent la forme de sanctuaires, carrés ou cylindriques, et qui servaient de supports — une sorte de réchauds — pour les vases rituels. L'un des plus caractéristiques provient de Gournia. Il a déjà été question de la maquette de villa-maison sacrée d'Archanès. Des figurines en terre cuite d'hommes et de femmes ont également été mises au jour dans des sanctuaires domestiques et nous citerons les suivantes parce qu'elles sont tout à fait caractéristiques : un adorant en demi-relief, vu de côté, le corps tendu en arc, portant le pagne à cache-sexe, provenant d'une maison de Cnossos ; trois ou quatre figurines de femmes de Phaistos dans des attitudes et avec un mouvement de bras typiques, vêtues de façon très intéressante, et toute une série de figurines féminines debout, assises ou en protomes, un peu grossières, d'Haghia Triada. C'est de là aussi que vient la fille à la balançoire — dont la forme générale rappelle les doubles cornes sacrées — avec des oiseaux perchés au sommet. Cet ensemble est lié au culte. D'autres groupes sont à rattacher au culte des morts ; ils proviennent des chambres extérieures de la tombe à tholos de Kamilari : nous avons affaire à une série de modèles en terre cuite qui représentent des cérémonies ou les préparatifs de cérémonies, assez semblables à celles qui étaient habituelles à Chypre et qui répondaient aux mêmes besoins. Le premier représente un portique ouvert dont le mur arrière — façade de tombe ? — est percé de petites fenêtres ; devant ce mur, quatre personnages assis — les défunts ? — reçoivent les offrandes que leur déposent des adorants sur des petits autels cylindriques. Un deuxième ensemble montre quatre hommes qui dansent la pyrrhique dans une aire circulaire ; le caractère rituel de la danse est exprimé par les cornes de consécration qui couronnent l'aire. Le troisième groupe plastique représente deux femmes qui, sur une table basse, pétrissent des pâtisseries qu'elles offriront aux morts ; de petites colombes manifestent la présence divine ; une autre figure observe les préparatifs par la porte ouverte. Il ne fait pas de doute qu'on fabriquait beaucoup de groupes de ce genre car nous avons de nombreuses figures plastiques détachées et éparpillées. On fabriquait des ustensiles en forme de kernoi ; l'un d'eux a la forme d'un trépied et provient de Zakros ; entre les pieds, trois anneaux reliés constituent la partie principale de la panse ; des petites colombes sont posées sur les pieds.

Faïence et sculpture de l'ivoire

La faïence et l'ivoire avaient été utilisés dans les périodes précédentes pour représenter des petites formes plastiques à signification symbolique, ou bien en relation avec la glyptique. Les progrès qui ont été réalisés dans la fabrication et la production de figurines de haute qualité sont dus, sans conteste, aux propriétés décoratives et à la finesse des matériaux. La faïence, avec sa surface vitreuse protégeant et fixant la couleur, pouvait donner des effets de couleurs intéressants et l'impression de quelque chose de précieux et de très fin. On a ainsi fabriqué, en faïence, des rhytons en forme de têtes d'animaux sacrés — taureau et lionne — comme ceux qui ont été trouvés dans le trésor du sanctuaire du palais de Zakros ; c'est dans ce même trésor qu'on a mis au jour un récipient de faïence en forme de nautile. Mais la production d'idoles était beaucoup plus importante ; les principales d'entre elles proviennent des *Temple Repositories* de Cnossos ; il s'agit des célèbres « Déesses aux serpents ». L'une d'elles représentait une forme féminine portant une tiare sur la tête, un corsage ouvert, une jupe avec des rayures horizontales et une sorte de petit tablier ; trois serpents s'enlaçaient à hauteur de la taille, grimpaient jusqu'au sommet de la tiare et rejoignaient les mains. La deuxième, une femme apparemment plus jeune, portait un corsage ouvert, une jupe à volants et, sur la tête, une sorte de toque au sommet de laquelle semble avoir été ajustée une petite panthère ; des serpents tressaillaient dans les paumes des mains. Des fragments de figurines semblables ont été trouvés en même temps, ainsi que des robes votives brodées de motifs végétaux et des petites plaquettes décorées en relief avec d'admirables représentations naturalistes : une vache allaitant son veau au-dessous d'elle et une chèvre sauvage avec ses deux petits : d'autres fragments montrent que ces sujets étaient fréquents et qu'il existait en même temps une décoration plastique faite de formes fabriquées séparément : poissons ailés, conques marines, huîtres, petits rochers, plantes et fleurs qui s'organisaient en compositions marines et végétales. On en a trouvé de semblables, beaucoup moins nombreuses et très abîmées, dans le trésor de Zakros ; elles étaient mêlées à des restes d'idoles dans les ateliers des arts mineurs, dans le secteur sud du palais. Dans un trésor du palais de Cnossos on a mis au jour des plaquettes à reliefs qui représentaient des divinités richement vêtues pressant leurs seins nus.

Pour les figurines humaines, l'ivoire faisait merveille dans le rendu de la chair nue qui, joint à la représentation des détails anatomiques — muscles, tendons, veines, ongles, essentiel de l'ossature —, donnait l'impression d'êtres vivants. L'association de matières précieuses comme l'or et le lapis-lazuli pour rendre les mèches de cheveux, les vêtements et les bijoux, la prunelle des yeux, etc., a été à l'origine d'une nouvelle technique, la technique chryséléphantine, bien connue dans la suite de l'évolution des arts, surtout dans le monde grec. L'un des exemples les plus représentatifs, la déesse aux serpents chryséléphantine de Boston, n'a pas reçu l'attention qu'elle méritait par le fait que de nombreux savants ont mis en doute son authenticité. Il est vrai qu'on est en droit d'avoir de sérieux doutes pour d'autres figures chryséléphantines comme la Dame des sports et le jeune dieu du musée de Toronto qu'Evans avait considérés comme véritablement minoens. Quoi qu'il en soit, il y a de nombreuses preuves de l'authenticité de la déesse de Boston, et on sait maintenant par quel moyen elle est arrivée en Amérique. Seul le visage a peut-être été falsifié et c'est de là que vient l'impression étrange qu'elle dégage. La poitrine nue, le corsage ouvert, la robe avec des entre-deux rehaussés de rubans dorés, elle présente deux serpents dans ses mains tendues. Beaucoup plus fin, plus dynamique, plus charmant, un autre chef-d'œuvre trouvé en morceaux a été mis au jour dans la région du trésor des appartements royaux du palais de Cnossos. C'est un acrobate chryséléphantin qui fait partie de tout un groupe représentant des jeux de taureaux ; cette composition rend en trois dimensions ce sujet bien connu, avec une habileté extraordinaire. Cela a été prouvé par d'autres figures appartenant au même groupe. Il est difficile de dire comment s'organisaient les différents personnages en mouvement qui ont été trouvés ; l'acrobate a été représenté au moment où il s'élance, exécutant le saut périlleux au-dessus du taureau. Le corps volontairement allongé, la souplesse et la tension musculaire engendrent l'illusion du mouvement, l'élan rapide de l'acrobate ; des traces d'or dans les petits trous au sommet de la tête, la taille non travaillée montrent clairement que les cheveux qui flottaient à l'arrière étaient en or, de même que le pagne.

Dans une maison de Cnossos, dans la région de la Voie royale, on a mis au jour d'autres fragments importants de figures humaines qui faisaient peut-être partie de groupes représentant des jeux athlétiques : on y retrouve les mains nerveuses et les veines gonflées, la partie supérieure d'un buste tendu, un pagne rapporté travaillé dans le détail. Un petit oiseau — peut-être une perdrix — pouvait tournoyer autour d'un support, la représentation donnant ainsi une impression comparable à celle des « mobiles » modernes.

Des figures d'enfants, debout ou assis, accomplissant des mouvements ou dans des attitudes caractéristiques, proviennent de Palaikastro et prouvent que des chefs-d'œuvre de cette sorte n'étaient pas le monopole des ateliers cnossiens. Ces figures nous apprennent que les artistes minoens étaient en mesure de rendre les traits et les proportions des corps d'enfants. D'autres minuscules figurines en ivoire — du mégaron de Nirou — étaient posées sur des bases pyramidales oblongues pour qu'elles puissent être fixées sur un matériau tendre ou sur du tissu. Une petite tête avec une très belle coiffure étalée et radiée, de Cnossos, montre que ce genre de figurines miniatures n'était pas si rare. C'est aussi ce que prouve une plume enroulée qui faisait peut-être partie d'une couronne de sphinx ; elle provient encore de Cnossos. La faïence et l'ivoire entrent également dans d'autres branches de l'art ; nous les retrouverons dans un autre chapitre.

La sculpture et le travail de la pierre

La pierre ne pouvait pas permettre la réalisation de spécimens de la petite sculpture, tant que la grande sculpture en pierre ou autre matériau dur ne fut point développée. Les quelques figurines humaines ou animales en pierre, d'une technique plutôt grossière et pas tellement expressives, prouvent que les artisans avaient peu d'expérience et portaient ailleurs leur attention. Des petites figurines en pierre de Phaistos et de Tylissos représentant des adorants sont plutôt grotesques. On en a également découvert ailleurs, encore plus grossières, à Zakros par exemple. Aussi peut-on mettre en doute l'authenticité d'une idole en pierre du Fitzwilliam Museum (Cambridge) et de deux autres, dont le visage et les vêtements sont finement travaillés. Evans les a crues vraies.

C'est dans une branche parallèle, la confection d'ustensiles rituels de forme plastique — représentant le plus souvent les animaux sacrés de la déesse — que les artisans, à force de soin et de persévérance, ont créé des chefs-d'œuvre qui montrent les progrès réalisés dans la technique et l'art de la pierre. Nombre d'entre eux proviennent des trésors et des dépôts des sanctuaires palatiaux, d'autres étaient en usage au moment de la catastrophe et ont été trouvés à l'endroit où ils servaient. C'est ainsi que du trésor du sanctuaire central de Cnossos, nous avons un rhyton en forme de tête de lionne, l'une des plus belles œuvres de la sculpture minoenne. Bien que les matières incrustées dans les yeux et le pourtour du mufle — jaspe, nacre et cristal de roche — aient disparu, on est fortement impressionné par le rendu réaliste des traits de l'animal. Le matériau principal est le marbre, blanc comme l'albâtre. Le rhyton en forme de tête de taureau taillé dans de la stéatite noire — ou chlorite ? —, qui provient du petit palais de Cnossos, est d'une élaboration plus décorative, et l'œil, merveilleusement conservé, incrusté de matières différentes, donnait à l'animal sacré un regard si naturel qu'il est juste de considérer cet ustensile cultuel comme un chef-d'œuvre. Des fragments de rhytons comparables ont été trouvés en assez grand nombre en Crète, en Egypte, à Mycènes, etc. ; les naseaux d'une tête de taureau en chlorite de Zakros — une seule partie conservée — ont gardé à l'intérieur leur revêtement en or. Mais c'est tout un vase en forme de tête de taureau — les boucles et le pelage admirablement travaillés — qui a été trouvé dans la salle des cérémonies du sanctuaire du palais de Zakros. Comme à Cnossos le vase plastique fermait à l'arrière par une plaque bien adaptée qui s'enlevait pour le nettoyage. Ni à Zakros ni à Cnossos on n'a les cornes en bois, qui étaient probablement dorées. Nous en connaissons toutefois la forme d'après les graffiti gravés par l'artiste même du rhyton de Cnossos et par des spécimens similaires — surtout le rhyton en argent des tombes royales de Mycènes dont les cornes en métal doré sont conservées. La rosace en or sur le front du taureau de Mycènes a été rendue incisée sur celui de Cnossos, et par des bouclettes à Zakros. Il y avait d'autres ustensiles plastiques cultuels comme le vase en forme de triton marin, en liparite mouchetée qui a été trouvé dans la villa d'Haghia Triada ; d'autres de même type, en albâtre, ont été découverts à Cnossos et dans une tombe de la nécropole de Phaistos à Kalyvia, et enfin un autre en porphyrite — *antico rosso* — a été mis au jour à Zakros. L'habileté des artisans minoens à imiter les enroulements des sillons de la conque marine est admirable. Le triton en liparite cristalline a dû demander des mois d'un travail acharné. Un rhyton de marbre en forme de poulpe, dont seuls la partie inférieure et deux tentacules sont conservés, provient d'une tombe de l'une des nécropoles de Cnossos. D'autres ustensiles plastiques cultuels ont la forme d'un sphinx accroupi dont le corps est percé de cavités destinées aux libations ; Evans a cru qu'il s'agissait d'encriers. Nous ne savons pas si les deux masses pesantes de la coiffure d'un grand sphinx, peut-être en bois, de Cnossos, ont appartenu à un simulacre de cet être supraterrestre ou s'il s'agit d'un vase rituel comparable au sphinx d'Haghia Triada. L'authenticité d'un troisième sphinx, de Tylissos, avec deux cavités pour les libations, a été mise en doute. Deux petits vases en albâtre ont la forme l'un d'un cynocéphale assis — Haghia Triada — et l'autre d'une parturiente — région du port de Cnossos, près d'Héraklion. Evans voyait dans ce dernier une influence syro-égyptienne. Mais il y a eu d'autres objets, en pierre, qui ont été sculptés : des petits chapiteaux, un à abaque et échine, provenant d'une maison de Zakros, d'autres à décor floral ou végétal, de Cnossos ; une ancre ou un poids étalon — d'après Evans qui s'est surtout fondé sur le poids (trente kilos environ) — en porphyre, avec deux poulpes en relief qui l'enlacent, trouvé dans le palais de Cnossos ; la tête de sceptre en forme de hache et de panthère du palais de Malia ; une petite barque en albâtre d'Haghia Triada, etc.

Tout aussi importants, ou même plus, les ustensiles en pierre portant des représentations en relief, étaient presque tous destinés à un usage rituel et faits en pierres plutôt tendres comme la stéatite et la chlorite. Les représentations occupaient toute la surface ou étaient disposées en registres superposés. Les plus importants d'entre eux viennent d'Haghia Triada, de Zakros et de Cnossos, mais il semble que leur diffusion ait été beaucoup plus large. Les plus connus et les plus célèbres — autant parce qu'ils sont relativement bien conservés que pour l'intérêt des représentations — sont les trois vases à reliefs d'Haghia Triada. Le rhyton avec la procession des moissonneurs ou vanneurs est conservé dans sa moitié supérieure, embouchure comprise ; il semble qu'il ait été ovoïde et non pointu en bas comme il a parfois été reconstitué. La procession paraît avoir un caractère religieux ; le personnage qui est en tête à chevelure longue (*καρη κομόων*, chez Homère) porte un manteau à écailles avec des franges dans le bas, et tient sur l'épaule le « bâton du commandement » ; il est suivi par des cultivateurs qui marchent deux par deux avec leurs outils — des vans et des faucilles dans lesquelles d'autres savants ont vu des fourches pour le chargement des gerbes de blé. Puis suit un groupe de musiciens, chanteurs et joueurs de sistre ; le rang est fermé par des groupes joyeux et un peu en désordre. Un épisode caractéristique — quelqu'un qui manque de tomber et essaie de se rattraper en s'accrochant à la jambe de son voisin — est peut-être une manière d'exprimer que ceux qui participaient à la procession n'étaient pas tout à fait sobres. On trouvera difficilement, dans tout le cycle créto-mycénien, une représentation plus vibrante, plus enthousiaste, plus vivante. De l'autre rhyton, conique celui-ci, seuls des fragments nous sont parvenus, mais il a été possible de reconstituer le vase et une partie des représentations qu'il portait sur quatre registres. Elles étaient en relation avec des jeux athlétiques qui avaient peut-être lieu en l'honneur de la divinité : saut, tauromachie, boxe et lutte se suivent dans cet ordre ; les personnages qui y prennent part ont été représentés dans les attitudes les plus caractéristiques ; ils sont minces et sveltes ; les bijoux, les ornements et le soin de la chevelure montrent leur origine noble. Les boxeurs sont munis de casques et de gants, et tous les athlètes portent aux pieds de hautes chaussures, peut-être une espèce de guêtres. L'endroit où se déroule la scène est représenté par les mâts caractéristiques des lieux sacrés. Dans la tauromachie, un acrobate qui a été projeté en l'air par les cornes du taureau semble avoir été transpercé ; la scène prend un ton dramatique. Sur le troisième vase on a au contraire une composition calme ; cette fois il s'agit d'un gobelet, peut-être aussi rituel. A l'extérieur d'une porte — du palais ? — représentée seulement par son jambage, on voit un jeune homme avec beaucoup de prestance, vêtu du pagne habituel mais portant des colliers et des pinces dans les cheveux ; dans la main droite tendue il tient un sceptre, ce qui nous amène à faire de lui un roi, un prince ou un chef ; devant lui, un dignitaire semble lui donner un rapport ; il est muni d'une épée et d'un autre instrument étrange qui rappelle la « harpè » sacrée en forme de faucille, analogue à l'*aspergillium* romain. Les trois jeunes gens qui suivent apportent des peaux de grands animaux, si l'on en juge d'après la découpe caractéristique et la queue. Il s'agit apparemment de l'offrande des peaux des animaux sacrifiés ; à moins que ce ne soit la dîme d'un butin de chasse. On est bien en peine pour donner une réponse précise, quoique la première interprétation semble être la plus probable. Marinatos a essayé d'expliquer l'apparence plus enfantine des figures et a proposé de voir dans cette scène des enfants qui, dans leurs jeux, imitent les adultes.

A ces trois objets très importants, qui sont représentatifs de la sculpture sur pierre à l'apogée de la civilisation, est venu s'ajouter un quatrième, presque entier, du palais de Zakros ; il semble avoir été utilisé lors de la dernière cérémonie rituelle, au moment de la catastrophe, en même temps que le rhyton à tête de taureau. C'est un rhyton ovoïde oblong, en chlorite ; il porte la représentation d'un sanctuaire tripartite surmontant les rochers abrupts d'une montagne. On distingue les cornes de consécration du couronnement au-dessus desquelles volent ou se posent des faucons, les compartiments avec les quatre mâts qui se terminent en haut en pointe de lance, la porte majestueuse ornementée de réseaux de spires, la cour avec les deux autels et l'arbre sacré, enfin le péribole et les cornes de consécration qui le couronnent. De part et d'autre de l'image de la divinité (sous forme aniconique) sont représentés deux couples de bouquetins, tandis que d'autres grimpent jusqu'au sommet du sanctuaire ou s'enfuient effarouchés. L'ensemble de la scène est très impressionnant et donne le sentiment de la présence divine dans la solitude du sanctuaire. Quelques feuilles d'or étaient encore collées sur la surface sculptée du vase sacré ; Evans avait observé cette particularité sur des fragments de vases de même type, et il semble que ces vases sculptés sacrés avaient l'aspect de vases en or puisqu'ils étaient entièrement plaqués d'or. On se demande simplement pourquoi, dans ce cas, les artisans se donnaient tant de mal dans le choix du matériau — stéatite ou chlorite. La seule réponse semble être qu'ils le faisaient pour plaire à la divinité.

Nous n'avons que des fragments d'autres vases de même type, mais ils sont importants malgré tout pour la connaissance de la sculpture et par leurs représentations. La plupart d'entre eux proviennent de la région de Cnossos et nous montrent des jeux athlétiques — par exemple une scène de boxe —, devant un sanctuaire une procession de jeunes gens qui tiennent dans leurs mains tendues des vases d'offrandes ; il y a aussi l'offrande d'un jeune homme dans un sanctuaire de sommet — il se baisse pour la déposer dans une corbeille —, un poulpe qui guette sa victime derrière un rocher, une double hache avec un nœud sacré déposé sur une épaisse toison, un archer sur un fond d'écailles qui représente la mer et qui provient peut-être d'une scène semblable à celle que porte le rhyton en argent du siège de Mycènes, et beaucoup d'autres encore. Le fragment d'un rhyton de Palaikastro représente un sanglier. En dehors des vases de pierre, des scènes en relief similaires ont été sculptées sur des ustensiles ou des objets décoratifs en ivoire, en os, en bois, en coquille, etc. Nous les verrons plus loin.

La fabrication des vases de pierre, qui avait été relativement négligée à l'époque des Premiers Palais en raison des progrès de la céramique de Camarès, est maintenant très fréquente, et se déploie dans une grande variété de formes et de matériaux. Les vases de pierre des palais, des villas, des fermes et des maisons riches — surtout celles qui ont un rapport avec le culte et le rituel religieux — se sont révélés être particulièrement nombreux et variés. Mais des vases de choix accompagnaient aussi dans leur tombe les personnages de marque et les fortunés et c'est là qu'ils ont été découverts, dans les cas, bien sûr, où les tombes n'ont pas été pillées. Le matériau était choisi avec beaucoup de soin et si les pierres locales ne paraissaient pas satisfaisantes, on allait en chercher d'autres en dehors de Crète, dans des régions plus ou moins éloignées. C'est ainsi qu'on trouve différentes sortes de basalte, dont la plus courante est celle du Taygète en Laconie, avec des cristaux blancs sur un fond vert ou marron foncé, le porphyre ou *antico rosso*, l'albâtre et la calcite, la serpentine, l'obsidienne et la liparite des îles volcaniques de Mélos, de Lipari — aujourd'hui Stromboli — et de l'île de Yali dans le Dodécanèse, les différents marbres veinés, tachetés, monochromes ou blanc pur, le cristal de roche, le gabbro, etc. La technique de la taille et du polissage était difficile et pénible ; nous la connaissons en détail grâce aux vases inachevés, aux instruments de travail, aux noyaux de pierre détachés, aux rejets d'ateliers, etc. Dans la plupart des cas on faisait détacher des noyaux cylindriques au moyen de roseaux tournants ou de forets métalliques qui fonctionnaient grâce à des courroies ; ensuite on creusait les cavités avec des vilebrequins ; on utilisait différentes sortes de ciseaux puis de l'émeri pour le polissage de la surface. Il n'était pas rare que pour économiser matériaux et forces on fabriquât séparément les cols, les anses et même quelquefois les bases et les becs ou goulots des vases qu'on maintenait en place grâce à des tenons métalliques et des colles qui nous sont inconnues et qui, dans certains cas, assuraient aussi l'étanchéité. Sculptures, moulures, reliefs décoraient les surfaces, et les imitations de modèles en métal, en vannerie et en bois n'étaient pas rares. Souvent aussi ils imitaient les matériaux mouchetés ou tachetés en incrustant des matières colorées. Dans ce travail on admire la patience et la persévérance des artisans, mais surtout leur sens esthétique qui a donné d'aussi beaux résultats. Ils devaient surmonter les difficultés techniques que présentaient les matériaux volcaniques extrêmement durs et qu'aujourd'hui encore on a du mal à travailler, même avec des forets électriques. L'habileté avec laquelle ils mettaient en valeur les propriétés décoratives des matériaux — transparence ou semi-transparence, lustre et onctuosité, veines et mouchetures — est très remarquable. Ils devaient essayer des centaines de pierres pour faire en sorte que les veines du matériau s'adaptent à une forme décorative précise, aient un mouvement dynamique, soulignent le centre de gravité, la fonction statique de la base et la fonction utilitaire des becs et des anses. Dans certains cas, la priorité a été donnée à la couleur de la pierre : ils ont parfois choisi des pierres irisées ; d'autres ont été sélectionnées parce que leurs veines donnaient une apparence nébuleuse et laissaient libre cours à l'imagination. Les contours de la plupart des vases de pierre sont extraordinairement dynamiques, les anses se dressent ou s'enroulent audacieusement, les sculptures et les cannelures en accentuent l'aspect fonctionnel. Des motifs végétaux en forme de couronnes de feuillages ou de calices de fleurs — qui transforment le vase tout entier en fleur — ou des touffes de plantes aquatiques enserrent le récipient, montrent le penchant et l'amour des Minoens pour le monde des plantes ; des décors de même type sont inspirés du monde marin, le monde souple des mollusques ou décoratif des huîtres et des coquillages. Des vases ornés de tresses imitent des couffins ou une sorte de dame-jeanne.

Parmi les différentes catégories se distinguent les ustensiles rituels en pierre dont les ensembles les plus impressionnants viennent des trésors des palais de Cnossos et de Zakros. Tout à fait caractéristiques sont les rhytons globulaires, ovoïdes ou coniques en marbre, en albâtre, en porphyre, en basalte, en obsidienne, etc. Parmi les plus beaux, on citera un exemplaire en cristal de roche de Zakros et un autre, en obsidienne de Tylissos. Le premier est particulièrement remarquable par ses parois fines et diaphanes, son col tourné, l'anneau autour du col — fait de morceaux de cristal séparés par des feuilles d'ivoire recouvertes d'or — l'anse enroulée faite de perles de cristal soutenues par un fil doré à l'intérieur. De nombreux rhytons sont décorés de sillons verticaux qui se terminent en haut comme des feuilles superposées. Les cruches rituelles sont de la forme que nous connaissons bien par les représentations et les ustensiles de terre cuite. Une amphore rituelle de Zakros est magnifique par sa forme et l'extraordinaire utilisation des taches du marbre veiné ; elle a une embouchure double et des anses dressées qui s'enroulent en huit ; des bénitiers avec des crochets de bronze, en basalte et en albâtre, ont été trouvés dans le trésor de Zakros. C'est de là que provient aussi un skyphos à bec ponté, fabriqué à partir d'un vase égyptien prédynastique auquel on a ajouté des anses et un bec pour en faire un ustensile minoen. Des skyphoi semblables, avec des incrustations blanches, viennent du palais de Cnossos. Il existe une série très intéressante de gobelets-calices de la sainte communion, dont quatre exemplaires ont été mis au jour dans le trésor de Zakros ; d'autres proviennent de Cnossos, Pseira et Gournia. Les premiers sont tournés, en obsidienne, en marbre veiné et en diorite. L'un d'eux est quadrilobé, avec des parois ondulées et une base en forme d'autel. Il existe encore d'autres vases rituels, les alabastres hauts ou aplatis — en forme de pains — destinés à l'huile sacrée. Les alabastres de Cnossos (salle du trône) ont la lèvre plane décorée de spires courantes et l'anse à l'épaule en forme de petit bouclier en huit. Il n'est pas certain que les élégantes coupes et les tasses aient eu un usage rituel. Pas plus d'ailleurs que la belle cruche dont la panse est recouverte d'un filet tressé et qui provient du palais de Cnossos. Au contraire, dans le cas des kernoi — ces ustensiles à plusieurs récipients communiquant ou non, dont quelques exemplaires caractéristiques ont été mis au jour à Palaikastro, à Cnossos, à Zakros et à Prassa — il n'y a aucun doute possible sur leur destination rituelle, ni non plus sur celle des diverses tables à offrandes, planes ou avec des cuvettes pour recevoir les libations, montées sur des bases — sur quatre petites colonnes et sur un bétyle dans le cas de la célèbre table à offrandes de la grotte de Psychro — ou dont la partie inférieure est à degrés ou évidée. Des inscriptions en Linéaire A gravées sur ces tables font état de leur dédicace à la déesse ; son nom est presque constamment répété dans ces inscriptions comme sur d'autres ustensiles en forme de cuillères, peu profonds, les *ladles*.

Les lampes avaient un usage en partie rituel, mais il serait difficile de dire lequel exactement. Il y a de très belles lampes ou lampadaires de Cnossos, Malia, Pseira, Gournia, Palaikastro, Zakros, Vathypétro, Haghia Triada, etc. Elles ont une ou plusieurs mèches, peuvent être hautes ou basses et avoir été accrochées comme des lustres. Elles portent souvent un décor végétal : des couronnes de feuilles, des rameaux, des calices de fleurs, des feuilles de lierre, etc. Une lampe en porphyrite (*antico rosso*) de Cnossos a un support imitant un faisceau de tiges de papyrus tandis que le réceptacle se forme en calice couronné de feuilles. Dans le cas de lampes très lourdes, la partie supérieure pouvait s'enlever et était adaptée au support au moyen d'une baguette mobile. Des lampes de Malia et de Gournia sont polylobées et pouvaient donc servir de lustres.

On fabriquait aussi des vases de pierre sur une grande échelle — des petites jarres, des grandes bassines, des vases en forme de skyphos, etc. Certains d'entre eux — décorés de spires, de moulures, de feuilles de lierre, etc. — ont été trouvés à Cnossos, à Palaikastro, à Haghia Triada, à Malia.

On faisait aussi des symboles et des emblèmes religieux en pierre, par exemple des doubles haches, des croix — une belle croix en marbre vient des *Temple Repositories* de Cnossos —, des marteaux sacrés — des exemplaires très beaux, par leur forme, en marbre veiné ou en brèche, ont été trouvés, trois dans le trésor de Zakros, un à Palaikastro et deux dans les *Temple Repositories* de Cnossos — ; des doubles cornes, quelques-unes de grande taille, provenaient d'autels ou de couronnements, d'autres étaient stuquées ou tout entières en stuc.

Les outils en pierre ne sont pas très nombreux car ils sont généralement en bronze ; ils se limitent à certaines catégories : mortiers, broyeurs, marteaux, masses, poids, contrepoids, aiguisoirs, ancres, etc. Certains de ces outils sont très élégants et faits dans des pierres de choix. Dans les ateliers on les a trouvés en grandes quantités, souvent en relation avec des ustensiles ou des installations propres aux ateliers — pilons, bassines, auges, etc. Quelques-uns de ces outils ou de ces ustensiles en pierre étaient utilisés dans les cuisines et les magasins où on les a découverts.

Les ustensiles, les outils, les symboles, etc., en pierre qui ont été trouvés dans les tombes ne sont pas fondamentalement différents de ceux qui ont été mis au jour dans les habitats et les sanctuaires. Il va de soi que la vie dans l'au-delà ne demandait pas d'ustensiles de type particulier et que les cérémonies funéraires ne constituaient qu'une branche des cérémonies destinées aux dieux.

Le travail du métal

Les progrès réalisés dans le travail du métal à l'époque des Nouveaux palais ont été très importants ; ils ont contribué à l'avancement technique général et à celui des autres branches de l'artisanat qui utilisaient des outils de métal. Nous verrons plus tard tout ce qui concerne l'importation du cuivre, mais il est de fait que le métal arrive maintenant en plus grandes quantités et que les alliages avec la proportion d'étain nécessaire sont préparés plus facilement. Des fours à métaux — nous l'avons vu — ont été mis au jour dans le voisinage immédiat des palais et des fermes, et nous pouvons suivre les progrès effectués dans la fusion du métal à l'intérieur de creusets qu'on oxydait à volonté grâce à des conduits d'aération. Des ustensiles spéciaux en terre cuite permettaient l'oxydation à la flamme dans les travaux de soudure. Des moulages en terre cuite et des moules en schiste donnaient la possibilité de verser le métal prêt et de lui faire prendre la forme des objets à produire. Chacune des techniques de la métallurgie s'était perfectionnée : la fusion, le clouage, le laminage, le procédé « à la cire perdue » et l'ajustement de lames de métal sur une couche de plomb, etc. Les techniques plus délicates, comme le travail des métaux précieux, avaient atteint un haut degré de perfection ; le laminage se faisait en très fines feuilles, les soudures étaient pour ainsi dire invisibles et les clouages réalisés avec des clous minuscules. Les techniques du grènetis et du filigrane étaient extraordinairement fines ; les moules en usage pour un travail au repoussé ou par fonte donnaient des représentations très nettes et précises ; on découpait les feuilles de métal pour faire de l'ajouré ou du cloisonné. Pour la première fois l'orfèvrerie a atteint un degré de perfection tout à fait comparable à celui que nous connaissons actuellement.

Les chefs-d'œuvre en métal — objets, ustensiles, outils, bijoux, statuettes — que nous connaissons aujourd'hui ne constituent en fait qu'une infime partie de la création d'alors ; et cela, bien sûr, est dû au fait que ces objets étaient sans cesse refondus mais aussi qu'à chaque époque ils ont constitué le principal objectif des pillages. Aussi est-ce une chance de trouver des objets en métal sous forme de trésors soit dans des cachettes et des dépôts à l'intérieur des palais, des maisons, des sanctuaires ou des grottes, soit qu'ils fassent partie du mobilier funéraire de tombes échappées au pillage. On a souvent découvert des ensembles d'ustensiles et d'outils dans les habitations et les ateliers d'artisans de toute espèce. Dans les endroits où il y avait des sanctuaires et surtout dans les grottes sacrées comme Psychro, Arkalochori, Skoteino, etc., on a mis au jour des séries entières d'offrandes en métal, figurines, symboles, ustensiles, bijoux, outils. Dans de rares cas, des objets en métal précieux ont été conservés ; ils sont toutefois assez nombreux pour que nous puissions nous faire une idée de ce qui aurait été trouvé sans les pillages. De plus, les exemplaires des tombes royales ou princières de Mycènes, Midéa, Vaphio, Myrsinochori et Péristéria sont la preuve que des trésors avaient été déposés comme mobilier funéraire dans les tombes des personnages officiels, tombes qui, en Crète, ont presque toutes été pillées. Les quelques cas où elles ont échappé au pillage total montrent clairement quels trésors on a perdu. Dans les musées étrangers et les collections privées, on retrouve nombre des trouvailles fortuites de Crète, et des objets en métal crétois découverts en dehors de l'île. Mais il faut être particulièrement attentif parce que c'est dans ce domaine qu'on a le plus grand nombre de faux, la plupart d'entre eux ayant été vendus à l'étranger.

Les sculptures en métal les plus intéressantes viennent de la grotte sacrée de Psychro — qu'on a identifiée au célèbre « antre dictéen » de la tradition grecque —, de la grotte de Skoteino dans la région de Cnossos, des sanctuaires de la villa d'Haghia Triada et de Tylissos ; mais beaucoup d'autres petites figurines en bronze ont été découvertes isolées dans des centres et lieux de culte minoens, et c'est celles-ci surtout qui sont allées enrichir, hors de Grèce, musées et collections privées. Les principaux types sont les adorants et les adorantes vêtus de façon caractéristique, en attitude de prière, la partie supérieure du tronc tendue en arc vers l'arrière. Quelques figurines féminines d'adorantes avaient d'abord été considérées comme des danseuses à cause du mouvement des bras ; c'est le cas de la célèbre figurine du musée de Berlin. La figurine masculine du musée de Leiden, coiffée d'un pétase, les mains dans une position caractéristique, doit être un joueur de flûte. Il y a des adorants de toutes tailles, les plus grands atteignant 20 cm de haut. Le criophore qui se trouvait jadis dans la collection Giamalakis — aujourd'hui au musée d'Héraklion — n'est peut-être pas minoen ; il aurait gardé un type qui a survécu jusqu'à la fin de l'époque orientalisante ou au tout début de l'archaïsme grec. Nous connaissons quand même dès l'époque néopalatiale des figurines portant leur victime sur l'épaule ; l'une d'elles provient de Phaistos. Les figurines d'adorants de Tylissos et du musée d'Athènes sont parmi les plus grandes et les plus habilement faites ; elles ont la cambrure caractéristique du tronc et la main contre le front, poing fermé, dans une attitude d'adoration. Celle d'Athènes semble provenir de la région de Milatos. Malgré la ressemblance qui existe entre ces adorants, on distingue une grande liberté dans le rendu du geste, dans l'attitude, dans le modelage de la forme.

Certaines figurines un peu relâchées représentaient, de façon réaliste, des adorants âgés. Il y en a aussi d'assises comme celle de Palaikastro. Des idoles de dieux et déesses nous sont parvenues en moins grand nombre et n'ont pas toujours été reconnues comme telles de façon sûre. L'une d'elles, qui faisait partie de la collection Giamalakis, représentait la divinité avec des colombes sur les mains et sur la tête. Il devait aussi y avoir des idoles de ce type en métaux précieux, et certaines d'entre elles étaient sans doute assez grandes. Aucun exemplaire ne nous est toutefois parvenu, puisque ceux qui avaient été considérés comme des idoles dans différents musées se sont révélés être faux. Des grandes boucles de cheveux en bronze, trouvées dans le palais de Cnossos, ont été attribuées par Evans aux cheveux d'un grand xoanon en bois totalement disparu ; quoique possible, cette hypothèse est très difficile à vérifier.

Nous avons des séries interminables d'animaux en bronze, petits ou plus grands, qui ont été dédiés dans les sanctuaires ; les animaux sont des substituts des victimes ; ils sont parfois conventionnels, parfois assez réalistes, représentés avec leurs petits ou en groupes ; de la grotte de Psychro nous est parvenue une paire de bœufs tirant une charrette. On a trouvé, dans le sanctuaire d'Haghia Triada, des roues à quatre rayons appartenant à ce type de véhicule. Les cornes de quelques taureaux étaient dorées, ou bien on avait placé un point en or sur le front, qui remplaçait la rosace symbolique. Deux chèvres sauvages provenant du même sanctuaire se reposent dans une attitude caractéristique. Les métallurgistes ont poussé l'audace jusqu'à représenter des ensembles aussi difficiles que les jeux de taureaux ; c'est ce que nous montre un taureau avec un acrobate courbé sur le dos de l'animal ; la forme est particulièrement dynamique. Il appartenait jadis à la collection Churchill et se trouve maintenant au British Museum.

Malgré toute la valeur plastique de nombre de ces chefs-d'œuvre en métal, on observe une certaine faiblesse dans le rendu d'un véritable modelé ; cette constatation est également valable dans le cas des petites figurines en terre cuite, en faïence ou en pierre. La représentation des corps se fait sans réelles articulations ni proportions des membres. Les muscles, l'ossature, les articulations ne sont rendus que superficiellement, sans que l'anatomie soit réellement reproduite. La plupart de ces œuvres n'ont pas été faites pour être vues sous tous les angles, mais étaient destinées à être montrées comme un ensemble dans le sanctuaire. Elles sont presque toujours plus picturales que plastiques et le rôle du contour est beaucoup plus important que celui du rendu organique ; le mouvement et le dynamisme de ces figures sont sensibles même quand ils ne sont pas exprimés par des moyens extérieurs. Dans le cas du groupe des acrobates et des taureaux, la rapidité de l'élan est aussi visible que dans les fresques. Quant aux animaux accroupis ou assis, on perçoit à peine qu'ils ont été représentés dans une attitude tout à fait antinaturelle, avec les quatre pattes vues de face ; de telles déformations sont admises, pourvu qu'elles expriment un mouvement. Il serait injuste de caractériser ces particularités comme provenant d'un retard intellectuel, comme a essayé de le faire croire le Hollandais Snijder dans sa théorie sur l'eidétisme minoen. Au contraire, il est prouvé que l'art minoen a ouvert de nouvelles voies que nous ne verrons se poursuivre que beaucoup plus tard, dans l'art moderne.

Dans le travail du métal les progrès les plus importants ont été réalisés dans le domaine de l'armurerie ; une expérience non négligeable avait déjà été acquise dans les périodes précédentes. Quelques-unes des épées les plus longues ont bien été attribuées par certains chercheurs à l'époque des Premiers palais, mais cela est dû au fait qu'ils avaient confondu la première période néopalatiale et la dernière phase des Premiers palais. Les plus importantes de ces épées viennent de Malia : la grande épée qu'Evans a baptisée Durendal, lui donnant le nom de l'épée magique de Roland dans l'épopée, les épées des acrobates et le beau poignard à manche ajouré en or. La première qui a un large bandeau au milieu pour renforcer la lame, possédait un manche orné d'ivoire recouvert de feuilles d'or, et se terminait par un grand pommeau en cristal de roche ; elle avait un mètre de long. Trouvée avec le sceptre en forme de panthère et de hache, elle faisait sans doute partie des *insignia dignitatis* du roi local. Les deux épées de l'acrobate ont, pour renforcer la lame, une arête proéminente sur les deux côtés ; des rivets dorés fixaient le manche qui, dans un cas, était recouvert d'ivoire, et dans l'autre de bois doré ; le revêtement d'or existait aussi sur la moitié inférieure du pommeau où était représenté un acrobate estampé portant un pagne décoré ; le corps est arqué au point que les pieds touchent la tête : il ne fait pas de doute qu'il s'agit ici d'une culbute faite par l'acrobate au-dessus de l'épée dressée. Le poignard des bâtiments Mu était contemporain ; le revêtement cylindrique du manche était ajouré et formait un réseau d'éléments floraux.

Les dépôts des grottes sacrées ont fourni de véritables séries d'épées, de couteaux et de poignards ; ces armes, qui étaient des ex-voto, avaient incontestablement un usage rituel. Celles de la grotte d'Arkalochori sont les plus caractéristiques avec le talon arrondi prolongé par une languette pour la fixation du manche, le dos avec une arête ornée de lignes parallèles incisées, la lame si bien martelée qu'elle a, encore aujourd'hui, gardé toute son élasticité. D'autres épées plus courtes — *παραξιφίδες* —

et des poignards encore plus courts portaient trois ou quatre rivets au talon pour la fixation du manche. Plus tard la languette du talon s'est prolongée de façon à former une solide tige métallique sur laquelle on plantait des clous souvent dorés. Des épées de ce type ont été trouvées dans le palais de Zakros, et ailleurs aussi. A partir de là — l'évolution a été plus rapide dans la quatrième phase néopalatiale de Cnossos, la phase achéenne — apparaissent des types que l'on retrouve à l'époque postpalatiale. Les exemplaires les plus représentatifs viennent des nécropoles néopalatiales et postpalatiales de Cnossos et de Phaistos. Il s'agit du type aux épaules angulaires, du type cruciforme dans lequel le talon se prolonge sur les côtés, et du type cornu (né de la projection des extrémités du talon en cornes concaves). Ces formes sont devenues encore plus caractéristiques lorsque les exemplaires les plus importants ont été recouverts de lames d'or, souvent elles-mêmes décorées d'incisions ou au repoussé. On citera : une épée du cimetière de la région du Sanatorium de Cnossos portant des réseaux de spires ; une épée de type cruciforme avec pommeau en agate et manche merveilleusement décoré de motifs réalistes (lions poursuivant des bouquetins) ; une troisième du type cornu, à pommeau d'ivoire en forme de champignon, rivets en or et lamelles d'or sur les côtés du manche qui portaient deux rangs de chaînes de spires ; une quatrième, plus courte, toujours du type cornu, dont le manche est soigneusement revêtu de plaques d'ivoire et le croissant de la tige incrusté. Ce dernier exemplaire est un des plus évolués de la série ; il vient de la « tombe du réchaud à trois pieds » de Zapher Papoura et annonce l'évolution de ces armes à l'époque postpalatiale. Dans deux des longues épées de Zapher Papoura le dos a été décoré de rangées de spires enchaînées. Le décor de la lame — animaux courants incisés — nous est connu par des épées crétoises trouvées dans les tombes royales de Mycènes. Ces épées ont leurs ancêtres en Crète, par exemple le beau poignard avec trois clous au talon, qui vient probablement de la grotte de Psychro, et dont la lame est décorée d'une scène incisée de chasse au sanglier et de taureaux combattant dans une attitude violente. Des épées d'une technique analogue ont influencé le long poignard destiné à la reine-mère Aahotep — de fabrication crétoise pour quelques savants — qui a été trouvé en Egypte en même temps que d'autres armes décorées de motifs crétois (hache avec une représentation de griffon minoen). Sur le dos de ce poignard on avait un lion poursuivant un taureau et des sauterelles en série. Des colonies minoennes de Phylakopi et de Théra proviennent des poignards avec des représentations incrustées dans la lame ; cela nous permet d'affirmer que les poignards avec les incrustations décorées qui ont été trouvés à Mycènes et dans d'autres sites mycéniens, sont des productions crétoises. Ceux qui possédaient des armes comme celles qu'on vient de décrire rapidement devaient en être fiers. Evans a baptisé les tombes de Cnossos où il les a trouvées « tombes des chefs militaires ». L'apogée des longues épées se situe dans la quatrième phase de Cnossos, et de nombreux savants ont fait le rapprochement entre cet état de choses et l'installation de la dynastie créto-achéenne à Cnossos. Les tombes de la nécropole de Phaistos à Kalyvia, qui contenaient des armes comparables, sont contemporaines. Si l'on a trouvé peu d'armes aussi belles que celles des tombes royales de Mycènes c'est parce qu'on n'a pas, jusqu'à maintenant, mis au jour de tombes royales inviolées.

Egalement admirable est l'évolution réalisée dans d'autres types d'armes. Des couteaux à un ou deux tranchants sont souvent ornés de rivets en or, de manches en ivoire et d'incisions sur la lame ou sur le talon. Il y a de grandes séries de pointes de lances, de javelots et de flèches. Il est souvent question de ces armes, comme des épées d'ailleurs, dans les tablettes des archives de Cnossos, surtout celles qui ont été trouvées dans des endroits où des armes étaient stockées, par exemple l'« arsenal » en bordure de la Voie royale. D'autres tablettes, toujours dans les archives de Cnossos, parlent de chars et de leurs différentes pièces, de casques, et peut-être de boucliers. L'énumération de grandes quantités de ces armes est le signe d'une espèce d'armement systématique dans la perspective de dangers qui semblent proches et auxquels Cnossos n'a finalement pas échappé. Les pointes de lance sont de différentes sortes : longues ou courtes, en forme de feuilles, lancéolées, elliptiques, avec une douille fendue pour fixer le manche, souvent avec un anneau mobile à la base qui aidait à assurer la pointe. Il y a des exemplaires, comme celui de la tombe princière A de Phourni à Archanès (tombe à coupole), où le dos est décoré de chaînes de spires ; d'autres lances ont la douille ornée d'un motif isolé — un papillon par exemple. Il semble donc possible que la lance-couteau, avec l'anneau décoré de lis, du pharaon Kames (XVIe siècle) soit de fabrication crétoise. Dans les exemplaires les plus avancés, la lame et la douille sont continues. Dans les javelots la lame est plus légère ; elle a une tige compacte sur laquelle s'adapte le manche, léger également. Dans le javelot de chasse, la pique, le manche porte souvent un revêtement de métal fait d'une succession de boules ; un exemplaire a été trouvé dans la tombe à tholos de Vaphio, mais il est plus connu par les représentations sur sceaux crétoises. Les flèches sont de deux types : en queue d'hirondelle et en forme de ciseaux avec une tige. Les nombreuses représentations d'arcs montrent qu'ils étaient simples, avec un seul bois élastique et incurvé, ou bien doubles, faits de cornes de chèvres ; on en a trouvé beaucoup, mais ils sont aussi représentés sous forme d'idéogrammes dans les tablettes des armes de Cnossos.

En ce qui concerne l'armement défensif, nous sommes parfaitement renseignés par les très nombreuses représentations, alors qu'au contraire nous avons très peu d'exemples réels ; cela est dû au fait que la plupart d'entre eux étaient faits de matériaux périssables qui n'ont guère laissé de traces ; quelques accessoires n'ont pas été reconnus facilement par les fouilleurs. On a toutefois trouvé des restes de casques du type de ceux qu'a décrits Homère, faits de rangées de défenses de sangliers fixées sur des peaux et doublés de peaux également. Il a été possible d'en reconstituer un provenant de Zapher Papoura. Les représentations de casques de ce genre sont fréquentes dans la Crète néopalatiale mais nous ne sommes pas sûrs que ce type ait été créé en Crète ; la chasse au sanglier était en effet beaucoup plus une habitude du continent grec. L'autre type de casque, en métal celui-ci, avec ses paragnathides mobiles et son panache flottant, semble crétois, pour la bonne raison qu'on le rencontre très tôt sur des représentations et que le premier exemplaire vient d'une tombe de la région du Sanatorium de Cnossos. Nous n'avons pas de boucliers en huit qui, d'après les innombrables représentations, étaient faits de peaux superposées et cousues, souvent des peaux de taureaux tachetées ; il n'est pas impossible que des lames de métal trouvées dans des tombes soient des fragments du pourtour. Les cuirasses n'ont dû être utilisées que dans un stade avancé, puisque les boucliers qui recouvraient tout le corps — en Crète on s'était aussi servi de boucliers semblables à des tours, semi-cylindriques — rendaient superflue toute autre protection. Dans les tablettes, toutefois, il est question de cuirasses et il semble qu'elles aient été en cuir. Les hautes chaussures de cuir, la plupart d'entre elles en forme de guêtres, faisaient office de cnémides en métal qui ne sont apparues que plus tard.

La variété des outils, des instruments de toilette, des objets rituels en métal, est très grande. Cette diversité et le perfectionnement des formes et des types montrent aussi bien les progrès réalisés dans la technique du métal que la spécialisation des différents arts et des occupations. Nombre d'outils ont une forme semblable à ceux d'aujourd'hui, bien que le bronze ait presque toujours été utilisé : on reconnaît de nombreuses variétés de pioches, sarcloirs, plantoirs, marteaux, masses, ciseaux, tranchets, haches, couperets, enclumes, leviers, trépans, leviers courbes, scies pour les pierres, le bois ou les matériaux fragiles, d'autres avec une voie très marquée, d'autres encore avec de très petites dents ou pas de dents du tout, enfin des scies passe-partout à deux mains (jusqu'à 1,80 m) comme celles de Cnossos, Haghia Triada, Malia et Zakros. En ce qui concerne un petit nombre d'outils de forme bizarre, nous ne sommes pas sûrs de leur usage. En dehors des outils nécessaires aux différents ateliers, on trouve des instruments pour l'agriculture, l'élevage, la pêche, la chasse.

Les objets de toilette constituent une catégorie à part ; ce sont : les rasoirs — à manche courbe et lame incurvée qui s'élargit et devient droite au bout —, les miroirs — dont les manches de bois ou d'ivoire ne sont, la plupart du temps, pas conservés —, les pinces à épiler, les cure-oreilles, les petites boîtes à fard, etc. Quelques-uns des outils les plus fins servaient pour la gravure ou la glyptique, mais certains sont supposés avoir été utilisés également lors d'interventions chirurgicales, ou comme instruments médicaux auxiliaires. Comme instruments culinaires ou des arts du feu on trouve les pincettes et les soufflets. Les plateaux de balance sont très communs et, au contraire, rares les fléaux. Des séries de poids en métal — la plupart en plomb —, mais aussi en pierre ou autres matériaux, nous aident à comprendre les systèmes de mesures. Des lames rectangulaires en bronze, portant souvent des décorations martelées, revêtaient des petites boîtes ou des coffrets.

C'est dans la catégorie des objets rituels qu'on peut classer les innombrables ex-voto en forme de double hache, la plupart d'entre eux provenant des grottes sacrées mais aussi des sanctuaires domestiques, de campagne ou de sommets. Nombre de ces haches sont décorées de façon stéréotypée — des bandes obliques incisées — mais quelques-unes d'entre elles sont merveilleusement ornées de frises de feuillages, de croissants, etc., ou de motifs tournoyants qui continuent une vieille tradition décorative connue par la céramique de Camarès et la glyptique. Les plus importantes de ces haches proviennent de dépôts de la grotte d'Arkalochori où l'on en a mis au jour un assez grand nombre en métal précieux (or et argent). Quelques-unes d'entre elles portaient de brèves inscriptions en hiéroglyphique ou en Linéaire A, contenant sans aucun doute une dédicace à la divinité. La hache la plus décorée, à double tranchant, portait deux rangs de tiges de plantes hybrides (lis, papyrus). Elle combine à la décoration végétale une ornementation ajourée qui la rend encore plus riche ; elle a été trouvée dans le trésor du sanctuaire du palais de Zakros. Peut-être quelques haches solides, moulées avec des représentations religieuses symboliques, étaient-elles aussi rituelles. Un pinax en bronze de la grotte de Psychro porte des représentations incisées à caractère symbolique. D'autres symboles — doubles cornes, bucranes, croix, etc. — découpés dans des feuilles sont plutôt rares.

L'importation du cuivre chypriote sous forme de talents — lingots avec les quatre côtés incurvés permettant un transport plus facile sur l'épaule comme nous le voyons sur des représentations en Egypte et à Chypre — a été confirmée par la découverte de six talents accompagnés de trois défenses d'éléphants, dans le palais de Zakros. Haghia Triada en a fourni bien davantage — dix-neuf en tout, pesant environ vingt-neuf kilos — qui ont été mis au jour dans une pièce du sanctuaire. Des talents isolés proviennent de Mochlos et de Tylissos. Mais on a aussi trouvé des morceaux de métal plans-convexes, légèrement incurvés ou discoïdes, dans la grotte d'Arkalochori. Sous cette forme le métal avait presque une valeur marchande stable ; les poinçons de contrôle qui ont été remarqués sur quelques-uns des talents en témoignent peut-être, comme aussi l'effort fait pour maintenir le poids à un certain niveau en rajoutant du métal ou en retranchant par de petites cavités.

Les ustensiles métalliques — d'usage commun ou rituel — présentent également une grande diversité. La plupart d'entre eux sont martelés mais bien des éléments, ou des vases entiers même, sont coulés. Les décorations étaient tantôt martelées au repoussé, tantôt gravées ou incrustées. Il est clair que beaucoup de ces ustensiles ont servi de modèles pour des vases en terre cuite, en pierre, en faïence ou autres matières. Quelques grands vases en forme de cruches, d'hydries, d'amphores, de brocs à large embouchure, de skyphoi présentent un grand intérêt. Certaines cruches portent un décor au repoussé comme un exemplaire de Cnossos avec des courbes rampantes en haut et en bas sur un fond cannelé. Les plus grands ustensiles en bronze trouvés sont les chaudrons de Tylissos et de Malia, dont l'un pèse cinquante-deux kilos. Ils sont faits de grandes plaques clouées et soigneusement martelées. Les trépieds sont très fréquents et les exemplaires les plus intéressants viennent de Cnossos, Malia, Haghia Triada et Zakros. Il existe quelques coupes et tasses en métal, mais c'est une coupe de type Vaphio, avec des bandes de feuilles de lierre au repoussé, qui est la plus intéressante ; elle provient de l'habitat de Mochlos. Les cuvettes pour se laver les mains sont encore plus caractéristiques et plus intéressantes : Marinatos, utilisant un peu différemment le terme homérique, les a baptisées « χέρνιϐα » ; elles ont une anse enroulée, dressée au-dessus de la lèvre qui était presque toujours décorée de plaques de métal moulées et portant des feuilles, des lis, des coquillages marins, des spires enchaînées, etc.

Les ustensiles les plus précieux étaient en or, en argent et en électrum — alliage d'or et d'argent. Peu d'entre eux ont été conservés ; en tant que vases précieux ils ont été volés. Ils sont assez bien connus : un service en argent se composant d'une cruche et de plusieurs tasses de la maison Sud du grand-prêtre à Cnossos ; une coupe à lèvre et anse dorées, provenant d'une sépulture de la région de la tombe-sanctuaire royale ; un gobelet en or décoré de spires, d'une tombe de la région d'Haghios Ioannis entre Héraklion et Cnossos ; une cruche en argent avec des ornements en or du palais de Zakros, et quelques petits vases en or qui appartenaient jadis à la collection Giamalakis, etc. Des services de ce genre devaient être courants dans les trésors royaux et les dépôts des sanctuaires ; ils devaient aussi faire partie du mobilier funéraire dans les tombes des rois et des riches. Il est caractéristique que ce soit dans les tombes de la dernière période palatiale non pillées — surtout dans les régions de Cnossos et de Phaistos — qu'on ait trouvé les plus grandes séries d'ustensiles en bronze : trépieds, « χέρνιβα », cruches, lampes, petites poêles, etc. On citera, par exemple, la tombe à tholos A d'Archanès, les tombes « du réchaud tripode » et du « chef militaire » de Zapher Papoura (Cnossos), les tombes de Sellopoulo (région de Cnossos) et de Kalyvia (région de Phaistos). Des ustensiles analogues sont représentés en idéogrammes sur les tablettes en Linéaire A de Zakros — avec des rhytons plastiques — et en Linéaire B de Cnossos où l'on retrouve les « χέρνιβα », les cruches, les coupes et les rhytons en forme de tête de taureau. Ils sont représentés également dans les mains des Kephti — envoyés par les rois minoens pour porter des cadeaux aux « frères pharaons » — ou sur des fresques dans les tombes des dignitaires égyptiens.

L'orfèvrerie et la joaillerie

Dans le domaine de l'orfèvrerie des progrès considérables ont été réalisés dès le début de la période néopalatiale ; voilà pourquoi de nombreux savants qui en ont considéré la première phase comme paléopalatiale, ont attribué à l'époque des Premiers Palais d'importantes séries de bijoux comme celles de Malia et d'Egine. Les premiers ont été mis au jour à Chrysolakkos et remontent au temps où l'enclos funéraire a été renouvelé, soit au début du MM IIIA. Le pendentif aux guêpes — aux abeilles pour d'autres — qui, ailes grandes ouvertes, butinent le gâteau de miel — ou viennent y déposer une goutte de miel — est remarquable par son élaboration et son charme, quoique un peu conventionnel dans le rendu. Des ailes pendent des petits disques décorés en grènetis et incrustés de lapis-lazuli. Avec ce pendentif on a trouvé une épingle qui se termine en calice de fleur. Higgins a montré, dans une monographie, que le célèbre « trésor d'Egine » du British Museum devait, en fait, provenir de Crète et être contemporain des bijoux en or de Malia ; il a considéré comme très probable qu'ils aient été volés à Chrysolakkos. Les bijoux du trésor — surtout des pendeloques, des colliers, des médaillons et des bagues — présentent les mêmes caractéristiques et associent de nombreux éléments conventionnels à une admirable assimilation de l'esprit naturaliste aux fins décoratives. L'un des pendentifs représente le dieu « maître des animaux », en train de serrer le cou de deux oiseaux dans un entrelacs de serpents. Un autre nous montre, dans le cercle formé par un serpent — Uraeus —, un groupe de chiens et de cynocéphales antithétiques. Un troisième médaillon, en demi-lune, associe deux visages humains encadrés de belles nattes. Parmi ces bijoux il y a des pendeloques en forme de disques et des oiseaux comparables à ceux de Malia. Une partie du trésor est composée de bractées en forme de spires. Dans les chaînes, les perles et les entrelacs, on a ajusté des pierres précieuses ou semi-précieuses. De Malia et de Cnossos proviennent des épingles pour les cheveux ou les vêtements, faites de fils d'or tressés.

Mais la plupart des bijoux en or datent des trois phases suivantes. D'après les représentations et ce qui a été trouvé sur les squelettes, il ne fait pas de doute qu'ils étaient portés aussi bien par les hommes que par les femmes. Ils viennent surtout de tombes où ils ornaient des défunts ou faisaient partie du mobilier funéraire. Au contraire, très peu de bijoux d'or ont été découverts dans les habitats, soit que ceux-ci aient été pillés soit que les gens les aient eux-mêmes emportés.

Les colliers de toutes sortes étaient faits de perles globulaires, en amande, fusiforme, en forme de gouttes, mais très souvent aussi de formes végétales — lis, papyrus, lierre, lotus — ou en forme de fruits, de grains de blé ou d'orge, de nautiles, de poulpes, d'huîtres, de coquillages, de tritons, etc. Il est très difficile de reconstituer les colliers puisque les perles ont été trouvées éparpillées ; mais c'est là que les représentations sont précieuses : elles nous montrent comment les perles étaient assemblées — sur deux ou trois rangs, avec des pièces intermédiaires et des pendeloques à intervalles réguliers, celui du milieu étant plus important ; nous comprenons ainsi la fonction de certains pendentifs. D'autres pectoraux étaient adaptés avec des épingles. On peut aussi se faire une idée de la composition de colliers comme ceux des tombes d'Haghia Triada, dont les pendeloques étaient des petits bucranes en or, des lionceaux ou autres animaux. Des éléments en forme de cerf ou de bouquetin assis sont également connus à Cnossos et à Tylissos. Mais les plus caractéristiques sont les toutes petites pièces comme un poisson (scare) et un lion minuscule à la crinière grenelée, ou un peu plus grandes comme un joli canard dont l'aile a également été rendue en grènetis ; ces exemples viennent du palais de Cnossos. Tous ces bijoux sont charmants, et naturalistes malgré leur aspect conventionnel ; d'autres pendeloques sont en forme de cœur ou de bouclier ; les perles de colliers étaient également fabriquées dans d'autres matières, surtout la sardoine, l'améthyste, les différentes espèces d'agate et le cristal de roche, plus rarement l'ivoire. Avec des matières moins coûteuses — faïence, pâte de verre et verre — on réalisait les mêmes formes ; ces matériaux économiques ne deviendront courants qu'à l'époque postpalatiale. Une petite amulette d'Haghia Triada est particulièrement remarquable pour sa signification magico-religieuse ; elle est faite d'un cœur minuscule pourvu d'un petit anneau pour la suspension ; sur ce cœur sont rendus en relief, avec une habileté incroyable, un serpent, un scorpion, un champignon ou une étoile de mer, une araignée, un escargot et une paume ouverte qui devait être le geste neutralisant le mauvais œil. L'une des plus belles pendeloques est une tête, assez grande, de jeune taureau avec, sur le front, un tourbillon de spires et des cornes en croissant. Le cou de l'animal est décoré d'un grènetis très fin ; il a été trouvé avant 1890 dans la région de Kato Zakros en même temps que d'autres beaux objets d'or dont trois seulement ont été conservés : outre la pendeloque, on a une tasse avec un tourbillon de spirales à l'intérieur, très semblable à celui du front du taureau, et un diadème qui porte au centre, dans un médaillon, une représentation de la *Potnia thérôn* maîtrisant deux chèvres sauvages, le reste de l'objet étant décoré de poulpes et autres motifs ornementaux. Ce trésor a été l'un des indices pour la découverte du palais ; bien des années après sa découverte il est entré dans la collection Giamalakis qui se trouve maintenant au musée d'Héraklion.

D'autres bandeaux, moins importants, appartenant à des diadèmes ont été découverts ; on citera ceux du trésor d'Egine. Il y a des bijoux beaucoup plus intéressants : des bracelets, des boucles d'oreilles, des bagues, des épingles, des pinces pour les cheveux, etc. Des pierres gravées étaient souvent adaptées sur les bracelets. On en parlera plus loin. Il faut toutefois signaler que ces sceaux servaient aussi de perles de colliers et de simples pendentifs. Les bracelets étaient souvent des anneaux d'or ou d'argent qu'on portait — nous le voyons sur les représentations — au bras ou au poignet ; des anneaux semblables, quelquefois recourbés sur les côtés, étaient utilisés à orner les chevilles. Les boucles d'oreilles sont très intéressantes ; aux modèles simples, en anneaux ou en demi-lune, on préférait celles qui étaient en forme de bucranes dont les cornes dessinaient une demi-lune ; la tête conique est recouverte d'un très fin grènetis et le mufle est généralement rendu par une boule. Elles sont du type des « clips » qui s'appliquent à l'oreille par simple pression. Le grènetis justifie leur qualification par Homère de *μορόεντα*, c'est-à-dire recouvertes de mûres. Les pinces à cheveux prenaient souvent la forme d'un fil enroulé qui serrait les petites boucles. Les épingles se terminaient en fleurs, en petits vases, en boules, etc., ou se recourbaient en crochet ou en spirale. Des bandeaux en or décorés et d'autres ornements étaient souvent cousus sur les bordures des vêtements.

Les bagues en or — elles étaient rarement en argent ou en bronze — acquirent, grâce au développement de la technique et à l'évolution du cycle ornemental et figuratif, des possibilités nouvelles ; l'incrustation, le filigrane et le grènetis réussirent à donner à quelques-unes d'entre elles un effet ornemental remarquable ; la technique du cloisonné permettait d'incruster d'autres matières et d'obtenir des effets polychromes très décoratifs ; nous le voyons avec quelques bagues des sépultures des grottes de Poros (Héraklion) et les deux ou trois exemplaires du trésor d'Egine. Dans l'une d'elles le chaton a été remplacé par un *ἡράκλειον ἅμμα* — un double nœud — et dans une autre par un bouclier en huit. Sur une bague d'une tombe de Mavrospélio le chaton porte, gravée en spirale, une inscription en Linéaire A. Dans la plupart des bagues le grènetis décore l'anneau sur plusieurs rangs. Mais les bagues les plus importantes sont les bagues-cachets à chaton elliptique où la représentation est gravée en négatif pour que l'empreinte soit positive. Les motifs sont presque toujours des scènes religieuses, aussi les bagues-cachets sont-elles l'une des plus importantes de nos sources sur la religion minoenne. De nombreuses bagues minoennes ont été trouvées en dehors de Crète, dans les différents centres mycéniens et leurs cimetières ; on les verra dans le chapitre sur l'art mycénien ; d'autres, bien que trouvées en Crète, ont été vendues ou données à des musées ou des collections étrangères. L'authenticité de certaines d'entre elles a été mise en doute, de nombreux faussaires s'étant intéressés à ces précieux objets. Toutefois, un grand nombre de celles qui avaient été considérées comme fausses sont maintenant reconnues originales.

Nous citerons ici quelques-unes des bagues crétoises parmi les plus caractéristiques. Celle qui est connue sous le nom de « bague de Minos » a le plus grand chaton (8 × 2,1 cm). Elle a été trouvée dans la région où, plus tard, a été mise au jour la tombe-sanctuaire royale sud ; elle a disparu quelques années après sa découverte. Heureusement, il en existe des empreintes et des photos. Elle représentait une figure féminine ramant dans une barque sacrée dont la proue était en forme d'hippocampe ; elle se déplaçait entre des sanctuaires construits sur le rivage ; dans l'un d'eux il y avait la divinité tandis que près de l'autre un personnage recueillait la sève de l'arbre sacré. Une bague de Mochlos porte un thème comparable : la déesse dans une barque identique qui transporte l'autel de l'arbre sacré, s'approche de son sanctuaire. Malheureusement cette bague a disparu du musée d'Héraklion. Une troisième bague, célèbre aussi, a été trouvée dans une tombe d'Isopata, le cimetière cnossien bien connu. Deux divinités et un petit personnage descendent dans un pré fleuri de lis, avec des gestes rituels caractéristiques ; deux adorantes les implorent. Une autre bague — de l'ancienne collection Mitsotakis — représente l'épiphanie de la divinité qu'implore une adorante, tandis qu'une autre déracine l'arbre sacré. Deux bagues plus petites, de la nécropole de Kalyvia (Phaistos) portent des scènes rituelles analogues : la première le déracinement de l'arbre sacré et l'adoration ou bien les lamentations sur un bétyle ; l'autre, l'adoration de la divinité par un petit cynocéphale et une adorante. Des bagues en or rituelles ont été découvertes récemment dans le cimetière de Phourni à Archanès : l'une avec une scène analogue aux précédentes située dans un téménos sacré, une autre représentant la divinité qui conduit un char invisible avec un griffon ailé. A l'Ashmolean Museum d'Oxford il y a de nombreuses bagues minoennes en or, la plupart d'entre elles trouvées en Crète ; l'une des plus connues représente une femme nue qui s'incline devant des bétyles ou se lamente sur un pithos funéraire, en présence de la déesse et de son jeune compagnon ; sur une autre, un adorant est debout devant un sanctuaire avec un haut pilier ; une autre montre l'enlèvement d'une femme en bateau ; d'autres encore des séries de boucliers en huit et de nœuds sacrés. On retrouve ce motif de boucliers sur une bague d'une tombe de Kalyvia ; la moitié était recouverte d'une feuille d'or, l'autre d'argent. Dans la plupart des bagues le noyau était en bronze.

De nombreuses bagues à chaton elliptique ou discoïde sont connues par les empreintes conservées, aussi bien à Cnossos qu'à Haghia Triada et Zakros ; on peut les identifier grâce aux représentations cultuelles qui ont été rendues de façon très nette ; nous n'en sommes toutefois pas toujours certains. Je citerai comme exemple l'empreinte d'une bague elliptique qui représente des oiseaux antithétiques autour d'un soleil, tandis que dans la partie inférieure des griffons attaquent des animaux qui n'ont pas été conservés en entier.

La glyptique

Dès les époques les plus anciennes, la glyptique a rendu service à l'art des bijoux, mais cela a encore été davantage le cas lorsqu'on a utilisé des pierres précieuses dont la gravure était véritablement du grand art. Elle a atteint son apogée grâce à l'utilisation sur une grande échelle de motifs figuratifs que les artistes puisaient dans le monde de la nature et de la religion. Les bagues-cachets en métal offraient davantage de possibilités pour le développement et le rendu plus précis et plus net de ce genre de sujets ; puis le perfectionnement des instruments pour graver les pierres dures a permis l'épanouissement de cette branche particulière que constitue la glyptique. Les formes des sceaux se sont simplifiées et seules quelques-unes d'entre elles sont restées en usage : le cylindre aplati, le prisme à trois faces convexes dont deux seulement sont gravées, la lentille et l'amande. C'est effectivement ces types de surfaces qui s'étaient révélées les plus aptes ; la surface courbe des sceaux lenticulaires ou en amande favorisait la représentation de motifs enroulés et tournoyants, tandis que les côtés rectangulaires des cylindres aplatis — surtout dans la première phase — et les longues surfaces des sceaux ellipsoïdaux offraient plus de possibilités aux grands sujets, surtout à signification rituelle. A côté des pierres dures on en utilisait aussi de plus tendres, comme la stéatite et la chlorite. Il semble toutefois que, dans le choix d'une pierre, soient intervenus non seulement sa valeur en tant que matériau précieux mais aussi ses propriétés magiques et son pouvoir décoratif, veines, taches, transparence et couleur. On s'est aperçu qu'une catégorie particulière de pierres avait des pouvoirs magiques ; elles avaient la forme d'amulettes ou de talismans. Les jaspes de différentes couleurs et les hématites amygdaloïdes, portant des symboles prophylactiques ou des objets favorisant la renaissance de la végétation et la fertilité, étaient largement utilisés. Sur de nombreux sceaux de ce genre, on voit des cruches rituelles avec des rameaux et des doubles cornes, des symboles astraux, des doubles haches, etc. Le monde marin et végétal était utilisé de façon beaucoup plus caractéristique que dans la céramique. En cela les représentations d'empreintes de sceaux provenant de ce qu'on appelle le *Hieroglyphic Deposit* de Cnossos, sont très instructives ; elles sont du début de la première phase néopalatiale, tandis que d'autres, intéressantes également, sur des empreintes des *Temple Repositories* sont un peu plus tardives. D'une manière générale les ensembles d'empreintes de Cnossos, Haghia Triada, Zakros, Gournia, Sklavokampos, etc., nous en apprennent beaucoup sur l'évolution des thèmes figurés de la glyptique néopalatiale ; malheureusement ils nous renseignent beaucoup plus difficilement sur l'évolution de la forme des sceaux quoique dans de nombreux cas elles puissent elles aussi être déterminées à partir des empreintes. On ne peut qu'admirer la force avec laquelle ont été rendus les groupes d'animaux combattant, poursuivis, ou qui se reposent tranquillement. Partout c'est le tournoiement et l'enroulement, tantôt justifié par les mouvements ou les attitudes des animaux tantôt exagérés et poussés jusqu'à la déformation. Les animaux préférés sont : les taureaux, les chèvres sauvages, les cerfs et les lions qui avaient peut-être un sens symbolique ou allégorique pas toujours évident. Beaucoup d'animaux ont été disposés tête-bêche ou de façon antithétique sur deux, quatre secteurs ou plus, autour du symbole central, de l'objet rituel, ou même sans celui-ci. Les groupes d'animaux antithétiques ou les êtres supraterrestres autour de la divinité ou de ses substituts — la colonne sacrée, l'autel, les symboles, etc. — se justifient aisément par les rites. La divinité seule ou accompagnée de ses animaux, constitue un secteur entier du cycle figuré. Les génies et les êtres supraterrestres — le griffon sacré ou le sphinx — sont représentés également, seuls ou antithétiques, ou bien luttant contre des animaux et quelquefois des hommes. Des têtes d'animaux détachées, de personnages humains ou d'êtres supraterrestres cachaient indubitablement une signification religieuse. C'est peut-être cette même valeur religieuse que suggèrent quelques groupes — animaux allaitant leurs petits, par exemple — si l'on prend en considération les parallèles étroits, figurés ou littéraires qu'on trouve dans des civilisations voisines (Egypte ou côte syro-phénicienne) et dont le sens religieux est tout à fait assuré.

Pour nous les scènes de culte sont particulièrement importantes car elles constituent, avec celles des bagues en métal, notre principale source de connaissance de la religion minoenne. Dans ces représentations — dont beaucoup ne sont conservées qu'à travers les empreintes dont nous avons parlé — on observe toutes sortes de cérémonies relatives au culte rendu à la divinité : prière, supplication, offrande de sacrifices — sanglants ou non —, cérémonies à l'intérieur du téménos, devant les autels, les enclos de l'arbre sacré, dans les sanctuaires domestiques ou de sommets. Parmi ces séries, les empreintes de sceaux de Cnossos présentent un intérêt spécial par la représentation de la *Potnia thérôn* qui, sur une haute montagne, dans une attitude hiératique, accepte le culte que lui rend son adorant. Les divinités descendent d'en haut, s'assoient sur les autels, sont étendues sur les vagues, rament dans des barques, apparaissent brusquement aux hommes, sont accompagnées de leurs animaux sacrés, d'être supraterrestres, de démons, acceptent le culte qui leur est rendu non seulement par leurs adorants mais aussi par des singes cynocéphales. Des membres du clergé s'avancent processionnellement avec des symboles religieux dans les mains, transportent le manteau sacré ou offrent des vêtements à la déesse. Des prêtresses, des dames du palais, des démons officient, manipulant des ustensiles ou des symboles. Des sacrificateurs immolent, sur des tables destinées à cet usage, des taureaux ou d'autres animaux. Certains portraits, sur des sceaux néopalatiaux ou sur des empreintes, représentent des prêtres. L'un d'eux a été baptisé « derviche » par Evans. Peut-être les rois du *Hieroglyphic Deposit* sont-ils également figurés en portrait dans leur fonction sacerdotale. Nombre des scènes rituelles renferment des personnages miniatures ; ces motifs se font peut-être l'écho des thèmes, plus développés, des fresques palatiales ; Evans a essayé de le montrer en transposant sur une fresque, aidé de Gillieron, le sujet de la bague en or dite « de Nestor » trouvée à Pylos et presque sûrement minoenne.

Il y a toute une série de sceaux montrant le taureau sacré dans des enclos spéciaux, et sa capture qu'on peut ainsi suivre dans toutes ses phases et toutes ses modalités. Ici aussi le mouvement des animaux sauvages et celui des dompteurs et des acrobates, a été rendu de manière à la fois réaliste et conventionnelle ; nombre des épisodes de l'arène ont été figurés, et on a indiqué comment l'agilité et la rapidité permettaient de dompter l'animal sacré. Tous les sujets des sceaux ne peuvent être interprétés comme des scènes de la vie religieuse ; beaucoup d'entre eux traduisent les occupations du paysan, du chasseur, du pêcheur, du marin, de l'artisan, etc. Il existe des représentations très étranges, qui sont surtout connues par une série d'empreintes de Zakros ; il s'agit de génies si hybrides et souvent si monstrueux qu'ils sont évidemment des produits de l'imagination plus que des doctrines religieuses. Un grand nombre de ceux qui ont essayé de les interpréter y ont vu les tentatives faites par les graveurs pour diversifier les types. Une autre série de sceaux est fortement influencée par l'Egypte et la civilisation syro-phénicienne, aussi bien en ce qui concerne la forme des sceaux — scarabées ou cylindres — que dans les représentations devenues égypto-minoennes ou phénico-minoennes. Quelques-uns de ces cylindres relèvent d'une catégorie qu'on retrouve à Chypre. Des prêtres vêtus à l'orientale, tenant souvent sur l'épaule la hache rituelle syrienne, montrent clairement d'où venaient ces influences.

La glyptique a atteint le niveau le plus élevé de son évolution ; au point que, dans la plupart des cas, les représentations restent parfaitement satisfaisantes lorsqu'elles sont agrandies et ne perdent rien de leur précision et de leur force. Elle est devenue représentative de tout l'art minoen qui, dans d'autres branches, avait montré une nette tendance à la miniaturisation. D'autre part, le cycle figuré est — on l'a vu — une source importante de notre connaissance de la religion, de la vie et, dans une certaine mesure, de l'histoire à l'époque des Nouveaux palais.

Aussi l'édition du *Corpus* des sceaux créto-mycéniens qui sont dispersés dans les musées grecs et étrangers et dans des collections, publiques ou privées, a-t-elle rendu un grand service à la science. Un bon nombre de volumes de ce *Corpus*, publié par l'Académie de Mayence, ont déjà paru.

Marqueterie et assemblage des matières précieuses ou périssables

Il a été question de l'art plastique mineur en matériaux délicats comme la faïence et l'ivoire, et nous avons vu que, dans ce type d'œuvres aussi, on utilisait d'autres matériaux comme les métaux précieux et le lapis-lazuli. La faïence et l'ivoire entraient dans beaucoup d'ustensiles et accessoires de la vie quotidienne qui constituaient autant d'objets d'art. En faïence, souvent assemblée à l'or, on fabriquait de charmants petits vases — objets pour les sanctuaires ou articles de toilette — de formes très artistiques, sculptés ou décorés d'ornements plastiques. Des ustensiles de ce type proviennent des *Temple Repositories* de Cnossos et du trésor du palais de Zakros. Des matrices en terre cuite, en schiste et en stéatite ont été mises au jour à Cnossos, Zakros, Gournia, Pseira, Tylissos, etc. ; elles avaient, pour la plupart, servi au moulage d'ornements en relief ou en ronde-bosse, les sujets étant pris dans le monde végétal et animal ou le milieu marin. A Cnossos on a trouvé des moules de bras, de symboles célestes et d'ornements de forme architecturale. Des colliers, destinés à être utilisés dans les sanctuaires, étaient coulés dans des moules suivant le même système. C'est ainsi qu'ont également été fabriquées des perles allongées en forme de petites boules continues (les *segmented beads* d'Evans).

Les incrustations de faïence, d'ivoire, de lapis-lazuli et de cristal de roche sur des coffrets, plus rarement sur des meubles — dont la forme est difficile à déterminer — présentent un intérêt spécial. Les plus connues et les plus belles de ces incrustations ont déjà été mentionnées plusieurs fois et constituent ce qu'on a appelé la « mosaïque de la ville », trouvée à Cnossos. Nous avons parlé de la forme des maisons représentées sur les petites plaques et souligné leur rôle dans notre connaissance de l'architecture. Avec ces plaques, et faisant sans aucun doute partie de la même composition, on a trouvé d'autres fragments qui représentent de la végétation, de l'eau, des bouquetins, des Minoens portant des pagnes, des nègres qui nagent, des ornements en écaille, des fragments de mâts sacrés. Tout cela rappelle le rhyton en argent de Mycènes avec le siège d'une ville, et la fresque de Théra montrant une expédition navale. Ils appartenaient peut-être à un couvercle et aux faces d'une petite boîte en bois qui remonte à la première phase néopalatiale. A Cnossos, on a découvert des incrustations en faïence, en ivoire, en cristal de roche et aussi de nombreuses feuilles d'or ; elles provenaient de petits coffrets. La plupart d'entre elles avaient la forme de bandeaux plats ou cannelés, quelquefois avec des feuillages. On a également découvert des incrustations d'ivoire qui représentaient des façades de maisons très semblables à celles de la « mosaïque de la ville ». De nombreuses incrustations, tout aussi variées, ont été mises au jour dans le palais de Zakros, quelques-unes en forme de doubles haches et de nœuds sacrés, d'autres avec des rameaux et des feuillages ou des spires continues. Du trésor provient aussi un papillon en ivoire.

Très connu est ce qu'on a appelé le « jeu d'échecs » de Cnossos. Il s'agit d'un jeu qui se jouait avec des pions et dont les dessins étaient faits en matières précieuses — faïence, ivoire, cristal de roche et lapis-lazuli —, tandis que des feuilles d'or et d'argent recouvraient certains bords ou étaient posées derrière les cristaux. Ce jeu a été trouvé dans un couloir, derrière la véranda de la façade orientale où il semble que jouaient des personnages de la famille royale. Des pions en ivoire, tournés, ainsi que des vestiges de jeux identiques ont été mis au jour dans d'autres dépôts ou trésors. Sur la façon de jouer nous ne pouvons faire que des hypothèses. La disposition montre que le but du jeu était peut-être la prise de l'acropole par des pions qu'on déplaçait sur des bandeaux à chaque coup de dés. Des dés, qui doivent être paléopalatiaux, ont été retrouvés à Phaistos.

L'ivoire intervenait dans beaucoup d'ustensiles, surtout des objets de toilette. Dans la plupart des cas, seuls nous sont parvenus de misérables vestiges des innombrables pyxides cylindriques ou elliptiques. On a quand même la plus grande partie du corps d'un exemplaire provenant d'une tombe de Katsamba, port de Cnossos ; elle représente, admirablement travaillée et très réaliste, une capture de taureau ; tandis qu'un chasseur tombe sur les cornes de l'animal furieux qui évolue dans un paysage rocheux, d'autres le poursuivent ou s'enfuient en brandissant une longue pique ou en faisant flotter, comme dans les tauromachies d'aujourd'hui, des pièces de tissu ; un oiseau vole haut, effrayé. Des motifs figurés, plutôt conventionnels toutefois — le plus souvent des groupes antithétiques de dragons, griffons, sphinx —, ou décoratifs — rosaces et spires — ont été incisés sur des peignes et sur des manches de miroirs en bronze. La plupart d'entre eux ont été trouvés dans des tombes de la région de Cnossos et de ses ports, des régions de Phaistos et de Palaikastro. C'est de cette dernière que viennent de belles petites plaques sculptées portant des représentations d'oiseau volant dans un paysage rocheux, de lis éparpillés, de doubles haches et de nœuds sacrés ; un nœud sacré a été trouvé dans une maison voisine du palais de Cnossos. Un objet intéressant, une petite plaque sculptée découpée en forme de casque, provient de Cnossos. Des têtes de guerriers coiffés de casques en dents de sanglier, sur des petites plaques d'ivoire sculptées, ont été découvertes dans une tombe à tholos d'Archanès en même temps qu'une plaque rectangulaire destinée à être incrustée, qui représentait des boucliers en huit entre des colonnettes à petits chapiteaux en forme de fleurs de lis. Sakellarakis qui les a mises au jour croit qu'elles constituaient des ornements d'un repose-pieds comme ceux que l'on voit sur des bagues en or. Mais peut-être s'agit-il de décors de coffrets, car de nombreuses plaques décoratives, qui sont sans aucun doute des couvercles de cassettes, ont été mises au jour dans des tombes de Cnossos et de Phaistos, aussi bien que dans les maisons de Tylissos ; elles étaient ornées de lis, de rosaces, de petits boucliers, de rectangles superposés, etc. Des coffrets en forme de barques, qui représentent elles-mêmes des canards et dont la proue est la tête de l'animal retournée vers l'arrière, prouvent une influence égyptienne directe. Sakellarakis a étudié les types et la répartition de ces pyxides dans le monde égéen. Beaucoup d'autres petites plaques découpées en forme d'ailes de sphinx ou de griffons, de plumets tournoyants, de flèches aux ailerons garnis de plumes, etc., faisaient partie de décors de coffrets ou de meubles ; quelques-unes toutefois étaient des parties d'ex-voto. Nous avons beaucoup d'objets en cristal de roche, certains représentant des formes végétales ou marines, ou encore purement décoratifs ; d'autres, taillés en forme de petits vases — les plus caractéristiques proviennent de Cnossos, quelques restes en améthyste de Zakros —, en forme de symboles — demi-lune ou rosace solaire — ou en forme de champignons, de boules, de fruits, d'œufs, etc., servaient de têtes à des épingles ou des broches. De minuscules personnages humains étaient utilisés comme épingles ou constituaient des ornements ; c'est le cas d'une tête à coiffure rayonnante et soignée de Cnossos. Quelques fragments d'ivoire de Cnossos et de Palaikastro faisaient, semble-t-il, partie de sceptres et de bâtons. Un bâton courbe qui se terminait en forme de cou et de tête de cygne et un autre fragment, visiblement du même objet, en albâtre, ont été reconnus comme appartenant à une lyre votive, semblable à celles qu'on voit sur des fresques minoennes et mycéniennes.

Les éléments dont nous disposons prouvent que d'autres domaines de l'art étaient en pleine floraison ; ce sont ceux qui œuvraient des matériaux sensibles et périssables, du moins dans le climat humide de la Méditerranée. C'est le cas du tissage, de la broderie, du tressage des matières végétales, de l'art de l'habillement, de la menuiserie et de l'ébénisterie, etc. Quelques vestiges de ces créations nous sont parvenus quand des conditions favorables sont intervenues comme le contact direct avec du métal oxydé, un environnement constamment humide, une fermeture hermétique, etc. Malgré tout, il a été possible de formuler des conclusions d'ensemble, d'abord d'après les outils utilisés, mais aussi par les représentations et les imitations dans d'autres matériaux ainsi que les influences exercées dans d'autres domaines artistiques. Par exemple on a trouvé, en nombre incroyable, des poids de métiers à tisser, la plupart d'entre eux discoïdes et convexes ; nous avons aussi des fusaïoles, des ustensiles pour carder la laine, des pièces de tournettes, etc. Il y en a eu de représentés ou de rendus plastiquement. La plastique et les représentations en fresques et glyptique nous ont beaucoup appris sur les vêtements et les broderies ; nous y voyons par exemple des robes toutes brodées, non seulement de motifs décoratifs riches et serrés, mais aussi d'oiseaux, d'animaux, de plantes, de formes humaines, d'animaux supraterrestres, peut-être aussi de divinités, de symboles et d'éléments d'architecture. Des ornements avec des motifs continus ou brodés de motifs pouvant s'étendre à l'infini, par exemple, sont très fréquents. L'examen des différentes formes de vêtements et de leur évolution au cours des modes, parallèles ou successives, constitue l'objet d'un chapitre spécial sur la vie à l'époque néopalatiale, mais on peut l'aborder aussi d'un point de vue artistique. De même on pourrait voir plus en détail, toujours dans cette optique, les coiffures, et l'usage des accessoires qui complètent l'habillement. Mais il est préférable de grouper tout cela.

En ce qui concerne les différentes productions du tressage nous sommes renseignés par la céramique qui imite corbeilles, paniers et couffins, par les motifs tressés qui recouvrent des vases de pierre, etc. Dans beaucoup d'entre eux on distingue le mode de tressage qui se faisait comme maintenant, avec des joncs, des tiges d'osier, des roseaux, de la paille, etc. Nous avons vu qu'un des plus beaux vases de pierre avec motif tressé provient du palais de Cnossos ; c'est une cruche à embouchure ronde, anneau autour du col et anse enroulée.

Des articles de menuiserie nous n'avons que les restes qui se sont conservés par carbonisation, ou parce qu'ils se trouvaient dans un environnement toujours humide ; il s'agit de parties de coffrets et de pyxides, de manches de miroirs, d'épées, de couteaux et de rasoirs, de quelques restes de meubles, de machines simples — comme les pièces d'un treuil de puits à Zakros —, de manches de doubles haches, etc. Peu d'entre eux ont gardé des traces de leur décoration gravée ou sculptée. Cette branche, telle qu'elle s'est développée à l'époque néopalatiale, semble avoir été des plus importantes, et il est regrettable que nous ne soyons informés sur elle que par de si pauvres vestiges, par les imitations et les influences, et un peu plus par les représentations. Ces dernières nous donnent quelques renseignements sur l'ameublement — forme des tables, des trônes et des sièges, des escabeaux, des palanquins, etc. Nous y voyons des objets tournés qui prouvent que le tour de menuisier était utilisé à une grande échelle.

L'évolution de l'écriture minoenne

La découverte d'un grand nombre d'empreintes de sceaux sur argile et de quelques tablettes portant des inscriptions dans un système qu'on a appelé protolinéaire, prouve que, dès l'époque paléopalatiale, il y avait des archives dans les palais. En même temps, des sceaux prismatiques, appartenant à des rois ou à d'autres titulaires, avec de brèves inscriptions hiéroglyphiques traduisant peut-être des titres et des noms, marquaient le début d'une évolution de l'écriture qui est passée des idéogrammes à un système mixte utilisant à la fois des idéogrammes et un syllabaire. La schématisation linéaire des signes, gravés sur l'argile ou tracés à l'encre sur des matériaux le plus souvent périssables, a été à l'origine de systèmes voisins qu'Evans a appelés hiéroglyphiques-linéaires et Levi protolinéaires. Evans et les fouilleurs français ont daté de l'époque des Premiers palais un certain nombre de documents inscrits sur argile, provenant des palais de Cnossos et de Malia ; ils se présentent sous la forme de barres, de médaillons, de boulettes, de disques, de petites tablettes, et il s'agit surtout d'éléments de qualification ou de la description du contenu des coffrets ou des couffins qui contenaient peut-être les véritables archives, sur matériaux périssables celles-ci. A Cnossos, ils provenaient du *Hieroglyphic Deposit*, un étroit réduit sous l'escalier, au bout du long couloir des magasins ouest ; à Malia, ils ont été trouvés dans une pièce voisine des appartements royaux et dans les bâtiments du Quartier Mu. Nous avons montré — voir le chapitre concernant l'architecture néopalatiale — que, dans les trois cas, les constructions où ces documents inscrits ont été mis au jour sont du début de la première phase des Seconds palais ; le système hiéroglyphique paléopalatial n'a pas encore évolué de façon sensible, et les signes gravés donnent assez fidèlement, soit par des idéogrammes, soit par un syllabaire, les images des objets qu'ils évoquent : têtes, membres du corps, plantes, armes et outils, symboles, etc. Les inscriptions sont brèves, écrites de droite à gauche mais parfois aussi en boustrophédon. Il s'agit presque toujours de comptabilités où les centaines sont représentées par des losanges ou des cercles, les dizaines par des points et les unités par des lignes verticales ; le système est décimal. Dans une tablette hiéroglyphique de Phaistos il est, semble-t-il, question de quatre produits : blé, olives, huile et figues. Bien sûr, on ne peut pas parler de déchiffrement, pour la bonne raison que ces textes sont peu nombreux et écrits dans une langue inconnue.

Le système hiéroglyphique pur, qui avait été utilisé à l'époque paléopalatiale sur les sceaux prismatiques à trois, quatre faces (ou plus), n'a pas cessé d'être employé dans la glyptique, du moins au début de la première phase néopalatiale ; cela est prouvé par les empreintes des ensembles néopalatiaux de Cnossos, Haghia Triada et Zakros, à moins qu'il ne s'agisse d'empreintes de sceaux anciens qui ont été conservés. Sur ces sceaux, on distingue les mêmes signes hiéroglyphiques dont certains au moins devaient continuer à avoir leur valeur d'idéogramme — emblèmes royaux tels que le chat sauvage (ou seulement sa tête), la double hache, la porte, le trident. Ces signes représentaient peut-être des titres royaux ou des noms consacrés. Les signes hiéroglyphiques n'ont pas cessé de constituer un précis des membres du corps humain ou des objets usuels — ustensiles, outils, armes, bateaux, instruments de musique, symboles sacrés, animaux et plantes. Il est cependant difficile d'être sûr que certains d'entre eux désignaient un métier ou une quelconque occupation. Il ne fait pas de doute qu'on ne fabriquait plus ces sceaux hiéroglyphiques dans un stade avancé de la première phase néopalatiale. Et pourtant, l'écriture hiéroglyphique a continué d'être utilisée dans des textes sacrés ou sur des objets rituels. Des documents comme le disque de Phaistos, le bétyle inscrit de Malia et la double hache d'Arkalochori sont là pour le prouver. Le disque de Phaistos a été trouvé en même temps qu'une tablette en Linéaire A, dans un compartiment qui bordait une rangée de dépôts, séparés par des cloisons de brique crue, dans le secteur nord-est du palais de Phaistos ; ce secteur date de la première phase néopalatiale, soit du XVIIe siècle av. J.-C. Le texte hiéroglyphique a été imprimé sur les deux faces du disque en argile, à partir de caractères mobiles, très probablement en ivoire ; l'impression a

Fig. 5. — Spécimens des écritures créto-mycéniennes.

a) Inscription hiéroglyphique d'un sceau royal cnossien.

b) Inscription hiéroglyphique linéaire sur une rondelle d'argile provenant du Dépôt hiéroglyphique de Cnossos.

c) Tablette en argile en Linéaire A provenant de Phaistos.

d) Inscription en Linéaire A sur une table d'offrandes de la grotte de Psychro.

f) Inscription en Linéaire A provenant du Palais de Zakros.

g-h) Inscriptions en Linéaire A provenant du *Temple Repositories* du Palais de Cnossos.

i-j) Tablettes cnossiennes en Linéaire B contenant des idéogrammes de valeurs.

k) Tablette cnossienne en Linéaire B contenant des idéogrammes de chars et de chevaux.

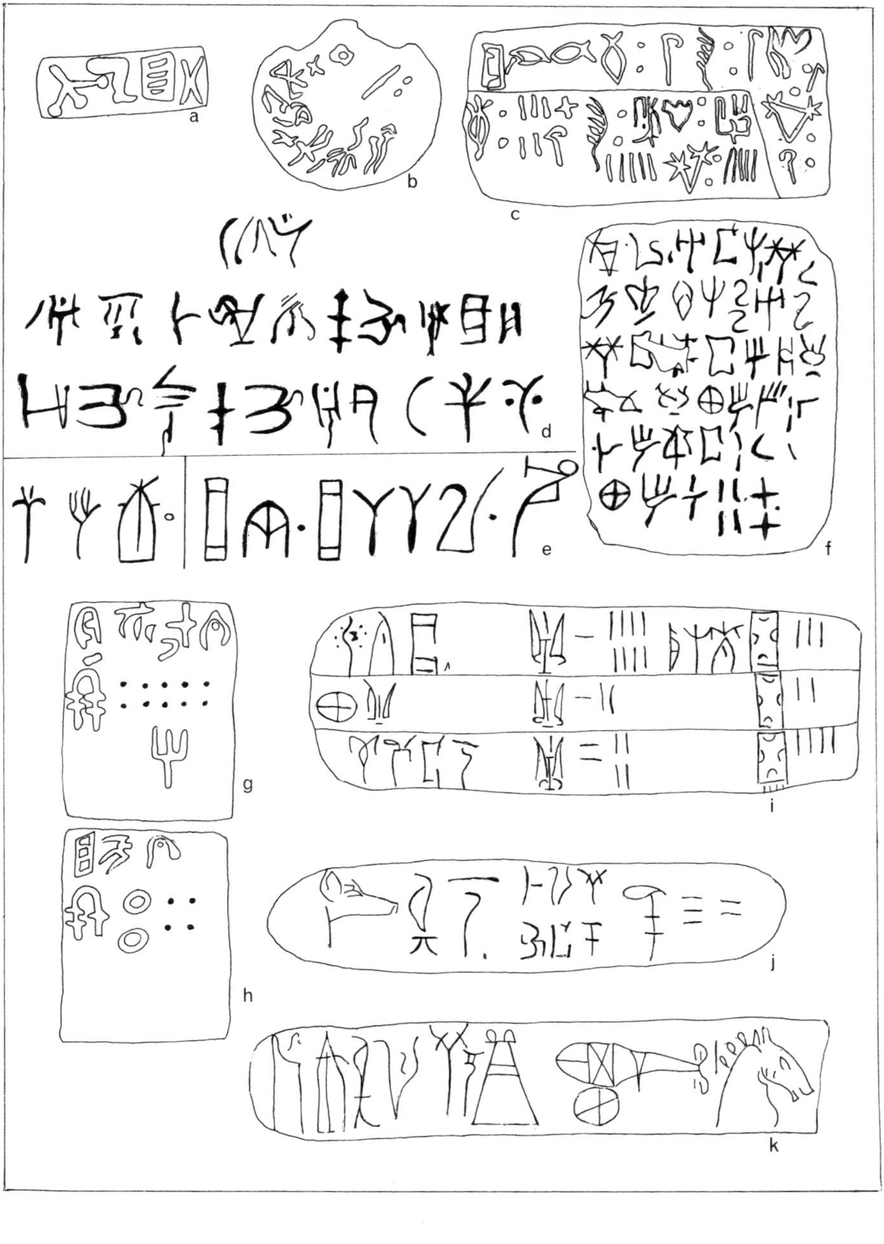
a
b
c
d
e
f
g
i
h
j
k

été faite en spirale, de la circonférence vers le centre, les différents signes étant groupés et les groupes séparés les uns des autres par des lignes verticales ; des lignes continues, gravées en spirale aussi, séparaient les différents registres. La façon dont ont été associés et imprimés les signes prouve qu'il faut voir dans ce document inscrit l'invention de l'imprimerie, même si celle-ci n'a pas continué à être exploitée aussi effectivement que l'a été, plus de trois mille ans plus tard, la découverte de Gutenberg. Depuis que ce document est sorti de terre, on ne cesse de discuter sur sa provenance, sa signification et son contenu. Partant du fait que les hiéroglyphes du disque étaient différents de ceux des régions de Cnossos et de Malia, et que quelques signes faisaient penser à l'Asie Mineure — l'un d'eux ressemble à la façade d'une tombe lycienne et un autre évoque des femmes anatoliennes —, quelques savants (dont Evans) l'ont fait venir d'Asie Mineure ; d'autres ont prêté davantage attention au signe, plusieurs fois répété, de la tête au panache rayé qui rappelait les Philistins — Pulesata dans les représentations égyptiennes — et d'autres peuples orientaux. Mais la découverte de la pierre sacrée inscrite de Malia, et de la hache en bronze d'Arkalochori, portant une inscription hiéroglyphique sur deux lignes verticales, a prouvé que la Crète connaissait divers systèmes hiéroglyphiques à la même époque et que la tête avec le panache — même un peu différent — était largement connue. La plupart des chercheurs sont tombés d'accord pour dire que le disque était crétois, et cela d'autant plus volontiers qu'il a été démontré que l'écriture en spirale avait été utilisée également dans des textes du Linéaire A — sur une bague en or et à l'intérieur des coupes magiques. Il reste à déterminer sa signification et son contenu, même en gros, puisque le déchiffrement s'est révélé impossible. Si le texte avait une signification religieuse, l'objet pourrait — du fait qu'il a été trouvé près de dépôts faisant très probablement partie d'un sanctuaire — avoir un rapport quelconque avec les cérémonies sacrées, comme les ostensoirs de la religion catholique. Evans a montré que le texte était rythmé et qu'une phrase était répétée comme un refrain ; il en a donc conclu qu'il s'agissait d'un hymne à la divinité, et cela apparaît probable, du fait qu'il a été écrit en hiéroglyphique, écriture qui convenait aux textes religieux ; il est donc possible que nous soyons en présence du plus ancien texte de la littérature religieuse, comparable aux hymnes divins, comme celui du dieu Râ — le Soleil —, qui ont été trouvés en Egypte. Parmi les autres interprétations qui ont été formulées, la plus digne d'être mentionnée est celle de Léon Pomerance qui, par d'habiles combinaisons, a essayé de prouver que le texte constitue une sorte de calendrier astrologique. Pourtant, les signes semblent appartenir — malgré les différences de formes — aux mêmes catégories d'objets que les hiéroglyphes des autres inscriptions ; il en est de même des signes de la double hache et du bétyle de Malia.

Le Linéaire A, utilisé sur une plus grande échelle pour les inscriptions des ustensiles rituels, des pithoi, mais d'abord et surtout pour les tablettes des palais et autres archives administratives, a évolué parallèlement. Cette écriture, qui semble dérivée des systèmes hiéroglyphiques, était principalement syllabique, mais continuait d'employer certains idéogrammes ; elle s'est rapidement diffusée dans toute la Crète, et même en dehors de celle-ci, comme l'a prouvé la découverte d'inscriptions sur des ustensiles, des membres architectoniques et des tablettes. Ces dernières ont, jusqu'à ce jour, été découvertes groupées, plus ou moins nombreuses, constituant peut-être des restes de grandes archives, à Haghia Triada, Zakros, Archanès et La Canée, tandis qu'on en a trouvé d'isolées à Cnossos, Phaistos, Malia, Tylissos, Palaikastro, Pyrgos (Myrtos) et Papoura (Haghios Georgios) dans le Lassithi. Des ustensiles rituels inscrits — surtout des tables à offrandes, des cuillers sacrées et des coupes — ont été mis au jour dans de nombreux sanctuaires de la Crète et de ses colonies, ainsi que des doubles haches inscrites, en or ou en argent, dans la grotte sacrée d'Arkalochori. Partout ces inscriptions étaient gravées ou incisées ; il y a pourtant quelques exemples d'écriture à l'encre de seiche ou à la peinture, comme à l'intérieur de deux coupes magiques de Cnossos. La petite bague en or avec l'inscription en colimaçon et l'épingle en argent d'une tombe de Mavrospélio portaient peut-être aussi des textes magiques. Dans les inscriptions des ustensiles rituels on a souvent un ensemble de quatre ou cinq syllabes qui se répètent et qui ont été transcrites en *Asasara* ou *Asasarame*, très probablement le nom de la divinité principale. Ce n'est peut-être pas un hasard si, sur les haches inscrites d'Arkalochori, on lit un autre nom de divinité DA MA (= Mère Terre). Les inscriptions sur pithoi indiquent le contenu puisque, dans certaines d'entre elles, on trouve l'idéogramme du gobelet en tant que mesure de capacité. D'une manière générale, on n'a pas réussi à déchiffrer le Linéaire A ; les spécialistes mettent tous leurs efforts à essayer de lire les textes en adaptant les valeurs phonétiques qu'ils ont assignées au Linéaire B. Il est de fait qu'il y a de grandes ressemblances entre les signes des deux systèmes, le Linéaire B étant dérivé du A. Mais il y a aussi de nombreux signes différents ou dont la ressemblance est douteuse, et beaucoup d'entre eux sont combinés, surtout dans les tablettes, ce qui rend difficile la transcription et presque impossible la compréhension des textes, la langue ne semblant pas être le grec. Dans de nombreux cas on peut quand même, grâce aux idéogrammes et aux chiffres, deviner de quoi il s'agit, et cela surtout dans les tablettes des archives. Malheureusement, celles-ci ne sont pas très nombreuses, puisque n'ont été conservés que les exemplaires qui ont été suffisamment cuits dans les incendies des palais et des villas ou maisons. C'est dans la villa d'Haghia Triada qu'on en a trouvé le plus, environ 140 et de nombreux fragments ; de Zakros il y en a presque une vingtaine plus quelques fragments, à Archanès et à La Canée 5 ou 6 et des fragments. Ces tablettes sont presque toujours rectangulaires et écrites de gauche à droite. Un bon nombre d'entre elles sont écrites sur les deux faces et la plupart contiennent des chiffres qui suivent les groupes de syllabes ou les idéogrammes. Il est évident qu'elles font partie d'archives de comptabilité, dénombrent ou enregistrent divers objets, produits, tributs ou cadeaux, des serviteurs ou des artisans, etc. Parmi les idéogrammes, certains se reconnaissent facilement par l'image ; ailleurs, on déduit leur signification de leur rapprochement avec d'autres signes semblables des archives du Linéaire B. A partir de là, Sundwall a soutenu que les archives appartenaient aux sanctuaires et que leur contenu était lié à des objets et des affaires les concernant. Cette hypothèse s'est vérifiée en partie quand on a mis au jour les archives du palais de Zakros, qui appartenaient au sanctuaire ; les tablettes dénombraient des ustensiles rituels, dont beaucoup, surtout les rhytons plastiques, étaient représentés par des idéogrammes, des symboles comme la double hache, des instruments de musique comme le sistre, et des offrandes comme le blé, le vin et le safran (crocus). Il est très probable qu'ailleurs aussi, certaines des archives faisaient partie des sanctuaires, puisqu'on les a trouvées dans des pièces ou avec des séries d'empreintes de cachets qui scellaient des objets du sanctuaire — ainsi que semblent le prouver les empreintes à représentations rituelles, avec des divinités ou des génies. Cela ne veut pas dire que, dans leur ensemble, les archives de l'époque néopalatiale n'étaient que des archives de sanctuaires. Le système métrique est toujours décimal mais diffère un peu de celui des inscriptions hiéroglyphiques : les centaines sont rendues par des cercles, les dizaines par des petites lignes horizontales, les unités par des lignes verticales, mais il y a toute une série de signes représentant des nombres fractionnaires qui ne sont pas toujours déterminés de façon certaine, bien que nous soyons aidés par des additions dont le résultat est accompagné par deux syllabes qui semblent signifier « total ». Les syllabes de base étaient environ quatre-vingt-cinq, mais il est difficile de définir leur nombre avec précision parce que quelques-unes d'entre elles prenaient des formes un peu différentes et d'autres apparaissaient dans des variantes locales.

La découverte, à Cnossos, aussi bien dans le grand palais que dans le petit et d'autres bâtiments, peut-être des annexes, de plusieurs centaines de tablettes — aujourd'hui, fragments compris, on estime qu'il y en a entre trois et quatre mille — a dépassé les espérances les plus optimistes d'Evans qui, en commençant la fouille, s'attendait à découvrir un nombre limité de textes qui confirmeraient l'existence, en Crète, d'une écriture « préphénicienne », comme il l'appelait. Les progrès faits dans la recherche ont établi que ces tablettes étaient écrites dans un système linéaire qui avait adapté un système antérieur à une réorganisation de l'administration bureaucratique, au cours de la phase finale des palais. On distinguait ces systèmes — Linéaire A et B — des différents types hiéroglyphiques. La diffusion du Linéaire B ne semble pas avoir été vaste en Crète, puisque les textes dans cette écriture sont presque exclusivement cnossiens ; il est presque certain que cette réforme s'est réalisée à Cnossos. Mais Evans était sûr qu'en dehors de Crète le Linéaire B s'était largement répandu dans le monde mycénien, puisque de nombreux vases, surtout des amphores à étrier, portaient des inscriptions de ce type. Quand en 1939, pour la première fois, on mit au jour des archives avec des tablettes semblables, une même écriture, et un arrangement très comparable, il fut convaincu que ce fait était dû à la colonisation crétoise. Caressant le projet de déchiffrer ces documents si importants, il évita de publier l'ensemble des tablettes de Cnossos, se contentant d'en présenter quelques-unes ; ce n'est que dans le dernier tome de son grand ouvrage sur Cnossos, en 1937, qu'il en publia davantage. Bien qu'il ait réussi à éclaircir, surtout grâce aux idéogrammes, un bon nombre de points du contenu des textes, il ne put les déchiffrer avant sa mort, en 1941.

Les tablettes en Linéaire B sont, pour la plupart, en forme de feuille oblongue, qui imite peut-être les feuilles de palmiers qu'on utilisait pour écrire à l'encre ; elles étaient écrites sur leur plus grande largeur, de droite à gauche, sur des registres superposés, parfois séparés par des traits incisés ; la forme rectangulaire est beaucoup plus rare ; les signes du même système ont pourtant servi dans de brèves inscriptions sur des empreintes de sceaux, des boules d'argile et des étiquettes discoïdes. Les tablettes écrites des deux côtés sont rares. Les textes étaient disposés d'après les règles établies par la bureaucratie palatiale ; c'est ainsi que beaucoup de tablettes portaient des titres et des sous-titres en caractères plus grands, annonçant probablement le contenu général. Des sections de lignes étaient écrites avec des lettres minuscules, et souvent on séparait par des traits des parties de l'ensemble du texte. La plupart des textes étaient bien structurés et bien écrits. Il s'agit d'archives de comptabilité, cela est visible d'après les chiffres qui suivent dans un système décimal presque identique à celui du Linéaire A, à cette différence près qu'au lieu de fractions on a des nombres composés avec des signes spéciaux pour chaque catégorie. Il y a beaucoup d'additions et de soustractions qui ont énormément aidé à contrôler le déchiffrement des nombres qu'Evans avait réussi presque dès le début. Evans avait également vu des tablettes comportant des pourcentages (en les ajoutant on avait un total de cent). A l'aide des idéogrammes, il a réussi à classer les tablettes suivant leur contenu : personnel de service, serviteurs et artisans, différents produits, objets fabriqués, cadeaux, etc., armement défensif et offensif, chars, animaux domestiques, troupeaux, etc. Ces catégories, augmentées bien sûr, sont encore valables aujourd'hui après le déchiffrement qui a été réalisé dans l'intervalle.

L'adaptation du Linéaire A s'est faite de façon un peu curieuse, avec l'intention, cela est clair, d'écrire une langue nouvelle et très différente. On procède à une simplification, à une systématisation et une expression plus conventionnelle des caractères, dont certains sont plus élaborés. Pour transcrire la nouvelle langue, qui s'est avérée être une forme archaïque du grec, il a fallu abandonner certains signes, en ajouter d'autres, donner une valeur différente à quelques-uns de ceux qui existaient déjà et, évidemment, changer certaines règles orthographiques et en établir d'autres. Cette adaptation s'est faite à Cnossos ; c'est en effet là que nous avons — jusqu'à ce jour du moins — les plus anciens textes dans le nouveau système ; ils sont datés de la dernière phase palatiale, plus précisément des années qui ont précédé la destruction finale du palais, peut-être vers 1380 avant notre ère.

Les textes conservés représentent vraiment l'administration financière d'une ou deux années ; et il semble qu'elle ait sans cesse été mise à jour sur de nouvelles tablettes faites avec la même argile qu'on repétrissait puisqu'elle avait simplement séché au soleil. Cela se comprend également par le fait qu'il n'existe aucune date dans les textes des tablettes. L'habitude d'avoir des archives sur tablettes s'est imposée sous l'influence de l'Orient mais aussi, semble-t-il, par le besoin de les protéger des rongeurs.

La tradition antique avait gardé le souvenir de la découverte fortuite de textes préhistoriques très anciens dans deux cas : quand le roi Agésilas de Sparte se trouvait, en 394 av. J.-C., en campagne en Béotie, on avait découvert à Haliarte une tombe étrange, qu'on avait attribuée, puisqu'elle remontait à l'époque préhistorique, à la mère d'Héraklès, Alcmène ; dans le mobilier funéraire, il y avait une tablette inscrite, en bronze, portant des signes bizarres en forme d'hiéroglyphes ; aussi le déchiffrement en fut-il confié à un prêtre égyptien, Chonoufi, qui en donna finalement une interprétation tout à fait imaginaire. Ce récit nous est rapporté par Plutarque. Le deuxième cas — mentionné dans le prologue de l'édition de la chronique de la guerre de Troie qu'on attribuait à Diktys le Crétois — était celui de la découverte d'une tombe, à Cnossos, en 66 apr. J.-C. (époque de Néron), à la suite d'un épouvantable tremblement de terre. A l'intérieur d'un coffre en étain, on trouva toute une série de tablettes d'argile dans une écriture mystérieuse ; cette fois, le déchiffrement fut fait, sur ordre de l'empereur lui-même, par des savants phéniciens qui, embarrassés, finirent par donner le récit de la guerre de Troie dont nous avons parlé et qui, plus tard, au IIIe siècle apr. J.-C., a été traduit en latin et publié par un certain Septimius. La découverte, en Egypte, d'un fragment de cette chronique, en grec, a prouvé que le récit n'était pas une invention de l'éditeur romain. L'histoire de la découverte des documents inscrits s'appuyait visiblement sur un fait, très probablement l'ouverture fortuite d'une ciste avec des tablettes en Linéaire B, dans la région des magasins occidentaux de Cnossos.

Le problème du déchiffrement des archives de Cnossos, malgré les efforts entrepris par de nombreux savants, est resté entre les mains d'Evans jusqu'à sa mort (1941). Après la Seconde Guerre mondiale, les tentatives faites par des chercheurs plus nombreux et spécialisés se sont multipliées et ont été plus poussées, sans beaucoup de résultats positifs toutefois, bien que le matériel ait, dans l'intervalle, augmenté sensiblement avec la découverte des tablettes de Pylos. De ces tentatives, une partie visait à découvrir la clef du déchiffrement, à l'aide du syllabaire chypriote, de l'écriture hittite, des écritures orientales et des hiéroglyphes égyptiens, une autre se limitait au classement à partir des idéogrammes, à des statistiques et à des observations sur la déclinaison et la conjugaison, les suffixes et la syntaxe. Finalement, le déchiffrement a été l'œuvre d'un architecte, amateur dans le domaine de l'écriture minoenne, Michael Ventris, qui a publié les résultats en collaboration avec le linguiste et helléniste J. Chadwick. Nous verrons dans un chapitre spécial sur la civilisation mycénienne les méthodes employées pour le déchiffrement et ce que ce dernier nous a appris sur la vie à l'époque mycénienne.

CHAPITRE III

LA VIE SOCIALE, ÉCONOMIQUE, RELIGIEUSE ET PRIVÉE

Pour reconstituer une image de la vie sous ses différentes formes, nous avons plus de moyens que dans les époques précédentes : la découverte des palais, des nombreuses villas, fermes et autres demeures importantes, aussi bien que de quartiers, de villes et d'habitats des différentes phases néopalatiales, la mise au jour d'archives systématiques, la recherche dans la tradition grecque des éléments qui se référaient à l'apogée de la civilisation crétoise. Il ne faut toutefois pas perdre de vue que cette reconstitution est en grande partie hypothétique : l'image d'ensemble varie suivant les savants, les chercheurs et les fouilleurs, selon les interprétations que ceux-ci donnent aux différents éléments ; une telle image doit sans cesse être corrigée et complétée au fur et à mesure de la progression des fouilles et des recherches. Il faut faire particulièrement attention dans les domaines qui, d'après leur nature même, sont fondés sur très peu de vestiges matériels — ceux que les fouilles ont mis au jour — ou sur des traces qui laissent le champ libre aux interprétations, comme c'est le cas pour la vie religieuse et la vie intellectuelle. Quand on utilise les éléments fournis par la tradition antique, il ne faut pas oublier de distinguer le mythe de la légende et de l'histoire ; cette séparation se heurte à bien des difficultés. Pour reconstituer une image générale, le raisonnement scientifique ne suffit pas ; il faut faire appel à l'imagination qui s'appuie sur une certaine intuition alimentée par le subconscient, et aide ainsi grandement le travail conscient. On a accusé Evans de s'en être un peu trop servi ; les recherches menées depuis lui ont toutefois donné raison sur bien des points et ont montré qu'il a beaucoup plus apporté en essayant de reconstituer que nombre d'autres chercheurs qui demeuraient réservés. Il est normal qu'il ait fait des erreurs et qu'il soit allé jusqu'à l'exagération, puisqu'il a été l'un des pionniers de la préhistoire égéenne. Mais il serait très injuste de le juger sévèrement.

La vie sociale

Si à l'époque paléopalatiale la vie sociale s'était finalement articulée sur des bases nouvelles — déplacement du centre de gravité du clan à la famille et à l'individu, et répartition en classes sociales liée à la division du travail et à la création d'une hiérarchie ayant le roi pour sommet —, il ne fait pas de doute que c'est à l'époque des Seconds palais que cette nouvelle organisation a pris sa forme définitive, constituant un système parfaitement hiérarchisé. Nous le devinons à partir de l'ordonnance des palais, véritables ruches où se déploie une vie active sous la conduite des rois, par les demeures des toparques et les maisons des riches propriétaires terriens, par l'organisation des villes composées de maisons simples mais confortables, qui prouvent que les classes populaires pouvaient vivre de façon relativement heureuse et prendre part à la vie sociale et politique. Nous sommes plus précisément renseignés sur la phase finale, grâce aux tablettes des archives de la comptabilité de Cnossos, quoique ces informations datent des années où des liens étroits avec le monde mycénien avaient commencé à apporter des changements appréciables. En gros pourtant, la division du travail et l'organisation en classes sociales étaient un vieil héritage, comme on peut facilement le voir dans les archives les plus anciennes — bien que toujours néopalatiales — aussi bien en hiéroglyphique qu'en Linéaire A. On distingue facilement la classe royale, la classe des nobles — aussi bien de la cour royale que ceux de l'environnement, les toparques et les membres des vieux clans illustres —, la classe des riches propriétaires terriens, la classe des artistes et des diverses catégories d'artisans, celle des commerçants et des navigateurs, la classe des prêtres — sans doute très nombreux —, la classe des paysans et des éleveurs, et pour les dernières phases du moins, celle des soldats et des hommes exercés pour la marine militaire ; enfin il y avait la classe des fonctionnaires publics et des serviteurs, et celle des esclaves. Sur cette dernière nous sommes très mal renseignés, et dans les habitats on n'a pas retrouvé de secteurs où auraient demeuré, à part, des familles d'esclaves qui auraient travaillé pour la société ou pour des particuliers. Ils sont pourtant souvent mentionnés dans les tablettes de Cnossos. Peut-être étaient-ils avec leurs maîtres, dans les maisons, en ville ou dans les fermes, partageant la vie commune. Bien sûr, il n'est pas facile de dire si, à l'intérieur des maisons, les petites pièces à l'écart étaient utilisées par des serviteurs rétribués ou par des esclaves. Le fait qu'on ait, quoique assez rarement, des représentations de Noirs porte à croire qu'on utilisait aussi en Crète des esclaves de couleur achetés, envoyés comme cadeaux par les pharaons, ou prisonniers, pour des travaux secondaires comme pour l'armée, ainsi que nous le voyons sur la fresque du « Chef des Noirs ». Les tombes constituent une importante source d'information sur l'organisation sociale à l'époque des Seconds palais. Les tombes destinées aux génos de différentes tribus ne sont plus employées. Elles sont, en règle générale, familiales ou individuelles. Il existe une exception, celle des quelques grandes tombes en grotte utilisées par plusieurs familles parentes ou dans les petits habitats. La forme des tombes et le mobilier qui y est déposé nous renseignent souvent sur la classe sociale du défunt. Comme à l'époque actuelle, les individus des classes les plus basses étaient enterrés dans des tombes plus petites renfermant un mobilier plus pauvre, au pourtour du cimetière, rarement dans des cimetières à part. Dans les tombes familiales les sépultures prennent un caractère plus individuel avec l'utilisation de sarcophages, de cercueils, de jarres funéraires ; on ouvre des fosses ou des niches spéciales. La tendance à l'individualisme se fait, c'est clair, de plus en plus grande. Toutefois, les résultats extraordinaires obtenus par une vie sociale bien organisée montrent combien les différentes classes étaient étroitement et harmonieusement liées. Il faut souligner, en particulier, le caractère pacifique de cette symbiose, mais cela est surtout dû au système politique et aux liens créés par la religion. Une paix intérieure de ce type n'aurait pu être maintenue aussi longtemps s'il y avait eu des inégalités trop criantes entre les classes sociales — soit par la richesse, soit par la naissance — et si les classes supérieures avaient abusé de leur puissance au détriment des plus basses ou des plus faibles. La religion devait sans doute constituer un lien important et efficace. Mais il est possible également que le caractère « racial » du peuple minoen qui, souple d'esprit, a réussi à apprécier les bienfaits de cette symbiose pacifique prolongée, ait aussi joué un rôle. Peut-être la place de la femme dans la société minoenne y a-t-elle aussi été pour quelque chose. Cette place particulière, nous la sentons dans le caractère même de l'art minoen, mais nous en avons un indice, sinon une preuve formelle, dans la présence et la participation des femmes à chacune des manifestations sociales ou religieuses qui nous sont transmises par les œuvres d'art, et cela au point de dépasser souvent l'importance de la présence masculine. De nombreux chercheurs, surestimant ce rôle, ont cru que le système social était fondé sur le matriarcat, que la femme était le chef de la famille et la maîtresse de la maison, avançant comme argument de base qu'à l'époque hellénique les Crétois appelaient leur patrie « *μητρίδα* ». Ils ont même pensé que, dans l'administration politique aussi, la femme avait la première place ; certains d'entre eux ont imaginé que la reine, en tant que grande prêtresse, apparaissait sur le célèbre trône de la salle des cérémonies du palais de Cnossos. Rien ne vient toutefois confirmer ces hypothèses ; dans les palais et les autres demeures minoennes, les pièces réservées aux hommes sont à la fois plus grandes et plus majestueuses que celles des femmes qui sont en général petites, charmantes et plus isolées. Ce sont des portraits d'hommes qu'on voit sur les sceaux royaux et, autant qu'on puisse en juger, ce sont les hommes qui occupent les places les plus importantes, sauf peut-être dans la classe sacerdotale, à la tête de laquelle on trouve toutefois le roi, si l'on en croit les documents qui sont à notre disposition. Mais il semble effectivement que la femme avait une grande liberté dans la vie sociale, puisqu'elle prenait part aux plus importantes fêtes publiques et même aux concours athlétiques les plus durs comme les captures de taureaux, les expéditions maritimes et les chasses organisées. Dans ces derniers cas, elle apparaissait habituellement vêtue du même pagne que les hommes ; c'est la première manifestation de la mode *unisex*. Je rappellerai à ce propos que quelques chercheurs ont soutenu que le « prince aux fleurs de lys » ou le « roi-prêtre » de la fresque de Cnossos représentait en fait une princesse ou une reine ; cela n'est confirmé ni par le modelé du corps ni par la couleur rose de la figure. Toutefois, on remarque dans la période finale — la période achéenne des palais de Cnossos — un certain changement dans l'organisation de la société, intervenu peut-être sous l'influence de l'élément achéen. On observe des tendances nouvelles à la lutte qui, peut-être par nécessité, aboutissent à une sorte de militarisme, pas aussi pesant toutefois que dans le monde mycénien proprement dit. De nouvelles mœurs et de nouvelles coutumes apparaissent alors dans la société créto-mycénienne, et on le voit très clairement dans le cycle figuré. Beaucoup d'entre elles ont survécu en Crète jusqu'à l'époque grecque et ont été à l'origine de lois qui nous sont connues depuis la découverte du célèbre code de Gortys. Malgré l'évolution de la société, le facteur tribal du « génos » n'a jamais complètement perdu sa force, et les liens qu'il avait créés ont continué à unir des membres de familles différentes et des individus apparemment indépendants. Il n'est pas facile de distinguer, dans les mœurs nouvelles, ce qui constitue un héritage purement minoen et ce qui est un apport achéen. Mais on peut avancer des hypothèses en observant les différences qui existent avec les coutumes d'autres régions qui n'étaient pas tributaires du même passé.

La vie sociale n'était évidemment pas la même dans tous les centres néopalatiaux, puisqu'elle dépendait pour une grande part du caractère général du centre et de la région. Dans les grands centres palatiaux elle était complexe, et le palais donnait le ton puisqu'il était le sommet de la pyramide sociale. La hiérarchisation des classes et leur aboutissement à la famille royale se voyaient même dans la disposition des maisons autour du palais, dans la zone la plus proche, dans les quartiers bourgeois et les faubourgs. Des centres palatiaux comme celui de Zakros, appuyés sur un arrière-pays plutôt pauvre, avaient un caractère nettement commercial ; d'autres, comme Palaikastro, étaient mixtes — commercial, artisanal, agricole — et il en était de même, avec un caractère agricole sans doute plus accentué, à Gournia. Praisos était rurale, tandis que Mochlos et Pseira avaient une vocation pour le commerce maritime et peut-être aussi la pêche.

La vie politique

Les palais constituaient, on l'a vu, le centre de la vie politique, qui semble avoir été fonction du système social et de l'endroit. La Crète était divisée en royaumes autonomes mais qui reconnaissaient visiblement le roi de Cnossos comme suzerain ; la différence entre les appartements de Cnossos et ceux des autres palais (différence d'étendue, de luxe, d'organisation) ne peut pas être attribuée seulement au fait que Cnossos ait bénéficié de conditions de développement plus favorables ou parce qu'elle était une ville plus grande. L'espace vital de Phaistos était plus large, et les relations avec l'étranger plus intenses à Phaistos et à Zakros. On dirait qu'il y avait une certaine reconnaissance de préséance et que le roi de Cnossos était *primus inter pares*. Zakros devait être un peu plus dépendante de Cnossos, et on soupçonne même que c'était une fondation cnossienne destinée au commerce. Elle reçoit donc des influences beaucoup plus fortes que Malia, qui présente une plus grande autonomie provinciale et qui, comme le montre la céramique, entretient plus de relations avec Phaistos qu'avec Cnossos. La reconnaissance de Cnossos, peut-être comme capitale d'un Etat plus vaste, semble avoir été effective et s'exprimait par des contributions qui devaient être la principale source de la prospérité cnossienne. Dans la dernière phase des palais de Cnossos, nous apprenons, par les tablettes des archives en Linéaire B, qu'après la destruction et l'abandon des autres centres palatiaux, cette ville contrôlait politiquement et économiquement l'ensemble de l'île, de l'extrémité est jusqu'à l'ouest.

Le fait qu'on ait découvert quatre palais ne veut évidemment pas dire qu'il n'y avait que quatre centres palatiaux. Nous avons des indices de l'existence d'autres palais qui n'ont pas encore été mis au jour — dans la région de Praisos, dans la région de Réthymnon et à Kastelli de La

Canée, où l'on a déjà des fragments d'archives. Le grand bâtiment de Plati, dans le Lassithi, aussi bien que le petit palais de Gournia étaient peut-être des demeures de toparques. En ce qui concerne le palais de La Canée, il existe un témoignage antique, qui nous est parvenu par l'intermédiaire des historiens vénitiens : Minos a fait coloniser la ville de Valchania qui se trouvait, selon toute vraisemblance, dans la région du golfe de La Sude — La Canée. Sous Valchania se cache sans doute le nom de l'actuelle La Canée (Chania). D'autre part, la découverte de toute une série de fermes, grandes et riches, rend très probable l'existence d'un système de type féodal, suivant lequel de riches propriétaires terriens se trouvaient sous la dépendance politique et économique des rois, mais étaient possesseurs des terrains qui leur avaient été concédés en échange d'obligations précises et d'échanges convenus. C'est une situation politique identique que nous retrouvons dans les tablettes de Cnossos et, plus tard, dans les centres mycéniens ; il s'agit sans doute d'un vieil héritage minoen. Les rapports pacifiques entre les rois et les toparques avaient très probablement été réglés par des institutions transmises de père en fils et dont la base était sûrement religieuse. Il est de fait que la structure même des palais nous porte à croire que les rois exerçaient en même temps un pouvoir politique et un pouvoir religieux ; les problèmes communs (échanges, commerce, défense, travaux publics, etc.) étaient probablement réglés par les rois, continuellement en contact les uns avec les autres, ou au cours de rencontres, peut-être dans un sanctuaire reconnu par tous, exactement comme nous voyons, dans le récit de l'Atlantide, tous les rois venir dans un sanctuaire central et, après une cérémonie rituelle, décider des choses qui leur sont communes. Il semble donc que le gouvernement se fasse au nom de la divinité dont les rois sont les représentants. Le régime apparaît ainsi avoir des bases théocratiques, et cela explique en grande partie la symbiose pacifique des Crétois — ce qu'on a appelé de façon caractéristique la *Pax minoica* —, le fait qu'on ne voie pas d'abus de pouvoir, et aussi que les palais minoens et les grandes constructions publiques aient été réalisés sans aucune contrainte du peuple, contrairement à ce que l'on observe en Egypte et en Orient. Dans les *insignia dignitatis* des rois, dans leurs emblèmes et leurs titres, on distingue facilement leur qualité sacrée ; la tradition grecque, d'autre part, a transmis beaucoup de choses sur les noms qui semblent avoir une signification sacrée (Minos, Pasiphaé, Ariane, Europe, etc.), leur étroite relation avec la divinité sous la forme du taureau sacré, le renouvellement régulier du pouvoir royal par la divinité, la provenance divine des lois et le caractère du Labyrinthe de Cnossos, qu'on identifie maintenant au palais minoen. Sans doute de nombreux points de cette tradition demeurent obscurs ; que voulait-on dire en affirmant que Minos « ἐννέωρος (ou ἐννεωρός ?) βασίλευε » : que son pouvoir lui était renouvelé tous les neuf ans ou qu'il était le chef de neuf rois ? (Voir les composés comparables : πυλωρός, Θυρωρός, ἀκταιωρός, etc.)

Si Minos est un titre comme l'a supposé Evans, il pourrait peut-être signifier le « Bienheureux » (Μάκαριος) puisque la racine du mot existe en phénicien et a le sens de repos, calme, félicité ; selon V. Bérard sous le nom de Μινῴα étaient fondés plusieurs ports, considérés comme lieux de repos des bateaux. Les emblèmes du roi étaient l'épée rituelle et le sceptre dont la tête, du moins à Malia, exprimait son double pouvoir — à la fois politique et religieux — par l'association de la hache à un seul tranchant et du léopard. Les lis sont aussi un emblème royal puisqu'on les trouve également sur des ustensiles rituels, des symboles, des armes et d'autres objets sacrés ; ils décoraient la couronne royale où ils étaient associés aux plumes de paon formant panache. Dans d'autres représentations — un gobelet à relief, d'Haghia Triada, une empreinte de sceau avec un portrait, de Cnossos — le roi porte un diadème. Il partageait peut-être son pouvoir avec la reine, mais celle-ci — et pourquoi pas les princesses ? — avait une charge religieuse ; les noms de Pasiphaé, Europe et Ariane, qui sont peut-être des traductions achéennes, semblent signifier la Pleine Lune, la Sombre (Nouvelle Lune) et la Toute Pure ; il n'est pas invraisemblable qu'il s'agisse là de titres sacerdotaux.

Quelques savants — d'abord et surtout van Effenterre qui se fondait essentiellement sur les cryptes et ce qu'il a appelé l'« agora » de Malia — ont pensé que la puissance politique du roi était limitée et contrôlée par l'assemblée du peuple et par un corps constitué, peut-être en partie clérical, qui devait être l'équivalent du Sénat ou du Conseil des nobles. Ces conclusions peuvent être considérées comme particulièrement audacieuses, surtout si elles ne doivent se fonder que sur le complexe au nord-ouest du palais de Malia dont la destination semble avoir été liée aux jeux de taureaux ; et cela d'autant plus que sa fondation et sa première utilisation remontent à l'époque des Premiers palais quand le changement de régime sur des bases démocratiques aurait plutôt été improbable. Naturellement, il faut admettre l'existence autour du roi de nombreux dignitaires, organisés de façon hiérarchique en catégories dont chacune avait une fonction particulière ; peut-être la présence de conseillers du palais était-elle jugée indispensable pour la bonne marche du régime ; c'est avec leur aide qu'avait dû être organisée la bureaucratie, particulièrement perfectionnée dans la phase finale des palais de Cnossos. Il est toutefois impossible de dire avec plus de détails quelles étaient ces catégories de dignitaires ou de parler de leurs attributions. D'après le soin apporté à l'enregistrement, au classement des archives, à la conservation dans des coffrets spéciaux, dans des couffins ou des corbeilles, à l'intérieur de placards, d'après les sceaux apposés et les autres mesures de contrôle, nous arrivons à la conclusion qu'il devait y avoir des catégories de scribes, de comptables, de gardes des sceaux, etc., qui, avec les magasiniers, étaient chargés de la sécurité des biens des palais et des sanctuaires. On scellait selon certaines règles : souvent deux ou trois cachets, des signes de contrôle, la garantie étant assurée par des « ficelles », des sceaux, des serrures et des ouvertures.

Il est difficile de dire quelles espèces de lois régissaient les royaumes minoens. On suppose que la plupart d'entre elles étaient des coutumes non écrites qui se présentaient comme des commandements divins. La tradition qui voulait que Minos reçut régulièrement de la divinité des lois nouvelles a des parallèles en Orient : le Code d'Hammourabi avec, dans la partie supérieure de la pierre inscrite, la représentation du dieu donnant ses lois au roi ; et les Dix commandements que Moïse a reçus de Dieu sur le mont Sinaï. Mais nulle part, dans la Crète préhistorique, on n'a mis au jour de textes qui auraient pu être considérés comme des lois. Toutefois, il existait une tradition très vivante qui faisait de Minos l'un des trois juges des Enfers ; il était en effet resté célèbre pour sa sagesse et sa justice ; les deux autres étaient Rhadamanthe, de la région de Phaistos, et Eaque — dont le nom était lié aux installations minoennes dans les îles du golfe Saronique, comme celui de Rhadamanthe l'était à la tradition de la colonisation minoenne des îles de l'Egée, de l'Eubée et de la Béotie. On parlait toujours de l'*εὐνομία* crétoise — le gouvernement par de justes lois — qualificatif qu'à l'époque classique on avait rattaché à la magistrature. L'action de rendre la justice, au moins au niveau où elle était une question de vie ou de mort, était, semble-t-il, liée à la religion ; les tribunaux les plus élevés et la Haute Cour que devait présider le roi en personne, fonctionnaient sans doute sous la forme de consistoires. Aussi la grande salle du trône de Cnossos a-t-elle été considérée par beaucoup de savants comme un tribunal sacré, en liaison avec un bassin lustral comprenant un vestibule et un petit sanctuaire. Les bancs qui se trouvaient près du trône devaient être occupés par les juges-prêtres, et les griffons représentés sur les murs prenaient la place des juges incarnant la divinité, comme sur la bague en or de Nestor. Ce ne sont là que de simples hypothèses, mais qui ne dépassent pas le cadre général des données en notre possession.

Le pouvoir royal s'étendait sur tous les secteurs de la vie et tout particulièrement sur l'économie — le commerce, la navigation, l'artisanat

— et la religion dans toutes ses manifestations publiques et privées. Son ingérence dans la vie individuelle ne peut pas être mise en doute non plus. Mais cela nous le verrons dans les paragraphes suivants. Ici nous ne ferons que souligner le rôle du pouvoir royal dans l'organisation et le maintien de la suprématie sur terre et sur mer. Quoique les données mises à notre disposition soient loin d'être suffisantes pour que nous puissions nous en faire une idée un peu complète, il serait injuste d'en douter : non seulement la tradition est catégorique, mais il existe de nombreux éléments pour nous en convaincre. Les habitats de l'île ont continué, à l'époque des Seconds palais, à ne pas être fortifiés. Les simples enceintes autour des palais étaient plus des systèmes de contrôle que des moyens de défense. Cette constatation suppose que la protection des principaux centres et de l'île tout entière reposait sur une suprématie terrestre et maritime. La paix extérieure était un facteur essentiel du maintien de l'équilibre du pouvoir des rois de Crète, et c'est sans doute par ce moyen qu'il était possible de neutraliser n'importe quelle réaction intérieure. D'autre part la flotte, bien organisée, avait assuré une sorte de thalassocratie dont parle la tradition grecque mais que rapportent également, avec conviction, les historiens grecs, d'abord et surtout Thucydide. Dernièrement, de nombreux fouilleurs, qui voulaient exalter la force mycénienne en face de la force minoenne, ont mis en doute ces données ou ont reporté la thalassocratie minoenne à l'époque paléopalatiale. Cependant, les données archéologiques confirment pleinement la tradition historique. Les Crétois, Cnossos en tête, contrôlaient la Méditerranée orientale, comme dans la tradition mythique les pacifiques Phéaciens.

Les bateaux minoens, nous les voyons sur les bagues-cachets, les sceaux et les empreintes de sceaux. Souvent équipés de voiles, avec un ou plusieurs mâts, il n'était pas rare qu'ils aient aussi des rames dont une ou deux, plus longues et plus grandes, servaient de gouvernail. Marinatos et d'autres ont étudié les navires créto-mycéniens et, d'une manière générale, le développement de la force maritime crétoise. Le premier a eu la chance de mettre au jour, dans la colonie minoenne de Théra, une fresque en frise représentant une expédition menée par une flotte organisée ; nous en parlerons plus tard. C'est peut-être une entreprise analogue que représentait la « mosaïque de la ville » en faïence qui, comme nous l'avons montré, date de la première phase néopalatiale. Evans avait vu dans cette scène une expédition de chasse et une expédition navale à laquelle s'étaient mêlés de petits personnages négroïdes nus ; dans un fragment il avait même distingué une proue de bateau. Il a apporté comme comparaison la scène d'une entreprise de débarquement sur le rhyton en argent provenant des tombes royales de Mycènes et reconnu comme crétois par presque tous les spécialistes. La fresque de Théra prouve que ces expéditions atteignaient parfois les côtes de Libye où il y avait des installations minoennes ; des personnages négroïdes essaient de se sauver à la nage, peut-être après une bataille navale, exactement comme les négroïdes de la « mosaïque de la ville » et les personnages du « rhyton du siège ».

Il est difficile, aujourd'hui, de rechercher le mode d'organisation des ports minoens, les côtes du centre et de l'est de l'île ayant été submergées ; nous avons quand même donné quelques indications là-dessus — les chantiers et les cales, les quais, les tours de signalisation qui fonctionnaient peut-être comme des phares — et nous avons rappelé l'idée d'Evans, fondée sur des observations du Français Jondet, concernant une installation portuaire minoenne dans la petite île de Pharos (dans l'embouchure du Canope), dans le delta du Nil. Les fouilles de Kommos, le petit port de Phaistos, qui sont menées par le Pr J. Shaw, fourniront peut-être davantage d'éléments. Il est probable que le port de Zakros donnera également des renseignements importants ; il y a eu installation à cet endroit, non seulement pour assurer le commerce avec l'Orient, l'Egypte et Chypre, mais, comme nous l'avons noté, pour contrôler les étroits passages entre la mer de Libye, la mer de Crète et l'Egée, c'est-à-dire entre la Crète orientale et les îles de Kassos et Karpathos.

La suprématie maritime a surtout été assurée par la fondation de nombreux comptoirs commerciaux et de colonies que nous verrons dans d'autres chapitres ; la neutralisation de la piraterie dont parle Thucydide — surtout aux mains des Lélègues et des Cariens qui avaient des repaires dans les îles et sur la côte d'Asie Mineure — en était la suite naturelle. Jusque-là, ces régions pauvres vivaient en grande partie de la piraterie et utilisaient, semble-t-il, les bateaux à plusieurs rames que nous voyons sur les vases cycladiques les plus anciens ; les fortifications des pauvres bourgades des Cyclades sont une preuve de cette situation. En échange de la prospérité qu'elles apportèrent dans la plupart des îles, les installations crétoises devaient obtenir l'exploitation des ressources locales et la fourniture d'équipages pour les bateaux. Le principal objectif de ces installations était d'ordre commercial. De toute façon, cette colonisation s'étendit énormément et dépassa de beaucoup les limites de la Méditerranée orientale ; et l'infiltration — commerciale et civilisatrice — de la Crète sur le continent grec est, comme nous le verrons, à la base de la formation de la civilisation dite mycénienne.

C'est sans doute à la domination politique crétoise que se rattachent les traditions qui ont fait de Minos un tyran n'hésitant pas à imposer de dures conditions d'obéissance qui allaient jusqu'à « l'impôt du sang ». Ainsi l'Attique devait envoyer à Cnossos des jeunes gens et des jeunes filles destinés à être la pâture du Minotaure ; c'est Thésée qui réussit à libérer son pays de cette obligation. Cette mauvaise réputation de tyrannie se trouvait en pleine contradiction avec la tradition qui faisait de Minos un sage et un juste. Mais le meilleur moyen pour s'imposer a encore été l'infiltration pacifique et civilisatrice, et l'exercice d'une diplomatie habile qu'on peut suivre dans les relations de la Crète avec les grandes puissances égyptienne et orientales.

Les relations que la Crète avait nouées avec l'Egypte du Moyen-Empire et avec l'Orient (première dynastie babylonienne), aussi bien qu'avec les royaumes du Moyen-Euphrate (dont le centre était Mari), de Syrie (région d'Alalakh), avec les centres de la côte phénicienne (Ugarit et Byblos) ont été troublées, semble-t-il, dans la période qui a suivi, par l'installation d'éléments nouveaux, aussi bien en Mésopotamie qu'en Asie Antérieure et en Egypte. Les Mittani ont fondé un grand royaume dans la région du Haut-Euphrate, les Hittites se sont avancés vers le sud, en Syrie, les Hourrites ont amené des nomades d'origine sémitique jusqu'en Egypte où ils fondèrent finalement des dynasties — les XVe et XVIe connues là-bas sous le nom de Hyksos (= bergers) — en opprimant les indigènes. Un peu plus tard, le peuple nomade des Cassites — les *Κοσσατοι* de la tradition grecque — est presque seul à contrôler l'Orient. Les relations diplomatiques entre la Crète et l'Orient s'affaiblissent donc ; il n'en est pas tout à fait de même avec les dynasties des Hyksos en Egypte, puisque dans une couche de la première phase néopalatiale, à Cnossos, on a mis au jour un couvercle en albâtre portant une inscription de Kyan (XV^e^dynastie Hyksos). La confusion qui régnait en Orient ne favorisait pas des relations plus étroites ; les simples influences d'un pays sur l'autre se distinguent à peine. Seule une cruche trouvée à Lisht, dans une tombe réutilisée au cours de la deuxième période intermédiaire (XVIIe siècle av. J.-C.) rappelle beaucoup les dauphins crétois de la fin de la première période néopalatiale. Le vase a été trouvé avec une céramique caractéristique de la phase de Jahudije, contemporaine en Orient des dynasties Hyksos d'Egypte. C'est à cette époque que la Crète joue un grand rôle dans l'introduction de ce qu'on a appelé en Egypte le « galop volant ». Peut-être les Hyksos ont-ils montré davantage d'intérêt pour la Méditerranée orientale et l'Anatolie ; un autre couvercle de vase à parfum, cadeau du roi Kyan, en obsidienne cette fois, a été mis au jour dans la capitale hittite, Hattousa, aujourd'hui Boghaz Koÿ.

Les rapports entre la Crète et l'Egypte — sans doute plus organisés puisqu'ils ont abouti à la création de relations purement diplomatiques — s'intensifient sous la XVIIIe dynastie qui marque le début du Nouvel-Empire ; il a en effet été possible de chasser complètement les Hyksos, après une lutte assez longue. On ne sait pas si les Minoens y ont pris part, mais cela n'est pas impossible : on trouve des armes de technique minoenne, portant des représentations tout à fait minoennes — comme un griffon ailé assis et des animaux en galop volant — dans la tombe de la reine-mère Aahotep ; elles sont accompagnées du cartouche du fondateur de la dynastie, Amosis. L'hypothèse de Marinatos selon laquelle l'aide est venue du monde mycénien et que c'est cela qui a contribué à la création de la civilisation mycénienne, ne peut pas se défendre, comme nous le verrons dans le chapitre sur la naissance de cette civilisation. Dès lors, les importations de céramique minoenne et d'objets fabriqués se multiplient, et, réciproquement, une foule de vases, surtout en albâtre, et des scarabées arrivent jusqu'en Crète et dans le monde mycénien. Une partie de ces objets se rattache aux relations diplomatiques qui vont sans cesse se développant, comme par exemple l'amphore en albâtre avec le cartouche de Thoutmosis III, trouvée dans une tombe taillée du port de Cnossos dans la région de Katsamba. Les plus nombreux d'entre eux étaient évidemment des articles commerciaux.

C'est au développement des relations diplomatiques qu'il faut relier les multiples représentations des Kephti porteurs de cadeaux dans les tombes des dignitaires de la XVIIIe dynastie. Il y a eu bien des discussions à propos des Kephti, certains soutenant — parmi lesquels Fimmen, Bossert, Evans, Pendlebury, Schachermeyr — que c'étaient de véritables Crétois envoyés par les rois minoens de Cnossos, d'autres — comme Welker, Wainwright, Furumark, Kantor — qu'ils venaient d'autres régions comme la Syrie, le sud de l'Asie Mineure, le continent grec mycénien. En vérité, il y a bien des éléments confus : tandis que la plupart des personnages se présentent avec des caractères anthropologiques crétois, des vêtements et surtout des cadeaux de type minoen, d'autres, appelés également Kephti dans les inscriptions, ont un type tout à fait oriental, des caleçons qu'on retrouve davantage en Grèce continentale et, avec les objets minoens, ils en portent d'autres de provenances diverses qui ne font pas partie de la production crétoise — des défenses d'éléphants et des talents de cuivre qui sont peut-être chypriotes. Dans les textes, les Kephti se rattachent aussi bien aux « îles de la grande verte » (mer Egée ?) qu'à la Syro-Phénicie. Le nom ne peut être sans rapport avec le Kaptaru des archives de Mari auquel est lié l'envoi ou les listes de produits finis ; dans un autre texte géographique, en cunéiforme, dont les prototypes remontent à l'époque de Sargon d'Akkad, il est question de Kaptaru qui, cette fois, est un pays « au-delà de la mer d'en haut ». Dans la Bible les Philistins descendent de Kaphtor, nom qui est toujours interprété, dans la traduction des Septante, comme la Crète. D'après ces éléments il semble : 1°) que les mots Kephti, Kaptaru, Kaphtorim et autres noms apparentés désignaient les habitants de la Crète, ainsi que des îles et des côtes de l'Egée qui avaient été colonisées ou avaient été touchées par la civilisation crétoise ; 2°) que les Kephti pouvaient venir, en tant qu'ambassadeurs, de la région syro-phénicienne, puisqu'il y avait là des colonies minoennes ou des comptoirs commerciaux, et avoir été accompagnés de contingents locaux ; 3°) que de cette région pouvaient arriver des articles considérés comme n'étant pas des productions minoennes (quoique rien n'interdise de penser que des Crétois les aient apportés de Crète pour la bonne raison qu'on a trouvé dans l'île aussi bien des talents que des défenses d'éléphants et d'autres objets fabriqués dans la région syro-phénicienne ou à Chypre) ; d'autre part les Crétois s'adonnaient au commerce de transit et, par conséquent, ils auraient pu apporter en Egypte des cèdres du Liban — si tant est qu'il n'existait pas de cèdres en Crète — pour les sarcophages égyptiens. Il serait donc possible de concilier tous les points de vue.

Dans la tombe de Senmout, architecte d'Hatshepsout, le cortège des porteurs de cadeaux ne peut être que crétois, bien que le nom ne soit pas mentionné. Les vases semblent dater de la fin de la deuxième phase néopalatiale, soit du MR IA. C'est au début de la suivante — MR IB — qu'appartiennent les représentations de Kephti où l'on mentionne leur provenance : les « îles de la grande verte ». Dans la tombe d'User Amon, vers 1475 av. J.-C., les vases ont les formes caractéristiques de cette phase. On a encore des Kephti — avec ce nom — dans la tombe de Rekhmeré, vizir de Thoutmosis III ; il a toutefois continué à occuper cette fonction sous le pharaon suivant, Aménophis II, qui a commencé à régner un peu après la moitié du XVe siècle. Il semble que le tombeau date de cette époque comme le pense Vercoutter, le premier à avoir fait une étude complète des peintures murales de ces tombes ; les peintres ont un peu changé le vêtement des porteurs de cadeaux crétois, transformant le pagne avec le cache-sexe caractéristique en pagne d'apparat brodé, semblable à celui des porteurs d'offrandes des dernières fresques du palais de Cnossos. Cela n'a pu se faire que pour des raisons diplomatiques, puisqu'à Cnossos la dynastie avait changé et était devenue achéenne. Les vases et les objets des porteurs de cadeaux du tombeau sont ceux qu'on trouve habituellement dans la dernière phase des palais de Cnossos ; cette constatation est également valable pour les ustensiles des porteurs de cadeaux de Men-Cheperra-Seneb, un autre vizir d'Aménophis II, grand prêtre d'Amon et architecte de la cour ; il était le fils du vizir précédent. Les vases sont les mêmes mais les formes plus évoluées. Le nom de Kephti continue à apparaître. Les représentations des tombes d'Amenemheb, de Puimré et Amen-User sont presque similaires. Parmi les ustensiles qu'ils portent ou qu'ils empilent tandis que des scribes les enregistrent — tout particulièrement dans la tombe de Rekhmeré — on distingue les vases plastiques en forme d'animal, et surtout de taureau ; personne ne pourrait douter qu'il s'agit des rhytons plastiques crétois. Il suffit de se rappeler qu'une tête de taureau en stéatite, semblable à celle de Cnossos, a été mise au jour en Egypte et est entrée dans une collection privée ; que la cruche connue sous le nom d'« oinochoé de Marseille », décorée de nautiles, fabriquée — cela est sûr — dans un atelier du palais de Zakros a été, elle aussi, découverte en Egypte et correspond aux vases que tiennent les Kephti. D'autres vases minoens — MR I A et B —, par exemple des alabastres aplatis, ont été mis au jour en Egypte ; certains d'entre eux sont minoens et d'autres, peut-être les plus nombreux, sont mycéniens.

Enfin, les représentations des Kephti dans les tombes égyptiennes cessent, et cela indique peut-être une interruption des relations diplomatiques directes entre la Crète et l'Egypte. Elles ne vont pas au-delà du règne d'Aménophis II qui s'est terminé en 1427 av. J.-C. Dans des tombes du règne de Thoutmosis IV (jusqu'en 1418 av. J.-C.), on rencontre encore des représentations de porteurs de cadeaux avec pagne d'apparat et des objets de type minoen, mais le nom de Kephti ne leur est plus attribué. Quelques années plus tard, les palais de Cnossos sont détruits définitivement et les représentations de personnages du type Kephti disparaissent de l'Egypte. Des scarabées, arrivés en Crète sous le règne d'Aménophis III (1418 à 1378, soit jusqu'à la destruction finale des palais de Cnossos), ne constituent pas un élément suffisant pour dire qu'il y avait encore des relations diplomatiques entre les deux pays.

Les relations avec des petits États orientaux nés de la chute du grand royaume babylonien, comme avec les Hittites, mieux organisés, et qui se sont avancés jusqu'en Syrie, ne semblent pas avoir été très importantes. Il existe des contacts beaucoup plus étroits avec des villes presque indépendantes de la région phénicienne, surtout Byblos et Ugarit, et avec les villes de Chypre. Toutefois, en dehors d'échanges commerciaux et d'échanges d'influences dans les domaines artistique, religieux et intellectuel, on n'a pas d'éléments permettant de supposer des relations diplomatiques comme avec l'Egypte. Bien sûr, il y avait des colonies minoennes en certains points des côtes phéniciennes, mais elles avaient un caractère purement commercial. Et cette installation — comme à Ugarit, la Ras Shamra d'aujourd'hui — n'aurait peut-être pas été possible sans accords diplomatiques préliminaires. Ce n'est que plus tard, dans la phase achéenne de Cnossos, qu'on remarque une pénétration plus importante qui est allée au-delà de la côte syro-phénicienne, sur les côtes sud-ouest de l'Asie Mineure, dans les îles qui les bordent et à Chypre ; cette infiltration a un caractère créto-mycénien, et nous la verrons dans un autre chapitre.

La constitution d'un régime politique essentiellement fondé sur la paix et une bonne législation, des relations diplomatiques de bon voisinage — s'accompagnant de l'envoi d'ambassadeurs chargés de cadeaux et rendant des services dans le commerce de transit — n'implique pas obligatoirement qu'on ait abandonné toute idée d'organisation militaire qui aurait été en mesure d'opposer une bonne défense à une éventuelle attaque. Dans les représentations, nous voyons des soldats et des officiers, armés pour la défense et pour l'attaque, et en même temps des auxiliaires, plus légèrement armés, dont l'efficacité devait être basée à la fois sur la rapidité d'intervention et sur l'agilité. Il a déjà été question de cet armement défensif et offensif tel qu'on le voit à travers les vestiges matériels et les innombrables représentations ; ces dernières, dans quelques cas seulement — surtout des sceaux et des empreintes de sceaux — montrent même des soldats combattant. Sur un vase à reliefs de Cnossos, on voit un archer en action et on a, sur des empreintes de sceaux et des fresques, des scènes avec des conducteurs de chars ; les chars sont légers et ressemblent beaucoup à ceux que nous rencontrons par la suite dans le monde mycénien ; un personnage tient les rênes, l'autre est le *παραιβάτης*, le compagnon de char. Puisque des représentations de ce genre se trouvent dans des ensembles d'empreintes de Zakros et d'Haghia Triada, l'introduction du cheval et du char a dû se faire au début du XVIe siècle av. J.-C. au plus tard. Une empreinte de Cnossos, qui montre un cheval à côté d'un bateau — avec un pont, des cabines et des rameurs —, attaché au mât par des courroies, a été interprétée comme l'introduction de cet animal en Crète ; on préférerait y voir un cheval qui aide à tirer un bateau sur une rivière, comme c'était le cas sur le Nil, si les rivières de Crète étaient alors navigables pour des embarcations assez grandes. La fresque de Cnossos connue sous le nom de « Chef des Noirs » est un important témoignage de l'emploi des Noirs dans l'armée ; elle provient de la « Maison des fresques ». Le chef, qui court devant, tient deux lances et porte un casque avec deux petites cornes ; les Noirs qui suivent ont un petit casque et une seule lance sur l'épaule. Pour la première fois en Europe on assiste à l'introduction de soldats de couleur dans l'armée. Il semble que cette fresque soit de la phase finale des palais de Cnossos, époque achéenne qui fait preuve d'une organisation nettement militariste, sur laquelle nous sommes informés par de nombreuses tablettes minoennes en Linéaire B, mais aussi par les tombes des chefs militaires des cimetières cnossiens, si abondamment pourvues en armes.

La vie économique

Nous sommes incomparablement mieux renseignés sur la vie économique à l'époque des Nouveaux palais, vie organisée sous le contrôle des centres palatiaux et des toparques. Cela est dû au fait que les restes matériels sont beaucoup plus abondants et ont été mis au jour de façon beaucoup plus systématique ; enfin, nous avons des documents écrits qui, même s'ils n'ont pas pu être déchiffrés ou interprétés dans leur ensemble, sont précieux. C'est ainsi que nous savons quelque chose de la vie agricole, de l'artisanat, du commerce — aussi bien les importations que les exportations —, de la navigation, de l'administration financière, etc. Evidemment, ici encore nous puisons nos informations les plus importantes dans les palais, les villas et les fermes, mais nous n'avons que des indications sporadiques sur les autres habitations, et indirectes sur les sanctuaires et les nécropoles. Les nouvelles méthodes de l'archéologie, les conseils des spécialistes de différentes branches — physique, sciences naturelles — nous ont mis en mesure de faire des recherches plus précises, aussi bien du point de vue quantitatif que du point de vue qualitatif, sur la production, et cela pour pouvoir, à l'avenir, formuler des conclusions plus justes sur la vie économique, fondées sur des statistiques.

La vie agricole depuis l'époque des Nouveaux palais semble beaucoup plus organisée, et cela de façon à mieux exploiter les ressources locales en cultivant la terre et en élevant des animaux domestiques et des troupeaux. Les restes carbonisés trouvés dans les jarres et autres récipients de stockage, nous apprennent non seulement quelles céréales, quels fruits, quels légumes secs on cultivait, mais même leurs variétés, surtout dans le cas du blé, de l'orge, de l'avoine, des petits pois, des haricots, des pois chiches, des fèves — dont une espèce, de très petite taille, avait été importée d'Egypte. Les variétés de raisins, d'olives nous sont connues par les pépins et les noyaux. Mais à Zakros, on a retrouvé des olives bien conservées, avec leur pulpe, dans l'eau d'un puits du palais. Ces produits étaient stockés comme précédemment, dans des grandes jarres, mais aussi dans des coffres souterrains, revêtus de dalles dont les joints étaient bouchés par des feuilles de plomb. On peut facilement supposer la nature du contenu de ces récipients et de ces coffres ; l'huile qui était entreposée dans les palais et les fermes a contribué à alimenter les incendies qui se sont ainsi rapidement propagés dans les bâtiments et les quartiers voisins, et les ont détruits. Bien qu'on continue à ignorer les différentes méthodes de culture, on sait beaucoup de choses sur les instruments agricoles : les pioches, les plantoirs, les faucilles, les herses, les fourches, les vans, etc. Certains d'entre eux sont représentés — par exemple sur le beau rhyton des moissonneurs-vanneurs d'Haghia Triada. Une paire de bœufs en bronze tirant une sorte de gril qui provient de la grotte de Psychro, est peut-être à rattacher au travail de la charrue. On n'a pas, il est vrai, de fragments de charrues en bronze, ce qui signifie que la culture se faisait avec des socs en bois, pas très différents de ceux qu'on utilisait encore récemment dans certaines régions de Grèce. Il ne fait pas de doute que diverses méthodes étaient appliquées pour obtenir du sol davantage de rendement, même dans des sols dont il y avait peu à attendre. Nous ne savons pas jusqu'à quel point on mettait de l'engrais, on pratiquait la jachère ou on alternait les cultures. On est toutefois surpris par le nombre de jarres utilisées, même dans de petites demeures, pour stocker les produits ; les fermes les plus grandes avaient besoin de plusieurs dizaines de jarres et autres grands vases ; dans le palais de Cnossos, les pithoi n'étaient pas moins de 400. La production était sans doute beaucoup plus importante que celle de la Crète actuelle, malgré les moyens modernes, les engrais, la culture mécanique, l'amélioration des espèces, etc. La Crète semble non seulement avoir pu nourrir sa population, mais elle pouvait aussi exporter d'excellents produits agricoles, et surtout l'huile et le vin. Il y avait de grandes étendues d'oliviers dans les régions les plus fertiles, et on en voit sur les fresques — comme dans la scène du bois sacré — ; on a aussi des arbres isolés dans des sujets comme celui de la capture du taureau ; des oliviers ont également été identifiés sur de nombreux sceaux. Très curieusement, les vignes et les grappes de raisin n'ont pas été représentées et ce n'est que dans la colonie minoenne de Théra qu'on trouve des grappes sur des cruches et des amphores. Pourtant, les amphores et toutes sortes de gobelets et de coupes à vin se trouvent partout, et dans les demeures on a des caves à vin, comme par exemple à Haghia Triada, et des salles de banquets où se faisait indubitablement une grande consommation de cette boisson ; cela est clair dans la « salle de banquets » de l'aile des sanctuaires du palais de Zakros, où l'on a découvert, *in situ*, une douzaine d'amphores et huit petites oinochoés. Les cratères, quoiqu'ils ne fussent pas inconnus — ils existaient même à l'époque paléopalatiale —, se font rares, et ce n'est qu'à la fin de la période néopalatiale qu'on voit leur usage se répandre. Peut-être que les pithamphores à large embouchure, à trois ou quatre anses, remplissaient la même fonction. Pour mieux lui assurer une fermeture hermétique, mais aussi pour le transporter, on mettait le vin dans des amphores à étrier, dont le nombre et la variété augmentent au fur et à mesure qu'on avance dans le temps. On entreposait l'huile de qualité supérieure dans les mêmes vases. On a étudié la nature et la qualité de l'argile de nombre de ces amphores à étrier — beaucoup d'entre elles portent des inscriptions en Linéaire B — qui ont été trouvées dans différents centres mycéniens (surtout Thèbes) et sont, pour la plupart, de la fin de l'époque néopalatiale ; on a constaté qu'elles proviennent de diverses régions de Crète, mais surtout de Zakros. Pour transvaser les liquides on se servait de louches, d'entonnoirs, de cannelles, et, pour les filtrer, de passoires de tous genres. Beaucoup plus intéressantes pour nous sont les diverses installations de pressoirs à huile et à vin, surtout dans les fermes. Bien qu'Evans se soit trompé en faisant des réservoirs rectangulaires des égouts de Cnossos des pressoirs à olives, il y a quand même quelques exemples d'installations très simplifiées qui étaient utilisées pour broyer les olives, comme dans le palais de Phaistos et les maisons de Palaikastro ; de grands mortiers de pierre avec les pilons correspondants remplissaient, semble-t-il, la même fonction, quoique la plupart des mortiers, broyeurs, bassines tripodes pour broyer, aient été plus souvent destinés à la mouture des céréales.

Nous avons déjà vu les pressoirs à raisins de Vathypétro, de Zakros, de Zou, de Praisos, etc. ; certains étaient construits, d'autres étaient des ustensiles mobiles ; le moût se déversait dans des récipients en forme de jarres ou dans des seaux ; certains d'entre eux ont, en bas, un goulot ou une ouverture pour permettre au moût de s'écouler dans un conduit et d'être recueilli dans d'autres récipients, ou bien pour pouvoir être facilement nettoyés après usage ; le pressoir construit de la ferme de Epano Zakros est double et le moût se déversait dans un récipient commun. Dans une maison de Kato Zakros il y avait un siège près du pressoir pour que celui qui travaillait pût se reposer. Mais l'installation la plus perfectionnée et la mieux conservée est celle de la ferme de Vathypétro.

En ce qui concerne les espèces d'arbres fruitiers, nous n'avons que relativement peu d'informations ; certaines d'entre elles, comme les figuiers, peut-être aussi les amandiers, sont représentées sur des vases à reliefs et des sceaux. Le palmier-dattier était un arbre qui prospérait dans certaines régions de Crète au climat semi-tropical. C'est par là que s'explique la représentation de palmiers au tronc svelte et aux branches arquées dont l'espèce existe encore aujourd'hui en Crète (par exemple dans la palmeraie de Vaï, dans la région de Palaikastro). Il y avait sans aucun doute des vergers près des grandes installations et ils étaient entourés d'enceintes comme à Zakros. Quelques fruits, surtout des figues, ont été trouvés carbonisés (à Haghia Triada par exemple). Le mot « ὄλυνθος » qui désignait le figuier mâle et dont tire son nom la ville de Chalcidique, a été reconnu comme préhellénique. Des figues et d'autres fruits, peut-être des poires, ont été représentés dans des corbeilles, mais il n'est pas toujours facile d'en distinguer les espèces. On ne sait donc pas si l'on connaissait déjà les coings — κυδώνια μῆλα de la région de Κυδωνία (au site de La Canée) —, les pêches — connues à l'époque grecque sous le nom de « pommes de Perse » —, les prunes — connues par la suite comme « pommes de Damas ». Beaucoup d'arbres comme le cyprès, le cèdre, le sapin, le noyer, etc., donnaient en abondance du bois de bonne qualité, indispensable pour l'architecture, et quelques-uns d'entre eux fournissaient aussi diverses résines utilisées comme matières aromatiques antiseptiques — les cèdres du Liban produisaient, et produisent encore aujourd'hui, l'encens — ou pour recouvrir les sols, etc. On n'a pas fait encore d'analyses détaillées pour savoir quelles plantes servaient à la fabrication des tissus, comme par exemple le lin — chez Homère la toile de lin se dit λίς — et les spartes (alfa, etc.) ; nous ne sommes pas non plus bien renseignés sur les arbustes ou les plantes qui servaient à la vannerie. Les fouilles de la colonie minoenne de Théra nous ont donné des éléments plus précis puisqu'on y a trouvé des paniers et des couffins bien conservés. Des matières végétales comme les spartes ont dû être tressées et filées pour faire des cordes et des ficelles ; il suffit de rappeler que le mot μήρινθος, qui désigne la ficelle, est préhistorique. Une foule de plantes aromatiques et médicinales existaient et existent toujours en Crète, tandis que d'autres fournissaient des condiments et des teintures ; beaucoup de ces plantes et de ces arbustes ont gardé jusqu'à ce jour leur nom préhistorique ; c'est le cas du dictame (δίκταμνον), de la menthe (μίνθη, voir aussi καλαμίνθη), de l'absinthe (ἀψίνθιον), du céleri (σέλινον), du sésame (σήσαμος), de la sauge, etc., tandis que d'autres ont changé comme le coriandre, le pavot, le crocus — aujourd'hui safran, mais κροκός est le noyau couleur du jaune d'œuf —, la carotte, etc. Plusieurs de ces plantes sont enregistrées dans les tablettes créto-mycéniennes pour la bonne raison que leur utilisation dans la parfumerie, la pharmacie, la diététique, la teinturerie semble prouvée, du moins pour les époques néopalatiale et mycénienne. L'utilisation du *μήκων* — du pavot — est assurée ; on en avait fait une plante symbolique qu'on offrait à la déesse. Quant à la culture des fleurs et à l'horticulture, il en a été rapidement question à propos de l'architecture et de la céramique.

Nos informations sur les animaux familiers et domestiques sont très pauvres et viennent des représentations et des figurines ; toutefois, nous sommes sûrs qu'il s'agissait des mêmes animaux qu'on élève aujourd'hui ou dont on se sert : le cheval, l'âne, le mulet, les moutons, les lapins, la volaille — canards et oies mais pas encore de poules — ; comme compagnon de l'homme on retrouve le chien, et comme animaux d'ornement les oiseaux qui chantent et qui ont un plumage varié comme les paons, les faisans et quelques oiseaux exotiques tels que nous les montrent les fresques ; il y a aussi les animaux qui amusent ou ont une signification religieuse comme les cynocéphales et les colombes. On n'est pas sûr, bien que les fresques représentent souvent des chats sauvages, que le chat ait été domestiqué et utilisé. Il est difficile de dire où ces animaux étaient entretenus et nourris. Dans le palais de Cnossos un compartiment oblong, dans le secteur nord-est, avec des cloisons peut-être en bois encastrées dans des entailles, ouvert sur le devant, a été considéré par Evans comme un enclos destiné aux petits animaux qui pouvaient ainsi facilement être entretenus. Cette interprétation n'a pas été acceptée à l'unanimité. Dans des fermes, surtout en Crète orientale, il y a de nombreux enclos qui devaient avoir cet usage. Sur des empreintes d'Haghia Triada des oiseaux sont représentés à l'intérieur de compartiments fermés avec des treillages, et il est probable qu'on ait voulu figurer là de grandes cages, des volières. Sur des sceaux nous voyons des taureaux à l'intérieur d'enclos, mais il s'agit peut-être de taureaux parqués pour les jeux. Les hirondelles amies faisaient leurs nids sous les toits des maisons et elles sont souvent représentées, peut-être en tant qu'oiseaux symboliques du printemps (cf. les belles fresques de la colonie minoenne de Théra).

Il ne fait pas de doute que les Minoens s'occupaient sérieusement de l'apiculture, surtout à l'époque des Seconds palais ; les ruches artificielles devaient être en matériaux périssables, quoiqu'on ait parfois voulu en voir dans quelques ustensiles de Cnossos et de Théra. Les représentations d'abeilles sont abondantes et le bijou en or de Malia (Chrysolakkos) — où des guêpes viennent butiner une goutte de miel de la ruche rendue en grènetis — est bien connu. Les produits fournis par l'abeille, le miel et la cire, étaient utilisés sur une grande échelle, le premier comme une nourriture de choix et en offrande à la divinité — comme l'ont montré les tablettes où il est question de miel offert à la déesse Eileithyia d'Amnisos —, la cire pour l'éclairage, si tant est que les ustensiles qui ont été désignés comme chandeliers étaient réellement destinés à des bougies plutôt qu'à des torches ; ou bien encore comme matière plastique, additionnée de résine et autres composants, elle servait à revêtir ou enduire les sols.

L'organisation de l'élevage sous le contrôle des palais, avait semble-t-il, fait d'immenses progrès à l'époque néopalatiale, et peut-être beaucoup plus importants que ceux que nous pouvons déceler à travers les vestiges qui nous sont parvenus ou les diverses représentations. Les régions montagneuses de Crète, les plateaux plus ou moins grands, les pentes plus ou moins hautes et d'orientations variées, qui permettaient la transhumance des troupeaux, ont constitué des conditions favorables au développement de l'élevage. Nous avons vu dans les ustensiles plastiques de l'époque paléopalatiale des représentations de troupeaux avec leur bouvier ; dans la glyptique, on rencontre des bouviers avec leurs bêtes, des bergers avec leurs troupeaux, des scènes de la vie de ces animaux, même des accouplements ou des effusions amoureuses, et des scènes de traite. On observe les différents troupeaux, surtout des ovins et des porcs. Les grandes quantités d'os d'animaux dans les cuisines et leurs annexes sont la preuve d'une consommation systématique de viande ; les ustensiles, nombreux, destinés à la préparation des mets à base de viande sont très instructifs également, tout comme ceux qui servaient à la fabrication du fromage. Les peaux des animaux étaient à la base de la pelleterie et de la tannerie, les cornes et certains os servaient à la confection de divers objets. On est plus difficilement renseigné sur les troupeaux de chevaux, que seules certaines régions de Crète pouvaient élever. Sur le continent grec on rencontre bien plus tôt des exemples de l'utilisation du cheval ; mais son introduction et sa diffusion en Crète commencent, semble-t-il, à la fin de la première période néopalatiale et résulte de l'usage systématique qu'en faisaient les Hyksos, les Mittani et les Hourrites.

Depuis des siècles la chasse avait cessé de constituer une des sources principales de l'alimentation. C'était davantage un sport et une démonstration d'agilité et d'adresse. Elle est souvent représentée, surtout dans la glyptique : poursuite et blessures infligées à des animaux souvent dangereux ou extraordinairement agiles, comme les bouquetins, les cerfs ou les chevreuils ; capture d'animaux au moyen de pièges, de filets de corde, ou qu'on surprend au moment où ils se désaltèrent, par l'artifice de l'attraction d'une femelle, avec des trappes, etc. Ils sont attachés et transportés, souvent suspendus à l'envers à un bâton, par deux ou plusieurs hommes. On est surpris de voir des chasses au lion, car on doute que cet animal existât en Crète ou sur le continent grec, malgré les nombreux exemples des représentations et de la mythologie. Nulle part on n'a retrouvé d'os de lions, et on se demande s'il n'y avait pas des chasses organisées au-delà des mers, sur les côtes nord de l'Afrique par exemple, ou même ailleurs. Cela est devenu plus probable depuis qu'on a découvert la fresque de l'expédition navale de la Théra minoenne. Mais sur le gobelet du chef qui provient d'Haghia Triada, la scène en relief, selon l'interprétation la plus probable, représente, nous l'avons vu, l'offrande de peaux comme partie du butin de chasse, au-delà des mers bien sûr si ces peaux, sous la forme où elles se présentent, sont bien des peaux d'éléphants. La chasse aux chats sauvages se faisait dans les bosquets alors très denses, près des rivières, et il n'est pas besoin de transporter ces scènes sur le Nil comme l'a fait Evans. Des sangliers vivaient sur les versants boisés des montagnes crétoises, et la représentation de chasse sur la lame d'un poignard de Psychro (Lassithi) prouve que la Crète avait connu des chasses dangereuses de ce type bien avant qu'elles ne se répandissent dans le monde mycénien. On trouve très souvent des défenses de sangliers dans les fouilles crétoises, et il ne semble donc pas impossible qu'on ait déjà commencé à les utiliser pour renforcer et décorer les casques ; on a effectivement découvert des restes de casques de ce genre, mais il y a aussi des représentations sur des haches de bronze, sur des sceaux, en relief sur des plaquettes ou des vases, sur une pithamphore à trois anses d'une tombe de Katsamba, etc. Il est vrai que beaucoup de ces exemplaires remontent à la dernière période de Cnossos et qu'il pourrait s'agir d'articles achéens importés ou imités. Et pourtant, il semble que ce soit en Crète qu'on trouve quelques-uns des exemples les plus anciens, remontant à la fin de la première phase néopalatiale. Les cerfs vivaient encore en Crète à l'époque hellénique, surtout dans la région des caps de La Canée - Kissamos, où l'on avait deux espèces : les Ἀχαΐνιαι de la région de l'Alchania, et les Σπαθιναῖαι — peut-être de l'actuel cap Spatha où se dresse le sanctuaire d'Artémis Diktynna. On en a de nombreuses représentations à l'époque des Seconds palais et l'on a souvent trouvé des os et des bois. La chasse aux lièvres, qu'on poursuivait avec des armes de jet ou auxquels on tendait des pièges, devait être répandue, car on a récupéré beaucoup d'os et il en existe des représentations. La chasse aux oiseaux aquatiques, au bord des rivières ou dans des régions marécageuses, devait être courante également, si l'on en juge d'après les fréquentes représentations plastiques ou picturales. Quelques chercheurs ont vu dans les filets avec des oiseaux, des pièges et non des cages. Pour la chasse on utilisait des armes et des instruments spéciaux, et Evans a peut-être eu raison, vu les armes qu'il y a trouvées, de faire d'une tombe de Zapher Papoura la tombe d'un chasseur.

On ne sait pas jusqu'à quel point on exploitait systématiquement la pêche et si c'était là une des ressources de base à l'époque néopalatiale ; les liens étroits que les Crétois avaient avec la mer nous donnent, en tout cas, le droit de penser qu'elle était fortement développée. Toutefois, les éléments mis à notre disposition sont relativement peu nombreux : une série d'instruments de pêche — des hameçons de toutes tailles, des poids de filets en plomb et en terre cuite, quelques récipients qui pourraient être interprétés comme des nasses —, de nombreuses représentations de poissons, de poulpes et d'autres fruits de mer comestibles de la famille des huîtres, deux ou trois images (sur des sceaux) de pêcheurs avec leurs poissons — les plus belles et les plus nombreuses viennent des colonies de Phylakopi (sur des vases) et de Théra (sur des fresques) —, de petits bateaux qui semblent être des caïques de pêcheurs, etc. Des coquilles d'huîtres et des vertèbres de poissons de grande taille nous indiquent quelques-unes des espèces qui étaient pêchées. Les restes de thons laissent penser que la pêche en était peut-être systématisée. La pêche des éponges devait être réservée à des spécialistes ; les marques décoratives faites à l'éponge sur des vases — procédé connu dès l'époque des Premiers palais — n'ont pas cessé d'exister, mais elles se présentent d'une manière différente. D'autre part, les éponges étaient indispensables pour le bain. La pêche de la pourpre, connue, comme nous l'avons vu, dès l'époque protopalatiale, s'est encore systématisée, si l'on en juge d'après les très nombreux coquillages trouvés dans toutes les installations néopalatiales, surtout en bordure de mer — des tas entiers furent retrouvés dans l'îlot de Leucè (Kouphonissi). Leur élaboration constituait une branche de l'artisanat, de même que celle des tritons, très nombreux, et surtout en raison de leur utilisation dans les sanctuaires. Il y a cependant des spécialistes qui pensent que ces fruits de mer formaient une part importante de la nourriture. La pêche de la pourpre et celle de l'éponge se sont maintenues en Crète à époque hellénique, et ce fut un connaisseur dans cette branche, originaire d'Itanos, qui a conduit les colons de Théra dans la région des bancs de sable de Libye pour qu'ils y fondent la colonie de Cyrène.

Une grande partie de la production dépendait des manufactures dirigées à partir des grands centres palatiaux ; les ateliers royaux fournissaient l'essentiel des articles de haute qualité et donnaient, par conséquent, une ligne directrice au reste de l'industrie. Nous avons vu ces ateliers assez en détail dans le chapitre sur l'architecture néopalatiale, qu'il s'agisse des ateliers palatiaux ou de ceux des villas, des fermes, des maisons isolées et des villes. La manufacture avait cessé, dès l'époque des Premiers palais, d'être exclusivement domestique ; même dans des bâtiments très simples, les endroits où l'on travaillait s'organisaient souvent en véritables ateliers, comme l'ont prouvé les installations, les outils trouvés sur place, les matières premières et les déchets de fabrication. La spécialisation avait atteint un stade avancé et la division du travail avait — nous l'avons vu — donné naissance à la classe des artisans. La spécialisation était, semble-t-il, moins importante dans l'artisanat agricole ; mais certaines branches qui travaillaient les sous-produits de l'élevage — les peaux, les os et les cornes, les poils — étaient autonomes, puisqu'elles utilisaient en même temps des matières qui ne provenaient pas de l'élevage. Dans les tablettes en Linéaire B, il est question d'une foule de métiers dont il serait impossible de supposer l'existence rien que d'après les restes matériels ; mais puisque ces mentions — pas toujours sûres non plus — ne se rapportent qu'à la dernière phase de Cnossos, la phase achéenne, elles ne doivent pas être étendues à toute la période des Seconds palais. Les principaux secteurs semblent avoir été les suivants : la poterie, la menuiserie, le travail de la pierre, le travail du bronze et le tissage. Les représentations de potiers ne sont plus aussi fréquentes sur les sceaux qu'aux époques prépalatiale et paléopalatiale. Mais maintenant des installations sont conservées qui nous montrent comment fonctionnaient les ateliers de céramique ; parmi les quelques fours de potiers qui existent en Crète, deux ou trois — comme ceux d'Achladia, de Zou et de la région de Stylos (Apokoronou) — sont néopalatiaux ; ceux de Cnossos et de Vathypétro sont, malgré les affirmations contraires des fouilleurs, des fourneaux à métaux. Les installations céramiques les plus intéressantes et les plus méthodiques de l'époque des Nouveaux palais, sont celles de la ferme de Zou : on a retrouvé le baquet où l'on pétrissait l'argile, le bassin de décantation, les foyers, le four en fer à cheval et l'endroit où l'on déposait les vases sortant du four. La technique de la céramique néopalatiale reste à étudier ; nous n'avons pour l'instant que des connaissances empiriques. Parmi les instruments céramiques, les mieux connus sont les tours de potiers ; on en a de nombreux exemplaires à Gournia, Vathypétro, Archanès et Haghia Triada. Ils ont le creux caractéristique, avec son rebord pour l'adaptation à l'axe ; et ils présentent souvent des signes gravés, surtout la double hache ; ceci montre que le vase était tourné sous la protection de la divinité.

La menuiserie et l'ébénisterie sont les deux techniques les moins connues ; elles travaillaient des matériaux trop fragiles pour s'être conservés sous le climat humide de la Crète. Les quelques vestiges proviennent d'objets recouverts de bronze dont le bois a été imbibé d'oxydes métalliques, ou bien d'endroits à humidité constante comme les puits et les sources. C'est ainsi, par exemple, que nous sont parvenus des fragments de manches des haches d'Arkalochori et les pièces du treuil d'un puits du palais de Zakros ; d'autres bois de coffrets sont carbonisés, surtout à Cnossos, mais ils ont gardé leur décoration sculptée. Nous ne savons pas s'il existait des corporations de charpentiers, chose qui semble pourtant très probable vu l'importance du bois dans la construction. Si l'on considère le petit nombre des meubles conservés dans d'autres matières, et le fait qu'ont ait beaucoup d'ornements en ivoire, en os et en feuilles de métal, on peut affirmer que les meubles étaient en bois et ont, par conséquent, disparu. Nous en voyons quelques-uns sur les représentations et ils nous renseignent sur la vie quotidienne (voir le chapitre correspondant). Ceux qui les fabriquaient devaient avoir une expérience particulière et ils constituaient sans doute la catégorie des menuisiers, ébénistes et sculpteurs sur bois. Ces derniers ont dû faire de nombreux objets, comme des coffrets, des sceptres et des bâtons, des instruments de musique, des objets de toilette, etc. Le beau petit couvercle en bois avec les représentations sculptées en quatre panneaux trouvé en Egypte avec tout un ensemble d'objets datés du début du règne d'Aménophis IV-Akhenaton (aujourd'hui au musée de Berlin) est un exemple caractéristique de ce travail du bois ; les décors néopalatiaux montrent un lion poursuivant un bouquetin et un griffon attaquant un taureau. Le climat sec d'Egypte a aidé à la conservation de ce merveilleux chef-d'œuvre de la sculpture sur bois minoenne.

Parmi les outils de bronze on distingue ceux qui servaient dans les gros travaux de menuiserie de ceux qu'on utilisait dans l'ébénisterie ; il a déjà été question de nombre d'entre eux. Cependant on n'a pas, jusqu'à ce jour, trouvé d'instrument qui puisse être considéré comme un tour, quoique les représentations nous montrent fréquemment des objets tournés. Le fait que beaucoup de pièces d'ameublement aient été également fabriquées dans des matériaux plus résistants — comme l'ivoire, l'albâtre, le marbre, le cristal de roche, etc. — parce que c'étaient des articles de luxe, nous permet de nous faire une idée plus précise de ce qu'étaient les meubles en bois. Nous avons un bel exemple dans le trône en albâtre taillé de Cnossos ; Evans en a fait faire la copie pour prouver que le prototype était bien en bois. On est surpris de trouver si rarement des clous dont on fait grand usage aujourd'hui. Il semble que les liaisons étaient faites le plus souvent par tenons et mortaises, mais on utilisait, certes, des chevilles de bois — c'est du moins ce qu'on déduit des petits clous en ivoire qu'on a retrouvés. En ce qui concerne les raccords avec mortaises, nous avons des indications par les quelques exemples conservés — comme le treuil du puits de Zakros — et par les objets en os et en ivoire. Des bûcherons spécialisés fournissaient le bois nécessaire, surtout pour la construction et les chantiers navals.

Les artisans qui travaillaient la pierre avaient des ateliers à part ; nous connaissons surtout ceux des palais, facilement identifiés par les objets inachevés, les matières premières et les outils qui y ont été trouvés. Ceux de Cnossos sont caractéristiques ; on y a découvert, pas complètement terminée, la belle pithamphore d'albâtre à trois anses, décorée de spires continues en relief et incisées ; une autre, plus petite, était à peine commencée. Il y avait également de la matière brute, du basalte de Sparte dont un morceau avait été découpé en forme de table à offrandes. L'atelier des tailleurs de pierre de Zakros était de même type ; on y a mis au jour un assez grand nombre d'objets finis ou semi-finis, et une plaque de porphyre. D'autres ustensiles inachevés de Gournia, Pseira, Cnossos, Zakros, nous permettent de suivre les différents stades de fabrication : la taille grossière, l'incision circulaire marquant la cavité, le détachement du noyau intérieur, l'élargissement de la cavité au foret. L'étude de cette technique et des outils qu'elle utilise reste à faire. En ce qui concerne la technique et les matériaux de construction, nous disposons d'un excellent ouvrage écrit par l'architecte Shaw. Il y fait état des carrières découvertes : celles de poros à Pelekita de Zakros, celles de gypse sur la colline de Gypsadès de Cnossos et dans la région d'Haghia Triada. La technique mise au point pour découper le gypse en très grandes plaques, opération particulièrement délicate, même maintenant que nous disposons de moyens très perfectionnés, est digne d'admiration. Le calcaire et le schiste utilisés dans la construction étaient un peu moins difficiles à travailler ; il fallait néanmoins faire attention dans le choix du matériau. Nous avons déjà vu comment l'art a merveilleusement réussi à tirer parti de la pierre. Les artisans se sont adonnés aux petites œuvres d'art, mais les objets de grande taille sont nombreux également. Dans la construction, la technique mégalithique était déjà en application aux époques prépalatiale et paléopalatiale ; mais à l'époque néopalatiale les constructions gigantesques n'étaient pas rares non plus. Il fallait manœuvrer des blocs qui pesaient des tonnes, et les seuils, les parastades, les linteaux monolithiques qui atteignaient ou dépassaient même deux mètres de long. L'équipement technique ne nous est connu qu'en partie par les outils qui ont été trouvés ; très intéressantes sont les différentes sortes de ciseaux et les scies spéciales pour la pierre, sans dents, comme cela est également visible dans les traces laissées au cours du travail.

La métallurgie et le travail du métal ont marqué des progrès importants à l'époque des Nouveaux palais. Nous en avons vu les différentes formes dans les chapitres sur l'art. Ici il sera question des ateliers, palatiaux ou autres. Le cuivre, en tant que matière première, arrivait en Crète sous forme de talents — lingots aux quatre côtés incurvés pour faciliter le transport sur l'épaule — comme nous le montrent les représentations des Kephti et d'un Chypriote sur un socle de réchaud en bronze. L'analyse du métal a prouvé sa provenance chypriote — ce qui s'accorde avec la découverte de talents à Zakros en même temps que de défenses d'éléphants —, tandis que les talents du bateau qui a sombré au large du cap Chelidonia en Cilicie étaient d'origine anatolienne. La fonte et la préparation des alliages se faisaient dans des fourneaux métallurgiques ; quatre d'entre eux ont été retrouvés à Cnossos, à Phaistos, Vathypétro, Haghia Triada et Zakros. Tous étaient en forme de fer à cheval et indubitablement couverts en encorbellement, comme un haut-fourneau ; à Phaistos — il se trouvait au centre de la cour du secteur artisanal du palais —, seule la partie inférieure est conservée et l'on y distingue clairement les couches de minerai. A Cnossos — le four était à une petite distance de la Maison du sud-est —, sur la paroi arrière, plus haut que le sol, on distinguait les restes de quatre tuyères ; des conduits semblables, plus irréguliers et dans le prolongement du creuset — très mal conservé —, ont été mis au jour sur la bordure est de la ferme de Vathypétro ; mais les fourneaux les mieux conservés, peut-être construits au début de l'époque néopalatiale, sont ceux d'Haghia Triada et de Zakros ; ce dernier se trouve dans un atelier de la région de la porte nord-est ; la plus grande partie des quatre tuyères est conservée ; elles étaient posées à plat légèrement inclinées, leurs extrémités retournées vers le haut. On distingue un regard sur le côté et un petit canal devant pour l'évacuation du métal en fusion. Des moules en argile et en pierre ont été mis au jour en différents endroits, un peu moins typiques que les moules paléopalatiaux de Malia ; les plus intéressants viennent de Gournia. D'autres ustensiles en terre cuite, de forme curieuse, ont été interprétés par les fouilleurs comme des creusets ou comme des instruments pour raviver le feu avec l'air qui arrivait par des soufflets dans le petit fourneau en forme de mortier. Les alliages contenaient juste la proportion d'étain nécessaire à un martelage facile. On est surpris par la perfection technique du martelage des lames souvent faites à partir de deux lames plus minces ; aujourd'hui encore elles ont gardé leur élasticité. Nous avons vu jusqu'où était allée la technique des objets en métal, grâce à l'application des méthodes de rivetage, de la fusion simultanée, de la fonte dans des moules de décors plastiques ou sculptés, d'anses, de goulots ou de becs, du martelage dans des moules, ou au repoussé sur des matrices, etc. Il a également été question des diverses techniques concernant le travail de l'or et de l'argent, et les incrustations de métal. Gournia était l'un des principaux centres de la métallurgie. Mais dans tous les palais il y avait des ateliers, et l'un des plus caractéristiques a été mis au jour dans le secteur sud du palais de Zakros. De nombreux outils nous sont connus, mais jusqu'à présent il n'y a pas eu d'étude spéciale sur la technologie du métal en Crète qui aille au-delà des connaissances générales que nous ont apportées Mosso, Müller-Kurpe, Buchholz, Braningan et Muhly. Quelques chercheurs pensent que la métallurgie du cuivre se faisait sous la protection de la divinité et qu'il y avait des ateliers de cuivre dans les grottes sacrées de Crète où travaillaient des corporations de forgerons qui gardaient leurs secrets aussi jalousement que Dédale et Kalôs ; les mythes sur les Daktyles crétois et les Telchines qui avaient davantage été rattachés aux colonies et plus particulièrement à Rhodes, en ont gardé le souvenir. Derrière ces conceptions et traditions se cache naturellement une part de vérité, ainsi que l'ont montré les tablettes de Pylos concernant la métallurgie du cuivre à la fin de l'époque mycénienne. Mais surtout cette idée est fondée sur l'abondance des objets en cuivre dans presque toutes les grottes sacrées, et particulièrement dans la grotte d'Arkalochori où l'on a mis au jour du métal brut dans des formes stéréotypées. Mais en général ces objets en cuivre étaient des ex-voto.

Le tissage avait dû marquer des progrès non négligeables. On le voit dans les différentes représentations de vêtements où l'on reconnaît des étoffes avec des motifs tissés, quoique les plus belles et les plus représentatives aient dû être brodées. La fréquence des poids de métiers à tisser — les pesons — qu'on retrouve dans presque toutes les habitations minoennes, en nombre plus ou moins grand, en est également une preuve. Les pesons parallélépipédiques se font rares après la première phase et sont remplacés par d'autres en forme de disques biconvexes ; les métiers à tisser sont toujours verticaux mais on ignore leur forme exacte et leur maniement. Ils se trouvaient le plus souvent aux étages et les pesons ont été découverts tombés dans les pièces du rez-de-chaussée. Marinatos a parlé d'une pièce réservée aux tisseuses à l'étage de la ferme de Vathypétro, dans la région du pressoir à raisin. Des échantillons de tissus ont été trouvés, assez bien conservés quand ils étaient au contact d'objets métalliques oxydés ; nous sommes ainsi à même d'apprécier la texture et la qualité de ces étoffes. Dans les descriptions homériques, reines et princesses s'adonnaient à ce genre de travaux domestiques ; on ne saurait expliquer autrement la présence du signe de la quenouille, gravé sur les murs des appartements royaux réservés aux femmes dans le palais de Cnossos. Les innombrables fusaïoles, presque toujours en stéatite, prouvent l'utilisation de la quenouille. Les tablettes créto-mycéniennes nous apprennent beaucoup sur les types de tissus, les instruments de tissage et les artisans — des femmes — qui s'adonnaient à ce genre de travail. Il est clair que les spécialisations dans les arts du tissage, de la teinture, de la broderie, de la couture, etc., s'étaient faites dès le début de l'époque néopalatiale. Nous avons déjà parlé des teintureries à l'intérieur des palais, et en particulier de celle de Zakros.

En ce qui concerne les autres branches de la manufacture, nous n'avons que des informations dispersées : les peintres des fresques travaillaient surtout pour les palais, les villas et les demeures des nobles où, dans certains cas, on a trouvé des stocks de matières destinées à la préparation des enduits — dans le palais de Cnossos et la « Villa des lys » d'Amnisos — ou les couleurs minérales dans des coupes grossières — comme dans les mégara de Tylissos. Les artistes devaient être secondés par les artisans spécialistes des enduits et des couleurs. Les ateliers des arts mineurs, comme celui de Zakros, nous ont appris que les artisans pouvaient travailler diverses matières comme la faïence, l'ivoire et le cristal de roche. Nous ne savons presque rien de leur outillage. Nous connaissons encore moins la pelleterie, quoiqu'on puisse supposer un important développement de la tannerie et de la cordonnerie, qui se trouvaient impliquées dans la fabrication des armes, surtout de l'armement défensif (casques, boucliers, cuirasses et cnémides), et celle des vêtements de sport ou de chasse ; les *χεσποί* — les gants de boxe — des pugilistes sont caractéristiques. On connaît plusieurs types d'outils de cordonnerie et pelleterie.

Il devait y avoir de nombreux métiers qui se rattachaient à la préparation des produits alimentaires : les meuniers, dont on a retrouvé les installations et toutes sortes d'outils pour moudre et broyer ; les pétrisseurs, surtout des femmes, que nous voyons travailler grâce à des petites maquettes ; les ouvriers des pressoirs à vin et des pressoirs à olives, etc. Chez les particuliers, ces tâches étaient remplies par les habitants eux-mêmes qui simplifiaient, autant que faire se pouvait, les installations et les ustensiles ; c'est ainsi qu'on se servait pour l'huile de grands récipients en forme de bassines, avec déversoirs d'écoulement en bas ; on en a trouvé beaucoup à Gournia, à Palaikastro et à Praisos.

Le commerce et la navigation

La systématisation de la culture, les progrès réalisés dans la mise en valeur des ressources naturelles et des industries de transformation ont fait que la Crète était devenue capable non seulement de nourrir une population qui avait notablement augmenté, mais aussi de disposer de son surplus, et cela beaucoup plus que par le passé. Aussi a-t-elle perfectionné l'organisation du commerce et des transports maritimes, et développé une politique coloniale plus large. L'intensification des contacts avec l'entourage immédiat — les îles et le continent grec — et des liens avec le monde civilisé — Orient, Egypte, Anatolie — était nécessaire à la prospérité intérieure et à la coexistence pacifique de forces qui, autrement, se seraient dangereusement affrontées. Nous avons déjà vu l'un des moyens utilisés, à savoir le développement de relations diplomatiques.

Alexiou, dans une monographie, a soutenu que le commerce, à l'époque des Nouveaux palais du moins, était royal, c'est-à-dire qu'il se trouvait sous le contrôle exclusif des centres palatiaux, comme dans la société sumérienne il appartenait à la « communauté du sanctuaire », et en Egypte aux palais et aux temples, exception faite des petits échanges privés. Il a donc admis une sorte de monopole du roi ou de l'Etat sur les produits de base. Les petits commerçants étaient des revendeurs qui mettaient les articles des monopoles royaux à la disposition du public. En Egypte, le système d'échange de cadeaux entre les grands et les princes des régions soumises ou des pays amis tenait véritablement lieu de commerce d'exportation. Les personnages représentés comme porteurs de cadeaux, dans les tombes des dignitaires égyptiens, n'étaient que des envoyés ou des employés des rois étrangers qui demandaient des échanges commerciaux, comme cela se voit plus tard dans la correspondance de Tell-el-Amarna. L'exportation de céramique de choix et d'objets divers en matières précieuses, se faisait directement des palais minoens jusqu'à la cour des pharaons et des rois orientaux — par exemple ceux de Mari sur le Moyen-Euphrate. On peut ainsi mieux expliquer les trésors de Tod en Egypte ou de Byblos en Phénicie, les objets de Kaptaru à Mari, les cadeaux dans les mains des Kephti. Les systèmes de magasins, où l'on stockait les produits agricoles dans les palais, les maisons des toparques et les fermes-villas, trouvent ainsi une raison d'être naturelle et logique. Alexiou a vu dans l'augmentation du nombre des fermes et des villas de toparques dans la Crète néopalatiale une sorte de décentralisation partielle, réalisée sous le contrôle des grands centres palatiaux, pour mieux desservir le commerce royal. Il a pensé qu'il était faux de faire de Gournia, Palaikastro, Zakros, Pseira des villes commerciales et de certains endroits des marchés. Le système des monopoles royaux s'est transmis, pense Alexiou, à la Grèce mycénienne, et cela a été confirmé dans le cas de Thèbes et de Mycènes ; on en trouve d'ailleurs des échos dans Homère et dans l'Ancien Testament.

Même si l'on tient pour exagéré le point de vue d'Alexiou sur le monopole commercial du roi, il demeure un élément essentiel, celui du contrôle exercé sur le commerce par les centres palatiaux desquels devaient dépendre, par concession, les initiatives privées. Il fallait toujours résoudre les problèmes de base : équilibre de l'économie, approvisionnement en matières premières, disposition des surplus et maintien des relations pacifiques grâce à des négociations et à des conventions de caractère commercial. L'un des exemples typiques de cette politique commerciale est la fondation, par Cnossos, du palais de Zakros, pour assurer le commerce et le contrôle de la navigation. Que ce centre s'adonnât aux importations, cela a été confirmé par les talents de cuivre chypriotes et par les défenses d'éléphants syriennes trouvées emmagasinées dans le palais, par les nombreuses empreintes de sceaux qui scellaient les paquets et la correspondance et qui ont été mises au jour dans une annexe du palais, par les matériaux divers, les pierres de choix, l'ivoire, etc. Les exportations d'articles travaillés ont été prouvées par la découverte de la cruche avec les nautiles, du même atelier sinon du même artiste que la cruche de Marseille trouvée en Egypte. L'importation de matières précieuses en Crète — surtout l'ivoire de Syrie, l'or de Nubie par l'intermédiaire de l'Egypte, et le cuivre de Chypre indispensable pour le travail du métal — a été confirmée par tout ce qui a été trouvé dans les divers centres palatiaux. Ceux qui ont soutenu que l'or était plutôt rare dans la Crète néopalatiale et qu'on avait eu besoin de recourir au placage, que les objets en or avaient un noyau en cuivre ou en bois, ont indubitablement tort. Si l'on a retrouvé relativement peu d'objets et de bijoux en or c'est que les palais et autres installations importantes ont été pillés, les nécropoles perturbées et les deux tombes royales presque entièrement spoliées, les grands trésors emportés lors de la colonisation ou des départs à l'extérieur. Mais ce qui a été découvert est, en règle générale, d'or massif. D'autre part, il a été prouvé que les principaux objets d'or de Mycènes et des autres centres mycéniens ont été fabriqués en Crète. En outre, on ne voit pas pourquoi la Crète n'aurait pas importé suffisamment d'or alors qu'elle faisait venir beaucoup d'autres matières précieuses, à une époque où elle paraît avoir été incomparablement plus riche que le continent grec.

Des analyses et observations comparatives ont confirmé que le cuivre venait de Chypre sous forme de lingots (talents) ; le poids en était relativement fixe, environ vingt-neuf kilos ; ils circulaient aussi par moitiés et par quarts ; ce métal arrivait également sous forme de pièces plano-convexes de petite taille, comme celles qui ont été mises au jour dans la grotte d'Arkalochori. Les dix-neuf talents de la villa d'Haghia Triada constituent jusqu'aujourd'hui le stock le plus important. Les incisions pratiquées sur certains d'entre eux ont été interprétées comme des signes de contrôle du poids et beaucoup de personnes ont remarqué que pour obtenir des poids toujours conformes à la norme, on ajoutait ou on retranchait du métal. Evans a considéré qu'un curieux objet tronconique en porphyre trouvé à Cnossos, décoré d'un poulpe en relief et perforé pour qu'on puisse le suspendre, était un poids étalon pour le contrôle des talents : il pèse vingt-neuf kilos ; d'autres ont préféré en faire une ancre. Le problème fondamental est de savoir si, dans les talents et autres formes stéréotypées, il faut reconnaître une monnaie comme on l'a soutenu au début. Finalement les spécialistes ont refusé de le faire, et peut-être n'ont-ils pas entièrement raison : à partir du moment où l'on fixe comme moyen d'échange une quantité contrôlée, les bases du principe du monnayage « accrédité » sont posées. Il faut toutefois avouer que la principale utilisation du talent et des autres formes était le métal en tant que métal. Bien sûr, les systèmes de poids et l'emploi généralisé de la balance ont été confirmés, et il a été précisé que ce système était fondé sur celui de Babylone qui est un système duodécimal. Il y a eu de nombreuses études sur ce sujet, qui ont été complétées au fur et à mesure des découvertes. La plupart des poids trouvés sont des disques de pierre ou de plomb, gravés ou incisés suivant leur valeur ; une catégorie, peut-être destinée aux artisans en métaux précieux, était en hématite, fusiforme ou ovoïde. Il n'est pas tout à fait sûr qu'on utilisait parallèlement des poids en forme d'animaux.

Nous savons quels étaient les principaux articles importés et exportés, et nous en avons déjà parlé. Naturellement nous n'en connaissons pas toute la gamme, nous ignorons également les quantités et les proportions pour chaque période, ainsi que les grandes régions d'exportation de chacun des produits en particulier. Par exemple il est difficile de préciser toutes les substances qui étaient importées — condiments, encens ou essences aromatiques —, de connaître quelles espèces de bois étaient exportées et dans quelles régions, d'où venaient la plupart des chevaux, etc. Mais nous savons que c'était l'huile, le vin, les fruits et le bois qui constituaient l'essentiel des exportations. Nous avons vu que pour transporter les liquides, un vase spécial avait été créé, l'amphore à étrier, qui est finalement devenue très commune à l'apogée de la civilisation créto-mycénienne. Ces vases assuraient une fermeture hermétique et un transvasement facile. Nombre d'entre eux ont été trouvés scellés. On scellait presque toujours les paquets et la correspondance, et les empreintes trouvées dans les palais et les autres centres commerciaux nous renseignent en détail sur ces opérations. Ces empreintes portent des signes de contrôle ou des signes qui déterminent les objets scellés.

L'envoi de produits finis sous forme de cadeaux constituait, nous l'avons vu, une entreprise commerciale, puisqu'il supposait en retour l'envoi de matières premières ou d'objets de fabrication locale, ou encore l'assurance de privilèges commerciaux. Les oiseaux exotiques, les cynocéphales que nous voyons sur les fresques crétoises devaient faire partie des articles arrivés dans le pays sous forme d'échanges de ce type ; il y avait peut-être aussi des animaux relativement apprivoisés, comme les léopards, puisqu'on en voit un en laisse sur la tête du sceptre royal de Malia. Dans les textes égyptiens, les Kephti sont mentionnés comme principaux agents du commerce de transit qu'ils exerçaient en se servant accessoirement des ports de la côte syro-phénicienne et de Chypre. Et cela était tout à fait normal : les Egyptiens ne disposaient pas de bateaux pour la navigation maritime, et les embarcations des côtes orientales ne suffisaient même pas à leurs propres besoins. Nous avons vu les ports minoens, leurs installations et leur organisation en tant que travaux publics dans le chapitre sur l'architecture. Toutefois, de l'importante activité commerciale qui était la leur, nous ne pouvons nous faire qu'une image générale, en puisant dans les récits de Platon sur l'Atlantide et d'Homère sur le pays des Phéaciens. Malgré les bouleversements géologiques qu'ont subis les côtes de Crète, on espère toujours que les recherches futures fourniront des éléments complémentaires. Pour faciliter le commerce et desservir les nombreux centres néo-palatiaux, on a organisé et étendu le réseau routier ; nous en avons parlé à propos des travaux publics. Mais nous savons fort peu de chose de la circulation des marchandises sur ces routes ; nous sommes un tout petit peu mieux renseignés sur les moyens de transport : voitures à quatre roues tirées par des bœufs, bêtes de somme et porteurs. D'une manière générale, la marche sur ces routes dallées devait être pénible et longue. Les chars légers ne pouvaient sans doute circuler relativement facilement que dans les régions de plaine. Nous ne savons pas si l'on montait le cheval.

Le perfectionnement des moyens de transport maritimes, et la grande expérience de la mer acquise avec le temps, ont conduit au développement systématique de la navigation. Depuis que Sp. Marinatos a fait son étude détaillée sur la navigation créto-mycénienne, une foule d'éléments nouveaux ont été mis au jour, et nous savons aujourd'hui beaucoup plus de choses, surtout en ce qui concerne les embarcations minoennes. La fresque de l'expédition navale découverte dans la colonie minoenne de Théra s'est révélée particulièrement intéressante parce qu'elle représente toute une flotte minoenne. Nous voyons le bateau de l'amiral et celui du contre-amiral, des bateaux à rames (deux fois vingt et une rames plus les longs avirons qui servent de gouvernail) ; la proue était prolongée par un long beaupré orné d'enseignes doubles (deux paires ou une paire), peut-être celles de l'amiral et du contre-amiral ; la poupe se terminait par une protomé d'animal et c'est là qu'est installée la cabine du capitaine en forme de pavillon religieux à trois colonnes. Il y a aussi la place de celui qui tient le gouvernail et celle du chef de manœuvre. Au milieu des cabines ouvertes, équipées de sièges, se dresse le mât où flottent d'autres emblèmes ; enfin les étais et les haubans qui tiennent le mât décorent en même temps le bateau grâce à des guirlandes ornementales. Les flancs de ces navires sont décorés d'animaux sauvages et de frises de spires. D'autres navires, pas plus petits mais sans mât, avec des enseignes plus simples et moins décorées, équipés de la même façon, étaient commandés par des officiers de marine subalternes. D'autres sont plus petits, pourvus de quelques rames seulement (cinq + cinq) mais, à ce qu'il semble, très lestes. Un autre, de taille moyenne, se déplace grâce à une grande voile attachée au mât central ; les cabines du milieu sont fermées ; au lieu du pavillon de la poupe il y a un simple baldaquin rectangulaire et les flancs du bateau sont décorés d'hirondelles. Près des côtes ont été représentées des barques et des petits bateaux comme des felouques, avec des petites cabines centrales. Il ne fait pas de doute que les grandes embarcations à nombreuses rames et les voiliers étaient aptes à voguer en pleine mer et à aller sur toutes les côtes de la Méditerranée. L'expédition navale représentée semble être sur les côtes libyennes. Pour faciliter le débarquement et protéger la poupe sur la terre ferme, il y avait des éperons en bois au niveau de la mer ; c'est par là qu'on descendait des grands bateaux par des échelles de corde qui sont souvent représentées. A l'aide de ces images et de nos remarques sur la place de l'aviron-gouvernail et la façon de ramer, on est arrivé à distinguer les proues des poupes. Les premières sont généralement plus hautes, fendent les eaux, se terminent par un beaupré ; les poupes sont souvent en forme de tête d'animal, de griffon, etc. Dans les bateaux sacrés — on les distingue sur des sceaux — la proue est en forme d'hippocampe, d'autre animal ou de canard qui tourne la tête vers l'arrière. Des pyxides en forme de petits bateaux dont la proue se termine en tête de canard retournée vers l'arrière, peut-être influencées par l'Egypte, ont été fabriquées en ivoire et étaient utilisées pour mettre des fards ou des bijoux ; on en a trouvé dans des tombes de Cnossos, à Mycènes, à Chypre et dans la région syro-phénicienne. Elles représentaient peut-être des embarcations sacrées. Ces dernières étaient souvent figurées avec un autel ou un enclos de l'arbre sacré à l'intérieur, et une figure féminine, assise ou debout, qu'on voit quelquefois ramer ; il s'agit peut-être de la déesse elle-même. Sur les sceaux et les bagues-cachets, les bateaux ont été très simplifiés : un mât et quelques rames le plus souvent. Sur quelques exemplaires on distingue les voiles. On a aussi, très nettement, des bateaux à plusieurs mâts, même si les mâts latéraux n'avaient qu'un rôle secondaire, celui de maintenir les nombreuses voiles. Sur un sceau en forme de cylindre aplati est représenté un bateau dans la tempête : les voiles ont été arrachées par le vent. En général, les représentations confirment la suprématie maritime des Minoens. Une maquette en terre cuite, trouvée à Haghia Triada — elle date peut-être du début de l'époque des Seconds palais — nous donne, quoiqu'elle soit très simplifiée, une idée très nette des bateaux pontés de commerce, un pied de mât, des écoutilles qui mènent à la cale et un banc pour celui qui est au gouvernail. Une autre petite maquette — fragmentaire — de Zakros montre les étambots de la proue où est grimpé un marin. Parmi les simples barques, dont la coque se recourbe aux extrémités, l'une en albâtre a été mise au jour à Haghia Triada, une autre a été représentée sur le sarcophage du même site — en tant que barque funéraire —, enfin, la troisième est une maquette en terre cuite de Phylakopi ; les bandeaux obliques ou verticaux sur les deux dernières, mais sur d'autres exemples aussi, devaient être les tins du bateau plutôt que les multiples bancs pour les rameurs. De larges bateaux sans pont étaient utilisés comme cargos. Les ancres étaient, à ce qu'il semble, très simples, des pierres plus ou moins grandes, avec un trou à l'une des extrémités.

Fig. 6. — Représentations d'embarcations créto-mycéniennes.

a) Représentations de bateaux sur les sceaux minoens.

b-c) Bateaux minoens sur des sceaux minoens prépalatiaux.

d) Embarcation en argile provenant de Palaikastro.

e-h) Bateaux cycladiques représentés sur des ustensiles dits « poêles ».

i) Représentation d'un bateau sur un sceau lenticulaire de la Crète centrale.

j) Représentation d'un bateau dans la tempête sur un sceau en forme de cylindre aplati.

k-l) Représentation des voiliers sur des empreintes de sceaux cnossiens.

m) Représentation d'une barque sacrée sur une bague en or provenant de Tirynthe.

n) Représentation d'un voilier sur un fragment de vase submycénien ou protogéométrique.

o) Représentation d'une barque sacrée sur une bague en or provenant de Mochlos.

p) Représentation d'une barque sur une bague en or provenant du port cnossien de la région d'Héraclion (Ashmolean Museum d'Oxford).

q) Petite embarcation sacrée représentée sur une empreinte de sceau provenant d'Haghia Triada.

r) Embarcation représentée sur une empreinte de sceau cnossien.

s) Barque sacrée représentée sur la bague en or dite « de Minos ».

a
b
c
d
e
f
g
h
i
j
k
l
m
n
o
p
q
r
s

L'expansion coloniale

Comme nous l'avons vu, la tradition grecque avait fait de la colonisation minoenne — qui était liée à la thalassocratie — une grande activité. Cette tradition, née pour la majeure partie à l'époque homérique, puis complétée par la suite par des éléments provenant soit de traditions plus anciennes, soit de traditions nouvellement formées, ne laisse aucun doute quant à ses racines historiques, puisque l'archéologie a mis au jour bien des preuves de son authenticité. C'est à cette tradition que se rattachent nombre de sites portant le nom de Minoa, qui apparaît aussi bien dans les îles que sur les côtes de l'Egée ou qu'en Méditerranée occidentale, et toujours dans des endroits où il y avait d'excellents ports naturels. Victor Bérard l'a rapproché du mot phénicien Minoah qui signifie « lieu de repos » pour les bateaux et donc « port ». Si l'on pense aux relations qu'avaient les Crétois avec les Phéniciens, il ne paraîtra pas étrange qu'on ait utilisé le même mot, avec le même sens, et on considérera comme très vraisemblable que dans cette appellation se cache le même thème que dans Minos et Minyas. Il existait des ports du nom de Minoa dans la petite île près de Nisaia de Mégare où Minos a fait campagne, au fond du golfe Saronique, dans l'île qui borde la côte de Laconie et qui est connue par la suite sous le nom de Monemvasie, dans les Cyclades (Siphnos, Amorgos, et c'est aussi l'ancien nom de Paros), à Corfou, sur les côtes de Sicile et dans la région de Monaco (qui tire son nom d'Héraclès Monoikos) sur la Côte d'Azur française, plus tard sur les côtes occupées par les Philistins — d'origine crétoise comme on sait —, près de Gaza. En ce qui concerne l'activité coloniale des Crétois dans les Cyclades, les Sporades, l'Egée du Nord et de l'Est, la tradition était précise et la rattachait à Rhadamanthe et à ses compagnons. Il y a eu installation minoenne dans les îles de Paros, Naxos, Kéa, Pholégandros, Péparéthos (aujourd'hui Skopélos), Chios — et la côte voisine, celle d'Erythrées —, Thasos, etc. Les liens étroits de Rhadamanthe lui-même avec l'Eubée et la Béotie montrent que l'essentiel de la colonisation s'est fait dans ces régions. Le fils de Minos, Androgée, a essayé de s'établir sur la côte orientale de l'Attique, mais il a été tué par les autochtones, et c'est cet événement qui avait été, pour Minos, le prétexte de l'assujettissement de l'Attique. Un autre courant colonisateur était allé en direction de la Carie et de la Lycie, sous le commandement de Sarpédon et de son fils Milétos, provenant, semble-t-il, de la zone côtière de Malia et de Milatos. Quant aux autres îles comme Mélos (jadis Memvliaros) et Théra, la tradition fait écho d'établissements indirects à partir de Phénicie ; il en est de même de la principale colonie de Béotie, Thèbes, où est venu s'installer Cadmos, d'origine phénicienne, mais remontant peut-être à la Crète. Il y a également eu colonisation crétoise à Rhodes sous la direction d'Althaiménès. Le Crétois Rakios — peut-être de la ville de Raukos en Crète — a fondé le sanctuaire de Claros, près de Colophon en Ionie.

Les Minyens d'Orchomène ont bien des rapports avec les Minyens de Iolkos au fond du golfe de Pagasai, desquels descendent les Minyens de la région de Pylos ; les Minyens de Laconie qui sont ensuite partis pour Théra, descendaient des Minyens d'Orchomène ; de ceux de Pylos provenaient, par émigration, les Néléides d'Attique qui ont eux-mêmes donné naissance aux Kodrides et aux Pisistratides. Les Minyens étaient, du point de vue racial, très apparentés aux Minoens, et cela a été prouvé par les découvertes archéologiques. Dans la tradition ils semblaient provenir directement d'une colonisation crétoise. L'antagonisme qui les opposait à la Thèbes voisine avait pour origine des revendications sur les régions de plaines.

Les découvertes archéologiques relatives à la colonisation crétoise en Egée seront étudiées dans les chapitres sur la civilisation du Bronze récent dans les Cyclades, sur le continent grec et dans l'Est égéen. Qu'il nous suffise de mentionner ici que ces éléments ont confirmé la présence des Crétois en tant que colons, même dans des régions qu'ignore la tradition antique. Les installations se sont faites par vagues successives et étaient, semble-t-il, motivées par les grands tremblements de terre et, en général, les bouleversements géologiques des années 1600, 1500, 1450. La dernière vague qui coïncide avec la destruction finale du palais de Cnossos aux environs de 1380 av. J.-C., a été la conséquence d'une plus grande mainmise achéenne sur la Crète ; il n'est toutefois pas exclu que celle-ci ait pu se réaliser après un grand tremblement de terre.

Il est beaucoup plus difficile de parler de colonisation dans le bassin méditerranéen au sens le plus large ; tout au plus, on peut mentionner la fondation de comptoirs commerciaux, mais il nous manque des données de base. Par exemple on sait de façon certaine que les Minoens pêchaient la pourpre et l'éponge sur les côtes de Libye et qu'ils s'approvisionnaient en silphium en Cyrénaïque, mais nous ignorons quelles installations ils pouvaient avoir là-bas ; en Italie du Sud et en Sicile on voit apparaître des objets de l'époque des Seconds palais en même temps que d'autres qui proviennent du monde mycénien ; mais on n'a pas de vestiges d'installations minoennes malgré toutes les traditions dans la région de Iapygie et du golfe de Tarente, à Messapie ; il est question, par exemple, de la fondation d'Hyria par des Crétois qui suivaient Minos dans son expédition, du Crétois Idoménée à Salento, de

Iapyge comme fils de Dédale ; on raconte que les coutumes des Messapiens étaient des coutumes crétoises et qu'ils parlaient une sorte de dialecte étéo-crétois. Il est très difficile de vérifier les bases historiques de ces traditions. De toute façon il est impensable que des éléments crétomycéniens aussi importants — des tombes taillées à dromos, des poignards égéens et de la céramique égéenne typique — découverts en bien des endroits de Sicile, et surtout sur la côte, de Catane à Agrigente, aient pu se transmettre autrement que par des installations, même sous forme de comptoirs commerciaux. Il y avait de nombreuses traditions sur le Crétois Dédale et sur les chefs-d'œuvre qu'il avait laissés dans diverses régions d'Italie et de Sicile ; la tombe-sanctuaire de Minos à Eryx n'aurait pas pu être construite à la manière crétoise s'il n'y avait pas eu des Crétois installés dans la région ; mais ceux-ci ont dû être rapidement absorbés par l'entourage local après la chute de la puissance crétoise. La Minoa d'Agrigente pouvait être un de ces établissements ; la présence crétoise est sensible également dans les îles Lipari où les Minoens se fournissaient en liparite volcanique. Il faut toutefois avouer que le courant s'affaiblit au fur et à mesure qu'on avance en Méditerranée occidentale ; les quelques éléments vraiment égéens qu'on a en Etrurie, en Sardaigne, en Corse et sur la Côte d'Azur française ne semblent pas atteindre le début de l'époque créto-mycénienne. Mais aux Baléares, on a mis au jour des objets très anciens qui paraissent d'origine minoenne ; quelques-uns d'entre eux se rattachent aux symboles sacrés minoens et aux groupes en terre cuite représentant des jeux de taureaux, chose très importante pour le passage de ce jeu minoen en Ibérie. Cette péninsule était depuis longtemps connue pour ses couches métallifères, et surtout celles qui étaient riches en argent. Beaucoup de gens ont pensé qu'il y avait là des comptoirs commerciaux qui approvisionnaient en métaux et utilisaient des caravanes qui allaient chercher l'étain dans les îles Cassitérides, en Grande-Bretagne. Dans la péninsule ibérique, surtout dans la région d'Alicante, à Narbonne en France, on voit apparaître un style de céramique héritier du style marin crétois et du style représentant des oiseaux et des quadrupèdes dans un décor végétal. Evans a même distingué une écriture préhistorique apparentée à l'écriture minoenne. Il a également reconnu des comptoirs minoens jusque sur le Pont-Euxin, à Amisos par exemple, près de Trapézonte.

Dans la plupart des cas, il ne semble pas facile, malgré les éléments égéens, de savoir s'il s'agit d'infiltrations de civilisation ou de véritables installations, et dans ce cas si elles étaient minoennes ou du début de l'époque mycénienne. De nombreux spécialistes de la civilisation mycénienne ont beaucoup insisté là-dessus ces dernières années. Le problème serait résolu si l'on examinait davantage la céramique du point de vue de l'argile, des engobes, des méthodes de cuisson, etc.

La vie religieuse

Tout ce qui nous est connu, dans chacun des domaines de l'art, ne laisse pas de doute sur le fait qu'à l'époque des Seconds palais le sentiment religieux, qui caractérisait la vie minoenne dès les époques prépalatiale et paléopalatiale, avait atteint un point culminant. Les conceptions religieuses ont pris une forme précise, et il nous est maintenant davantage possible de nous faire une idée générale, puisque les éléments abondent : lieux de culte, objets rituels, offrandes et ex-voto dans les sanctuaires domestiques, de campagne, de sommets, de cavernes, etc., mobilier funéraire de caractère sacré, restes de certaines cérémonies, représentations en rapport avec le culte, les adorants, le monde des génies et démons, le culte des morts. D'autre part, des comparaisons avec les religions orientales apparentées et la religion égyptienne nous apprennent beaucoup et tout devient encore plus clair grâce à la tradition antique et à la mythologie crétoise, aux cultes et aux cérémonies rituelles qui ont survécu à l'époque hellénique et enfin — peut-être un peu moins — grâce aux documents écrits dans les différents systèmes, qui concernent davantage la période finale des palais de Cnossos, puisqu'on a réussi à déchiffrer jusqu'à un certain point les tablettes en Linéaire B de cette phase. Malgré les difficultés dans l'interprétation de nombre de ces éléments — qui augmentent encore par le fait que beaucoup de chercheurs ont tendance à considérer comme religieux tout ce qui est demeuré inexpliqué —, nous pouvons esquisser une image générale de la religion en nous gardant d'adopter des positions extrêmes : celle d'Evans d'une part, dont l'imagination est allée trop loin, et celle de Martin Nilsson, le célèbre historien des religions qui, jusqu'à la fin, est resté extraordinairement sceptique. Il faut faire particulièrement attention aux objets en matières précieuses qui portent des représentations dont l'authenticité est demeurée douteuse et qui sont éparpillés dans les musées d'Europe et d'Amérique aussi bien que dans des collections privées. Le développement d'une critique et d'une interprétation sérieuses et rationnelles comme l'étude des textes antiques, ont aidé à une juste compréhension. Malgré tout, beaucoup de problèmes restent sans solution : par exemple les rapports exacts avec les autres religions orientales et avec celle qui s'est finalement formée dans le monde mycénien, le lien avec la religion homérique, les différences entre les éléments qui ont survécu et ceux qui sont véritablement minoens, les noms des divinités minoennes perpétués par la tradition, la signification exacte des symboles religieux minoens, le caractère du « panthéon », les rapports entre la religion minoenne et les mystères grecs, le degré de parenté entre la religion minoenne et les autres religions d'origine égéenne (celles de Lycie-Carie et d'Etrurie), le culte des rois défunts comme origine du culte des héros, la démonologie, la magie et bien d'autres encore.

Les discussions des spécialistes sur le caractère et la forme du *panthéon minoen* ne semblent pas avoir abouti à des résultats positifs. La plupart des chercheurs sont finalement arrivés à penser que la religion minoenne était polythéiste, comme semblent le prouver les diverses représentations de dieux, les nombreux noms qui nous sont conservés et les éléments fournis par les tablettes de Cnossos. Mais les représentations peuvent rendre différentes manifestations d'une divinité ou de quelques figures seulement, constituant un système clos ; les noms peuvent également faire état de qualifications différentes ou même être des noms individuels comme ceux de la Vierge et des saints aujourd'hui ; enfin il est très probable que le panthéon des tablettes de Cnossos ne représente que la conception que les Achéens s'en faisaient, puisque ces tablettes sont de la période achéenne de Cnossos. L'examen comparatif de plusieurs éléments rend plus probable l'idée que les Minoens, du moins à l'apogée de la civilisation, avaient un panthéon très limité qui incarnait les forces essentielles de la nature se manifestant dans le ciel, sur la terre ou dans le monde chthonien ou infernal. Il faut exclure un système monothéiste, un monothéisme en deux personnes et le polythéisme ; quelques savants, toutefois, ont soutenu que de monothéiste le système était devenu peu à peu polythéiste avec la spécialisation et la séparation locale ; c'est le cas de Nilsson par exemple et de Schachermeyr. Evans, Picard au début, Glotz, Harrisson et Marinatos dans une certaine mesure, Matz et Platon sont pour un panthéon restreint, tandis qu'Hogarth, Farnell, Blinkenberg, Persson étaient plutôt favorables au monothéisme en deux personnes. Alexiou pense que, jusqu'à la fin, les relations entre un panthéon restreint et le polythéisme en progrès — dont les formes de base étaient toujours celles qui se rattachaient au cycle de la nature — sont demeurées floues et vagues.

Les théories du spécialiste de l'histoire des religions Nilsson ont une importance particulière : la divinité principale est la Potnia thérôn — dompteuse des animaux sauvages — qui se manifeste toutefois sous des formes différentes suivant les fonctions qu'elle a et ses variantes locales ; elle est tour à tour déesse de la chasse, déesse de la montagne, déesse des grottes et divinité de certains sites et villes. La déesse de la végétation est une forme apparentée mais qui ne s'est pas totalement imposée, de même que la déesse de la maison (qui est surtout accompagnée du serpent), et la déesse de la mer, normale pour un peuple navigateur ; le type de la déesse guerrière est considéré comme postérieur, et date de la domination achéenne de Cnossos ; toutefois Nilsson ne croit pas à une sorte d'oplolâtrie qui serait en relation avec elle. Comme figures secondaires, dépendantes de la déesse, il a admis le jeune dieu « Potis thérôn » — dompteur des animaux sauvages — et peut-être le jeune dieu de la guerre, sous l'influence mycénienne. Il n'accepte pas l'existence d'un dieu compagnon ou amant de la déesse comme en Orient, ni celle de dieux de caractère céleste, pas plus que la vénération des symboles astraux. D'une manière générale Nilsson se montre très sceptique sur bien des points adoptés par d'autres chercheurs.

Pourtant, en mettant ensemble tous les éléments dont nous disposons nous sommes conduits à adopter les principes suivants : les Minoens se sentaient étroitement liés à la nature divinisée qui les protégeait dans son sein comme une mère ; c'est ainsi qu'ils ont cru que les forces de cette nature étaient organisées en un panthéon restreint qui dirigeait et assurait son bon fonctionnement en relation très étroite avec l'homme ; les manifestations de ce panthéon étaient variées, suivant les trois domaines du monde : le ciel, la terre et le monde souterrain. On y sentait les principales forces de création, l'élément mâle fécondant et l'élément femelle fécondé qui, sans cesse, engendraient la vie, éternellement et périodiquement ; le couple éternel devait avoir la forme du père créateur et de la mère fertilisée, les formes périodiques étaient les figures des jeunes dieux fils et fille qui, tous les deux, disparaissaient en mourant ou étaient enlevés pour ressusciter à nouveau ou revenir à la vie normale. Ces conceptions fondamentales sont à la base des religions orientales, et on les retrouve plus tard dans les mystères. Les contacts et liens étroits entre les dieux et les hommes se font par révélation ou apparition brusque — l'épiphanie divine —, mais le plus souvent sous une forme dissimulée dont l'interprétation nécessite la médiation de prêtres spéciaux. Les différentes sortes de divination y étaient liées. Des cérémonies précises, la plupart d'entre elles d'origine magique, avaient pour effet de garantir aux hommes l'action bienfaisante des divinités et de détourner celle qui était nuisible ; d'autres étaient des actions de grâces, des manifestations de reconnaissance et de respect.

Dans le ciel on imaginait, semble-t-il, la divinité masculine créatrice et toute-puissante essentiellement sous la forme du taureau céleste qu'on reconnaît dans les représentations et les effigies, grâce à la rosace solaire sur le front, aux cornes souvent dorées en demi-lune — croissant — et aux taches en forme d'étoiles ou de bulles sur le pelage. La grande déesse céleste correspondante était souvent représentée sous la forme d'une jeune vache tendrement unie à son enfant, le jeune veau qui la tète ; cette déesse est quand même parfois une femme avec ses symboles célestes et les oiseaux qui l'accompagnent ; c'est surtout à l'époque postpalatiale que ce genre d'effigies est devenu très fréquent. Le couple de jeunes dieux également, le fils et la fille, est figuré dans le monde céleste, comme le montrent clairement les représentations où ils descendent dans un paysage céleste exprimé par des symboles astraux. Il est normal de penser que ce couple était en relation avec les corps célestes les plus importants, le soleil et la lune, et leur mouvement cyclique ; dans la tradition postérieure crétoise, le géant de bronze Talos qui parcourt la Crète d'est en ouest, a été interprété à l'époque classique grecque déjà, comme le soleil, et l'on connaît les noms de Pasiphaé (= la Flamboyante) et Europe (= la Sombre) qui sont respectivement liés à la pleine lune et à la nouvelle lune. La déesse céleste, à Chypre, s'est transformée en Aphrodite Ourania, et son sanctuaire tripartite à Paphos rappelle le sanctuaire tripartite crétois ; c'est dans la partie la plus élevée qu'on honorait la divinité céleste. Sur les sommets des montagnes la déesse acquiert une propriété supplémentaire, celle de la santé ; c'est à elle qu'on dédiait des ex-voto qui témoignent du type de guérison obtenu ; mais la plupart d'entre eux datent des époques prépalatiale et paléopalatiale. Sur un anneau en or d'Archanès et sur le sarcophage d'Haghia Triada, nous voyons les divinités célestes diriger des chars tirés par des griffons célestes. Nous ne pouvons affirmer que la déesse nue avec les colombes — connue par des lames d'or d'origine minoenne trouvées dans les tombes royales de Mycènes — représente la divinité céleste influencée par l'Orient ; cela semble toutefois très vraisemblable. L'épiphanie de la déesse céleste sous forme d'un oiseau est très fréquente, et c'est une conception identique que nous ont transmise les poèmes homériques, surtout dans le cas de la déesse Athéna.

Le panthéon restreint du monde chthonien est figuré dans les représentations et les effigies sous des aspects divers, en rapport avec le caractère particulier que prennent les divinités. Que ces formes aient constitué de simples manifestations et pas du tout des divinités différentes, cela est clair : elles ont souvent des emblèmes qui font partie de deux ou trois cycles ou qui manifestent en même temps des propriétés différentes. Ce syncrétisme est presque de règle à l'époque postpalatiale. Le type principal de la divinité terrestre est celui de la Potnia thérôn ; elle domine le règne animal, est accompagnée de lions, de taureaux, de bouquetins. Ces animaux l'entourent souvent et constituent des groupes antithétiques ; l'exemple le plus représentatif est celui de la Potnia thérôn des empreintes de sceaux du sanctuaire central du palais de Cnossos. D'autres fois les animaux la suivent simplement, et, dans quelques cas, elle devient chasseresse, préfigurant ainsi Artémis. On ne sait si les griffons qu'elle domine ou qui se contentent de la suivre sont des substituts du monde des fauves ou ajoutent au caractère céleste de la déesse. Cela est peut-être dû au syncrétisme des formes, comme dans le cas où elle est accompagnée d'un étrange entrelacs de serpents. Dans la région de Zakros on voit fréquemment la déesse avec les bouquetins, peut-être parce que ces animaux agiles vivaient dans les montagnes des environs. Sur une bague en pierre d'Avdou la déesse chasseresse conduit un char tiré par des bouquetins. C'est la déesse qui, jusqu'à l'époque grecque, était connue sous les noms préhistoriques de Britomarpis (douce Vierge) et de Diktynna. Le premier nom a été interprété à l'aide du lexique des mots idiomatiques (*glossae*) d'Hésychius et de la traduction qu'en a donnée l'auteur romain tardif Solinus : *dolcem virginem* ; le deuxième devait signifier divinité des montagnes, tandis que le sens d'un troisième, Akakallis, nous est inconnu. On ne distingue pas toujours la déesse-mère de la déesse-fille dans la typologie de la Potnia thérôn ; c'est peut-être à la première qu'il faut rattacher la grande dompteuse correspondant à la Rhéa grecque — le nom est peut-être en relation avec ἔρα = la terre —, et la Cybèle d'Asie Mineure ; dans la deuxième, Britomarpis ou Diktynna, on verra plutôt la chasseresse, la future Artémis. Le Potis thérôn est le jeune dieu, fils de la divinité, dompteur des animaux ou chasseur du type du Nemrod oriental.

Une autre manifestation de la déesse, et essentielle semble-t-il, est celle de la terre-mère, en rapport avec la fécondité et la fertilité de la terre ; c'est elle qui, à époque grecque, se présente comme Déméter ; son nom correspond à celui de l'époque préhistorique — *Ma Da* ou *Da Ma* — qu'on trouve gravé sur des haches en or et en argent de la grotte sacrée d'Arkalochori. Le *Da* est également rendu par *Za*, comme on serait tenté de le supposer d'après les toponymes préhelléniques de Zakathos, Zakros, Maza, Zakynthos, etc. Dans diverses représentations nous la voyons, assise sur des autels ou sous un arbre, recevoir les offrandes de fleurs — surtout des lis, des capsules de pavots — ou de fruits. La fertilité de la terre sous sa forme périodique dans la végétation et dans les fruits, les céréales ou autres, était encore représentée par des personnages jeunes, la fille et le fils, comme plus tard Koré ou Perséphone et Triptolème, Iakchos, Yakinthos et autres figures locales. La jeune déesse de la végétation est souvent près de l'arbre sacré, surtout sur des bagues en or et des sceaux, ou dans un pré rempli des premières fleurs du printemps, comme sur la bague en or d'Isopata. Son nom est peut-être Asasara qu'on trouve écrit sur tant de tables à offrandes et autres ustensiles rituels, nom qui n'est peut-être pas sans rapport avec Akakallis, comme l'a fait remarquer Marinatos. Nous retrouvons le jeune dieu sur les représentations, étroitement lié à la déesse-mère et, de ce fait, quelques chercheurs ont considéré qu'il devait être le fils-amant de la divinité, comme c'est le cas en Orient. Evans a vu dans la bague en or d'une tombe de Mycènes une *sacra conversatio*. Dans la tradition grecque on trouve un assez grand nombre d'éléments en faveur de ce genre de conceptions, héritées apparemment de la religion minoenne. Le drame sacré de la mort de la végétation puis de sa résurrection semble avoir été représenté souvent, surtout sur les bagues-cachets en or où l'on voit des personnages se lamenter à genoux devant un bétyle, un pithos funéraire, ou au-dessus d'un sanctuaire à petite colonne (peut-être la tombe du jeune dieu), tandis qu'on déracine l'arbre sacré ; ailleurs, on recueille le nectar des fruits de l'arbre. La régénération de la végétation est figurée sur des sceaux comme une cérémonie. Peut-être représentait-on en même temps l'enlèvement de la déesse-fille dans le monde souterrain, au moment où elle cueillait des fleurs — comme sur une fresque d'Haghia Triada où n'est conservée que la partie inférieure du personnage —, et son retour à l'arrivée du printemps qui s'accompagnait de danses de joie — comme sur la bague en or d'Isopata. Le drame sacré était au centre des mystères d'Eleusis et des cérémonies de Laconie concernant Yakinthos et Hélène. Les enclos des arbres et des bois sacrés sur une fresque de Cnossos — qui font écho à la tradition selon laquelle il existait à Cnossos un bosquet consacré à la déesse Rhéa — se rapportent au même cycle des divinités de la végétation. Le rituel de l'offrande des produits de la terre, qu'on verra ci-dessous, y est rattaché. Les autels de la végétation, qui rappellent les jardins d'Adonis décrits dans une idylle de Théocrite en tant que cérémonies d'Alexandrie, sont reliés au même cycle divin. Mais rien n'exprime de façon plus caractéristique le retour du jeune dieu — identifié à l'époque hellénique avec Zeus Crétagène — et les bienfaits qui l'accompagnent, que l'hymne à Zeus Crétagène découvert dans le sanctuaire de ce dernier, juste au-dessus des ruines de la Palaikastro minoenne. Jusqu'à la fin de l'époque grecque, on montrait le tombeau du jeune dieu au sommet de la montagne sacrée de Cnossos, le Iyttos — l'actuel Jouktas — où l'on a réellement mis au jour un téménos sacré avec l'autel, au-dessus d'une crevasse profonde. C'est ainsi qu'on avait les tombeaux d'Erichtonios ou

Erechtée sur l'Acropole d'Athènes et celui de Yakinthos à Amyclées en Laconie.

La déesse-mère a pris une importance toute particulière sous la forme de la déesse de la fécondité et de la déesse protectrice de la maternité. Les types varient suivant le rôle qu'elle a dans la naissance, la croissance ou l'éducation de son enfant. En tant que déesse protectrice de la grossesse elle était représentée comme une femme enceinte ou en couches, dans une attitude caractéristique ; c'est ainsi qu'on la trouve dans une idole en terre cuite de Gournia et sur un vase en albâtre d'Anémomylia, faubourg d'Héraklion. Elle est connue sous le nom d'Eleuthyie — d'où vient le nom d'Eleusis — ou Eileithyia ; elle recevait un culte dans les grottes, surtout dans celle de la région d'Amnisos port de Cnossos. En tant que courotrophe elle tient dans les bras son jeune enfant et lui offre son sein, ou l'a à côté d'elle, quelquefois avec la jeune fille. Les enfants en ivoire de Palaikastro représentaient peut-être ce fils, si l'on en juge d'après les images du kouros de la Triade sacrée de Mycènes, en ivoire également. A l'époque hellénique le nouveau-né divin est identifié à Zeus Crétagène qui naît ou est transporté dans les grottes sacrées du Dikté et de l'Ida pour y être élevé. Chaque année lorsqu'on célébrait la fête de la naissance de l'enfant divin, le sang coulait d'une chambre inaccessible de l'antre de l'Ida. La cérémonie bruyante des Courètes qui frappaient les boucliers de leurs épées, se célébrait encore en pleine époque hellénique dans la grotte de l'Ida. Et la déesse de l'accouchement, Eileithyia, recevait un culte comparable à celui de l'époque minoenne dans la grotte d'Inatos, sur la côte sud de la Crète, où ont été découvertes les mêmes figurines de femmes enceintes ou accouchant, de courotrophes, et les mêmes symboles (doubles haches) qu'à l'époque minoenne. C'est ainsi également qu'on représentait Léto accouchant de ses jumeaux Apollon et Artémis, embrassant le palmier sacré dans l'île de Délos, toujours avec l'aide de la déesse Eileithyia. Comme déesse-nourrice la déesse-mère minoenne était fréquemment représentée pressant ses seins pour en faire couler le lait ; nous avons vu que ce type était très ancien, puisqu'on le trouve dans des rhytons plastiques prépalatiaux. Mais maintenant on y associe la nudité rituelle, et les figures sont entières. Ce doit être l'origine de l'« Aphrodite pudique ». Quelques savants ont considéré qu'une idole d'Haghia Triada était polymaste et correspondait à l'Artémis d'Ephèse ; d'autres ont mis en doute cette caractéristique et ont évoqué les protubérances pointues du style barbotine ; mais le fait que la partie inférieure soit comme couverte d'un manteau couvert de mamelles est trop comparable aux exemplaires d'Ephèse pour qu'on doute de sa signification. L'alimentation du dieu nourrisson a été rendue de façon symbolique par la jeune vache allaitant son petit, thème qu'on retrouve souvent sur des sceaux et sur les belles plaquettes en faïence des *Temple Repositories* de Cnossos ; c'est d'ailleurs ainsi que les hymnes religieux d'Ugarit, d'influence crétoise, décrivent la déesse. En même temps, la chèvre sauvage avec ses petits doit symboliser la déesse-fille et ses compagnons, connus dans l'iconographie minoenne comme Dioscures ; on a également des plaquettes en faïence, des reliefs en ivoire et des sceaux portant ce même sujet. C'est ainsi qu'on comprend davantage le mythe de la chèvre Amalthée nourricière de Zeus qui, selon une autre tradition, a été élevé par des abeilles ; en effet, dans les tablettes en Linéaire B de Cnossos, il est question de miel offert dans des vases dans la grotte d'Eileithyia. Plus tard on voit les « Abeilles » (*μέλισσαι*), prêtresses d'Artémis Ephésia, officier dans une tenue qui rappelle les insectes. La conception de l'éducation des nouveau-nés d'origine divine par des animaux, est passée dans de nombreux mythes (Kydon par une chienne, Télèphe par une biche, Romulus et Rémus par une louve). La naissance elle-même n'a cessé d'être le centre d'une cérémonie sacrée qu'on retrouve même dans les mystères éleusiniens où l'on entendait la sentence « *ἱερὸν ἔτεκε πότνια κοῦρον, βριμὼ βριμόν* » (la Maîtresse enfanta l'enfant sacré, la Forte le Fort). Le lien stable des trois personnages sacrés — mère, fils et fille — est à la base de l'institution des triades crétoises que l'on rencontre encore en pleine époque grecque en Crète, dans le culte éleusinien et ailleurs. Sa diffusion dans tout le monde mycénien a été confirmée par la découverte de la Triade en ivoire de Mycènes, où l'enfant joue aux pieds du couple divin tendrement enlacé. Mais en même temps on voit des triades où le jeune dieu ou la jeune fille sont entourés de deux figures féminines ou masculines, ceux qu'on connaît à l'époque grecque sous le nom de Dioscures ou Diascures. Le nom préhistorique du jeune dieu de la végétation est, en Crète — et à Chypre semble-t-il —, Velchanos ou Valchanos (la première lettre est le digamma F). A l'époque grecque il reçoit un culte dans la région de Gortys-Phaistos-Haghia Triada, culte qui se rattache à l'arbre sacré ; c'est indubitablement de son nom que provient Alchania à l'origine de La Canée (Alchania — Al Chania — La Cania — Chania). On comprend aisément que pour que la divinité soit féconde il est essentiel qu'elle s'unisse avec le dieu fort, qui s'incarnait et apparaissait également sous la forme d'un taureau ; le mythe sacré de l'union de Pasiphaé avec le taureau blanc de Poséidon par l'intermédiaire de la génisse en bois de Dédale, le mythe de la hiérogamie de Zeus-taureau et d'Europe sous le platane toujours vert de Gortys, l'hiérogamie de la fête d'Ellotia de Gortys et celle de la rivière Théren dans la région de Cnossos (en combinaison avec les bains du xoanon divin) montrent à quel point ces conceptions restaient vivantes en Crète.

La divinité, suivant les idées minoennes, pouvait faire sentir sa présence partout — en plein air, dans les bois sacrés, dans les sanctuaires de campagne, sur les montagnes et dans les rivières — mais sa demeure fixe était toujours près des hommes, dans leurs habitations, qu'il s'agisse de palais, de villas, de fermes ou de simples maisons, de façon qu'elle puisse leur accorder sa protection. C'est ainsi qu'elle se présente comme déesse de la maison (cf. comment Athéna, revenant sous la forme d'un oiseau de sa visite à Ithaque, *ἔδυ Ἐρεχθῆος δόμον* (pénétra dans la maison d'Erechthée). Dans les sanctuaires domestiques, sur le banc ou la table sacrée de la niche du fond, elle était représentée par des idoles aux bras levés, au milieu de symboles et des figurines de ses adorants. Beaucoup de chercheurs ont pensé que son symbole principal était le serpent bienfaisant, celui qui, à l'époque hellénique, a continué de l'accompagner et de recevoir un culte à part en tant qu' *ἄγαθος δαίμων* (le Bon Génie). Des serpents ont en effet été représentés sur les ustensiles rituels des sanctuaires et il semble qu'il y ait eu des vases spéciaux, en forme de tuyaux, où l'on nourrissait et gardait de vrais serpents. Ce que, toutefois, nous ne savons pas, c'est si les rapports étroits entre la divinité et les serpents sont dus à son aspect de divinité chthonienne. Quoi qu'il en soit, la déesse de la maison ne se contente pas de protéger les hommes, elle soutient aussi la maison en s'incorporant aux colonnes et aux piliers sacrés qui se transforment automatiquement en bétyles, demeures du dieu (*bet-el*), comme dans l'Ancien Testament la pierre que Jacob a offerte à Dieu après le rêve de l'échelle. Les cryptes sacrées, les sanctuaires à trois colonnes et tripartites se rattachent à ces conceptions qui se sont répandues encore davantage dans le monde mycénien.

La déesse terrestre, protectrice de toute manifestation de vie, prenait aussi, c'est normal, la forme d'une déesse pélagienne, protectrice de la vie marine, maîtresse de la mer et de tous les êtres qui y vivent ; nous la voyons sur des représentations étendue sur les vagues ou circuler — elle rame quelquefois elle-même dans son bateau sacré dont la proue se termine en hippocampe — de sanctuaire en sanctuaire, comme sur les bagues en or de Mochlos et celle de Minos à Cnossos, ou sur des empreintes de sceaux d'Haghia Triada. Elle se manifeste encore comme déesse des jeux et des concours athlétiques parmi lesquels se rangent les jeux de taureaux. Evans l'a baptisée *Lady of the Sports*. On se demande si les Minoens ont connu de bonne heure la déesse guerrière que nous rencontrons si souvent dans le monde mycénien. La déesse armée est plutôt une déesse de la chasse, mais dans la dernière phase, la phase achéenne, la déesse guerrière apparaît souvent. De petits dieux qui, sur des bagues en or, descendent tout armés sont à rapprocher du jeune dieu guerrier ou de la jeune guerrière dont les images prennent plus tard la forme du Palladion. Dans un tel cadre, l'oplolâtrie niée par Nilsson mais si fortement soutenue par Evans, prend un aspect concret ; des armes, des épées, des boucliers, des casques utilisés jadis comme instruments des cérémonies religieuses, deviennent représentatifs des divinités et porteurs de forces divines ; aussi sont-ils souvent représentés sur des bagues en or comme des objets de culte et sont-ils souvent associés à d'autres emblèmes religieux comme la double hache et le nœud sacré.

La fertilité se préparait au sein de la terre et cette conception s'est maintenue jusqu'à l'époque grecque où l'on croyait que Pluton enlevait la jeune fille, la déesse de la végétation, pour l'emmener dans le monde souterrain. Celui-ci était donc personnifié par le dieu Pluton. Le panthéon restreint doit donc se manifester également dans le monde souterrain : le jeune dieu demeure enterré tout l'hiver, et il attend le printemps pour ressusciter. Son tombeau, nous l'avons vu, était souvent représenté en même temps que le déracinement de l'arbre sacré, et les crevasses dans la terre, sous les sanctuaires — comme au Iouktas et à Christos dans les Astéroussia —, désignent les endroits où l'on entrait dans le monde souterrain. Plus tard on les retrouve, identiques, dans différentes régions de Grèce — cap Ténare, Delphes, Ephyre. Les idoles en faïence des *Temple Repositories* du palais de Cnossos ont été identifiées par la plupart des chercheurs comme des déesses aux serpents, la mère et la fille ; d'autres, comme Matz, ont préféré y voir des prêtresses charmeuses de serpents. Il était très normal que le culte des manifestations chthoniennes des divinités minoennes prît un relief particulier, à une époque où la Crète et tout l'Est égéen ont connu des bouleversements géologiques très importants accompagnés de grands tremblements de terre et d'éruptions volcaniques.

L'idée qu'un dieu chthonien très puissant, sous la forme d'un taureau, frappait la terre de ses cornes et provoquait les tremblements de terre, semble être minoenne et s'est exprimée dans le nom de Potidas = Maître de la terre ; à l'époque grecque il continuait à ébranler la terre sous le nom de Poséidon (ἐλελί-χθων en poésie). Pour apaiser les divinités chthoniennes, on tâchait d'approcher leurs demeures, et c'est là l'origine de la grande faveur des grottes où les stalactites et les stalagmites constituaient les formes tangibles de ces puissances. Quelques chercheurs croient même que c'est à cette tendance que sont dues les fontaines lustrales, où l'on pénétrait plus profondément dans la terre par un petit escalier. Le culte dans les cryptes souterraines ou semi-souterraines devait être né de conceptions semblables. Les idoles avec des serpents en terre cuite, en plomb, en bronze se sont multipliées, et à la fin elles ont pris une forme stéréotypée, celle des déesses aux bras levés à angle droit. Dans les représentations, on reconnaît aussi les déesses chthoniennes aux entrelacs de serpents qu'elles tiennent au-dessus de la tête. Dans le pendentif d'Egine avec le Potis thérôn, les propriétés chthoniennes du dieu sont prouvées par l'entrelacs de serpents qui l'encadre. Bien sûr, il y avait, pour les dieux chthoniens, un rite spécial, avec des ustensiles caractéristiques, nous le verrons ci-dessous. Le monde des morts était en relation directe avec les puissances souterraines ; il y avait des cérémonies à part et un culte, comme nous l'ont appris les fouilles des cimetières et surtout les représentations sur les sarcophages.

Le monde des démons constituait un chaînon intermédiaire entre les dieux et les hommes ; nous les voyons servir le monde divin et son culte, mais aussi utilisés comme intercesseurs pour obtenir l'aide divine. L'Orient et l'Egypte ont beaucoup contribué à leur conformation, mais l'imagination fertile des Minoens leur a donné une composition plus variée, adaptée aux buts poursuivis. La magie existait toujours, en relation avec ce monde de génies. Ces démons ont une force bienfaisante ; on les voit rarement terrifiants et malfaisants. Leurs types n'étaient pas nettement fixés et l'imagination multipliait et différenciait aisément leurs formes, affublant un même personnage des éléments les plus hétérogènes (hommes, quadrupèdes, oiseaux, etc.). Le monde des génies est particulièrement riche sur les empreintes de sceaux de Zakros, il l'est un peu moins sur celles de Cnossos et d'Haghia Triada. Certains types ont prédominé : figures féminines à têtes d'oiseaux, hommes-taureaux, êtres à têtes de lions, et surtout des monstres qui rappellent, avec les écailles de crocodiles qu'ils ont sur le dos, la Ta-Urt égyptienne. Des génies à têtes d'animaux, vêtus comme des moines avec des cordelières, ont été représentés en relief sur un coquillage marin de Phaistos. Les hommes-taureaux annoncent les minotaures grecs dont seule la tête est taurine. Nous voyons, sur diverses représentations, et surtout sur des sceaux, les démons officier, faire des sacrifices ou offrir des libations, transporter les victimes ou défiler en procession, etc. Et surtout, ils prennent part à des cérémonies où l'on arrose la végétation. Des cynocéphales y ont aussi souvent leur place et ils officient ou rendent un culte à la divinité. On comprend donc le caractère sacré de fresques comme celle du singe cueilleur de safran ou des cynocéphales bleus qui ramassent des fleurs.

C'est un mélange rituel des cycles divin, démoniaque et humain que nous voyons sur la représentation de la bague en or de Nestor, trouvée dans la région de Kakovatos — la deuxième Pylos — et qui est indubitablement une œuvre originale crétoise. Souvent les hommes-taureaux sont liés à des symboles astraux — comme le Minotaure ou Astérion hellénique — et cela nous rappelle que le géant de bronze de la tradition crétoise, Talos, peut-être lui aussi à tête de taureau, représentait le soleil, comme nous le dit le glossaire d'Hésychius (*τάλως, κρήτες ο ηλιος*). Les Dactyles ont été rattachés par la tradition à la cérémonie bruyante des Courètes (danses en armes) et les Telchines, liés à la Crète de manière indirecte, à l'art secret de la métallurgie du cuivre. Quelques figures démoniaques rappellent les têtes de gorgones ; elles avaient visiblement une valeur apotropaïque.

La magie pouvait contraindre des génies à donner des avantages aux hommes, ou encore neutraliser leurs actions malfaisantes. Nous verrons ci-dessous ce genre de pratiques et les garanties qu'on pouvait obtenir par les amulettes. Ces conceptions existent toujours dans la Crète d'aujourd'hui : on croit encore au pouvoir magique d'un certain type de sceaux et d'amulettes.

En même temps que les génies, des êtres supraterrestres comme le griffon et le sphinx, accompagnent la divinité et sont même assez souvent représentés seuls ; nous ignorons leur signification précise. Le griffon est un composé de gypaète et de lion, dont la queue s'enroule comme celle d'un serpent ; peut-être cette association était-elle destinée à exprimer la puissance céleste, terrestre et chthonienne ; il est ailé ou non et attaque souvent l'homme ou l'animal ; dans quelques cas, deux griffons, l'un en face de l'autre, s'affrontent ; leur sexe varie et ils ont souvent été représentés avec des panaches décoratifs et des rosaces sur la poitrine. Ils sont au service de la déesse et tirent son char ; on les trouve en groupes antithétiques, de part et d'autre de la déesse ou de symboles, tenus en laisse par le roi-prêtre, entourant le trône royal, assis ou attachés aux colonnes sacrées. Peut-être furent-ils créés sous l'influence orientale ; ils sont particulièrement en faveur dans la région syro-phénicienne et à Chypre ; ils apparaissent assez tôt, comme nous l'avons vu, sur les armes royales de la reine-mère Aahotep. Le sphinx est directement venu d'Egypte ; il a une tête humaine et un corps de lion ; il porte souvent la couronne royale avec les lis et le long panache, et c'est la preuve qu'il incarnait la puissance royale, comme en Egypte. De même que le griffon, il semble avoir été considéré comme juge dans ce monde et dans l'autre ; c'est ainsi qu'il peut poser et résoudre des énigmes terribles ; c'est du moins ce qui nous est parvenu dans le mythe hellénique d'Œdipe. Celui qui ne réussissait pas à trouver la solution de ce genre de problèmes était condamné. Comme le griffon, il est souvent sur les sceaux et les ivoires, sur des manches de miroirs, des peignes et des pyxides. D'autres êtres supraterrestres, des monstres à long cou, avec un corps de quadrupède, ont été représentés sur des sceaux et nous sont connus par des empreintes ; l'une d'elles montre la déesse assise dessus ; sur un sceau de Mycènes, mais de provenance minoenne, la déesse, assise sur un étrange animal, passe au sommet d'une côte ; cette empreinte rappelle le bélier à la toison d'or sur lequel Phrixos et Hellé voulaient traverser l'Hellespont.

En ce qui concerne les *lieux de culte*, on peut considérer comme certain que les divinités du panthéon minoen étaient, en tant que divinités de la nature, adorées partout. Mais certains endroits étaient considérés comme consacrés parce que c'était là que se manifestaient normalement ces divinités ; on les a aménagés spécialement (autels, téménos, sanctuaires de campagne, sanctuaires construits, chapelles, etc.). Suivant le caractère des divinités, on installait ces sanctuaires — célestes, terrestres ou souterrains — sur les sommets ou les versants des montagnes, dans des régions agricoles, près des rivières, sur les plages, dans les habitations et dans les grottes, surtout celles où il y avait des stalactites. Il ne semble pas qu'il y ait eu des temples sous forme d'édifices fixes, du moins jusqu'à la fin de l'époque des Seconds palais, puisque la déesse ne faisait qu'accidentellement son apparition. Les sites sacrés étaient destinés au culte et aux cérémonies diverses. Comme on l'a noté, les principaux sanctuaires se trouvaient à l'intérieur des palais et nous avons fait état d'échos de cette localisation dans Homère (la déesse Athéna et la demeure d'Erechthée). C'est en cela que les palais ont un caractère sacré, nous l'avons vu en détail dans le chapitre sur l'architecture palatiale. Il était donc tout à fait justifié de désigner les palais de Cnossos comme des labyrinthes, c'est-à-dire des maisons de la double hache. Le couronnement des corniches — des doubles cornes de consécration — a été confirmé dans bien des cas. Les fresques et autres représentations sculptées nous ont donné la forme des sanctuaires à trois colonnes ou tripartites dont on a réellement — nous l'avons vu — trouvé des vestiges. Leur composition ternaire est peut-être à mettre en rapport avec les trois domaines où règnent les divinités, et avec les triades divines. Nous rencontrons presque partout la correspondance des cryptes semi-souterraines et des sanctuaires à colonnes des étages. En même temps, on a retrouvé des sanctuaires à banquette plus ou moins élevée, une sorte de table sacrée. L'organisation des lieux de purification et des pièces annexes — sacristie, dépôts, archives, pièces pour la préparation des offrandes, etc. — s'est faite suivant les besoins du culte. Certains savants ont eu tort — à cause d'un scepticisme exagéré — de refuser de croire qu'on ait pu utiliser les cryptes pour le rituel mystique des offrandes : les éléments qui s'y rapportent — symboles gravés des piliers carrés, petits bassins de purification, cavités dans le sol, restes de sacrifices, découverte d'idoles, de symboles, d'ustensiles rituels, etc. — confirment leur usage particulier, qui est attesté à l'étage par des sanctuaires à trois colonnes. La dispersion des symboles sacrés gravés — double hache, étoile, épi, trident — dans la région des principaux sanctuaires, confirme l'intention très nette de donner un caractère particulier à ces emplacements. On trouve des sanctuaires semblables, plus petits bien sûr, dans la plupart des demeures néopalatiales ; même les petites maisons toutes simples avaient leurs sanctuaires, comme les « lararia » des dieux du foyer ou de petites iconostases. Nous l'avons vu, ces sanctuaires, à colonnes, en forme de cryptes, de niches de culte, ont également été installés dans les tombes de personnages importants, surtout des rois. Dans le palais de Cnossos on a une pièce sacrée à caractère particulier dans ce qu'on appelle la « Salle du trône » ; elle fait penser à un consistoire. En même temps, l'existence de grandes salles de fêtes ou de banquets sacrés a été confirmée ; elles constituaient des annexes des sanctuaires. Les fresques nous renseignent sur le genre de cérémonies qui s'y pratiquaient, de même que certains ustensiles et des objets sacrés qui y ont été trouvés ou en provenaient. Quant aux pièces de service, leur disposition intérieure, leur équipement fixe — bassins, coffres, cloisons, armoires construites, etc. — dépendait de leur destination ; il en est de même des archives déposées dans des pièces totalement closes, sous les escaliers ou dans des pièces équipées d'armoires spéciales, à l'intérieur de niches ; elles abritaient, bien rangées dans des petits coffrets, les nombreuses tablettes inscrites des archives des sanctuaires. La fonction de ce qu'on a appelé les bassins lustraux, était celle des bains sacrés et c'est la raison pour laquelle ils ressemblent tant aux salles de bains des habitations. Ils sont à côté ou dans les salles de cérémonies, ou bien dans l'entrée qui mène aux ailes des sanctuaires. Nombre d'entre eux ont été transformés dans les phases suivantes en salles de bains à sol rehaussé, ou en sanctuaires à banquette. Des sanctuaires plus petits, en forme de chapelles, ont été construits près des appartements royaux, pour l'usage exclusif, semble-t-il, de la famille royale.

Pour les cérémonies on utilisait aussi les cours des palais, souvent pourvues d'autels, d'estrades ou autres installations religieuses. Dans ces cours, ou tout près, des constructions en forme de théâtre, avec des sièges pour les participants, ont été mises au jour à Cnossos et à Phaistos, tandis qu'à Malia on a découvert une véritable arène pour les jeux de taureaux, non loin du palais.

En ce qui concerne les autres sanctuaires domestiques que nous avons vus dans le chapitre sur l'architecture, et qui sont des modèles réduits de ceux des palais, il suffira de distinguer les sanctuaires à adyton séparé par une cloison, les sanctuaires reliés à des fontaines construites — comme celle de l'Hôtellerie (Caravansérail) de Cnossos à laquelle correspond, à Zakros, la τυκτή κρήνη —, les salles de cérémonies avec un parapet à colonnes qui mène au bêma — comme dans la Villa royale, la Maison du prêtre et la Maison du grand-prêtre de la tombe royale à Cnossos —, les enclos construits destinés à l'arbre sacré (dans la villa d'Haghia Triada), et toute une série de sanctuaires avec, au fond, une banquette ou un podium élevé. On rencontre presque régulièrement, à côté ou dans les sanctuaires des palais et autres demeures, des dépôts en forme de puits construits destinés à recevoir les objets sacrés qui ne servent plus, les ustensiles rituels cassés, les figurines, les tables d'offrandes, les symboles de culte, etc. La plupart de ces dépôts nous ont offert de grandes quantités d'objets.

Les sanctuaires de campagne et du bord de la mer sont difficiles à trouver et à fouiller. Mais il y en a souvent sur les représentations de fêtes et surtout sur les sceaux et les pierres gravées, plus rarement sous forme d'imitation en ivoire, faïence ou terre cuite. Nous avons vu beaucoup d'entre eux dans le chapitre sur l'art. Des vestiges d'un sanctuaire de campagne, ressemblant à une simple ferme, avec des pièces cultuelles et de nombreux magasins, mais pas de pièces d'habitation, a été mis au jour au lieu-dit Roussès (Chondros Viannou) et a été identifié comme tel grâce aux ustensiles, aux restes de sacrifices, etc. Il est encore plus difficile de retrouver les sanctuaires dans les bois, mais à Cnossos du moins, nous devinons leur présence d'après les fresques et grâce à la tradition concernant le bosquet de cyprès dédié à la déesse Rhéa.

Les sanctuaires de sommets sont mieux connus depuis quelques années grâce aux nombreuses recherches et investigations. Aujourd'hui pas moins de deux douzaines sont repérées ; ils sont souvent situés sur des montagnes pas très éloignées des endroits habités et ne se trouvent pas exactement sur des sommets mais sur d'étroits plateaux sous le sommet ou même sur les pentes. Dans la plupart d'entre eux, il y avait eu un culte dès la fin de l'époque prépalatiale, mais maintenant il s'agit d'installations fixes sous formes d'enceintes, de constructions avec des pièces sacrées et des autels, et souvent des sacristies. Le rapprochement de certains de ces sanctuaires avec des crevasses dans le sol prouve le syncrétisme du culte céleste avec les cultes terrestre et chthonien. Nous avons mentionné à ce sujet les sanctuaires du Iouktas et de Christos dans les Astéroussia. Parmi les sanctuaires de sommets de toute la Crète on distinguera pour la vogue qu'ils ont connue dans la première phase néopalatiale, ceux du Iouktas et de Piskoképhalo (Siteia) où l'on a découvert des figurines animales très importantes, des symboles et des ustensiles rituels. Dans leur enceinte, les sanctuaires de sommets ressemblent à des tourelles, souvent tripartites, tels qu'ils sont représentés sur le célèbre rhyton de Zakros et sur de nombreuses empreintes. Peut-être des socles de vases en forme de tours circulaires, en terre cuite, couronnées de cornes de consécration et portant de nombreuses fenêtres géminées — un exemplaire provient de Gournia — représentaient-elles ce genre de sanctuaires. Des supports de réchauds du même type, ronds ou carrés, continuent d'exister à l'époque postpalatiale, jusqu'au subminoen. Nombre de sanctuaires de sommets étaient des constructions légères, en bois et en brique crue, avec des soubassements en poros, dont seules des traces sont conservées. On les trouve représentés sur des bagues-cachets et sur des vases à reliefs, certains même avec des cérémonies d'offrandes et des processions.

Les sanctuaires réservés au culte chthonien se trouvaient en grande partie à l'intérieur de grottes ou de cavernes, dans des cavités rocheuses, des anfractuosités. Mais ce qui est caractéristique c'est qu'on préférait les grottes à stalactites et stalagmites qui faisaient d'une certaine manière l'objet d'un culte de bétyles — c'est pour cela qu'on détachait quelques morceaux pour les transporter et déposer dans les sanctuaires domestiques — ; il n'était pas rare qu'elles soient entourées d'un péribole. Dans les fissures ou cavités des stalactites on déposait les offrandes, mais on construisait souvent, pour les sacrifices et les offrandes non sanglantes, des autels spéciaux. L'imagination prêtait aux stalactites des figures particulières ; même à l'époque homérique et à l'époque grecque, on y reconnaissait les tissages des Néréides et les autres travaux des Nymphes, et aujourd'hui encore, une des stalactites de la grotte de Psychro — peut-être l'Antre dictéen de la tradition grecque — est appelée « manteau de Zeus ». Beaucoup de grottes sont encore considérées comme grottes des Néréides, surtout celles où il y a de l'eau qui coule ou des petits lacs. Le spéléologue Paul Faure a surtout étudié les grottes de Crète en tant que lieux de culte. La tradition grecque antique s'était particulièrement intéressée à l'antre du Dikté et à l'antre de l'Ida, qui avaient abrité la naissance et l'éducation du jeune dieu assimilé à Zeus Crétagène. L'identification de l'Antre idéen avec la grotte de Nida ne laisse aucun doute en raison de sa position et des nombreux objets votifs très caractéristiques du culte des Courètes qui y ont été trouvés. Il n'est pas sûr au contraire que l'Antre dictéen soit la grotte de Psychro sur le plateau du Lassithi ; on a le nom de Dikté pour les montagnes de Siteia et il existe un sanctuaire dictéen à Palaikastro. Mais il semble très probable que le culte et quelques toponymes de Crète centrale aient été déplacés en Crète orientale, à l'époque où les Etéocrétois ont été repoussés dans cette région par les Doriens qui s'installaient ; le maintien du nom Edichtis dans la chaîne centrale témoigne peut-être de la survivance du nom Dikté ; cela serait en accord avec la tradition du transport du nouveau-né par sa mère Rhéa qui veut le cacher dans l'Aigaion oros et passe par Lyktos — d'après Hésiode — dont l'emplacement dans le passage des montagnes qui précèdent les Monts du Lassithi nous est bien connu. Nous avons déjà parlé de la célèbre grotte d'Eileithyia à Amnisos ; deux stalagmites, qui ressemblent à une femme enveloppée dans un péplos et à un enfant, y ont été entourées d'un péribole qui délimitait, semble-t-il, un téménos sacré. Les grottes de Crète qui ont été utilisées pour le culte sont particulièrement nombreuses. Beaucoup d'entre elles ont continué à servir aux époques grecque et gréco-romaine. En dehors de celles que nous avons vues — grottes d'Eileithyia à Amnisos, d'Eileithyia à Inatos, antres du Dikté et de l'Ida — on citera la grotte de Patsos dédiée à Hermès Kranaios, celle de Mélidoni dédiée à Hermès Talaios, toutes deux dans le nome de Réthymnon, les grottes de l'Akrotiri et de la région de La Canée — Hellinospilo, Koumarospilo, Arkoudospilo et la grotte de Platyvola — aussi bien que la grotte de Skales dans la région de Praisos, à l'extrémité de la Crète orientale. Un sanctuaire hypèthre, sur les pentes sud du Dikté, a été mis au jour dans la région de Symé (Viannos) ; on y rendait un culte à la déesse et au jeune dieu auxquels ont succédé Aphrodite et Hermès Dendritès.

Les symboles sacrés, étroitement liés au culte du panthéon minoen, étaient presque tous connus dès les époques prépalatiale et paléopalatiale, mais ils paraissent maintenant davantage utilisés et de façon plus méthodique. Il y avait différentes catégories de symboles et certains d'entre eux ne sont en fait que des emblèmes ou des signes ayant une fonction déterminée. Les principaux symboles pouvaient remplacer la divinité, étaient considérés comme porteurs d'une force divine, indiquaient sa présence, en constituaient des emblèmes et l'accompagnaient, montraient le caractère sacré de bâtiments, d'ustensiles et d'instruments. D'autres avaient presque totalement perdu leur signification et étaient devenus de simples motifs décoratifs. Dans le cycle créto-mycénien, on peut trouver, dans les objets et les représentations, bien des exemples de ces différents usages. Le symbole le plus sacré continue d'être la double hache, *labrys* comme elle semble s'appeler à l'époque préhistorique. La découverte dans des grottes sacrées, des sanctuaires de sommets et d'autres lieux de culte, de nombreuses haches à double tranchant d'usage pratique, en bronze, prouve qu'elles étaient aussi déposées là avec une valeur symbolique ; quelques-unes d'entre elles étaient décorées de représentations à signification indubitablement religieuse — papillons, ustensiles en forme de tuyaux destinés à la nourriture des serpents, casques et boucliers, épées, nœuds sacrés, etc. Il semble qu'elle soit devenue symbole sacré du fait qu'elle était le principal instrument du sacrifice des taureaux ; cela est confirmé par une cérémonie attique où l'on faisait un procès à la hache qui avait tué le bœuf (« *βουφόνος πέλεκυς* »). Le nom de *labrys* a été mis en relation avec le labyrinthe de Cnossos et s'est conservé, avec son sens actif sacré, dans la région côtière de l'Asie Mineure et dans les îles voisines, surtout dans la ville de Labranda en Carie et dans l'île de Ténédos. Le génos sacerdotal des Labryades continuait à exercer son activité à l'époque grecque dans la région de Delphes. La plupart des doubles haches en tant qu'objets de culte ou offrandes étaient faites de lames (d'or, d'argent, de cuivre ou de plomb) assemblées ; elles étaient plus rarement moulées ; on a souvent comme décor des bandes au pourtour ou deux bandes obliques. Toutefois il a été trouvé un assez grand nombre d'exemplaires à décor végétal varié — rameaux et feuilles tournantes. La plus joliment ornée est celle de Zakros (lis incisés sur deux rangs). La plupart des haches viennent des grottes sacrées, surtout de celle d'Arkalochori où l'on a mis au jour des dépôts avec des centaines de haches en cuivre et un bon nombre, mais petites celles-ci, en or et en argent. Les plus grandes — 1,20 mètre de long —, objets de culte indubitablement, ont été trouvées dans le sanctuaire de la villa de Nirou. Des bases pyramidales, destinées aux doubles haches, en poros, simples ou décorées de fresques, ou en terre cuite, souvent à degrés, ont été trouvées en abondance, surtout près des sanctuaires des palais et des villas, aussi bien que dans des grottes sacrées. Les haches votives inscrites de la grotte d'Arkalochori sont très intéressantes ; les inscriptions, plus ou moins longues, sont en hiéroglyphique et en Linéaire A ; comme nous l'avons vu, deux d'entre elles portent le nom de la déesse MA ZA. Nous ignorons si le fait que chacun des tranchants des haches soit double avait une signification symbolique spéciale ou s'il s'agit seulement d'un enrichissement décoratif. Des petites haches en stéatite, en ivoire ou en faïence étaient incrustées sur des coffrets. Elles sont souvent combinées à d'autres symboles ou emblèmes — le bucrane, les doubles cornes et le nœud sacré. Les représentations et quelquefois des anneaux nous montrent qu'elles étaient souvent suspendues à l'envers ; mais normalement elles avaient un manche en bois ou métallique et elles étaient dressées sur leurs bases pyramidales. Des doubles haches, souvent simplifiées, presque toujours obliques, étaient gravées sur les murs, les piliers rectangulaires, les soubassements des sanctuaires. Il y en a des exemples sur des tombes, appartenant peut-être à des membres du clergé, dans lesquelles on a aussi trouvé de vraies doubles haches. Dans la « Tombe des doubles haches », à Cnossos, même les fosses avaient la forme de doubles haches. La présence des haches dans les constructions et dans les tombes garantissait, semble-t-il, la protection divine. Dans l'écriture, qu'elle soit hiéroglyphique ou linéaire, la hache était utilisée à la fois comme idéogramme et comme syllabogramme. Sur des objets rituels, des autels, des tables à offrandes, des vases, elle était souvent en relief ou peinte, seule ou associée à d'autres symboles (surtout les doubles cornes et le bucrane) et combinée au nœud sacré. Quand elle était gravée ou peinte sur des instruments de travail (comme les tours de potiers) ou sur des sarcophages, elle avait une valeur protectrice. Sur le sarcophage de Palaikastro elle a été présentée comme une sorte d'étendard en liaison avec les doubles cornes ; des symboles solaires et des êtres supraterrestres comme les griffons, ajoutaient au pouvoir de protection. Sur les sceaux la double hache apparaît très souvent ; on la trouve un peu moins sur les fresques, mais on la voit accrochée sur les colonnes du sanctuaire à trois colonnes.

Ces représentations nous renseignent sur le rôle de la hache dans le rituel sacré que nous verrons ci-dessous. C'est à partir de ces représentations que les chercheurs ont essayé de deviner le sens précis du symbole : Ganzyniec a soutenu qu'elle avait gardé le sens de « βουπλήξ » (qui frappe le bœuf) ; Hawkes, qu'elle était le symbole de la toute-puissance du pouvoir royal ; Blinkenberg y voit la hache-éclair du ciel, signification qu'elle gardait en Asie Mineure ; Cook, celle de la force qui féconde liée au feu céleste, comme dans le mythe de Sémélé-Terre (on retrouve un peu la même conception chez Dussaud) ; Evans, que c'était l'expression aniconique de la divinité, aussi bien mâle que femelle. Nilsson a refusé d'admettre que la hache ait jamais incorporé la puissance divine ; il la considérait simplement comme un instrument sacrificiel qui, avec le temps, a acquis une signification sacrée. D'une manière générale, on peut admettre qu'elle représentait la puissance divine dans ses différentes manifestations — ciel, terre et monde chthonien. Elle pouvait donc, dans certains cas, devenir elle-même objet de culte.

Il y a bien des raisons de croire que le symbole des doubles cornes a son origine dans les cornes du taureau qui étaient en même temps la nouvelle lune, le croissant ; peu à peu elles ont acquis un caractère architectural, du fait qu'on les utilisait comme couronnement de bâtiments sacrés et d'autels : les branches verticales sont devenues planes à l'extérieur, tandis qu'elles gardaient la courbure intérieure. Elles étaient elles aussi associées à d'autres symboles (la double hache, le disque solaire sous ses différentes formes, la croix, le bucrane sacré, les rameaux) et servaient de base aux objets rituels, surtout les cruches à libations. Quelques chercheurs, comme Nilsson, ont cru que ce n'était pas un symbole essentiel mais un objet consacré — *Horns of consecration* — chose qu'a admise Evans sans abandonner totalement l'acception du symbole. Nous savons qu'elles étaient utilisées dès les premières phases prépalatiales et dans les idoles en cloche (masques) paléopalatiales. Des cornes d'animaux étaient souvent employées comme couronnement ou remplissage des autels, même à l'époque grecque (dans les sanctuaires de Dréros, d'Arkadès, de Symé Viannou). Des autels de cornes, comme celui de Délos autour duquel — raconte la tradition — les jeunes gens et les jeunes filles revenus de Crète avec Thésée avaient dansé le « géranos », devaient être des autels couronnés de doubles cornes, tels qu'il en existait des maquettes ou qu'ils ont été représentés sur des ustensiles rituels ou sur des bagues-cachets et des sceaux. Sur les bancs-autels des sanctuaires on les déposait avec des figurines et autres symboles. Dans les ailes ouvertes des sanctuaires tripartites, elles encadraient des colonnes, et dans les sanctuaires à trois colonnes elles apparaissaient entre ces dernières. On a trouvé de nombreuses doubles cornes en poros, en stuc ou en d'autres matières, quelques-unes avec une base à degrés pyramidale ou un socle conique au milieu, sans doute pour la double hache. C'est ainsi qu'on les voit sur les représentations. Nous connaissons leur usage précis dans les sanctuaires (couronnement de bâtiments ou d'autels) grâce à des maquettes ou des ensembles plastiques en terre cuite comme ceux de Kamilari, et à des fresques comme celles d'Haghia Triada, d'abord et surtout sur le sarcophage bien connu. Elles apparaissent en relief sur nombre d'ustensiles rituels dont les plus bizarres sont en forme de tuyaux et servaient probablement à la nourriture et à l'entretien des serpents sacrés. Plus tard, elles couronnent des statuettes en terre cuite de divinités aux bras levés. Elles sont gravées, avec d'autres symboles, sur la plaquette en bronze de Psychro. Il y en a beaucoup de peintes sur des ustensiles rituels, sur des jarres de sanctuaire, sur des coffres et des sarcophages, sur des pyxides, etc. Sur des sceaux on voit le jeune dieu de la végétation ou des démons du type Ta-Urt marcher dessus. Quelle que soit leur origine — Anatolie, Orient ou Egypte — le symbole s'est développé en Crète de façon presque autonome et il a, semble-t-il, toujours gardé d'étroits rapports avec les cornes du taureau. Evans et Nilsson ont fait le rapprochement avec de nombreux exemples égyptiens et orientaux, comme les cornes sacrées d'Hathor les bras levés à angle droit, ou les montagnes associées au disque solaire sur des exemples égyptiens, les cornes hébraïques, syro-phéniciennes et chypriotes ; finalement les plus anciens prototypes sont à rechercher en Anatolie, dans les sanctuaires de Çatal Hüyük et de Beyce Sultan. Les exemples égyptiens et orientaux ne semblent pas indépendants les uns des autres, et leur signification fondamentale a toujours été le symbolisme du croissant avec les cornes du taureau ou de la vache sacrés. Nilsson n'a pas accepté ces rapprochements et a toujours insisté sur l'idée que c'était un instrument de simple consécration. Paribeni, dans la publication du sarcophage d'Haghia Triada, a soutenu que c'était le croissant de lune, apportant les exemples bien connus des *Moundbilder* d'Europe centrale et d'Italie.

Le bucrane en tant que symbole était, sans aucun doute, la partie exprimant le tout, exactement comme dans le cas des rhytons en forme de tête de taureau, et il est probable qu'il manifestait la présence de la grande puissance divine mâle qui féconde. Deux crânes de bœufs ont été déposés avec une table à offrande dans les maisons qui se trouvent à l'extérieur de l'angle sud-est du palais de Cnossos et qui avaient été remblayées après un tremblement de terre ; on a trouvé une partie du crâne d'un taureau encastrée dans le mur de clôture de la chambre funéraire de la tombe à tholos A d'Archanès. Le bucrane a souvent été rendu plastiquement ou peint sur des ustensiles rituels et des vases appartenant au sanctuaire, sur des sarcophages ou des coffres ; il faisait partie du répertoire des représentations religieuses sur des sceaux où l'on avait souvent des membres de victimes, surtout de taureaux. Les rhytons plastiques en forme de tête de taureau avaient, sans conteste, gardé leur signification symbolique. Sur les seaux et les baquets qui recevaient le sang des taureaux et des autres animaux sacrifiés, on représentait souvent le bucrane seul ou en liaison avec la double hache. Un bucrane avec une double hache a été représenté entre des cornes sur des feuilles d'or et rendu en idéogramme sur les tablettes du Linéaire A. Le bucrane est très souvent associé aux doubles cornes. Nilsson et d'autres chercheurs ont refusé la valeur symbolique du bucrane ; ils n'y ont vu qu'une expression simple, en relation avec la Potnia thérôn.

La plupart des savants ont donné très peu d'importance aux corps célestes qu'on trouve souvent sur des représentations cultuelles ou comme objets séparés. Ils ont cru qu'ils n'avaient qu'une valeur purement décorative ou qu'ils évoquaient le paysage céleste. Mais l'insistance des représentations, leur distinction très nette — ils étaient coulés dans des moules en même temps que d'autres symboles reconnus — la présence de certains d'entre eux dans les sacristies et les dépôts des sanctuaires prouvent qu'il s'agissait de symboles, et cela est très normal puisqu'il en était ainsi dans toutes les religions orientales et européennes. Leur signification ne peut être uniquement mythologique ou cosmologique. Sur de nombreuses bagues en or — la bague de Tirynthe est la plus caractéristique — le disque solaire, la demi-lune (le croissant), les étoiles et peut-être la voie lactée figurée par des rameaux (pas toujours ensemble) sont représentés dans le champ supérieur et séparés de celui du bas, le monde terrestre, par une ligne ondulée. Le soleil est représenté comme une croix, une roue à rayons, une rosace. La croix en marbre de la sacristie de Cnossos est un symbole solaire, comme le montre clairement ailleurs son association à la demi-lune. En disque nous le rencontrons sur la tête des divinités. Le croissant de lune était souvent rendu, nous l'avons vu, par les cornes dorées, en forme de croissant, des taureaux. Le soleil radiant ou la rosace existent sur des sceaux, au milieu de lions antithétiques. Sur la plaquette en bronze de Psychro, les signes astraux voisinent avec d'autres symboles et des figures divines. Sur le sarcophage de Palaikastro la rosace solaire a été associée à d'autres symboles et au griffon sacré. Dans sa forme mobile le soleil est rendu par un tourbillon de feu ou par le svastika (avec des rayons repliés à angles droits). On sait le rôle que jouaient en Europe les chars solaires. Dans un groupe en bronze de Trundholm en Scandinavie, la roue solaire est transportée sur un char spécial. Les symboles astraux, pris séparément ou en liaison les uns avec les autres, existent dans la Crète néopalatiale en tant qu'objets autonomes, faits de matières diverses — métal, cristal de roche, pierre, faïence, etc. Dans un moule postérieur de Siteia, la roue solaire a, tout autour, des prolongements en forme de flammes ; en même temps le disque du ciel forme le corps d'une figurine avec une tête et des jambes et des symboles astraux à l'intérieur du corps discoïde. Comme les autres symboles, la croix est un signe d'écriture, à la fois idéogramme et syllabogramme, et on la retrouve également gravée sur les bâtiments sacrés. Le symbolisme des corps célestes s'est répandu très largement ; comme en Egypte où Hathor, la vache céleste, a le corps rempli de points, des cornes en croissant enserrant le disque solaire, on représente ici aussi taureaux et vaches avec des taches en forme de croix sur leur peau toute blanche, des cornes en croissant et des rosaces sur le front des taureaux sacrés. Le soleil semble avoir été considéré comme « celui qui voit tout et celui qui entend tout » ; on retrouvera ce fait dans la mythologie grecque. Cette propriété divine a été figurée sur des bagues en or par les symboles de l'œil et de l'oreille. Un autre symbolisme, à signification limitée, celle de l'âme, a été traduit par le papillon et la chrysalide.

On peut être certain que les croyances organisées en un système religieux très avancé ont favorisé le développement de la *classe sacerdotale ;* le sommet de la pyramide était, bien entendu, constitué par les membres de la famille royale. Mais dans les nombreuses représentations dont nous disposons — surtout grâce à la glyptique —, il n'est pas toujours facile de distinguer les figures du panthéon de celles du clergé ou des simples adorants. Quelquefois on est aidé par les vêtements, les symboles et les instruments utilisés, les gestes, l'attitude dans les offices divins, les animaux ou les êtres supraterrestres accompagnant les personnages. Mais même là il y a de nombreux doutes. Il est certain que chaque personne pouvait communiquer directement avec la divinité sans recourir à des intermédiaires. C'est ainsi que nous voyons une foule d'adorants et d'adorantes dans les représentations et que nous avons une multitude de figurines d'adorants en attitude de prière, d'invocation ou de supplication, qui ont été mises au jour dans les dépôts des sanctuaires. Cependant, la classe sacerdotale était chargée d'officier dans les cérémonies les plus importantes pour un public plus ou moins restreint et, par des actes particuliers, à caractère rituel ou magique, d'assurer les bonnes grâces de la divinité et d'écarter toute menace de danger. Le roi et la reine étaient sans doute grand prêtre et grande prêtresse ; nous les voyons officier portant leur couronne sacrée : le roi grand prêtre, dans la fresque cnossienne bien connue, porte une couronne ornée de lis et de plumes de paon, la reine grande prêtresse, sur le sarcophage d'Haghia Triada, porte une couronne identique dont les longues houppes descendent jusqu'à terre. Nous connaissons les salles sacrées équipées de trônes, où le roi ou la reine grands prêtres prennent place, au milieu du collège des prêtres, entourés des griffons sacrés représentés sur les fresques. Les personnages qui officient portent de longues mèches en laine rouge στέμματα, comme il est fait état dans Homère. Des prêtresses portent sur l'épaule le nœud sacré, caractéristique du sacerdoce, qui se termine par des franges. Ce nœud est devenu une sorte d'attribut sacerdotal qu'on ajoutait à divers objets utilisés dans les cérémonies sacrées, sur les colonnes, les doubles haches, les autels, etc. Il est sûr que la plus grande partie du personnel sacerdotal était composé de femmes ; nous les voyons officier sur les différentes représentations, mais il serait difficile de les classer en catégories. Les prêtresses avec le nœud sacré — la « Parisienne » par exemple — portent souvent des robes toutes blanches ornées de petits rubans disposés en volants. Mais d'autres prêtresses portent un vêtement de peau, découpé en rond en bas, qui laisse derrière une petite queue. C'est le même vêtement que portent les prêtres qui officient. D'autres prêtres, appartenant peut-être à une catégorie plus élevée, portent un manteau écailleux à franges. Sur le rhyton des moissonneurs d'Haghia Triada, c'est le personnage religieux à manteau qui est en tête ; il porte un bâton — une crosse ? — sur l'épaule et a les cheveux longs. Ce vêtement se retrouve sur des empreintes de sceaux d'Haghia Triada où, dans un cas, on le voit transporté pour qu'il soit endossé par quelqu'un. L'existence d'un grand prêtre, en dehors du roi, a été confirmée par la découverte de sa maison d'habitation, juste au sud du palais. Il y avait aussi des maisons particulières pour d'autres membres du clergé et pour le prêtre chargé du culte des rois défunts. Sur nombre de scènes rituelles nous voyons des prêtres porter des vêtements luxueux. D'autres, avec un vêtement très long allant jusqu'à terre, une bande centrale et une riche bordure en bas, prennent part à des processions ou officient. Les prêtres sacrificateurs portent un costume un peu plus court, mais toujours à manches. Une figure de la fresque de la procession de Cnossos, avec un vêtement tout blanc dont la bordure inférieure est une frise de demi-rosaces et de triglyphes, porte ou reçoit un péplos dont les plis descendent jusqu'à terre ; on ignore s'il s'agit de la divinité ou de la grande prêtresse ; c'est de toute façon à elle qu'aboutit la procession venue de deux côtés différents. Les musiciens — joueurs de lyre, de double flûte, et peut-être de sistre et de cymbales — constituent une catégorie à part, portant, elle aussi, un vêtement qui va jusqu'à terre. Ce qui est tout à fait caractéristique c'est le costume féminin de nombreuses classes du clergé masculin ; Evans a beaucoup insisté là-dessus et a montré les rapports étroits avec l'Orient. En effet, des prêtres avec un long vêtement oriental ont été représentés sur toute une série de sceaux. Certains d'entre eux tiennent sur l'épaule une hache à simple tranchant de type oriental, comme celle qui a été trouvée dans la tombe royale de Vaphio en Laconie. La représentation la plus typique de prêtres avec des costumes féminins est sur la fresque de l'offrande des coupes sacrées, celle qu'Evans a baptisée *Camp-stool fresco* ; de jeunes prêtres portant des robes de femmes sont assis sur des tabourets pliants pour recevoir, des mains de personnages, masculins toujours, en procession, la coupe sacrée de la communion. Deux accessoires en forme de plumes dans la partie supérieure du vêtement remplaçaient le nœud sacré. Le long vêtement féminin a survécu comme costume de certaines catégories de prêtres et de musiciens aux époques suivantes, et existe toujours actuellement pour les popes. Quelques chercheurs ont voulu voir dans cette particularité de l'habillement religieux l'existence d'eunuques dans le clergé. Il n'y a toutefois pas de preuves de cela. Au contraire, il semble plutôt probable qu'il ait existé des prêtresses hiérodules, puisque le rite de la fécondité était essentiel et que la classe des prêtresses d'Aphrodite — visiblement héritage minoen — jouait un rôle important dans les sanctuaires de cette déesse à Chypre. Il n'est pas exclu que les dames assises à côté du sanctuaire sur la fresque miniature de la « scène du sanctuaire » de Cnossos aient exercé cette fonction. Les danseuses sacrées constituaient une catégorie à part ; nous les voyons, sur de nombreuses fresques et sur des gravures, danser en tournant, seules ou en groupes formant de véritables ballets, comme c'est le cas sur la fresque miniature de la « scène du bois » à Cnossos. On est surpris de voir, sur ce genre de représentations, quelques danseuses porter des costumes identiques à ceux des ballerines d'aujourd'hui — jupes-cloches courtes, boléros, etc. De jeunes danseurs portent le pagne et ont souvent le couteau à la taille. La tradition a perpétué le souvenir de danses en armes — celle des Courètes — correspondant à celles qui existaient chez les Etrusques, chez les Latins et les Francs Saliens.

Nous ne pouvons savoir si les acrobates, hommes et femmes, étaient des membres de la classe sacerdotale ; cela semble très probable puisque les jeux de taureaux faisaient partie des cérémonies religieuses. On est presque sûr que l'entrée dans les plus hautes classes sacerdotales était héréditaire ; il y avait donc, par conséquent, des familles de prêtres comme celles des Kérykès et des Eumolpides en Attique et des Labryades à Delphes. Les membres de la famille royale devaient normalement faire partie du sacerdoce et l'on en voit des traces dans le mythe : Pasiphaé, Ariane, Europe ont des noms qui étaient des titres sacerdotaux — la Toute Brillante, la Toute Pure, la Sombre (nouvelle lune). Des pendentifs en or, comme celui des abeilles ou des guêpes de Malia ou du Potis thérôn d'Egine, appartenaient à des prêtresses de la classe la plus élevée (peut-être royale). Sur des sceaux minoens des personnages barbus, visiblement en extase, ont été considérés par Evans comme des derviches, et il les a classés dans cette catégorie de prêtres qui exécutaient des danses effrénées. Il y avait beaucoup d'autres classes auxiliaires du sacerdoce, des sortes de diacres, qu'il serait difficile de préciser. Ils aidaient dans le déroulement des cérémonies et préparaient les offrandes. D'autres y participaient en tant que porteurs de cadeaux, pour faire les libations ou tenir les symboles. Les bijoux sacerdotaux — colliers, bagues, bracelets, diadèmes, etc. — étaient abondamment utilisés. Nous avons vu ailleurs les *insigna dignitatis* des rois-prêtres ; d'autres symboles tenus par les prêtres, des emblèmes comme les marteaux et les massues, des instruments sacrificiels, etc. Il y avait les moyens de transport sacrés, sortes de *sediae gestatoriae*, utilisés pour le transport des hauts dignitaires religieux et des idoles. Pour les ablutions et aspersions religieuses on utilisait des bénitiers et des goupillons. On ignore le fonctionnement de l'instrument rituel en forme de faucille qu'on connaît plus tard sous le nom de *harpè*.

La manière dont s'exerçaient le *culte et les cérémonies religieuses* nous est mieux connue que pour les époques précédentes. Cela est dû, d'une part, au grand nombre des représentations sur les fresques et sur les sceaux aussi bien que sur les vases à reliefs et dans la plastique en terre cuite, et grâce aussi aux innombrables ustensiles rituels trouvés, pour la plupart, dans les sacristies et les dépôts des sanctuaires. Les moyens de communication directe avec la divinité étaient toujours la prière, l'invocation, la supplication et l'eucharistie ; la concentration et le respect, qui étaient indispensables au moment de cette communication, ont été merveilleusement exprimés dans les figurines en terre cuite ou en métal des adorants et des adorantes, aussi bien que par l'attitude de ces derniers dans les représentations. Les principaux moyens d'expression étaient la tension du buste et les gestes adaptés au but recherché, qui supposaient souvent une succession dans le mouvement vers le front, la poitrine, en avant et vers le haut. Le geste des bras levés à angle droit est plutôt l'apanage des divinités ; il a peut-être un sens symbolique, comme cela paraît confirmé par les idoles et les autres représentations de divinités. Styl. Alexiou leur a consacré une monographie. L'épiphanie est le principal moyen pour la divinité de répondre aux invocations, et comme l'a souligné Matz, cet acte constituait l'élément essentiel de la cérémonie religieuse. Il ne semble pas toutefois que cette épiphanie se soit toujours traduite par une apparition physique et par une présence ; le rite prenait davantage l'aspect d'une attente et « les trônes préparés » de la tradition, qui étaient prêts à la recevoir, semblent avoir eu cette signification. C'est ainsi que Matz a expliqué le trône de la salle des fêtes de Cnossos. Mais dans les représentations nous voyons souvent la divinité descendre du ciel. La plupart du temps elle prend la forme d'un oiseau, pas toujours le même — c'est ainsi qu'elle a souvent été décrite dans l'épopée homérique comme αἴθυια (étourneau), κορώνη (corneille), colombe ou faucon. Elle voltigeait audessus des autels et des couronnements de sanctuaires, elle passait à travers leurs ouvertures et se posait sur les cornes sacrées ou sur les poutres. On retrouve souvent ces oiseaux, signes de la présence divine, sur les fresques (sarcophage d'Haghia Triada), sur les reliefs (rhyton du sanctuaire de sommet de Zakros) ou sur des bagues en or (de Midéa et de Mycènes). Le rôle de la déesse pouvait être également tenu par des membres des classes les plus élevées du clergé. Nous ne sommes pas tout à fait sûrs qu'on croyait à la présence possible de la divinité dans des arbres sacrés, dans des bétyles aniconiques ou de forme déterminée, dans les piliers et les colonnes sacrés ; c'est le problème très disputé du culte fétichiste à l'époque créto-mycénienne, pour lequel bien des savants émettaient des réserves, et surtout Nilsson. Nous avons vu que ces croyances avaient des racines très profondes ; on les retrouve dans toutes les religions anciennes, et en particulier en Orient. D'autre part, nombre d'éléments ont survécu à l'époque hellénique et le mythe sacré était étroitement lié à ces conceptions. Nous avons fait état également des rites qui s'étaient perpétués, comme le procès de la hache qui a abattu le bœuf. Mais nous avons aussi des éléments réels, provenant de fouilles par exemple les fragments de stalactites dans les sanctuaires et plus généralement le culte des stalactites, les amas de fétiches de formes humaines ou indéfinies qui ont été mis au jour dans des sanctuaires minoens, des météorites auxquels on rendait un culte comme en Orient, les nombreux fragments de fer magnétique conservés à Phaistos, les cérémonies autour des piliers rectangulaires des cryptes, gravés de symboles, et les représentations de démons faisant des libations et d'autres offrandes sur des petites colonnes, les formes aniconiques entre des groupes antithétiques d'animaux sacrés (sur le rhyton du sanctuaire de sommet de Zakros), les représentations de prosternations et de lamentations au-dessus de pierres arrondies (sur des bagues en or), le culte des *omphaloi* (nombrils) qui s'est perpétué aussi bien en Crète — l'autel de Zeus Thénatas à Amnisos — qu'à Delphes, etc. Les météorites en tant que « pierres tombées du ciel » — en Asie Mineure on avait Zeus Keraunios et Zeus Kappotas ou le « lapis niger », la pierre noire de la déesse-mère de Pessinonte —, devaient normalement recevoir un culte en raison de leur provenance céleste, comme aujourd'hui encore la Pierre noire de la Kaaba à La Mecque. Dans le mythe grec, la pierre emmaillotée avalée par Kronos à la place du nouveau-né divin traduit les vieilles conceptions minoennes. Mais si elles recevaient un culte, ce n'est que parce que ces pierres devenaient les demeures provisoires des dieux (cf., en hébreu, Bet-el) ; il ne s'agit donc pas véritablement d'un « culte des pierres ». La puissance divine venait également se nicher dans l'arbre sacré, et si on le coupait pour en faire une colonne du sanctuaire, cette force continuait à y demeurer, exactement comme dans le mythe de la recherche d'Osiris que sa mère Isis détache en coupant la colonne sacrée du palais de Byblos. C'est ainsi que les cryptes à mystères et les sanctuaires à trois colonnes avaient une importance particulière, comme l'a très bien compris Evans ; il existe des représentations de personnages qui vénèrent des piliers et des colonnes sacrés. Mais, nous l'avons vu, les symboles aussi sont imprégnés de forces divines et deviennent ainsi, dans certaines circonstances, des objets de vénération comme, dans la religion chrétienne, la sainte croix ou le voile sacré.

C'est des mêmes données qu'est partie ce qu'on a appelé l'oplolâtrie, que Nilsson a rejetée à cause d'un scepticisme exagéré. Les fréquentes imitations d'armes, surtout défensives, mais dans certains cas également offensives, très communes dans les représentations de cérémonies sacrées, nous font croire que les armes — bouclier, casque, cuirasse, épée, poignard, hache — étaient non seulement des instruments rituels ou des symboles, mais des objets sacrés qui, dans certaines circonstances, recevaient un culte parce qu'ils étaient porteurs de la puissance divine. A la fin on a considéré qu'ils étaient animés, et cela a été la première et la principale base de la création du Palladion, avant tout un xoanon recouvert d'armes mais qui a pris la forme d'une personnalité divine. Il n'est pas toujours facile de distinguer, à l'intérieur des représentations, quand ces armes sont des instruments rituels, des symboles ou des objets de culte ; mais sur des bagues en or on voit de petits Palladia descendre du ciel. Le rôle des armes dans le rite sacré dépendait de ces conceptions ; les centaines de couteaux, d'épées et de poignards qui ont été mis au jour dans les grottes sacrées, évoquent les rites des Courètes qu'on trouve par la suite ; si l'on n'a pas découvert dans les lieux saints d'armes défensives, c'est sans aucun doute parce qu'elles ont disparu pour avoir été faites de matériaux périssables ou fragiles. Mais, comme dans le Latium, on rendait à l'époque minoenne un culte à certains *ancilia* — des boucliers — en tant qu'envoyés du ciel ; sur certaines bagues en or on voit un personnage se prosterner devant des boucliers.

Il est difficile de déterminer les types de cérémonies d'après les représentations. Par exemple, il est presque impossible d'être sûr que des scènes comme celles des fresques miniatures — la scène du sanctuaire et celle du bois sacré, très fragmentaires — figuraient des cérémonies de l'épiphanie de la divinité. On serait tenté de le croire du fait que l'objet principal de la cérémonie, recherché par tant de gens autour du sanctuaire tripartite ou dans le bois sacré, est invisible ; c'est là un *argumentum ex silentio*, et les gestes gracieux des femmes de la cour assises, ou l'aspect chorégraphique ne suffisent pas pour que nous puissions tirer une conclusion positive. Les cérémonies les plus faciles à comprendre sont celles des sacrifices ou des offrandes non sanglantes. Sur des sceaux nous voyons des personnages s'avancer, seuls ou accompagnés, parfois en procession, vers la déesse ou son autel, son bois ou l'enclos de l'arbre sacré, et offrir des fleurs, des fruits, des récipients contenant des offrandes, des corbeilles de fruits, des libations dans des cruches rituelles, tenant dans les bras ou tirant derrière eux des animaux plus ou moins grands ou des oiseaux, etc. Quand la déesse est présente, il doit s'agir d'une théophanie, qu'elle soit assise sur un autel ou sous un arbre, ou bien qu'elle descende d'en haut ou qu'elle marche dans un pré. Quand c'est le dieu mâle, il est souvent rendu sous la forme d'un taureau. Il n'est pas rare qu'on représente l'autel ou la table à offrandes sur lesquels on déposera les offrandes ou on effectuera les sacrifices. Nous sommes assez bien renseignés sur ces autels puisque nombre d'entre eux ont été mis au jour dans les palais et les autres établissements, dans les sanctuaires et les lieux saints, et même dans des tombes. Dans les cours des palais on a découvert des autels à degrés et des « grils » (escharai), comme dans le cas du palais de Malia ; dans des sanctuaires de sommets ou des grottes on a trouvé des grands autels construits. Il y en a encore bien davantage représentés sur des fresques, des vases à relief ou des sceaux : nous y voyons de grands autels fixes et d'autres, plus petits, qui sont mobiles ; on en a beaucoup de rectangulaires aux côtés incurvés, de cylindriques, de parallélépipédiques, ou encore en forme de tables avec un haut pied cylindrique ; les tables à offrandes constituent une catégorie particulière. On verra ci-dessous les autels de la végétation.

Il semble que les offrandes à la divinité aient été destinées à remercier pour des bienfaits accordés, c'est-à-dire d'accord avec la parole *τά σά ἐκ τῶν σῶν* (les tiens de tiens) qu'on entend souvent dans le culte chrétien. On en fait encore pour l'apaiser, pour la supplier ou pour qu'elle éloigne le mal et accorde le bien. Dans les cas où il s'agit d'éloigner un grand danger, l'offrande doit être choisie avec un soin particulier, peut-être même la vie d'êtres chers. Cependant les sacrifices humains n'existent plus depuis des siècles grâce aux substituts symboliques, ou bien ils ont pris la forme de combats hardis, comme les captures de taureaux. Pour les offrandes non sanglantes on choisit parmi les produits de base — fruits, céréales, autres produits de la terre, huile ou vin, ou dérivés du lait, miel, etc. On se servait d'ustensiles spéciaux, et on appliquait un rituel particulier dont on sait ou devine un petit nombre de choses grâce aux survivances dans les mystères. Nous sommes également aidés par les représentations et les vases utilisés. Les libations s'écoulaient dans des petites cuves ou des bassins encastrés dans le sol, ou bien dans des ustensiles creux qui prenaient la forme de tables à offrandes dont certaines étaient montées sur un pied et d'autres posées sur des tables spéciales. Dans le cas des choés, destinées aux puissances infernales, les liquides s'écoulaient dans la terre qui s'en imbibait. Des offrandes de produits variés se faisaient dans des vases spéciaux qu'on appelle kernoi, nom connu d'après ceux qui servaient dans les mystères ; des ustensiles utilisés pour différentes espèces d'offrandes étaient appelés kernoi ou tables de la panspermia, et le meilleur exemple est le kernos du palais de Malia, qui comporte trente-trois cupules sur le pourtour et une au centre pour l'huile, qu'on allumait comme une lampe. Dans le cas des fruits, on se servait de corbeilles et de tables tripodes recouvertes de stuc, dont des dizaines ont été trouvées emmagasinées dans la villa de Nirou. Des fruits sont offerts dans une corbeille sur un fragment de rhyton en stéatite de Cnossos : un jeune homme se baisse pour les déposer, dans un sanctuaire de sommet. Une corbeille de fruits est également figurée sur le sarcophage d'Haghia Triada. Il y avait aussi des fruitiers à cet effet. Bien sûr, il n'est pas toujours facile de distinguer les ustensiles rituels destinés aux offrandes non sanglantes, ni non plus de leur assigner un usage précis. On voit quand même les cruches à libations, les amphores à anses en spirales et double lèvre, les différents types de rhytons — nous en avons déjà parlé —, les coupes et les gobelets à offrandes et de la sainte communion, les tables à offrandes pour un ou trois liquides, peut-être l'hydromel, le lait et le vin, etc. On faisait même des offrandes à la divinité dans des ustensiles communs très simples, comme l'ont prouvé les milliers de coupelles coniques sans anses découvertes dans les dépôts des sanctuaires, la façon dont elles sont posées, et assez souvent leur contenu ; nous avons mentionné la coupe avec les olives du palais de Zakros. Des pâtes étaient préparées dans des pétrins spéciaux et offertes sur les saintes tables, si l'on en croit des maquettes de la tombe à tholos de Kamilari. Il y avait également un autre type d'offrandes, celle de l'encens et des aromates, absolument assuré d'après les ustensiles en forme d'encensoirs avec couvercle perforé ou de réchauds, métalliques ou en terre cuite, dont la paroi est relevée près de l'anse de façon à protéger la main du feu. L'analyse du contenu a confirmé qu'il s'agissait d'herbes aromatiques et de résines odoriférantes qu'on utilisait comme encens. Nous ne pouvons dire à quoi servaient précisément les ustensiles en forme de tours dont la partie supérieure circulaire est destinée à recevoir un vase ; elles ont sans aucun doute un usage rituel puisqu'elles sont ornées de symboles sacrés ; peut-être était-ce une sorte de réchaud pour chauffer l'eau —

comme dans les cas du ζέον ὕδωρ (de l'eau bouillante) du rituel chrétien — destinée aux besoins religieux.

Les offrandes sanglantes, ou sacrifices, pouvaient se faire indépendamment des offrandes non sanglantes ou en même temps que celles-ci, ou encore immédiatement après, comme nous le voyons sur le sarcophage d'Haghia Triada. Peut-être avaient-ils une importance plus grande du fait que des êtres animés étaient immolés, et la déesse était ainsi associée au sang et à la chair des victimes, de même que ceux qui prenaient part à la cérémonie. Il pouvait s'agir d'offrande individuelle ou collective qui, grâce à la participation d'une foule de gens au banquet qui suivait, prenait l'aspect de festins publics, comme dans l'épopée homérique. Suivant les cas on immolait de grands animaux — taureaux ou bœufs — ou des petits — moutons, chèvres, porcs —, en nombre plus ou moins grand. Dans les poèmes homériques, les riches sacrifices sont appelés hécatombes, sans qu'il faille considérer par là qu'on immolait cent bœufs. Peut-être le rituel décrit dans l'épopée est-il hérité de l'époque minoenne : la dorure des cornes au moyen d'un enduit spécial, les ούλοχῦται (versement d'orge moulu dans une corbeille entre les cornes de l'animal et sur l'autel), le grand animal frappé avec une hache pour paralyser sa force ou l'égorgement avec un couteau sacrificiel du petit animal, l'ouverture du ventre pour enlever les entrailles, le démembrement de l'animal et l'offrande à la divinité des meilleurs morceaux — les gigots par exemple enveloppés dans du gras — et la cuisson au feu de l'autel, et enfin le partage du reste de la bête entre tous ceux qui prenaient part à la cérémonie. Le sang qui coulait était recueilli à part et on l'utilisait pour des libations ou des choés. Nous avons déjà parlé de ces récipients ; on les reconnaît d'après leurs parois perforées et leur décoration de bucranes. Heureusement nous avons des représentations de sacrifices ; en dehors de celle, très connue, du sarcophage d'Haghia Triada, il y en a sur des sceaux minoens et mycéniens ; on y reconnaît les tables sacrificielles aux pieds tournés, la façon d'ouvrir le ventre pour en extraire les entrailles — dont il n'est pas exclu qu'on usait pour la splanchnoscopie —, de recueillir le sang, etc. Sur le sarcophage et sur une autre fresque d'Haghia Triada, on voit aussi le transport des seaux pleins de sang pour l'offrande des choés et des libations que l'on faisait ensuite. Il devait y avoir des sacrifices publics dans les cours des palais où ont été conservés les autels à degrés, et le « gril » dans la cour centrale de Malia témoigne de la cuisson de la viande des victimes. Des autels à degrés — là encore notre principale source est le sarcophage bien connu — étaient également utilisés pour les sacrifices offerts au roi défunt. L'autel de l'enclos funéraire de Chrysolakkos à Malia, avec ses entailles angulaires caractéristiques, a été installé, semble-t-il, dans la première phase néopalatiale. Des autels plus réduits, parfois mobiles, devaient servir pour le sacrifice d'animaux plus petits ou du moins pour l'offrande des morceaux de choix des animaux immolés sur de grands autels. Les sacrifices ont laissé des couches de cendres, mélangées à des os d'animaux, dans de nombreux lieux saints — dans les cryptes de Cnossos, dans la pièce voisine des cryptes de Malia, sur l'autel de Zeus Thénatas à Amnisos, dans la région de l'autel du sanctuaire de Symé (Viannou), dans les sanctuaires de sommets, etc. Quant aux petites bassines dans le sol des cryptes, nous ne savons pas si elles recevaient des libations ou des choés de sang ; la dernière hypothèse semble très vraisemblable dans les cas où les cryptes sont doubles, les unes peut-être réservées aux offrandes non sanglantes et d'autres aux offrandes sanglantes. Dans certains cas les victimes étaient peut-être totalement réduites en cendres, c'est-à-dire qu'elles devenaient des holocaustes. Les cryptes où se faisaient les offrandes mystiques étaient sombres ou éclairées seulement par la lumière artificielle des lampes et des torches ; le rituel décrit par Platon au sujet de l'Atlantide, dans le *Critias*, nous montre l'alternance de la lumière artificielle et de l'obscurité quelque peu atténuée par les flammes du sacrifice jusqu'à ce qu'elles s'éteignent elles aussi et qu'il ne reste plus que le reflet des charbons ; ce texte est peut-être l'écho du rituel minoen. On a souvent trouvé, dans les cryptes minoennes, des lampes de toutes sortes, aussi bien que des chandeliers pour les torches. Dans le récit de Platon, le sacrifice mystique du taureau est lié à la cérémonie de la sainte communion. Des gouttes de sang du taureau immolé tombaient dans les gobelets en or des rois qui participaient au sacrifice ; le sang était puisé dans un broc ; ensuite on buvait dans les gobelets qui passaient de main en main et on prêtait serment d'observer la loi sainte ; à la fin de l'acte sacré, on dédiait les gobelets d'or en même temps que les costumes bleus qu'on portait à cette occasion.

La cérémonie de la sainte communion est assurée par de nombreuses fresques et représentations sur sceaux, comme la fresque de Cnossos baptisée par Evans *Camp-stool fresco* et la bague en or de Tirynthe où des démons prennent le liquide sacré dans des cruches rituelles et le versent dans la coupe de la divinité. Elle a également été confirmée par la découverte d'un grand nombre de coupes aux formes caractéristiques, tout à fait semblables à celles des représentations. Les exemples les meilleurs et les plus typiques proviennent, comme nous l'avons vu, du trésor du sanctuaire du palais de Zakros et des tombes royales rectangulaires de Mycènes. Ce type de cérémonies s'est poursuivi à l'époque grecque : le κυκεών éleusinien était le breuvage de la sainte communion, préparé à partir de divers liquides (κυκῶ = mélanger en remuant). Cette cérémonie trouvait son sens dans la participation au sang du dieu comme celle du partage de la victime symbolisait la participation à sa chair.

Autre type d'offrande, celle de vêtements et du péplos sacré. La première nous l'observons sur toute une série de sceaux et nous la reconnaissons dans les vêtements votifs en faïence mis au jour dans les trésors du sanctuaire de Cnossos, en même temps que les idoles aux serpents ; ils étaient ornés de crocus et autres fleurs ; on a également trouvé des ceintures décorées de la même façon, qui avaient été offertes. Quelquefois au lieu du vêtement on offre le nœud sacré qui, comme nous l'avons vu, était essentiellement sacerdotal. On offrait ainsi quelque chose qu'on aimait, qui appartenait au monde féminin et qui ferait plaisir à la divinité. L'offre du péplos sacré que nous identifions sur la fresque de la procession de Cnossos — si l'on veut admettre que les lignes blanches ondulées qui descendent jusqu'aux pieds du personnage principal (la divinité elle-même ou la grande prêtresse qui prend sa place ?) appartiennent à un péplos offert — avait une signification supplémentaire, celle d'un péplos ornemental en relation avec la pureté virginale de la jeune déesse. Celle-ci était peut-être liée à une autre cérémonie qui s'est perpétuée dans les fêtes crétoises postérieures, comme dans les Ellotia des régions de Gortys et de Cnossos, et se rapportaient au rite du bain de la divinité. Lors de cette fête, le xoanon de la déesse était transporté solennellement dans une rivière — à Cnossos le Théren —, il était baigné puis revêtu du péplos sacré. Dans la tradition mythique on retrouve l'interdiction pour un mortel de voir la divinité au moment où elle se baigne nue. La nudité rituelle a ainsi acquis une signification particulière, peut-être liée à la virginité et à la préparation de l'hiérogamie pour laquelle le bain sacré était indispensable. Sur des bagues en or ou des empreintes de sceaux on voit souvent des figurines féminines participer à des scènes rituelles dans une nudité intégrale. Il serait vain toutefois de formuler des hypothèses sur le sens exact de cette nudité.

La cérémonie hiérogamique devait probablement jouer un rôle spécial ; quoiqu'on n'ait là-dessus aucune information directe précise, on devine son existence d'après ce qu'il en est dit dans différents mythes religieux et surtout parce qu'elle a survécu dans des cérémonies en Crète hellénique et sur le continent grec. On signalera surtout celles des régions de Phaistos-Gortyne et de Cnossos près du Théren.

D'autres fêtes religieuses étaient directement en relation avec la fertilité de la terre et se célébraient au moment des grands travaux agricoles — le labourage, les semailles, la moisson et le battage, les vendanges et le pressurage des raisins, la cueillette et le pressurage des olives. Naturellement nos informations là-dessus sont rares et sporadiques. Particulièrement intéressante est la représentation de la procession des moissonneurs-vanneurs sur le célèbre rhyton d'Haghia Triada ; on est sûr que cette procession avait un caractère religieux : elle a été représentée sur un vase rituel et le conducteur de la procession porte le manteau sacerdotal. Il est très probable qu'il s'agisse d'une procession d'actions de grâces après la moisson, le vannage et le liage dont témoignent les outils des participants ; l'enthousiasme, peut-être accentué par la consommation de vin, est exprimé par la rapidité du mouvement, le groupe des musiciens et le coudoiement dans les derniers rangs, en même temps que l'épisode amusant du jeune homme qui fait un faux pas. D'autres processions de caractère varié ont souvent été représentées, aussi bien en fresques que dans la glyptique. Nous y voyons participer les rois, les membres du clergé, des porteurs d'offrandes ou des donateurs, des dignitaires, des musiciens, etc. Des processions comprenant quelques personnages seulement ont été représentées sur des fresques d'Haghia Triada et sur le sarcophage bien connu, sur des fragments de vases à reliefs de Cnossos, sur quelques sceaux et bagues-cachets et sur des bijoux. La plus variée, celle qui comprenait le plus de participants et la plus longue aussi était la fresque cnossienne de la fin de l'époque palatiale, connue sous le nom de « Fresque de la procession ». Elle décorait le long couloir d'entrée, montait les grands propylées et aboutissait, par un corridor, à la cour centrale où était représenté le roi-prêtre ; elle comprenait au moins trois cent soixante personnages appartenant à des groupes divers. Malheureusement, elle est très fragmentaire et dans la plupart des morceaux seuls les pieds sont conservés. On l'a déjà décrite et il est clair qu'il s'agit d'une procession religieuse. Dans d'autres cas le caractère des processions est assuré par leurs rapports avec des cérémonies religieuses — sur le sarcophage d'Haghia Triada par exemple — ou grâce à la représentation de sanctuaires, d'autels ou de symboles. C'est ainsi que sur un fragment de vase en stéatite de Cnossos nous voyons des jeunes gens en procession, tenant des offrandes dans les mains, passer devant un sanctuaire ; sur des fresques d'Haghia Triada on a des processions tout à fait semblables à celles du sarcophage, et sur l'une d'elles on voit, au-dessus, une corniche couronnée de doubles cornes. Plus tard on retrouve des processions de même type, à caractère sacré, sur des fresques de palais mycéniens. Nous avons déjà parlé des génies en procession sur la bague en or de Tirynthe et de la participation de jeunes gens à une procession dans la cérémonie de la sainte communion sur la fresque de Cnossos. Des routes processionnelles, des *ἱεραὶ ὁδοὶ* comme on les appelait à l'époque hellénique, ont été construites entre des sanctuaires voisins comme entre le grand et le petit palais de Cnossos. La construction des passages dallés dans ces rues et dans les cours des palais servait surtout aux processions. Le transport des idoles d'un sanctuaire à l'autre, en grande pompe, à l'époque des Seconds palais, annonce les processions de l'époque grecque comme celle des Grandes Panathénées ou celles qui avaient lieu lors des Grandes Dionysies ou des Lénéennes. Des défilés plus joyeux, de caractère dionysiaque, comme ceux de Iakchos en Attique ont, sans aucun doute, leur origine lointaine dans des processions enthousiastes du type de celle du rhyton des moissonneurs ou des vanneurs d'Haghia Triada.

La musique et la danse faisaient partie intégrale des cérémonies religieuses. La participation des musiciens est typique dans le sarcophage d'Haghia Triada. La double flûte y accompagne de son air triste le sacrifice du taureau, tandis que dans la cérémonie des choés, dans la joie de l'apparition du défunt, la lyre, dont les branches sont en forme de col et de tête de cygne, devait faire résonner des sons plutôt gais. Les deux instruments sont joués par des jeunes gens qui portent des vêtements allant jusqu'à terre. Un joueur de flûte et un citharède prennent part à la procession sur une autre fresque d'Haghia Triada. Des fragments d'une lyre votive en albâtre ont été mis au jour à Cnossos ; plus tard nous en trouvons des exemplaires en ivoire et des représentations sur des fresques mycéniennes. Mais la lyre existe, nous l'avons vu, sur des sceaux paléopalatiaux ; deux lyres sur une empreinte du *Hieroglyphic Deposit* encadrées par des têtes de chats sauvages, qui caractérisent peut-être une fonction de cour, sont, semble-t-il, de la première phase des Seconds palais. Un groupe composé d'un joueur de lyre et de danseurs a été rendu plastiquement ; il s'adaptait peut-être sur un kernos rituel de Palaikastro. C'est ainsi que nous voyons l'association de la musique et de la danse comme dans le « géranos » que dansaient les *ἠίθεοι* (les jeunes gens vaillants) avec Thésée autour de l'autel à cornes de Délos. Des joueurs de flûte ont été représentés, en dehors du sarcophage, sur une autre fresque d'Haghia Triada, malheureusement fragmentaire, et dans la figurine en bronze de Leiden. Nous avons vu qu'un joueur de sistre faisait partie de l'équipe des musiciens sur le rhyton d'Haghia Triada ; en tant qu'idéogramme le sistre se retrouve dans le Linéaire A, comme il existait dans le hiéroglyphique.

La danse avait depuis très longtemps été associée aux cérémonies religieuses parce qu'on devait penser que, par elle, l'homme entrait en communication plus directe avec la divinité, surtout quand le rythme, sans cesse accéléré, aboutissait à l'extase. Nous avons déjà vu le tourbillon extatique sur des représentations isolées ou chez des groupes de danseuses. Nos exemples remontent à l'époque des Premiers palais. D'autres danses avaient un rythme lent, majestueux — le géranos par exemple —, d'autres encore un caractère violent, dansées par des hommes en armes — dans la tradition ce sont les Courètes qui frappent les boucliers de leurs épées pour couvrir les cris du dieu nouveau-né — et sont les ancêtres de la pyrrhique et du *pentozali* (danse des cinq pas) d'aujourd'hui. Sur les représentations il n'est pas toujours facile de distinguer les danses extatiques des invocations rituelles ; c'est cette dernière explication qu'ont donnée certains chercheurs pour la bague en or d'Isopata. Dans la fresque miniature du bois sacré de Cnossos, la danse des femmes sur l'herbe a quelquefois été interprétée comme le salut au couple royal qui arrivait peut-être dans la partie abîmée de la fresque. L'hymne archaïque crétois à Zeus Crétagène, découvert à Palaikastro, suppose une danse courétique de groupe, puisqu'on y répète souvent « *θόρε... θόρε* » (saute... saute). La tradition veut que Dédale ait fabriqué, à Cnossos, une piste de danse pour Ariane que quelques chercheurs — et d'abord Evans — ont voulu voir dans le petit théâtre du palais. Une piste circulaire ornée, pour montrer son caractère sacré, de doubles cornes, a été représentée dans le groupe plastique des danseurs de la tombe à tholos de Kamilari. Nous avons signalé qu'Evans avait vu dans certains prêtres des derviches et avait rapproché leurs danses de celles des derviches d'Orient. Il ne semble pas impossible qu'il ait existé des danses de ce type, où les protagonistes se blessaient eux-mêmes avec des couteaux ; il n'y en a toutefois pas de preuves ; dans ces cas-là on utilisait peut-être des boissons excitantes et enivrantes, préparées à partir de plantes spéciales.

Mais il semble que la partie principale des cérémonies sacrées était les divers jeux athlétiques et les jeux de taureaux, ainsi que le drame sacré de la renaissance de la nature qui se trouvait aussi au centre des mystères éleusiniens. Dans ce genre de fêtes la participation populaire était importante et cela explique les grands rassemblements qu'on voit sur les fresques miniatures cnossiennes. L'enthousiasme se manifeste par les mains en l'air ou par le brandissement de lances et de javelots. Certains concours avaient lieu en l'honneur des divinités et pour leur plaisir. Nous le voyons clairement sur les différentes fresques des salles de cérémonies et sur les reliefs des ustensiles rituels. Les sceaux ont fourni la plupart des exemples. Les concours se passaient souvent dans des endroits reconnus comme sacrés par la présence des mâts qui, comme l'a montré Alexiou, étaient fixés aux façades par des attaches rectangulaires décorées de petits disques. Ces objets ont quelquefois été considérés comme des colonnes sacrées, ou bien comme des étendards ou des bannières. Les concours athlétiques, on le sait, étaient, à l'époque grecque, encore étroitement liés aux sanctuaires ; c'est le cas de Delphes, d'Olympie, de Némée, de l'Isthme dont la tradition sacrée attribuait la fondation à la Crète. Et les jeux par lesquels on honorait les morts avaient la même origine, comme le laissent entrevoir les poèmes homériques. D'après les représentations, les jeux étaient les mêmes qu'en Grèce : course, saut, lutte et boxe. L'exemple le plus intéressant est celui du rhyton conique en stéatite d'Haghia Triada, où sont représentés trois concours en même temps que des jeux de taureaux. Les boxeurs portent des casques et des gants de boxe — *κεστοὶ* — et tous les athlètes des sortes de guêtres ; les lutteurs, minces et forts, sont soigneusement peignés et ont des colliers et des bracelets. Sur des fresques de Tylissos, lutteurs et boxeurs sont représentés de la même façon, ainsi que sur des fragments de rhytons à reliefs de Cnossos et sur des empreintes d'Haghia Triada. Les sauts périlleux étaient aussi des manifestations liées aux fêtes de la divinité ; on continue à en avoir sur des sceaux, et tout particulièrement de la première phase néopalatiale ; ces cabrioles ont été décrites dans les poèmes d'Homère ; nous avons vu aussi les épées des acrobates du palais de Malia dont l'une porte une représentation tout à fait caractéristique.

Mais le concours essentiel est resté, jusqu'à la fin, la tauromachie ou, pour employer le terme juste, les jeux de taureaux. Pour les organiser il fallait capturer des bêtes de choix, extrêmement dangereuses, et l'art nous a communiqué de nombreux exemples de ces scènes particulièrement attrayantes. Elles nécessitaient une adresse particulière, combinée à des pièges et autres artifices, car, évidemment — on le voit dans le récit de l'Atlantide de Platon —, il ne fallait pas utiliser d'armes qui blessent ou tuent. Les pièges étaient des filets de cordes ou des fosses recouvertes ; les ruses, l'embuscade à l'abreuvoir et l'attraction d'une femelle. Sur la pyxide en ivoire de Katsamba on voit cette lutte dramatique pour capturer le taureau ; pour attirer son attention on secouait des tissus qui devaient être rouges, comme dans les tauromachies actuelles. Des sceaux nous montrent qu'on attrape, qu'on lie, qu'on transporte l'animal dangereux, qu'on l'enferme dans des enclos, qu'on l'apprivoise un peu, jusqu'à ce qu'il soit utilisable pour les jeux. Nous avons noté ailleurs que les exemples les plus caractéristiques de capture de taureaux au moyen de pièges ou par la ruse se trouvaient sur les coupes en or de Vaphio. Les jeux de taureaux constituaient, en fait, une répétition de la lutte avec la bête devant des spectateurs, lutte dont la signification religieuse était évidente, souvent prouvée par les divers symboles ajoutés. Pour que le taureau soit un peu moins dangereux, on sciait l'extrémité des cornes, comme l'ont montré les cornes trouvées à Tylissos et à Cnossos. Il a déjà été question des endroits où se déroulaient vraisemblablement les tauromachies et nous avons vu les opinions de divers savants à ce sujet. La principale source de nos connaissances se trouve dans les fresques, les rhytons à reliefs et les sceaux ; à partir de là nous pouvons reconstituer les différentes phases et les variantes du jeu. La manière habituelle est celle qui a été figurée sur la célèbre fresque de Cnossos — celle qui est connue sous le nom de *Toreador Fresco*. Après s'être balancé au-dessus des cornes et s'être lancé, l'acrobate exécutait un double saut en l'air — véritable *salto mortale* — et retombait à l'arrière, reçu par des aides particulièrement exercés. Ceux qui pratiquent actuellement les tauromachies considèrent que ce genre de saut serait impossible et que les tentatives faites pour les réussir aboutiraient à une mort certaine. Mais ils ne tiennent compte ni de l'adresse extraordinaire de ces hommes de race méditerranéenne ni du comportement ou de la réaction du *bos primigenius*, espèce aujourd'hui presque totalement disparue. De toute façon le danger était toujours très grand et la participation des acrobates devait ressembler à un véritable acte de consécration héroïque. Quand on a commencé à utiliser comme acrobates des jeunes gens et des jeunes filles des régions soumises, cela pouvait facilement être interprété comme un tribut de sang ; c'est peut-être là l'origine du mythe du Minotaure et des jeunes gens et filles de l'Attique se rendant à Cnossos avec Thésée. On peut imaginer la participation pleine d'angoisse du peuple à ce genre de concours, qui devait atteindre au délire en cas de succès total. On comprend ainsi la survivance des tauromachies à notre époque dans des régions qui sont entrées très tôt en contact avec le monde minoen, comme c'est le cas de la péninsule ibérique, où se trouvait l'antique Tartessos. Nous avons vu qu'il existait des groupes plastiques d'acrobates minoens avec des taureaux dans les îles Baléares, qui témoignent de ce passage. Il y a pourtant une différence entre les tauromachies espagnoles ou mexicaines et les jeux de taureaux minoens : dans les premières le taureau est finalement frappé à mort par les matadors ; ce genre de fin n'est pas constaté avec certitude dans les représentations minoennes — un seul exemple nous est parvenu sur une bague de Smyrne reconnue fausse ; peut-être la fin du taureau sacré était-elle le sacrifice qui suivait. Marinatos a soutenu que les captures de taureaux ont plus de rapports avec les rodéos américains et les courses de taureaux d'Extrême-Orient qu'avec les tauromachies. Il est un fait, en tout cas, c'est que les jeux de taureaux minoens offrent des particularités qu'on ne retrouve nulle part ailleurs. Il nous faut rappeler ici que les figurines en ivoire et en or du musée de Toronto (Canada) qui, d'après Evans, représentaient la divinité en tant que *Lady of the Sports* et le jeune dieu comme personnage auxiliaire sont des faux.

Quant aux cérémonies liées au cycle de la végétation dont se sont surtout occupés les spécialistes de la religion minoenne, elles concernaient en grande partie l'arbre sacré qui, nous l'avons vu, constituait un élément essentiel du téménos, planté dans des enclos spéciaux, au-dessus ou à côté de l'autel auquel son feuillage faisait de l'ombre. Dans les représentations rituelles, sur les bagues en or surtout, on voit les personnages qui officient tirer le tronc vers le bas, comme pour le déraciner ; dans un cas, les racines de l'arbre semblent être sorties de terre. Ce déracinement ne pouvait que symboliser la mort de la végétation, et les femmes à côté qui se lamentent, se frappent ou tirent leurs cheveux en signe de deuil, en témoignent. Souvent les lamentations se font au-dessus d'une petite construction, dans l'ouverture de laquelle on distingue un pilier bas ou une petite colonne, ou bien au-dessus d'une pierre ronde ou d'un pithos ; dans les trois cas les savants ont voulu reconnaître l'enclos funéraire, le bétyle ou le pithos funéraire du jeune dieu de la végétation. Sur d'autres images, l'un des personnages officiant arrache une branche de l'arbre sacré tandis qu'il tient de l'autre main une cruche ou un rhyton ; on pense qu'il s'agit de l'acte sacré où l'on recueille le jus des fruits de l'arbre, jus qui est destiné à la cérémonie de l'offrande. A l'époque grecque, les arbres sacrés abritent les hiérogamies ou sont propres à la manifestation de la volonté divine, comme dans le cas du chêne de Dodone. Ces conceptions ont très probablement leurs racines dans des cérémonies minoennes dont il est toutefois difficile de retrouver les traces dans le cycle figuré. A l'arbre sacré est associée la jeune déesse : on la voit, assise sous l'arbre, recevoir des offrandes de lis et autres plantes. On a dit que l'enlèvement de la jeune Koré était probablement représenté au moment où, agenouillée, elle cueillait des fleurs dans un pré ; ce n'est pas sans rapport avec le mythe éleusinien. Il semble donc que le drame sacré commençait aussi bien par la mort du jeune dieu, figurée symboliquement par le déracinement de l'arbre sacré, que par l'enlèvement de la jeune déesse qui va être confinée dans le monde souterrain. Les autels de la végétation jouaient un rôle symbolique analogue à celui qu'exerçaient dans le rituel syro-phénicien les « jardins d'Adonis ». Dans le mythe égyptien d'Osiris, comme dans le mythe éleusinien de l'enlèvement de Koré, l'élément essentiel était la longue course d'une déesse à la recherche d'un dieu à ressusciter. Il serait difficile d'admettre qu'il n'existait pas dans le rituel minoen, quoique nous n'ayons pas de données sûres. Ce qui semble certain, c'est qu'il y avait une cérémonie liée à la résurrection du jeune dieu et au retour de la jeune déesse revenue du monde souterrain, au début du printemps ; ce sujet semble être celui de la bague en or d'Isopata : le pré où apparaît la déesse est rempli des fleurs du printemps ; une explosion de joie et des danses accompagnent l'événement heureux. Une partie de ce rituel est passée à la Grèce mycénienne et continuait à être célébrée dans des régions de Laconie, d'Argolide, d'Attique et de Béotie. La végétation devait se conserver le plus longtemps possible. C'est là que venaient se greffer d'autres cérémonies dont le principal sujet était l'arrosage, avec des cruches rituelles spéciales, de rameaux qui avaient été plantés exprès ou de pots de fleurs. Mais la mort de la végétation demeurait, malgré tout, inévitable et elle se voyait partout, dans le flétrissement des fleurs, dans la chute des feuilles, dans la moisson et le vannage des céréales, dans le pressurage des raisins et la mouture des olives. Il serait toutefois très difficile de retrouver dans le cycle figuré, qui n'est pas tellement riche, des indications concernant ces cérémonies. La survivance de certains éléments de ce rituel dans différentes régions de Grèce nous aide à en reconstituer les grandes lignes. Nous pouvons rapprocher la fête du printemps de celle de l'*Aἰώρα* (de la Balançoire), en Attique, où de petites figurines de jeunes filles étaient suspendues à des arbres pour montrer la mort prématurée d'Erigoné (= née du printemps). Une balançoire en terre cuite avec une fillette d'Haghia Triada montre l'existence d'une cérémonie de même type dans la Crète minoenne. La coutume de la balançoire dans les fêtes du printemps existait dans le Latium (*oscillae*), et on la retrouve aujourd'hui le 1er mai. La culture de la vigne, les vendanges et le pressurage des raisins ont été associés à des cérémonies qui ont abouti à l'extension d'un type de culte caractérisé par la suite comme dionysiaque. Aujourd'hui on ne dit plus que ce culte est arrivé en Grèce par la Thrace ; sur les tablettes minoennes on rencontre déjà le nom de Dionysos et, de plus, dans le cycle figuré, on reconnaît un assez grand nombre d'éléments qu'on pourrait sans hésiter considérer comme dionysiaques. Rappelons la tradition très vive qui voulait que la diffusion de la culture de la vigne se soit faite dans les îles de l'Egée à partir de la Crète.

Les cérémonies pour apaiser les puissances chthoniennes avaient surtout lieu dans les cryptes sombres et dans la profondeur des grottes. On en sait très peu de choses ; des petites coupes sans anses trouvées retournées sur des petites quantités d'aliments autour des piliers carrés devaient être là pour neutraliser les génies souterrains malfaisants. On pratiquait des cérémonies spéciales à l'occasion des grands tremblements de terre, accompagnant quelquefois les grandes éruptions volcaniques. Dans ces cas-là, comme cela a été confirmé à Zakros et ailleurs, on pratiquait des cérémonies dans les grandes salles prévues à cet effet, avec des rhytons et autres ustensiles rituels ; on plaçait par centaines des coupes contenant de la nourriture et des pierres ponces dans les puits, les fontaines, les dépôts et tous les endroits où l'on pouvait communiquer avec le monde souterrain. Nous avons fait état des ustensiles rituels utilisés pour la nourriture et l'entretien des serpents sacrés qui caractérisaient ou accompagnaient les divinités chthoniennes. Des maisons détruites par des tremblements de terre ont été remblayées après certaines cérémonies d'apaisement ; ce fut le cas dans l'angle sud-est du palais de Cnossos. Dans les grottes, les stalactites et les stalagmites, qui étaient des matérialisations des puissances chthoniennes, faisaient, nous l'avons vu, l'objet d'un culte dont il reste un assez grand nombre de vestiges, offrandes et ex-voto.

D'autres cérémonies avaient un caractère de préparation, d'expiation ou de consécration. Elles se rattachent aux lustrations et à l'huile sainte. Nous les retrouvons dans toutes les religions, surtout dans les religions orientales, et elles nous sont bien connues parce qu'elles ont survécu dans le christianisme où l'on rencontre les aspersions, les ablutions à l'entrée, les baptêmes, les onctions des nouveaux convertis et des agonisants. Nous avons déjà parlé des bassins de purification et de leur relation avec les sanctuaires domestiques ou palatiaux. Nous avons vu les bénitiers et les aspersoirs. Nous ne pouvons que deviner la façon dont se pratiquaient ces cérémonies de purification et distinguer l'ablution d'entrée de celle qui suivait les principaux actes religieux en tant qu'expiation. Un excellent exemple de cette distinction nous est donné dans la « salle du trône » du palais de Cnossos. Nous avons vu que les salles de bains des appartements royaux, comme celles du palais de Zakros et du Petit palais de Cnossos, étaient utilisées comme bassins lustraux. Le lavement des mains avec des cruches spéciales dans des χέρνιϐα a souvent le sens d'une purification, sans cela on n'aurait pas trouvé d'ustensiles de ce genre près des sanctuaires et on n'aurait pas représenté des génies semblant exécuter ce même rite sur les anses des cruches ou sur la lèvre des χέρνιϐα. On ne peut pas affirmer que l'amphore rituelle en marbre avec les anses en spirale et la lèvre double qui est tombée en morceaux dans le bassin lustral du palais de Zakros était en relation directe avec la cérémonie de lustration. Evans a essayé de montrer que l'ablution pratiquée par tous ceux qui entraient dans l'aile des sanctuaires du palais de Cnossos avait un rapport avec la cérémonie d'initiation — d'où le terme *Initiatory Area* —, mais cela n'est qu'une hypothèse. Quant à l'onction avec l'huile sainte nous avons un assez grand nombre d'éléments, surtout grâce aux ustensiles destinés à cette cérémonie et dont nous avons déjà parlé, mais nous en savons toutefois fort peu de choses.

A l'époque néopalatiale les conceptions concernant la protection que peut espérer le défunt de la part des puissances divines, conceptions qui influencent finalement les coutumes funéraires, sont beaucoup plus systématiques. La croyance en une vie qui continue après la mort avait depuis longtemps mis au point tout un rituel qui était lié à l'offrande réelle ou symbolique des objets et substances indispensables à la vie ; à la différence de l'Egypte, il n'était pas nécessaire que le mobilier et surtout les autres offrandes soient représentés en grandes quantités ou soient renouvelés. Il s'agissait de provisions pour un séjour momentané dans le tombeau, en attendant que le corps soit décomposé, et pour le voyage dans l'autre monde. Dans cet intervalle, le corps devait être protégé de n'importe quelle manière, de même que le mobilier qui l'accompagnait ; c'est pour cela que des mesures étaient prises pour assurer la construction et la sécurité de la tombe ; nous en avons parlé ailleurs. Des lampes pouvaient symboliquement dissoudre l'ombre effrayante. Des cérémonies spéciales aidaient l'âme à trouver son chemin plus sûrement. Les croyances générales dans le cycle de la nature donnaient l'espoir d'une résurrection future, mais de toute façon d'une apparition temporaire et d'une communication avec les vivants. Une vie meilleure était réservée aux justes et aux forts. L'idée que le mort acquérait un pouvoir bienfaisant ou malfaisant devait être assez répandue car on prenait souvent des mesures pour s'assurer ses bonnes dispositions et neutraliser les mauvaises. Quelquefois de fausses portes dans les chambres mortuaires facilitaient la communication des défunts. Des stèles ou des sémata dressés sur les tombes pouvaient servir de demeure temporaire. C'étaient des bétyles funéraires. En général les morts ne devaient pas recevoir de culte, sauf s'ils étaient de race divine, royale ; on observait toutefois un certain rituel lors de l'inhumation et on avait des offices de commémoration qui duraient jusqu'à la décomposition du corps. A partir de ce moment-là, on donnait très peu d'importance aux restes des morts ; tout au plus on recueillait les os longs, qui étaient respectueusement déposés dans des niches, dans des fosses ou dans des ossuaires. Mais il était indispensable que le corps fût enseveli ; s'il se perdait par hasard dans un accident, il fallait procéder à une inhumation symbolique et c'est ainsi qu'on a découvert, dans la Crète néopalatiale, les plus anciens cénotaphes qui sont habituels dans le monde mycénien. Des sarcophages en bois et en pierre constituaient une protection supplémentaire ; on y ajoutait des représentations de symboles, d'êtres supraterrestres, plus rarement de divinités et de génies. D'autres objets religieux étaient déposés dans les chambres funéraires, qui, bien entendu, n'impliquent pas un culte des morts. Ce culte toutefois est assuré dans des tombes royales qui, nous l'avons vu, étaient en relation avec des sanctuaires ; il pouvait aussi se faire dans des niches spéciales. Nous avons cité le cas de la tombe-sanctuaire royale sud de Cnossos et de la tombe royale d'Isopata, entre Héraklion et Cnossos. Mais, comme nous l'avons dit, le meilleur exemple de culte du roi défunt avec des cérémonies semblables à celles qu'on pratiquait pour la divinité, nous est donné par le sarcophage d'Haghia Triada, dont nous avons analysé en détail les représentations. Les cérémonies de commémoration en l'honneur des rois ont été confirmées par la découverte de coupes spéciales dans la tombe royale sud. Nous ne sommes pas en mesure de savoir jusqu'où était allé le culte des personnes d'origine divine. Mais dans une tombe à tholos de Phourni à Archanès, dans la région de Cnossos, dans le mur de clôture de la chambre mortuaire, on a mis au jour un bucrane et, dans une cavité creusée devant l'entrée, les restes d'un cheval. Dans les pièces d'entrée de la tombe à tholos de Kamilari, des groupes en terre cuite dont il a été question ailleurs, représentaient des offrandes faites aux morts dans un bâtiment à portique, la préparation de pâtisseries et une danse en cercle sur une piste décorée de doubles cornes. Des mythes d'origine crétoise comme celui de Glaukos, le fils de Minos, prouvent qu'on pensait que les rois morts pouvaient revenir à la vie. Glaukos était tombé dans un pithos plein de miel et s'était noyé ; son père a chargé le devin Polyidos de le ramener à la vie ; celui-ci a découvert le corps dans une construction à coupole ; là, un serpent a révélé au mage-devin la plante magique qui devait redonner la vie à Glaukos. Les éléments du mythe correspondent aux coutumes funéraires minoennes et peut-être aux conceptions minoennes de la résurrection des morts. *L'Odyssée* nous a appris par l'épisode d'Ulysse dans l'Hadès, que les morts peuvent apparaître temporairement s'ils boivent du sang ; c'est cette cérémonie qu'on voit sur le sarcophage bien connu, où le défunt apparaît après des choés de sang et l'offrande de cadeaux.

Des cérémonies préparatoires de purification et la lutte contre des infections (encens, offrande de parfums, feux purificateurs, etc.) ne constituent pas la preuve d'un véritable culte qui, nous l'avons vu, était limité à certains cas.

Les éléments dont nous disposons ne nous permettent pas de nous faire une idée des croyances fondamentales des Minoens sur la forme de vie *post mortem*. L'idée de l'Hadès sombre, où les ombres vivent malheureuses, ne semble pas être minoenne ; au contraire, les Champs-Elysées en tant que paradis illuminé de soleil, véritable lieu de repos dominé par le blond Rhadamanthe, semble bien être une conception crétoise. Si la bague-cachet de Nestor est bien minoenne, comme cela semble finalement se confirmer, on peut imaginer les croyances minoennes un peu de la façon qu'avait soutenue Evans : garde du monde souterrain, où l'on pénètre après un jugement rendu par un tribunal spécial où le griffon sacré joue le rôle de juge, etc. L'idée de la pesée de l'âme est minoenne, cela a été confirmé par des balances avec les papillons comme symboles des âmes, trouvées dans les tombes royales à fosse de Mycènes.

Le culte de défunts d'élite ne semble pas s'être transformé en Crète en culte des héros, c'est-à-dire de personnages dont la puissance dépasse l'ordinaire et qui ont acquis cette force après leur mort en raison des actions héroïques ou particulièrement vertueuses de leur vie. Ce genre de conception ne pouvait naître que dans un monde où le « mérite », le fait de se distinguer par des actions héroïques, était sanctionné par des combats successifs. C'est ce qui est arrivé dans le monde mycénien, et c'est à la même époque qu'est née l'épopée. Les morts divins sont restés anonymes en Crète, alors que dans le monde achéen ils étaient éponymes et mêmes célèbres. Il semble toutefois que même en Crète, avec l'installation de la dynastie créto-mycénienne à Cnossos, le culte des héros se soit propagé dans la dernière phase — cnossienne — des palais, mais pas au point de supprimer le culte des rois divinisés puisque le sarcophage historié date de la fin de l'époque des palais, peut-être un tout petit peu après 1400 av. J.-C. On y voit clairement non seulement le culte rendu au défunt divinisé, qui est indubitablement un roi, puisque la femme qui fait le sacrifice, les offrandes non sanglantes et les choés porte une couronne royale, mais d'autres conceptions purement minoennes comme l'offrande d'une barque pour le voyage dans l'autre monde, la présence des divinités sur un char tiré par des griffons supraterrestres, la métamorphose en oiseaux à la fois des divinités et de l'âme du défunt.

C'est à la même époque que le panthéon minoen s'est mélangé au panthéon achéen et, dans les tablettes en Linéaire B de Cnossos, les divinités sont mentionnées avec leurs nouveaux noms. Peut-être le rituel a-t-il aussi commencé à changer dans son fond, mais sur ce point nos informations sont très fragmentaires. Ces changements seront étudiés dans les chapitres sur la civilisation mycénienne.

Dans la plupart des cérémonies religieuses entrait toujours une part de magie, puisque cette dernière n'a pas cessé de constituer un facteur essentiel des croyances. Mais il serait très difficile de distinguer ce qui est magique à l'intérieur des nombreux éléments religieux ; certaines actions, accompagnées ou non de paroles, pouvaient avoir un support magique mais avoir été interprétées dans un sens religieux plus élevé. Les coupelles tronconiques retournées sur un peu de nourriture constituent sans doute un artifice magique pour lier les puissances malfaisantes, mais elles étaient en même temps une offrande aux divinités chthoniennes. D'autres cérémonies étaient destinées à contraindre les puissances divines célestes et terrestres, et cette contrainte avait, bien que déguisée, un caractère magique. L'usage des phylactères — amulettes — de formes très variées, surtout en petits pendentifs et en sceaux, dans des matériaux spéciaux, était particulièrement répandu. Kenna a pu distinguer dans la glyptique des séries entières de pierres-amulettes dont, nous l'avons vu, on croit, aujourd'hui encore, qu'elles sont porteuses de forces magiques. Une amulette en or d'Haghia Triada en forme de minuscule petit cœur porte en relief des animaux et des objets apotropaïques — scorpion, araignée venimeuse, escargot, serpent, champignon et une main qui maudit. On utilisait déjà des yeux pour neutraliser le « mauvais œil ». Des adjurations accompagnaient sans doute les actes magiques : on en a retrouvé en Egypte qui sont mentionnées comme étant « dans la langue des Kephti » pour chasser une mauvaise maladie. La médecine en Crète devait être un mélange de magie, de phytothérapie — les plantes sont elles aussi pourvues d'une puissance magique — avec plusieurs générations d'expérience ; l'aide divine demeurait toutefois l'élément essentiel, comme l'ont prouvé les innombrables ex-voto de guérison dans les sanctuaires de sommets. Il devait y avoir des formules magiques, non seulement pour obtenir des guérisons mais pour éloigner toute espèce de mal ; qu'y avait-il d'écrit, en colimaçon, sur une petite bague et sur une épingle en argent du cimetière de Mavrospélio à Cnossos ? Quelles paroles ont été gravées sur deux ou trois sceaux en syllabaire du Linéaire A ? Peut-être ne le saurons-nous jamais. Mais ce qu'on peut considérer comme certain, c'est que la magie, souvent liée à la démonologie, jouait un rôle capital, surtout à l'époque néopalatiale. Des effigies en terre cuite, blessées de déchirures et de trous, ou accompagnées de brèves inscriptions, montrent sans doute l'utilisation de la magie sympathique.

La vie privée

A l'époque néopalatiale plus qu'à toute autre, la vie privée des habitants, à la ville comme à la campagne, était étroitement liée aussi bien à la vie politique et sociale qu'à la vie religieuse. Nombre de ses manifestations avaient donc une allure composite et il en a déjà été question. L'articulation architecturale des demeures s'est particulièrement souciée, nous l'avons vu, d'assurer à la famille une vie aisée dans les palais, dans les villas et les fermes, dans les simples maisons. La séparation mais aussi la liaison des appartements des hommes, des femmes, et peut-être aussi des enfants, répondaient totalement aux exigences de confort familial auquel des bâtiments annexes, des espaces en plein air et des portiques offraient commodités et délassement ; nous avons distingué des lieux de repos, des portiques équipés de banquettes fixes pour s'asseoir, des salles de bains et des cabinets de toilette, des cours intérieures et des petits jardins, des terrasses à portiques et des kiosques ou pergolas sur les toits, des bosquets près des installations royales, etc. Les systèmes d'alimentation en eau desservaient les pièces principales et les laveries, tandis que des égouts, des fosses septiques et des installations diverses assuraient l'hygiène de façon tout à fait satisfaisante.

C'est dommage que nous sachions si peu de chose de l'ameublement de ces appartements. Nous n'avons pour nous renseigner, et sur certains objets seulement — surtout les trônes, les sièges officiels, les tabourets pliants et les repose-pieds —, que quelques traces de meubles en bois ou autres matériaux fragiles et des représentations isolées et rares. Les armoires ne nous sont connues que par quelques débris, surtout quand elles étaient protégées par des niches en brique crue, comme celles des archives de Zakros. Mais nous ignorons presque tout des lits et des sofas. La plupart d'entre eux devaient être de simples couches dont les socles — de larges banquettes basses rectangulaires — ont été retrouvés dans les pièces voisines des pièces de séjour. D'épais matelas et des coussins devaient garantir un confort que l'on connaît encore aujourd'hui en Orient.

Nous sommes beaucoup mieux informés sur les vêtements, les coiffures et les couvre-chefs, les différentes sortes de chaussures et autres effets personnels, autant par les restes matériels que par les figurines et les représentations sculptées ou peintes. Nous avons suivi l'évolution des vêtements dans les périodes précédentes et vu les tendances vers la simplification du costume masculin — de façon à montrer la vigueur nerveuse du mâle — et la différenciation de celui de la femme dans une série de modes, pour souligner les courbes du corps. Maintenant ces tendances se trouvent à leur point culminant et il est facile de les observer grâce aux nombreux éléments dont nous disposons. Dans la connaissance de leur structure nous sommes aidés par la petite plastique et la gravure du métal ; pour les ornements nous puisons davantage dans les fresques et les représentations sculptées.

Le pagne masculin a des coupes différentes, et on l'enroule de diverses façons ; il est associé ou non au protège-sexe auquel s'ajoutent souvent des accessoires, et se porte avec une ceinture en cuir ou en métal qui prend elle aussi des aspects multiples — bordures, boucles ou extrémités libres qui pendent comme des cordes ou des rubans avec des pompons. A une époque un peu plus avancée il se transforme, peut-être sous l'influence mycénienne, en une sorte de caleçon court dont la partie inférieure, au milieu de la cuisse, se termine par une triple bordure avec souvent des accessoires sur les côtés. Ce caleçon était généralement un élément ajouté, qui se portait par-dessus le pagne, et qui est finalement devenu vêtement ou costume officiel utilisé, semble-t-il, dans des circonstances spéciales. C'est ainsi que sont nés les pagnes qu'on voit dans les processions, qui sont faits de larges morceaux de tissus brodés enroulés autour des hanches et de la partie supérieure des cuisses ; en bas ils se terminaient souvent par des franges. Pour qu'ils restent fermés pendant la marche on ajoutait une sorte de filet avec des petits poids en plomb. C'est ainsi que sont vêtus les porteurs d'offrandes de la procession sur la fresque cnossienne et nous avons déjà noté que les peintres égyptiens ont rectifié le pagne primitif et fait porter ce vêtement officiel aux Kephti sur quelques-unes des dernières peintures murales dans les tombes des dignitaires pharaoniques. Des caleçons courts habillaient également ceux qui devaient avoir une certaine liberté de mouvement — les chasseurs, les pêcheurs, les soldats de l'infanterie légère, etc. Nous avons vu dans un autre chapitre les vêtements portés par les membres du sacerdoce — toisons d'animaux, robes longues, manteaux coupés en oblique de type oriental, vêtements féminins, manteaux à écailles, à franges, etc. Ces tenues crétoises ont été transplantées dans le monde mycénien où elles ont évolué séparément et sont ensuite repassées en Crète pour influencer le costume masculin. Tous les chercheurs ont souligné le charme particulier du pagne minoen, surtout parce qu'il avait tendance à faire une taille mince et souple — une taille de guêpe. Cette tendance s'est conservée jusqu'aujourd'hui en Crète, et les distiques crétois parlent souvent de la « taille en anneau » ; dans la région du Lassithi on fait même porter aux bébés des langes qui serrent la taille et sont destinés à la former.

Le vêtement féminin a évolué dans une série de modes successives, encore plus diverses et plus osées qu'aux époques prépalatiale et paléopalatiale. On essayait moins d'exhiber le corps — il était de règle que la partie supérieure sorte du corsage comme une fleur tandis que la partie inférieure dessinait une cloche ou une crinoline — que de bien ajuster le tissu pour montrer les courbes essentielles du corps aussi bien dans le corsage que dans la jupe qui se plissait, se partageait, était décorée de volants, toutes choses qui prouvent une imagination fertile. Le tissu n'est pas replié, comme à l'époque classique grecque, mais cousu, toujours avec charme et mouvement, pour habiller séparément chacune des parties du corps. La broderie ne souligne pas les limites comme c'est le cas à l'époque grecque, mais s'étale sur les surfaces. La tendance à mettre en relief les courbes de la poitrine et des hanches (qui a atteint son summum en réussissant à allier la nudité et le nu voilé) ne devait pas avoir pour principal but ou pour seul motif de séduire les hommes ; elle était, en grande partie, née de conceptions religieuses sur la fécondité humaine. En tout cas, la recherche de modes aussi variées part du même principe que la mode européenne — et aujourd'hui internationale — et c'est pourquoi l'habillement minoen est considéré comme son précurseur direct.

Les exemples les plus intéressants sont rencontrés dans la plastique des sanctuaires comme celui de Piskoképhalo (Siteia) ou dans les faïences de Cnossos qui nous ont donné les merveilleuses idoles aux serpents ; dans ce genre de figurines on peut distinguer la composition des vêtements beaucoup mieux que sur les fresques ou sur les représentations de la glyptique. Les corsages sont ouverts pour laisser les seins libres ou bien les soutiennent sans les serrer ; ils se prolongent rarement par un col comme celui qui a été baptisé col Médicis. En règle générale la taille est serrée et c'est sur elle que repose le vêtement du bas, la jupe, tantôt ajustée et cousue, tantôt maintenue par une ceinture simple, double ou multiple, fermée ou avec les extrémités libres qui se terminent souvent par des pompons ou des franges. Des ceintures votives en faïence ont été trouvées avec les idoles, ainsi que des vêtements, dans les *Temple Repositories* de Cnossos. Il y a des petits tabliers séparés, qu'on attache à la taille, et qui descendent devant et derrière, sur la jupe longue. Cette dernière est rayée horizontalement ou verticalement, elle a souvent des volants sur toute la longueur ou par intervalles qui sont groupés par deux ou trois. Les plis verticaux sont souvent placés sur les côtés. La bordure inférieure est ornée à part, mais ce bandeau décoré monte souvent en arc jusqu'à la taille ; des motifs végétaux et animaliers y figurent, par exemple des crocus et des lis, des hirondelles et des colombes, des griffons, etc. De nombreux bandeaux ou volants

Fig. 7. — Vêtements, hiératiques ou autres, sur des empreintes de sceaux d'Haghia Triada et de Zakros.

s'incurvent à la taille, et il a été prouvé que toute une série de modes avaient adopté une couture au milieu qui transformait la jupe en jupe-culotte. L'amour des couleurs a abouti à la juxtaposition de couleurs vives d'un bandeau à l'autre et d'un carré à l'autre. Aussi les vêtements étaient-ils extraordinairement variés et il serait difficile de les décrire dans un aperçu aussi général que celui-ci. Des ornements venaient souvent s'ajouter, comme les petites couronnes avec des rubans du corsage blanc de la « Parisienne ». Nous avons omis de mentionner comme faisant partie des vêtements, les nœuds sacrés des prêtresses : ils constituaient un vêtement sacerdotal, comme d'ailleurs ce qu'on a appelé stemmata (des rubans de laine rouge), etc. De longues robes faites d'une seule pièce avec un bandeau central et une bordure droite en bas n'étaient peut-être pas seulement des vêtements religieux, mais l'une des dernières modes palatiales. Nous avons vu à propos de la danse les costumes que portaient les danseuses.

Les Minoens, donnant tant d'importance à leur apparence vestimentaire, prenaient également soin de leur coiffure, non seulement les femmes, mais même les hommes. Ils faisaient en sorte que leurs cheveux, naturellement frisés, soient arrangés d'une manière plus recherchée (séries de boucles dont certaines, surtout chez les femmes, couronnaient le front ou formaient des accroche-cœurs) ; hommes et femmes s'occupaient de leurs longues nattes qui s'ornaient souvent de rubans. De petits animaux d'or et des agrafes en forme de trèfles servaient de pinces ou maintenaient les extrémités des diadèmes. Mais on est étonné de voir, sur certaines têtes de femmes, les hautes coiffures maintenues en chignons, comme la coiffure classique *λαμπάδιον*, avec de larges bandeaux maintenus artificiellement, peut-être par des résilles de fils d'or comme celles trouvées dans le trésor de Tirynthe. Des coiffures en forme de bérets bas ou de pétases ouverts sont portées — mais rarement — par les hommes. Pour les femmes plusieurs types de chapeaux sont habituels : tiare conique ou qui s'élargit vers le haut, toque avec toutes sortes d'agrafes, bonnet ou béret mou, une sorte de schako, des chapeaux à bords larges et d'autres qui s'étalent sur le devant comme les chapeaux bretons, d'autres en turban, etc. Nombre d'entre eux sont décorés d'ornements rajoutés : plumes, pompons, fleurs et, dans le cas du couvre-chef sacerdotal, petits animaux sacrés.

A l'intérieur de la maison — même s'il s'agissait d'un palais — on circulait pieds nus, sauf dans le cas où les chaussures faisaient partie de l'habillement rituel, lors des innombrables cérémonies sacrées. Mais à l'extérieur hommes et femmes portaient souvent des sandales légères et élégantes qui s'attachaient au pied par des liens et des petites courroies qu'on serrait avec des lacets. On ne voit que rarement des chaussures plus lourdes ; les talons semblent inconnus. Chez les gens de la campagne, les messagers, les athlètes, les acrobates, etc., on voit de hautes chaussures destinées à protéger le pied ; d'après leur forme, il semble que ce soit plutôt un genre de guêtres avec des bandes de cuir que des bottes d'une seule pièce comme les *stivaglia* crétois actuels.

Les bijoux masculins et féminins nous sont déjà connus par les spécimens sauvés, en métal et en pierre, et nous avons vu leurs substituts en matériaux bon marché. De nombreuses représentations nous apprennent comment ils se combinaient et se portaient, et cela nous aide beaucoup à les reconstituer dans les musées. Pour les cheveux on avait les pinces, les diadèmes, les épingles à tête travaillée ; au cou on portait plusieurs colliers superposés avec des pendentifs (souvent un plus grand au centre) ; au bras et au poignet des bracelets — simples anneaux ou entrelacs plus compliqués avec souvent un sceau au milieu — ; il n'était pas rare qu'on portât des anneaux aux chevilles, souvent simples, en or ou en argent ; aux doigts on avait une ou plusieurs bagues à chaton elliptique ou discoïde ; sur les vêtements on épinglait des broches dont les têtes étaient décorées, des bractées ou pectoraux et diverses pendeloques. Les oreilles s'ornaient de boucles variées, souvent des anneaux, des demi-lunes, des bucranes, des fleurs ; la plupart étaient des clips qui s'appliquaient par simple pression et ne nécessitaient pas le percement des lobes.

Le fait qu'on accorde tant d'importance à la toilette suppose l'existence de cabinets de toilette qu'on a effectivement retrouvés en bien des endroits des palais. D'autre part, on a mis au jour une foule d'instruments de toilette : des peignes, des miroirs, des pyxides pour fards et d'autres où l'on rangeait les bijoux, des cure-oreilles, des pinces à épiler, des rasoirs, des vases à parfums, etc. Nous avons vu les plus beaux d'entre eux dans les chapitres sur l'art. En ce qui concerne les effets obtenus par les fards, les pinces à épiler, les peignes, etc., nous sommes informés, jusqu'à un certain point, par les fresques représentant des femmes charmantes aux lèvres vivement colorées, aux yeux agrandis — sans doute par l'emploi de matières minérales comme la malachite —, à la peau très blanche — obtenue par l'utilisation de la poudre de stéatite et de diverses crèmes —, aux sourcils fins, arqués, bien épilés, aux ongles des mains et des pieds peints en rouge, etc. Peu de civilisations se sont autant préoccupées de l'apparence extérieure des individus, vêtements, chevelure, bijoux et ornements du corps.

Nous avons déjà parlé de la place de la femme dans la société. Mais à propos de la vie individuelle il nous faudrait étudier le caractère particulier de l'appartement des femmes, qui était toujours à peu près équivalent à celui des hommes. Les escaliers qui mènent aux chambres à coucher des étages supérieurs se trouvent presque toujours entre les appartements des hommes et ceux des femmes, et cela donne des possibilités de communication directe, à la volonté des deux parties. En règle générale les pièces réservées aux femmes sont plus petites que celles des hommes, mais plus charmantes et visiblement plus confortables ; on dirait qu'elles ne sont pas adaptées à la cohabitation de plusieurs femmes ; aucun élément ne nous amène à l'idée du harem de type oriental. Les rapports entre les sexes étaient fondés sur le principe de l'égalité et de la liberté absolue, mais, hélas ! il nous est impossible de les fixer plus précisément.

Nous avons mentionné — dans le chapitre sur la religion — un élément caractéristique de la vie de famille : il s'agit des sanctuaires domestiques, petites chapelles surtout dans les palais, espaces consacrés aux dieux du foyer comme dans le cas des laraires romains ou des iconostases actuelles. La famille pouvait ainsi, individuellement ou en groupe, communiquer plus directement avec la divinité.

Nous avons beaucoup de mal à suivre les coutumes relatives à la naissance, à la majorité, au mariage, à la séparation ou à la mort. La plupart d'entre elles intéressaient directement la communauté et relevaient donc de la vie sociale. Mais l'élément individuel, personnel ou familial, jouait un grand rôle qu'il n'est pas facile de déterminer. Les coutumes les plus connues sont les coutumes funéraires, mais elles ne le sont cependant pas de façon satisfaisante. Celles qui concernent la protection du mort, le mobilier funéraire, la purification de la chambre funéraire, sa sécurité, etc., ont été étudiées sans être regroupées dans les chapitres sur l'architecture funéraire et les différentes catégories d'objets trouvés dans les tombes. Quant à l'exposition et à l'enterrement, les éléments sont peu nombreux. Les coutumes de l'enterrement et des cérémonies de commémoration ont été en partie étudiées dans le chapitre concernant le culte funéraire et la perpétuation de la mémoire du défunt. Le soin des tombes devait incomber à la famille, à la société et, dans une certaine mesure — surtout pour les tombes des rois, des princes et des hauts dignitaires — à l'Etat. Les renseignements recueillis lors de la fouille systématique du cimetière de Phourni à Archanès, sont particulièrement précieux.

Nous ne savons presque rien de l'éducation et de l'enseignement. D'après la rapidité des progrès de la civilisation et les résultats extraordinaires obtenus en quelques siècles, on peut considérer comme certain que la société s'était intéressée à ce problème fondamental. Sans doute le soin en incombait-il toujours à la famille, qui s'occupait des enfants au tout début, mais les confiait ensuite à des personnes capables, connues pour leur expérience en telle ou telle matière. Nous ne savons pas si l'écriture et la lecture de textes faisaient partie d'un enseignement général. Les corporations devaient aider à l'avancement des artistes et artisans expérimentés. Les ateliers suivaient des traditions artistiques et artisanales qui se renouvelaient sans cesse en s'adaptant aux besoins et aux enseignements nouveaux. Mais on se demande si on peut appeler écoles ces traditions et adaptations. Il nous manque les éléments pour pouvoir l'assurer. Le mythe de Dédale-Kalôs a perpétué l'idée d'une rivalité entre forces conservatrices et progressistes.

Dans le domaine des loisirs nous avons déjà dit beaucoup de choses, puisqu'ils étaient, en grande partie, liés à la vie sociale et à la vie religieuse. Les cérémonies étaient des relations sociales qui prenaient l'aspect d'un divertissement, surtout pour le peuple. L'affluence donnait à de telles fêtes l'allure d'un festival, et on sait qu'à l'époque grecque c'était la base de l'organisation des jeux panhelléniques ; aujourd'hui c'est encore le principal moyen de divertissement individuel et collectif, mais le caractère en est peut-être un peu différent. Il devait y avoir plusieurs catégories dans ce genre de fêtes, dont certaines étaient destinées à des groupes particuliers ou fermés ; il y avait par exemple des fêtes réservées aux femmes : les Thesmophories de Déméter de l'époque grecque devaient avoir leur origine dans la Crète minoenne.

Dans un autre chapitre on a vu une série d'œuvres d'art qui se rattachaient aux jeux individuels ou de société — pions, dés ou combinaison des deux — et quelques exemples de jeux du type des échecs et de ceux où l'on jette des dés ou des osselets. Il serait difficile d'en deviner les règles, de même que dans le cas de la « marelle » dont on voit les lignes incisées sur les gradins des théâtres. Aujourd'hui on ne pense plus, en général, que les étranges tables de la panspermia avec leurs rangées de cupules étaient des jeux. La découverte récente de nombreux exemplaires de ces objets dans les sanctuaires de sommets (comme le Iouktas) exclut ce genre d'interprétation.

La chasse et la pêche, moyens de subsistance à l'origine, sont devenues, à l'époque néopalatiale, une sorte de sport, comme aujourd'hui dans la plupart des cas. Et nombre des occupations artistiques ne devaient pas simplement viser à la production et au commerce mais être aussi un délassement pour celui qui s'y adonnait, comme une sorte de hobby.

Dans la vie individuelle, mais en même temps dans la vie sociale et dans la vie religieuse, les banquets jouaient un rôle important. Nous avons vu que dans les palais et les villas des pièces spéciales leur étaient réservées. Les poèmes homériques s'en sont fait l'écho, quoiqu'ils décrivent surtout les cours des rois mycéniens. Mais les banquets qui ont lieu dans le pays des Phéaciens sont très nettement des réminiscences de la tradition minoenne. Les rois devaient souvent avoir des invités, des gens du pays et des étrangers, et ces festins étaient l'occasion de montrer la grandeur royale, mais surtout de satisfaire une tendance naturelle à l'hospitalité dont ont hérité, au moins comme coutume, les demeures mycéniennes (cf. toujours les poèmes homériques). Nous ne savons pas jusqu'à quel point la tendance naturelle des Crétois à l'hospitalité qui, à travers les siècles, s'est transmise à la Crète actuelle — tendance qui, toutefois, est un peu en recul ces dernières années à cause du progrès de la civilisation technocratique — a ses racines à l'époque minoenne. Cela semble probable puisque ce n'est pas une création de l'époque classique grecque. Dans les salles de banquets la présence d'amphores, de petites cruches à vin, de coupes et de gobelets, confirme l'usage très répandu du vin ; la consommation de viande, comme dans les fêtes crétoises actuelles, est sûre, du moins dans le cas du palais de Zakros où l'on a trouvé une quantité impressionnante d'os d'animaux, petits et grands. La musique et la danse, peut-être aussi des jeux sous forme de concours ou de démonstration (acrobates et jongleurs) sont attestés par de nombreuses représentations, mais aussi par leur survivance dans le monde mycénien. Le rhapsode qui divertit le roi et ses invités sur la fresque de Pylos n'est évidemment pas le seul dans son genre.

La vie intellectuelle

Il va de soi qu'il est à la fois difficile et extrêmement dangereux de donner une idée, même grossière, de la vie intellectuelle à l'apogée de la civilisation minoenne, à l'époque des Seconds palais : elle ne se fonde que sur les vestiges matériels de cette vie, puisque les quelques textes sur les tablettes en argile et les autres objets inscrits demeurent en grande partie incompréhensibles. On soupçonne toutefois que cette vie devait être particulièrement active et de qualité, si l'on en juge d'après les aspects qui nous ont été plus accessibles, à savoir l'expression esthétique dans l'art et le monde des idées religieuses.

Nombre de savants, partant des archives — exclusivement réservées à la comptabilité —, de l'absence d'inscriptions religieuses, du manque de sens historique dans le cycle figuré, ont conclu que le monde intellectuel devait se limiter au côté pratique de la vie de tous les jours, sans aller jusqu'à la connaissance du passé ni la préparation d'un avenir plus heureux. Ils ont même cru qu'il ne s'était pas consacré à l'expression de ce qui est en dehors de la réalité prosaïque, aux recherches poétiques, philosophiques ou d'une nature morale élevée. Cette idée ne repose toutefois que sur des *argumenta ex silentio*, non sur des bases réelles. Au contraire, si l'on considère l'art, on sent nettement, partout, un souffle poétique très comparable à celui de l'art sino-japonais, une religiosité profonde fondée sur une philosophie qu'étaye peut-être une juste interprétation de la vie. En outre, il n'est pas possible qu'une paix durable n'ait pas reposé sur une morale sociale, politique et individuelle assez élevée, fondée sur la reconnaissance et le respect des droits de l'homme. C'est de là que vient la réputation de sagesse et de justice des rois minoens.

Le fait que ces gens se soient davantage préoccupés de vivre intensément et totalement dans le présent, plutôt que de s'attacher à un vaniteux étalage du passé ou de perpétuer orgueilleusement leur personnalité dans l'avenir, ne veut pas dire qu'ils n'essayaient pas de profiter au maximum des leçons de l'expérience et d'ouvrir d'autres voies aux nouvelles générations. On aboutit exactement à la conclusion inverse si l'on regarde avec quelle sagesse ils ont utilisé cette expérience et préparaient l'avenir. On s'aperçoit qu'ils avaient une idée très précise de leurs possibilités dans les divers domaines et des limites que leur imposait la nature. On voit nettement qu'ils essayaient, autant que possible, de bien s'adapter et de s'unir à la nature de façon harmonieuse. Et cela est évidemment une preuve de sagesse. Ils définissaient, peut-être sans éprouver de contrainte spéciale, les limites à ne pas dépasser dans chaque domaine ; on constate leur sens de la mesure par exemple dans la représentation des scènes érotiques, en dehors du fait que le principe fondamental demeurait toujours le sens de la fécondité ; aussi rencontre-t-on très rarement des représentations du cycle sexuel, et quand cela arrive c'est toujours spontané et naïf. La substitution au sacrifice humain d'un autre type d'offrandes, quoiqu'il ait été imposé par des principes magiques très anciens, est un autre exemple de supériorité morale.

Aujourd'hui que nous essayons de retrouver, précisément à l'époque néopalatiale, les racines de la poésie mythique sacrée et des épopées créto-mycéniennes — c'est en effet à ce moment-là que, dans la région syro-phénicienne, hymnes et poèmes sont nés sous l'influence égéenne (voir les hymnes d'Ugarit qui renferment une foule d'éléments crétois) — il serait hors de propos d'insister sur l'absence de littérature en prose et de poésie en Crète. Nous détenons même des indications d'importance : tout d'abord l'usage d'une écriture à l'encre sur des matériaux périssables — papyrus, feuilles de palmier, parchemin, cuir — pour des textes qui ne sont pas des comptes, puisque ces comptes s'inscrivaient sur des tablettes d'argile ; ensuite cet admirable document inscrit connu sous le nom de « disque de Phaistos » dont nous avons longuement parlé ailleurs. Quelle que soit l'interprétation qu'on en donne : hymne en vers à une divinité, texte narratif en prose, guide à caractère astrologique pour les travaux de la terre — comme l'a soutenu dernièrement Léon Pomerance —, c'est un témoignage d'une haute activité intellectuelle. Peut-être ces indices vont-ils aller en se multipliant. De toute manière, nous savons fort bien, par l'exemple d'autres civilisations, que l'existence d'une littérature n'est aucunement liée à l'usage de l'écriture.

Originalité de la civilisation minoenne

L'examen général de la civilisation minoenne telle qu'elle s'est exprimée dans l'art et les différentes formes de vie, à l'apogée de l'époque néopalatiale surtout, aide à définir sa nature par comparaison avec les grandes civilisations de l'antiquité. On est à peu près sûr qu'elle a été façonnée à partir de la conception qu'avaient les Crétois du monde en général : depuis le début ils croyaient profondément en la nature divinisée. L'union étroite entre l'homme et la nature a donné la première place à la catégorie esthétique du charmant, tandis qu'ailleurs — en Egypte et en Orient par exemple — la position de l'homme, en situation d'infériorité par rapport aux forces de la nature, a fait que c'est le sublime qui s'est imposé esthétiquement. La conception de l'homme comme élément dominant autour duquel tout s'organise sur la base des lois de la vérité intérieure, a abouti au contraire, dans le monde grec, à la domination de la catégorie esthétique du beau, régie par les lois de l'équilibre, de l'harmonie et de la symétrie. En Egypte l'attachement démesuré à la vie matérielle, statique et indéfiniment répétée, a abouti à l'expression d'une plastique figée, fondée sur des règles nées d'une longue expérience ; la vie devenait intemporelle et devait se poursuivre, immuable, au-delà du tombeau. En Orient la croyance dans les puissances indomptables de la nature était liée à la consécration totale au souverain de qui, hiérarchiquement, tout dépendait. La lutte éternelle des forces du bien et du mal nécessitait des compromis entre les divinités et les hommes, qui se faisaient par des conventions — ou « testaments » —, et par l'observance absolue d'un rituel strict. L'art a donc été soumis au bon vouloir et à la célébration du monarque, au besoin de mettre en avant la majesté royale ; en outre les relations étroites avec l'environnement naturel ont abouti à la recherche d'un esprit réaliste, mais toujours lié au besoin de magnifier le souverain.

Dans le monde minoen, l'homme a fait preuve d'une plus grande compréhension vis-à-vis des forces naturelles ; s'attachant plus à leurs influences bienfaisantes, qui lui ont permis d'évoluer et de se développer, qu'à leur aspect destructeur, il voyait dans la Nature une mère et concevait la vie comme un changement perpétuel et un renouvellement cyclique. Les puissances divines étaient présentes partout, et il était indispensable de reconnaître leur rôle bienfaisant par des célébrations et des cérémonies spéciales. Et dans l'art, cette célébration se faisait par la reproduction de la nature d'une façon qui rendait tout de suite sensible la présence, l'épiphanie de la divinité, par la représentation des différentes cérémonies destinées à la louer, à la remercier et à lui témoigner de la reconnaissance. Le dynaste n'était que le célébrant, ou l'intermédiaire, parce qu'on pensait qu'il avait avec elle des liens plus étroits.

A partir de là, il devient clair que l'art minoen — art de la catégorie esthétique du charmant — offre les mêmes caractéristiques que d'autres qui sont régis par les mêmes principes ; c'est le cas de l'art sumérien, de l'art sino-japonais, de l'art indien primitif, etc. Il est arrivé à être essentiellement graphique et non plastique. Pour rendre activement la diversité et l'imprévu des formes de la nature, il a eu recours à des alternances continuelles de couleurs, de formes, de mouvements, qui engendrent l'illusion d'un flux incessant ; l'élément mobile a été exprimé dans l'espace par toutes sortes de motifs : enroulements, torsions, tournoiements, développements en spires, déploiements rayonnants, etc. Pour rendre plus intensément sa joie de vivre il est arrivé, surtout dans la fresque, par une orgie de couleurs s'accompagnant d'une opposition continuelle d'ombres et de lumière, à un charme onirique exprimant l'irréel à l'intérieur de la réalité. En tant qu'art du charmant, il s'est davantage occupé du raffiné, du tendre et du sensible, et il les a rendus avec un véritable amour et une sensibilité qu'on doit qualifier de poétique. C'est de là que vient la tendance à la miniature. Le mouvement qui, ailleurs, s'est cristallisé, a ici été rendu dans un flux continu, et la représentation de l'instantané engendre toujours l'illusion d'un mouvement sans fin. Le réalisme minoen est toujours très original, car il ne se répète jamais ; il s'appuie sur certaines conventions dont chacune exprime très fortement la personnalité de l'artiste, l'instant artistique et le milieu culturel. On sent presque partout quelque chose qui transcende la réalité ; et celle-ci, de ce fait, tend à devenir symbole ou emblème. Les artistes trouvent toujours le moyen de simplifier ce qui les intéresse le moins, mais le but et le caractère de l'œuvre à laquelle ils s'adonnent ne leur échappent jamais. La tendance ornementale de l'époque paléo-palatiale est maintenant réfrénée et soumise à des buts plus élevés, mais elle ne perd presque rien de son efficacité. L'absence de plasticité dans des œuvres même naturellement plastiques n'apparaît pas comme un défaut, car domine partout un pittoresque qui, comme de raison, serait incompatible avec elle. Les essais de plasticité peuvent être considérés davantage comme l'animation picturale de la surface que comme un véritable rendu plastique ; les groupes plastiques sont comme des œuvres de peinture à trois dimensions. Un tel art, inspiré par un souffle divin, serait véritablement incapable d'atteindre au monumental ; la netteté et la clarté dans la représentation ne sont pas une qualité essentielle ; plus souvent on cherche à rendre des impressions, on pourrait donc voir dans cet art un précurseur de l'Impressionnisme. La ligne se distingue par une sensibilité qui n'est pas inférieure à celle des œuvres peintes japonaises.

Tous les critiques d'art ont souligné l'absence totale de sens historique dans l'art figuratif minoen, qui ne s'est pas du tout préoccupé du passé et ne s'est pas soucié de l'avenir. C'est d'ailleurs caractéristique de tout art qui appartient réellement à la catégorie esthétique du charmant. Ainsi tout demeure anonyme et indépendant de tout moment historique.

La vie minoenne est imprégnée de la conception du monde que nous avons décrite, et c'est ce qui lui donne son caractère tout à fait particulier. Toute manifestation y résulte d'une puissance créatrice qui favorise grandement l'extension de la civilisation minoenne. On dirait que les Crétois étaient spontanément capables de coordonner des éléments hétérogènes pour former une unité, et de progresser dans la connaissance des choses en utilisant non pas tant la logique et l'analyse que l'intuition et l'imagination.

Pour qualifier l'art minoen, des termes comme « naturaliste » ou « européen » semblent inopportuns et pas très bien adaptés. Le premier suppose un accord volontaire de l'œuvre avec la réalité et les modèles qu'elle propose, alors qu'il s'agit de l'expression spontanée de l'essence même de la vie. Le deuxième terme s'appliquerait davantage à l'orientation prise par la civilisation mycénienne, avec la domination de l'élément nordique indo-européen. Mais il est vrai que nombre d'éléments minoens ont laissé une marque indélébile dans la culture mycénienne. D'autre part, il est certain que la civilisation minoenne fut la première civilisation européenne ; elle nous semble, à nous encore, infiniment plus proche des temps modernes que les civilisations égyptienne et orientale. Le sens de la vie qu'avaient découvert les Crétois, leur accord heureux avec la nature, ne sont-ils pas des éléments de plus en plus avidement recherchés aujourd'hui ?

Il faut dire un mot d'une théorie qui a fait beaucoup de bruit et a trouvé quelques adeptes : la théorie que le Hollandais Snijder a émise dans son livre *Kretische Kunst* en 1936. Selon lui, la nature particulière de l'art minoen pourrait s'expliquer aisément par le fait que les Minoens traversaient le stade psychologique primitif connu comme « eidétique », où l'âme est totalement dominée par des représentations sous forme d'images qui, lors de la création, sont copiées servilement et inconsciemment, sans recherche d'effet purement esthétique. Selon cette conception ceux qui créent se contentent de rendus superficiels auxquels il manque toute espèce de compréhension fonctionnelle. Aussi les figures ressemblent-elles à des marionnettes qui se balancent en l'air, persuasives quant à leur mouvement mais sans signification sur le plan réel. L'architecture reste toujours au stade bourgeonnant et n'existe que pour répondre aux besoins pratiques, sans suivre de plan organique. Il n'est pas difficile, pour ceux qui ont suivi les différents stades de l'évolution de l'art minoen et qui ont saisi quelle patiente application a été nécessaire pour aboutir à l'un des arts les plus caractéristiques de l'esthétique du charmant, de réfuter des opinions comme celle de Snijder. L'analyse qui a été faite de chacune des branches de l'art minoen et de chacune des expressions de la vie, à l'apogée de la civilisation, rend superflue la réfutation d'arguments sans fondements, qui ont été puisés dans l'art de peuples vraiment primitifs ou dans la production de malades, d'individus retardés, connus en psychologie sous le nom de « eidétiques ».

CHAPITRE IV

LA THALASSOCRATIE CRÉTOISE LES CYCLADES AU DÉBUT DU BRONZE RÉCENT

Nous avons eu des difficultés à suivre l'évolution de la civilisation dans les Cyclades au Cycladique moyen du fait que les fouilles systématiques y ont été limitées et qu'il n'a pas toujours été possible de distinguer les niveaux de constructions successifs. A ce moment, l'évolution a été la même que sur le continent grec — helladique moyen — et, nous l'avons vu, le recoupement d'éléments dans les deux régions permet de voir une succession de phases qui vont à peu près jusqu'en 1600 av. J.-C. Les fouilles effectuées dans l'île de Théra (région de l'Akrotiri) par le professeur Marinatos se sont révélées très importantes pour fixer le début de la nouvelle période, celle du Cycladique récent I, puisque, comme la preuve en a été faite, cet habitat est une colonie crétoise fondée après la grande catastrophe sismique qui s'est alors abattue sur la Crète. A ce moment-là beaucoup d'autres colonies crétoises ont également été fondées, c'est le cas de Phylakopi, de Naxos, de Kéa, de Trianda (Rhodes), de Péparéthos, de l'habitat de Cythère, de Karpathos, etc., dont des secteurs plus ou moins grands ont été explorés. Dans toutes ces régions, la civilisation a un caractère composite cyclado-crétois, pas le même partout ; il y a des endroits où l'élément cycladique est resté prédominant, et d'autres au contraire où la « minoïsation » a tellement été poussée que la colonie a un aspect presque crétois. Dans l'intervalle il y a eu de grandes catastrophes dues à l'éruption du volcan de Santorin, catastrophes dont certaines ont frappé irrémédiablement les habitats comme à Théra même, et d'autres provoqué leur reconstruction totale. L'image reste encore obscure puisque la plupart des résultats des nouvelles fouilles n'ont pas été publiés sous leur forme définitive. Les données dont nous disposons reposent encore sur des rapports préliminaires dans lesquels les rapprochements et les comparaisons ne sont pas faciles à faire. Aussi avons-nous jugé qu'il serait plus sage de ne pas suivre ici l'évolution de chacune des branches de l'art et de chacune des formes de vie dans des chapitres séparés comme cela a été fait pour la Crète. De même, nous n'avons pas jugé nécessaire d'examiner séparément les deux périodes de la civilisation du début du Cycladique récent (CR IA et CR IB), qui correspondent au MR IA et au MR IB de Crète et à l'HR I et à l'HR IIA du continent grec. La première phase, pourtant, est très nette dans l'habitat de l'Akrotiri à Théra puisque, détruit, il n'a pas été reconstruit après 1500 av. J.-C. environ. Partant de ce que nous savons de cet habitat, il ne devrait pas être difficile de reconnaître, dans les autres sites du Cycladique récent, les éléments qui datent de cette phase, même si les données archéologiques ne suffisent pas ; il en est ainsi de la phase CR IA de Phylakopi (Milo) où l'on espère que la reprise des fouilles, tout récemment, aboutira à des résultats plus positifs.

Si l'on considère que ce sont les mêmes catastrophes qui se sont abattues sur les Cyclades et sur la Crète et y ont provoqué les mêmes coupures, on peut facilement coordonner la chronologie relative et la chronologie absolue : 1600-1500 av. J.-C. pour la première phase, 1500-1450 av. J.-C. pour la seconde. Une troisième phase, correspondant à la dernière phase palatiale de Cnossos (1450-1380 av. J.-C.) et au Mycénien moyen (HR IIB) a été identifiée dans certains habitats — Kéa, Péparéthos, Ialyssos (Rhodes), etc. Dans cette phase les influences de la Crète sous domination achéenne et des centres mycéniens sont en équilibre ; l'indépendance cycladique est devenue minime. La catastrophe finale de Cnossos a déplacé le centre de gravité vers les centres continentaux qui, finalement, modèleront la civilisation mycénienne et la diffuseront presque partout, même en Crète et dans les îles de l'Egée.

Il est de fait que la tradition grecque telle qu'elle nous est parvenue à travers la Périégèse de Scymnos de Chios, l'historien Thucydide et Diodore de Sicile, faisait état d'une vaste colonisation crétoise, non seulement dans les îles de l'Egée, mais même sur les côtes d'Asie Mineure et sur la côte nord, en face des îles de Thasos et de Samothrace. Thucydide parlait d'un contrôle total de l'Egée après élimination des Cariens, en grande partie réfugiés sur la côte d'Asie Mineure dans la région qui, par la suite, a pris le nom de Carie. Les textes nous montrent que cette installation s'est faite pacifiquement dans la plupart des cas, et qu'elle a eu pour résultat la diffusion de la civilisation et des techniques agricoles crétoises — surtout en ce qui concerne les céréales, la vigne et l'olivier. Nous avons vu ailleurs les mythes qui s'y rapportent. Bien entendu, des traditions aussi tardives n'auraient que peu d'importance si elles n'étaient pas confirmées par la recherche archéologique. Le mythe renferme naturellement nombre d'éléments allégoriques et de noms qui ont été fabriqués à partir de différentes innovations culturales ; on voit tout de suite d'où viennent des noms comme : Staphylos, Spermô, Elaïs, Oenô, etc. On conçoit facilement que certaines îles n'aient pas accueilli de colons crétois et, pour cette raison, aient gardé jusqu'à la fin un aspect plus franchement cycladique ; cela ne veut évidemment pas dire qu'elles ont opposé une résistance à l'infiltration crétoise. Il y a d'ailleurs beaucoup de lacunes dans notre connaissance, qui se trouvent peu à peu comblées, au fur et à mesure que progressent les recherches. C'est ainsi que, dernièrement, nous avons appris beaucoup de choses sur l'infiltration crétoise à Naxos, alors que nous n'en avions aucune idée à l'origine. Et les récentes découvertes de Théra ont prouvé qu'on avait tort de penser que les Cyclades, malgré l'infiltration crétoise, n'avaient jamais rien connu de comparable à la grandeur et à la valeur esthétique de la civilisation minoenne. Quelques-uns des vestiges artistiques, comme les fresques, ornementales ou figuratives, découvertes à Théra ont dépassé en variété et en valeur esthétique les œuvres crétoises, du moins celles que les fouilles ont mises au jour. Naturellement cette colonie nous a donné beaucoup, comme ces villes autour du Vésuve qui sont restées inviolées sous leur linceul de cendres volcaniques. La riche et féconde tradition cycladique, très ancienne, a joué un rôle important dans la formation d'une civilisation de caractère spécifique au début du Cycladique récent.

Les ressources

Après la Seconde Guerre mondiale, les fouilles dans les Cyclades et les autres îles de l'Egée ont mis au jour une foule de vestiges artistiques et artisanaux. Certes, il nous manque encore beaucoup, surtout lorsqu'il s'agit de se faire une idée d'ensemble. Il est particulièrement difficile de concevoir l'originalité de cet art qui, après la période créative du début, le protocycladique, a vécu de lumières empruntées, et pas toujours de la même direction. Du moins pourrons-nous en suivre les manifestations, tout d'abord dans l'architecture et la construction, puis dans la céramique, le travail de la pierre, la métallurgie, les arts décoratifs, etc. La façon de vivre, dans les îles où le sol rendait peu, mais qui sont devenues des centres de commerce et de navigation, a beaucoup joué dans le domaine artistique qui a réussi à tirer un maximum de profit de la civilisation minoenne parvenue à sa maturité. Les métaux précieux et les autres minerais qui existaient dans les différentes îles n'ont pas cessé d'être exploités et d'alimenter un marché beaucoup plus large, mais aussi de fournir des matériaux d'une excellente qualité, destinés aux plus belles pièces de l'art local. Les filons de métal se sont épuisés mais les divers marbres, la pierre à aiguiser et l'émeri de Naxos, l'obsidienne de Mélos et de Gyali (Nissyros) ont continué longtemps à être exploités de façon systématique. La pouzzolane — cendre volcanique et pierre ponce — était abondamment utilisée dans l'industrie et dans la vie quotidienne. La technologie crétoise doit beaucoup aux matériaux cycladiques et, grâce à la colonisation minoenne, la collaboration crétocycladique a été extrêmement fructueuse, quoique nous n'ayons pas encore réussi à en estimer complètement les résultats.

Architecture et construction

Phylakopi (Mélos) a été le premier habitat étudié de façon satisfaisante ; il a été possible d'y distinguer trois niveaux de constructions superposés. Le deuxième est constitué par un habitat de type crétois — blocs irréguliers dont chacun comprend plusieurs maisons faites de petites pièces connexes ; d'étroites rues séparent les blocs et constituent un véritable réseau qui, en certains points, se termine en impasse. Deux rues principales traversent le site d'est en ouest. La limite de la ville, au sud, est constituée par un mur épais fait de deux parements avec, au milieu, des petits murets délimitant d'étroites pièces, peut-être utilisées pour stocker les munitions. Le parement extérieur dessine de nombreux redans formant des sortes de tours ou de bastions. En deux points au moins on distingue les ouvertures d'étroites portes. L'une a visiblement été transformée lors de la construction du parement extérieur et d'un petit escalier qui donnait la possibilité de monter sur les tours et, de là, de redescendre à l'intérieur de la ville. Les fouilleurs et les chercheurs qui se sont intéressés à la question, ont cru que ce mur était contemporain de la deuxième ville, c'est-à-dire de l'époque mésocycladique ; mais dans cette ville les constructions du début du Cycladique récent n'ont pas été distinguées et c'est pourtant à cette phase qu'appartiennent la plus grande partie des fresques, de la céramique et des autres belles trouvailles. Il est très vraisemblable que c'est de cette époque que date l'agencement définitif du mur de fortification. Dans la phase finale de la ville on avait des bâtiments de type crétois, cela a été prouvé par la découverte de cryptes à pilier carré d'où proviennent les fragments les plus importants des fresques de Phylakopi, comme par exemple les poissons ailés. Dans d'autres appartements on a trouvé des petits escaliers en pierre qui menaient aux pièces de l'étage. Quelques maisons avaient des caves en sous-sol qui servaient de magasins. Bien des éléments rappellent les habitats crétois de Gournia, de Mochlos et de Pseira en Crète orientale. Il est très probable que les toits des maisons étaient plats avec des terrasses, comme en Crète. Il est difficile de distinguer quels étaient les espaces hypèthres ou utilisés comme cours intérieures et comme puits de lumière. En ce qui concerne les fenêtres, nous sommes fort mal renseignés, mais nous savons beaucoup plus de choses sur les portes encadrées de leurs montants et pourvues de seuils et de linteaux, dans deux ou trois cas en arc dans la partie supérieure, avec le système de décharge. L'existence de drains, construits comme en Crète, est un élément supplémentaire en faveur de l'installation crétoise. Cette dernière est également confirmée par la technique de construction des maisons, le revêtement dallé des rues, l'existence de canalisations, etc. La troisième phase de construction, nettement Mycénien récent, n'a fait que remodeler en plusieurs endroits l'habitat qui existait déjà, en utilisant des éléments nouveaux comme le principe du mégaron mycénien, et en renforçant l'enceinte des murs par l'adjonction de bastions. Quant au mur des fortifications de l'acropole d'Haghios Andréas (Siphnos), qui se distingue par sa robustesse et ses tours carrées (celle de l'angle est beaucoup plus grande), d'après les données récentes, il appartient à une époque plus avancée dans le Mycénien. Toutefois bien des éléments des types anciens ont été utilisés. Par la suite, on a construit un avant-mur en dents de scie sur sa face extérieure.

L'habitat de Kéa se trouve sur une petite presqu'île — celle d'Haghia Irini — qui avance dans le golfe de Koressos ; il a été construit au-dessus d'installations plus anciennes proto- et méso-cycladiques. Comme les autres habitats du Cycladique récent il a été secoué par des tremblements de terre, peut-être liés à l'éruption du volcan de Théra, dont la plus destructrice a été celle de 1450 av. J.-C. Malgré tout, il a été reconstruit et réoccupé, en partie du moins, lors de la phase finale de Cnossos, jusqu'en 1380. Il a été habité de façon épisodique au Mycénien récent. La tradition rattachait son apogée à l'histoire de la visite de la flotte de Minos, de la liaison de ce dernier avec Dexithéa, la fille du souverain local, et de la naissance de leur enfant Euxanthios. En vérité la fouille de Caskey et de ses collaborateurs a mis au jour nombre d'éléments qui confirment l'installation d'une colonie minoenne. La ville était construite suivant le système des blocs irréguliers, chacun constitué de quelques maisons et qui étaient séparés par des rues dallées étroites et irrégulières, en pente dans bien des endroits, avec des marches. Le bâtiment principal et le mieux construit, peut-être demeure du toparque, donnait sur la mer. Un ensemble très robuste a été considéré comme un temple à cause de son organisation interne aussi bien que de ce qu'il contenait : de nombreuses figurines en terre cuite de grande taille et d'autres objets rituels. Il semble qu'il y ait eu de nombreuses cours intérieures ou des puits de lumière — ce sont des espaces dallés —, et de nombreux restes d'escaliers en pierre ou en bois carbonisé confirment qu'il y avait communication avec les pièces de l'étage ; des murs de soutènement furent utilisés, comme en Crète. Les portes et les fenêtres étaient encadrées de bois, et les murs comportaient souvent des chaînages de bois qui leur assuraient une certaine élasticité lors des tremblements de terre. On utilisait généralement des caves en sous-sol ou à moitié en sous-sol, surtout comme celliers. On y accédait par des trappes avec des escaliers en bois. Parmi les dix-huit pièces fouillées du plus grand des bâtiments, douze étaient des celliers au niveau des fondations. Ce qui est caractéristique c'est que les maisons ont été construites en pierre presque exclusivement, jusqu'à la toiture plate. Seules quelques rares cloisons étaient en briques crues. Les salles de bains, les lavoirs, les systèmes d'égouts sous les sols et sous le dallage des rues suivent les prototypes crétois. Nombre de pièces étaient recouvertes intérieurement d'enduits peints de couleurs brillantes ; dans les plus importantes d'entre elles il y avait des fresques à motifs décoratifs, surtout des plantes aux formes gracieuses ; les lis étaient particulièrement en faveur. Les ustensiles qui ont été trouvés, les outils et les matières premières ont confirmé que certaines pièces étaient, comme dans les habitats crétois, réservées à l'artisanat domestique. On a parfois douté que cet habitat ait été une colonie minoenne, mais la comparaison avec celui de Théra semble prouver le contraire. Mais il est vrai que le caractère local cycladique y est toujours demeuré très vif.

Un mur de fortification a été découvert qui coupait transversalement la langue de terre sur laquelle s'étendait l'habitat. Ce mur a été reconnu avec difficulté dans sa partie ouest : un tronçon avec une tour carrée est maintenant immergé. Il semble qu'il y ait eu en deux endroits d'étroites portes, et un grand collecteur déversait les eaux à l'extérieur, au point le plus profond. Ces murs semblent dater de l'apogée de la ville, donc être contemporains de ceux de Phylakopi.

Dans les îles de Théra et de Thérasia, des vestiges de maisons avaient déjà été découverts quand le géologue Fouqué avait étudié le volcan lors de l'éruption de 1864. Les recherches furent poursuivies à l'Akrotiri par Mamet et Gorceix de l'Ecole française d'archéologie, et plus tard à Potamoi par Zahn. Nous ne savons toutefois que très peu de chose de ces ruines qu'il était alors très difficile de déterminer et de dater. Les fouilles récentes de Marinatos à l'Akrotiri ont mis au jour un secteur important d'un habitat qui, enseveli sous la cendre du volcan, a conservé dans un état satisfaisant les principaux éléments architectoniques et une grande partie de la décoration et du mobilier. Ces vestiges nous fournissent ainsi l'exemple le plus caractéristique d'une colonie minoenne dans les îles de l'Egée. La fouille n'est pas encore achevée et après la disparition brutale du principal fouilleur elle doit être poursuivie par d'autres archéologues grecs.

Avant que la partie centrale de l'île ait été immergée, le principal habitat de Théra se trouvait dans la petite vallée qui descendait vers la côte sud où il y avait le port ; le secteur qui a été fouillé donne à croire que cet habitat était oblong et arrivait presque jusqu'à la pente du cratère qui, après l'éruption finale, a disparu. La découverte des ruines a été facilitée par la corrosion de la cendre volcanique dans la vallée ; les bords, eux, sont toujours recouverts d'une couche assez épaisse de pierre ponce et de cendre volcanique, et à cet endroit la fouille ne peut se faire qu'en tunnel. Peut-être la partie nord de l'habitat s'est-elle effondrée en même temps que la partie centrale de l'île. La zone explorée jusqu'à la mort du fouilleur dépasse cent cinquante mètres de long, mais en largeur elle atteint à peine quarante mètres. Des traces d'une occupation antérieure — au Cycladique ancien et au Cycladique moyen — ont été relevées en différents points, sous les ruines. Le nouvel habitat a été construit après nivellement des vestiges anciens et le site a pris sa forme générale au début du XVIe siècle av. J.-C. Sa durée totale ne semble pas avoir dépassé un siècle si l'on en juge par les objets mis au jour, et surtout par la céramique. On voit nettement qu'on a souvent procédé au renouvellement ou à la restauration des bâtiments et de leur décoration peinte après de petits tremblements de terre. L'ensemble de l'habitat semble avoir été détruit aux environs de 1500 av. J.-C. Les ruines ont été trouvées recouvertes par deux à trois mètres de pierre ponce et de pouzzolane. La population a dû être anéantie, mais pas totalement puisqu'il y a eu une tentative de réinstallation après qu'on eut entamé la couche de pierre ponce et partiellement dégagé les ruines. Mais cette installation provisoire ne semble pas avoir tenu longtemps ; les conditions de vie se sont révélées particulièrement difficiles et l'habitat a été abandonné pour toujours. C'est quarante ou cinquante ans plus tard qu'a eu lieu la grande explosion du volcan et l'effondrement de la partie centrale de l'île, lié à la rupture de son pourtour. Il semble que des signes précurseurs de la catastrophe des environs de 1500 avaient poussé les habitants à prendre des mesures qu'on a décelées dans quelques-uns des bâtiments. Finalement, quand la vie des habitants a commencé à être menacée, ceux-ci sont partis vers les côtes, emportant avec eux les objets les plus précieux. C'est la raison pour laquelle on n'a pas retrouvé de victimes ni d'objets en métaux précieux. On ne saura jamais si beaucoup d'entre eux ont réussi à s'échapper en bateau ou s'ils furent exterminés par des gaz enflammés ou toxiques, comme lors de l'éruption du volcan de la Martinique en 1902.

Toute une série de bâtiments ont été mis au jour, qui bordent la rue principale du sud au nord à laquelle on a donné par convention le nom de rue des Telchines ; cette rue n'est pas égale ni de même largeur partout ; en un point elle aboutit à une petite place triangulaire à laquelle on accède par une sorte de portail. Des ruelles transversales séparent les blocs irréguliers des maisons. Celles-ci sont, pour la plupart, bien construites, avec de nombreuses pièces, deux ou trois étages et souvent des celliers, accessibles à la manière minoenne par des trappes et des petits escaliers en bois. Les escaliers qui unissaient les étages étaient souvent en pierre, avec ailes tournantes et paliers intermédiaires ; dans un cas on a reconnu une mezzanine. Les systèmes des magasins étaient très semblables à ceux qu'on trouve en Crète : des magasins en enfilade, éclairés par des fenêtres placées assez haut de façon à ne pas gêner le rangement des pithoi le long des murs. De nombreuses cloisons de brique subdivisent les principaux magasins. Le complexe le plus important a été mis au jour dans le secteur Nord ; un vestibule et une petite installation de moulin y étaient rattachés. De l'étage sont tombés de nombreux objets de culte et on en a conclu que les magasins appartenaient à un sanctuaire. Juste au sud on a fouillé, partiellement, des ensembles qui ont fourni d'importantes fresques avec des personnages au milieu d'une végétation africaine et des femmes officiant. Les principaux bâtiments ont été mis au jour autour de la petite place triangulaire : celui qu'on a appelé la « Maison de l'ouest » a donné les belles fresques d'une expédition navale, des pêcheurs et des offrandes à des pavillons ou kiosques sacrés. L'une des pièces du haut avait des fenêtres avec quatre ouvertures ; le bandeau avec la fresque de l'expédition navale passait au-dessus ; dans l'angle de la pièce voisine, celle qui était décorée avec les pavillons, une installation de service était équipée d'un système d'égout. Dans la façade qui donnait sur la cour il y avait des fenêtres avec une sorte de balcon. Le complexe d'en face (Δ) est plus étendu et mieux organisé ; peut-être se composait-il de deux habitations séparées par de solides murs. Dans leur prolongement, à l'ouest, se trouvait le portail dont nous avons déjà parlé. A l'entrée principale, au nord, un escalier menait aux différents étages. Ce n'était pas le seul, un deuxième descendait vers les demi-sous-sols, un troisième menait aux étages supérieurs du centre. La pièce double, avec des baies (polythyron) composée de six portes alignées, est typiquement crétoise. A l'extrémité de l'aile orientale, à un niveau un peu plus bas, un sanctuaire décoré d'une belle fresque de lis et d'hirondelles s'est révélé important ; on y entreposait provisoirement, pour les protéger des tremblements de terre, toutes sortes d'ustensiles : le propriétaire y avait placé son lit pour dormir plus en sécurité. Le secteur sud comportait un complexe de quatre vastes magasins et une grande pièce à colonne centrale pour soutenir le plafond. Dans la grande cave qui se trouvait au-dessous, une partie du mobilier a été découvert dans un incroyable entassement. De nombreux objets en bois se sont presque évaporés dans l'atmosphère surchauffée lors de l'éruption du volcan ; beaucoup de vases se sont fêlés et déformés. Les aliments ont disparu ou ont été carbonisés.

Encore plus au sud, entourant la rue des Telchines, on a mis au jour les deux complexes B et Γ. Celui de l'est a conservé ses étages avec dallages et cloisons de brique. La grande pièce à colonne centrale, dont le beau dallage a été trouvé à moitié affaissé, et la pièce voisine subdivisée en compartiments plus petits avec des sortes de niches, semblent avoir constitué le sanctuaire. C'est du moins ce qu'on en conclut des ustensiles qui ont été mis au jour sur place et de la décoration peinte avec les antilopes et les deux enfants qui boxent. A côté, un escalier menait aux appartements du rez-de-chaussée de l'aile est, dont l'un — peut-être la pièce correspondant à celle de l'étage — était décoré de la belle fresque des singes affolés. Une grande partie des pièces du rez-de-chaussée et des celliers, qui étaient éclairées par des lucarnes placées haut, au niveau de la rue voisine, restent encore à explorer. Le complexe Γ est celui qui a été réoccupé par des réfugiés après la première éruption volcanique. Ils ont fait de nouveaux sols plus haut, bouché des ouvertures, renforcé des escaliers, installé des ateliers avec toutes sortes d'outils en pierre. A l'est, au sud-est et au sud-ouest, les fouilles ont mis au jour des façades de grandes constructions faites en pierre de taille et appareillées suivant un système pseudo-isodome — le fouilleur leur a donné le nom de *ζεσταὶ* (à pierres équarries) — ; il s'agissait sans aucun doute d'importants bâtiments de la ville, peut-être publics ou religieux. Celui du sud-ouest, avec ses grandes ouvertures dans la façade, a déjà fourni toute une série de fresques, dont le sujet religieux de l'offrande de fleurs dans le sanctuaire de la divinité.

En comparaison des complexes architecturaux des habitats de Phylakopi, de Kéa et de Théra, les vestiges mis au jour dans d'autres régions comme à Trianda (Rhodes) et à Cythère, semblent pauvres et beaucoup moins importants. On y distingue pourtant les mêmes principes généraux de l'architecture et de la construction crétoises, adaptés aux conditions locales et mêlés à des éléments de la tradition insulaire. Là aussi furent découvertes des fresques décoratives.

La fresque

Aucune autre branche de l'art Cycladique récent ne nous est mieux connue que la décoration à fresque si étroitement liée à l'architecture. Cet art a été transplanté de Crète presque tel quel dans les établissements créto-cycladiques, au MR IA et au MR IB, et les vestiges conservés, à Théra tout particulièrement, contribuent à compléter nos connaissances sur la fresque minoenne à l'apogée de la civilisation, et à nous donner une image du plus ancien stade de l'évolution de la fresque en dehors de Crète, puisque les fresques trouvées dans les centres mycéniens sont postérieures.

Avant les dernières fouilles de Théra nos connaissances se limitaient à quelques fragments de fresques de Phylakopi, de Kéa, de Trianda (Rhodes), des constructions isolées de Théra et de Cythère. Les motifs principaux étaient purement décoratifs — bandeaux, spires, guirlandes — ou bien représentaient des fleurs et des plantes, de préférence des lis et des rameaux. Mais en dehors des fresques ornementales, Phylakopi avait fourni des fragments figuratifs, dont la belle frise avec les poissons ailés qui nageaient librement, dans un rythme alterné, entre des rochers rendus de façon conventionnelle et où de fines courbes faites de points rendaient l'eau. D'autres fragments montraient une femme richement vêtue d'une robe brodée d'hirondelles, assise dans un fauteuil à accoudoirs. Les mains d'une autre sont levées, tandis que du bord de la manche pend une cordelette avec des houppes.

Les fresques de Théra, qui proviennent surtout des pièces des étages, sont incomparablement plus riches ; on en a des ensembles entiers. Le bâtiment B a fourni la belle fresque des cynocéphales cercopithèques qui, agiles, peut-être affolés par quelque danger soudain — les signes avant-coureurs de l'éruption volcanique ? — sautent d'un rocher à l'autre ; quelques fragments nous montrent d'autres animaux effrayés de la même façon. L'alternance des couleurs pour les rochers — à dominante rouge — et leur contour exagérément accidenté créent un cadre particulièrement étrange. Dans une autre pièce du même bâtiment, considérée comme faisant partie du sanctuaire, les murs ont été décorés d'antilopes seules ou par deux, qui se détachent sur un fond blanc, tandis qu'entre deux portes on a représenté deux jeunes garçons boxant ; les nattes de leurs cheveux pendent de leurs têtes partiellement rasées ; ils portent un gant de boxe à la main droite et un ceinturon à la taille.

La pièce du niveau le plus profond — rez-de-chaussée ou demi-sous-sol — du complexe Δ, considérée comme sanctuaire, équipée d'une étagère fermant l'angle et d'une ouverture basse vers une sorte d'adyton, était ornée sur ses trois murs de la belle fresque des lis et des hirondelles. Elle est conservée en entier et c'est le seul exemple de pièce dont on ait toute la décoration *in situ*. L'intention de l'artiste était visiblement de donner l'idée de la venue du printemps ; les hirondelles survolent, seules ou en couples, le sommet de rochers de toutes les couleurs ou les cavités qui les séparent. Ce qui est caractéristique, c'est le contour agité de ces rochers, l'alternance des couleurs, le rendu des veines comme s'ils venaient d'être taillés et polis. On y reconnaît le style crétois, mais l'amour des oiseaux est une tendance cycladique tout à fait typique. Le bâtiment qui se trouve entre les secteurs A et Δ a été décoré de scènes religieuses auxquelles seules prennent part les femmes de la classe sociale la plus élevée, si l'on en juge d'après leur allure. Deux d'entre elles, richement vêtues, ont été représentées avançant en procession, portant peut-être des fleurs et d'autres offrandes ; celle qui est le mieux conservée a du rouge aux lèvres et aux joues et de grands anneaux aux oreilles ; sous le fin sourcil en arc l'œil est particulièrement expressif. Deux autres femmes sur le mur nord, en face, la mère et la fille semble-t-il, s'inclinent pour dédier un péplos ou un vêtement à la divinité dont une minime partie est conservée. Les vêtements et l'aspect du visage sont identiques à ceux de la femme du mur sud ; on a montré que l'une des deux était plus âgée en la dotant d'une poitrine pendante, représentée de façon très réaliste. Au-dessus d'une ligne ondulée, un réseau de losanges avec des étoiles figurait peut-être conventionnellement le ciel nocturne plein d'étoiles. Entre les deux groupes de femmes ont été peintes des triples tiges de lis des sables — ou de papyrus ? — de grandes dimensions.

L'ensemble des fresques du complexe sud-ouest — Ξεστή 3 — est unique : il nous montre, encore une fois, des cérémonies auxquelles ne prennent part que des femmes. Quoique ces fresques n'aient pas été entièrement remontées, le sujet est évident : de charmantes jeunes filles, des petites corbeilles à la main ou sur l'épaule, cueillent des fleurs au sommet des rochers ; elles viennent les déverser sur un autel de la végétation, devant la divinité assise sur une construction sacrée apparemment tripartite ; un singe cynocéphale semble être là en adorant ; près de la divinité est assis le griffon sacré. L'autel des doubles cornes construit en appareil pseudo-isodome et encadré de spires et de bourgeons se trouvait du côté où une autre jeune fille arrivait, le panier de fleurs sur l'épaule. A l'autre bout de la fresque une femme au voile semé de points, peut-être une danseuse, évolue rituellement, tandis que non loin d'elle, une autre jeune fille est assise sur un rocher et tient son pied blessé. Cet ensemble est plein de charme et de vie. C'est à un décor religieux qu'appartenaient les fragments trouvés juste au sud du bâtiment A, comme on peut le supposer d'après le sanctuaire de sommet avec autel, doubles cornes, petites colonnes couronnées de lis, les singes adorants, etc. Le morceau le plus intéressant représentait un personnage, de type africain selon le fouilleur, avec un grand anneau d'or à l'oreille, devant un palmier.

Les fresques les plus intéressantes, nous l'avons vu, viennent de la Maison de l'ouest, qui était peut-être la maison d'un amiral minoen, si l'on en juge d'après les sujets des peintures. Le premier ensemble montrait toute une série de pavillons sacrés à trois poteaux couronnés de lis, de guirlandes, et, en bas, d'un revêtement en cuir dont le bord est découpé en forme de doubles cornes ; une prêtresse se dirigeait vers eux, tenant un encensoir avec des charbons enflammés. Ces étranges pavillons, nous les retrouvons dans les petites cabines des commandants des bateaux qui exécutent leur mission sur la frise à fresque de la salle voisine. Cette fresque miniature renferme d'innombrables personnages minuscules.

Différentes scènes sont représentées, sur les côtes d'Afrique du Nord, peut-être en Libye, avec des caps, des petites baies, des hauteurs, des habitats, des installations agricoles et, à ce qu'il semble, un sanctuaire de sommet. Une foule d'adorants y grimpe, personnages officiels et membres du sacerdoce, pour une cérémonie religieuse, on ne sait pas laquelle. Plus loin, sur une petite presqu'île plutôt que sur une île, puisque y sont représentés des rivières et des maquis où des lions poursuivent des cerfs et des antilopes, on voit un habitat typiquement minoen. C'est de là que partent les bateaux de toute une flotte qui se déploie sur la plus grande partie de la fresque. Les bateaux à nombreuses rames ont des mâts et des cabines avec des toitures légères sous lesquelles sont assis des passagers officiels ; des figures plastiques ornent les poupes et des enseignes terminent les longs éperons de la proue : trois sur le bateau de l'amiral, orné, à l'occasion, d'une décoration exceptionnelle, deux ou un sur les bateaux de catégories inférieures. On distingue les timoniers manipulant les longues rames du gouvernail, les quartiers-maîtres, les maîtres de la manœuvre, les capitaines dans leurs petites cabines en forme de pavillons. Il y a d'autres bateaux, des voiliers, des yoles et des embarcations plus petites. Plus loin, sur la côte, on voit une installation agricole avec ses bergeries, ses troupeaux, sa fontaine où les indigènes viennent remplir des cruches qu'ils transportent sur la tête. C'est peut-être là qu'a lieu un débarquement puisque des soldats sont sortis des bateaux ; un conflit est suggéré par des personnages tombés à la mer, des proues de bateaux dont les éperons sont cassés ou déformés. Dans un dernier habitat le peuple accueille la flotte qui est de retour ; les gens sont sortis à sa rencontre, même en barques ; des femmes et des enfants regardent en sortant sur les terrasses et aux toitures. Des scènes prises dans la vie réelle ont rarement été rendues avec plus de charme. Il n'y a toutefois aucune raison de penser qu'il s'agisse d'un événement historique précis raconté de façon épique. Le rendu est conventionnel et tout à fait conforme à l'esprit minoen. La mer et le voyage des bateaux sont animés par des cortèges de dauphins. Sur une frise plus étroite, qui prenait peut-être place au-dessus des fenêtres, on a représenté une autre scène, riveraine cette fois, influencée peut-être par les scènes nilotiques égyptiennes, mais toujours avec les conventions crétoises dans le rendu des rochers, de la végétation, de l'eau. Aux bêtes féroces du maquis se mêlent des griffons en galop volant. Réalité et imagination s'accordent dans une scène de rêve.

Les pêcheurs qui ornaient les angles de la même pièce sont dans un style plus naturaliste ; sveltes, leurs jeunes corps nus, les cheveux soignés, ils tiennent dans les mains des grappes de poissons qu'on dirait encore frétillants, passés dans des cordelettes avec des nœuds.

Des autels portatifs tripodes recouverts d'un enduit avaient également été décorés de fresques ; l'un des plus beaux était orné d'un motif marin avec des poulpes et des dauphins évoluant dans un paysage marin varié. Il a tout juste été peint au moment où, dans la céramique, le style marin commence à être à la mode, vers 1500 av. J.-C.

Les autres branches de l'activité artistique

Si à l'époque des Nouveaux palais l'architecture, la construction et la fresque ont suivi fidèlement les prototypes minoens dans les installations insulaires de l'Egée, il faut admettre que d'autres branches de l'art, surtout la céramique, ont évolué de façon plus indépendante, conservant bien davantage la vieille tradition cycladique. Les styles qui sont nés au Cycladique moyen dans la technique mate, très fortement influencés dans les formes, les motifs décoratifs, l'organisation de la surface des vases, par la céramique crétoise de Camarès, se sont poursuivis jusqu'à la fin de la période et jusqu'au moment de la colonisation crétoise. Beaucoup d'ustensiles, parmi les derniers de ces séries, se distinguent difficilement de certains exemplaires qui appartiennent aux séries les plus anciennes des installations crétoises, et cela d'autant plus qu'à Phylakopi les premiers fouilleurs n'ont pas réussi à séparer les niveaux de construction de la deuxième ville. Maintenant nous sommes aidés par la céramique de Théra qui se classe tout entière dans une seule phase, la première du Cycladique récent. Très courantes sont les cruches avec des seins — mastoprochoi — de Phylakopi dont le col est renversé vers l'arrière, et qui sont décorées d'êtres ailés schématisés, peut-être apotropaïques, de griffons ailés, de trèfles à double spirale et de quatre-feuilles, de roues à rayons, de rameaux, etc. Les seins sont soulignés à la fois par le relief et par la peinture, et on a souvent ajouté des petits yeux sur le bec. Quelques-uns de ces vases étaient des objets d'exportation et on en a trouvé dans des centres péloponnésiens comme Lerne et Mycènes. Mais les séries les plus caractéristiques sont celles de Théra, décorées d'épis d'orge, d'hirondelles, de colliers, de pendentifs, etc. Toujours dans le style mat on a imité, aussi bien à Phylakopi qu'à Théra et ailleurs, des vases minoens de formes diverses, mais leurs décors, faits à la va-vite, ont des motifs — végétaux, animaliers ou décoratifs — qui n'ont pas toujours été compris ; on arrive à représenter des quadrupèdes, des oiseaux et des figures humaines qui n'ont été adoptés en Crète que dans la phase finale des palais. Certains vases étaient plus soignés et se rapprochaient des minoens, comme par exemple les tasses avec des spires tourbillonnantes et des rosaces, les amphores et les cruches décorées de lis, les bassins avec des spires continues à l'intérieur, etc. Les grandes cruches à col renversé ont eu un succès marqué ; décorées d'oiseaux quelque peu conventionnels, elles sont semblables à celles qui ont été découvertes — sans aucun doute importées de Mélos ou de Théra — dans les *Temple Repositories* de Cnossos et dans les tombes royales et princières de Mycènes. Quelques-unes d'entre elles avec des oiseaux — qui décoraient aussi, dans le même style, des cruches, des *kalathoi* (en forme de paniers), des coupes, etc., dans les colonies minoennes des îles — sont particulièrement réussies, surtout celles avec des hirondelles ; ce style évolue vers la bichromie par adjonction de rouge avec des nuances de sépia et d'orangé. Il y a donc des vases tout à fait charmants et très gais. Le pied cylindrique d'un fruitier de Phylakopi a été décoré, dans le même style, d'une série de pêcheurs qui tiennent un poisson dans chaque main ; les yeux, énormes, occupent tout le visage. Toujours dans le même style, on aimait les cruches décorées de roseaux, de fleurs, de crocus, de rameaux, de spires en chaînes ou d'oiseaux. On a emprunté aux styles crétois les fins rehauts blancs. Dans bien des cas on reconnaîtrait plus une main crétoise que cycladique, quoique le style poursuive la tradition insulaire. Mais des vases dans les deux styles très connus qui, en Crète, ont évolué parallèlement et souvent ont été associés sur le même vase dans la période transitoire entre la première et la deuxième phase des Nouveaux palais, et pendant toute la durée de la seconde, sont indubitablement des productions crétoises : il s'agit des styles naturalistes décoratifs *light on dark* et *dark on light*, le second avec un vernis brillant sur un fond couleur chair préparé avec soin. Dans le premier style de beaux vases de Phylakopi et de Théra, des théières à bec ponté, des seaux cylindriques ou qui s'élargissent vers le haut, des passoires, des rhytons, des pots à fleurs et des tasses ont été décorés de lis blancs sur leurs tiges ou éparpillés, comme ceux de Cnossos, d'une flore légère, de rameaux et de guirlandes. Dans le deuxième style on a des vases dont les formes nous sont connues par la Crète, mais leur décoration est encore plus variée, souvent exagérément audacieuse : en dehors de la frêle flore des roseaux, de la menthe, des pois de senteur, des lierres, des fins rameaux, etc., apparaissent des grappes de raisin, des vases schématiques, des oiseaux aquatiques au milieu d'une riche végétation, des dauphins et des poissons, et, naturellement, des systèmes de spires continues ou entrelacées, des rosaces, des symboles sacrés, etc. Dans d'autres ustensiles on imite par des zébrures, des bulles et des points, les différentes sortes de pierres veinées ou tachetées. Très particuliers sont des ustensiles allongés ellipsoïdaux que Marinatos a baptisés « κύμϐαι » et qui sont souvent ornés de poissons, de lis, d'oiseaux ; ils étaient peut-être destinés aux poissons. Les ustensiles culinaires sont nombreux — marmites tripodes, chaudrons, porte-broches, tables tripodes chauffantes avec une ouverture spéciale pour placer les charbons à l'intérieur, réchauds, braseros — ; il y a aussi des accessoires de parfumerie. De petits pithoi et de grandes pithamphores à trois ou quatre anses étaient décorés dans le même style. On a trouvé un bon nombre d'ustensiles qu'on pourrait caractériser comme *assaminthoi* (baignoires), des petits coffrets et des pressoirs en terre cuite, des récipients pour recueillir le moût, des ustensiles de minoterie et une incroyable quantité de poids de métier à tisser — pesons — le plus souvent discoïdes biconvexes. Tout à fait intéressante est la série des ustensiles rituels, parmi lesquels on compte de nombreuses sortes de rhytons et des ustensiles plastiques en forme d'animaux sacrés — surtout de taureau —, ou de leur tête — taureau, lion, chat sauvage, chèvre sauvage, etc. Ces derniers constituent une grande partie de l'art plastique, puisque très peu de figurines — toujours conventionnelles et symboliques — ont été découvertes. Les grandes figurines féminines en terre cuite mises au jour dans le sanctuaire de l'habitat de Kéa forment une exception. Il semble qu'il y avait plus de quinze figurines, grosso modo semblables, dans lequelles on ne sait pas s'il faut voir des divinités ou des prêtresses. Les lourds seins pendants du buste nu ou vêtu d'un corsage très ouvert ont été exagérés ; certaines d'entre elles portent le polo bas sur la tête et ont un grand anneau ou un collier au cou. Leurs jupes sont gonflées vers le bas et certaines sont plissées ; les mains sont le plus souvent appuyées à la taille. Ce sont les plus grandes figurines minoennes trouvées à ce jour, quelquefois à peine plus petites que nature. Faites par petits morceaux qu'on assemblait, elles étaient creuses à l'intérieur et cuites dans des fours spéciaux. Elles font une impression étrange avec leur visage plutôt aplati aux traits grossiers. Un sourire énigmatique est peut-être un lointain ancêtre du sourire archaïque. Il faut noter ici qu'à l'époque grecque une des têtes avait été dressée sur un socle dans le vestibule du sanctuaire et adorée comme image de Dionysos ; cela a été prouvé par une inscription sur vase. Evans l'avait dit, et cela a été confirmé par des trouvailles ultérieures, la Crète a connu des grandes idoles en terre cuite et des xoana en bois, dont seuls de pauvres restes nous sont parvenus.

Dans les colonies crétoises des îles de l'Egée, on fabriquait des objets en faïence comparables à ceux qui ont été mis au jour en Crète. C'est encore à Théra qu'on doit l'exemplaire le plus caractéristique : des œufs d'autruche qui ont été transformés en rhytons par l'adjonction d'un col, de rubans servant d'anses et d'un disque en faïence dans la partie inférieure ; on a trouvé des débris de semblables objets à Mycènes, à Cnossos et à Zakros. Les colliers de perles en faïence étaient également largement utilisés.

Dans le travail de la pierre, l'art Cycladique récent a scrupuleusement suivi les traces de la Crète, au point que très peu d'objets peuvent être considérés comme n'étant pas crétois. La vieille tradition cycladique des vases et des figurines en pierre ne donne plus rien. A Kéa, à Phylakopi, à Théra et à Cythère on rencontre les mêmes séries d'objets en pierre qu'en Crète ; mais même leur technique de fabrication, leur décoration à reliefs, le choix des matériaux et leur combinaison témoignent de leur origine crétoise. En pierre on a fait des plaques décoratives utilisées comme orthostates ou comme chambranles ; il y avait des symboles rituels — doubles cornes, bases à degrés des doubles haches, tables à offrandes, etc. — en pierre, aussi bien que des figurines de type primitif. S'il n'est pas facile d'affirmer que la belle tête en pierre d'Amorgos qui se trouve aujourd'hui à l'Ashmolean Museum d'Oxford, où les traits du visage sont admirablement bien rendus et les cheveux bien peignés, est une production de la sculpture créto-cycladique, il semble toutefois improbable qu'une telle œuvre n'ait pas subi une influence crétoise. Toute une série d'ustensiles et d'outils en pierre qui, pour la plupart, proviennent des nouvelles fouilles de Théra est très importante. On distingue des gobelets de la sainte communion (des calices) à panse conique et pied, en albâtre pour la plupart, des lampes à huile en pierre du type en forme de bol à une mèche et à anse horizontale, ou à deux mèches, à pourtour incisé, des bols en forme de calice de fleur, d'autres en forme de bassines avec des anses ajoutées et un goulot, ou en forme de pyxides, et des écuelles, des pyxides à couvercle décoré, des entonnoirs en porphyre, etc. Un fragment de petit pithos en marbre décoré en relief de cordons et de rangées de disques rappelle d'autres exemplaires provenant de la tombe de Clytemnestre et confirme ainsi leur datation ancienne. Des vases en pierre, grossiers, semblent avoir été utilisés comme creusets pour couler le métal dans des moules dont certains ont été retrouvés. Les outils en pierre sont, eux aussi, d'un type connu : broyeurs, aiguisoirs, pilons, mortiers tripodes, moulins, etc.

Les exemples de glyptique sont peu nombreux mais ils prouvent — aussi bien les sceaux à sujets naturalistes que ceux à thèmes conventionnels et schématiques — que, là aussi, les modèles minoens ont été fidèlement suivis ; un sceau lenticulaire avec un griffon ailé schématique et un dauphin a été mis au jour à Théra. D'autres exemples caractéristiques ont été trouvés dans l'habitat de Kéa et près de ou sous l'Artémision de Délos. Des tombes taillées, à Naxos, ont donné quelques exemplaires intéressants. Mais le sceau en forme de cylindre aplati qui porte une scène rituelle est unique en son genre : c'est un chef qui tient avec solennité son sceptre devant le palmier sacré, alors que sur une table sont disposés des objets et des ustensiles rituels (une épée, un rhyton, une cruche à libations, un seau). Les autres motifs appartiennent au répertoire minoen bien connu.

Dans la métallurgie, qui ne suit pas moins fidèlement la tradition minoenne, certains objets rivalisent avec ceux de Crète. C'est encore Théra qui a donné les plus intéressants. Les armes sont représentées par de longues épées à fusées et pommeaux, comme celles qui ont été trouvées dans les tombes royales de Mycènes. La plus belle, découverte dans la tombe de Staphylos à Péparéthos, date du HR IIA ; la fusée, recouverte d'or, se termine par un pommeau conique, bombé sur le dessus, décoré de motifs curvilignes conventionnels et serrés. Des épées plus petites, avec trois clous en or, ont été mises au jour à Théra. C'est de là que viennent aussi des poignards dont les incrustations représentent des oiseaux et des fleurs. Cette technique a nettement une origine minoenne. Parmi les instruments et les outils on mentionnera les plateaux de balance avec des séries de poids en plomb en forme de petits disques de diamètre variable, des hameçons en bronze de différentes tailles, des séries de scies à dents, courbes pour la plupart, des clous et des agrafes. Les ustensiles en bronze sont d'une excellente technique ; ils ont tous leurs correspondants en Crète : chaudrons tripodes, petites poêles à manche perpendiculaire à la lèvre, poêles à deux anses en arc, hydries et cruches — l'une d'elles est décorée d'un bandeau de spires alternées —, braseros à paroi relevée, très semblables à celui qui a été découvert à Zakros. L'orfèvrerie et l'art des bijoux en général sont plutôt pauvrement représentés puisque tous les bijoux en or et autres métaux précieux ont été emportés ou pillés. Seuls des anneaux en argent de Théra peuvent nous donner une petite idée. Mais dans des tombes du début du Cycladique récent, à caractère mycénien, quelques bijoux en or ont été conservés, la plupart d'usage nettement funéraire, comme les rosaces et les bandeaux faits de feuilles d'or cousues sur le linceul du défunt.

Il faut encore dire un mot des articles en bois et autres matériaux périssables, parce que ce n'est qu'à Théra, où ils ont été recouverts par la cendre volcanique brûlante, qu'il a été possible de retrouver leur forme grâce à la technique du remplissage des vides par du plâtre liquide, comme à Pompéi et à Herculanum. On a ainsi un lit tendu de cuir, un siège à arcade entre les pieds, divers paniers et couffins où l'on peut observer les types de vannerie. Les objets en ivoire sont très rares et mal conservés. Les plaquettes sculptées provenant de coffrets et de meubles qui ont été trouvées sous l'Artémision de Délos sont plutôt du Mycénien récent. De toute façon de nombreux objets en matériaux périssables peuvent encore être mis au jour lorsqu'on reprendra l'exploration de l'habitat de Théra.

Reconstitution de la vie dans les îles de l'Egée au début du Cycladique récent

L'image que nous pouvons nous faire de la vie sociale, politique, économique, religieuse, privée et intellectuelle, au début du Cycladique récent, ne peut être ni complète ni très claire, sauf peut-être quand il s'agit d'établissements minoens pour lesquels les dernières fouilles nous ont apporté des éléments précieux.

Là où il y a eu installation minoenne il était normal que les conditions sociales et politiques changent de façon que puissent se réaliser les objectifs de la politique coloniale. D'après les données dont nous disposons, il semble pourtant que le facteur local n'ait pas été du tout ignoré et qu'il y ait eu en fait coexistence pacifique des deux éléments. Les commerçants-navigateurs devaient sans doute avoir la primauté par rapport aux cultivateurs-éleveurs. L'administration a dû être organisée suivant le système minoen, avec le même mécanisme bureaucratique ; on ne sera pas du tout surpris de découvrir des ensembles d'archives écrites en Linéaire A ; on a un assez grand nombre d'indices de son usage dans les îles ; comme nous l'avons vu, l'utilisation des sceaux était presque la même qu'en Crète. Mais on ne saura pas s'il y avait des rois locaux, comme le veut la tradition grecque, ou s'il y avait de simples toparques qui dépendaient directement des centres palatiaux crétois, tant qu'on n'aura pas mis au jour leurs demeures principales. A Staphylos (Skopélos) on a des vestiges d'un bâtiment étendu dans la région du port double où a été trouvée la tombe du chef, peut-être tombe du roi local — du fondateur ? — avec la célèbre épée tout à fait digne d'un roi. La thalassocratie crétoise reposait sans doute beaucoup sur ces chefs locaux, et des entreprises navales comme celle qui a été représentée sur la frise à fresque de Théra, montrent clairement que cette thalassocratie, célèbre dans la tradition, n'était pas un mythe. C'est la même fresque qui nous apprend l'existence d'une hiérarchie dans la marine et on croit que la maison où elle était peinte appartenait à l'amiral. De toute façon on ne saura pas quels étaient les rapports exacts des chefs locaux avec les centres crétois, ni à quel point ils en dépendaient. L'aspect fortement crétois de la civilisation dans les colonies insulaires montre seulement que ces relations étaient étroites. L'avantage de ces centres par rapport aux autres habitats de la mer Egée devait faire que ces derniers étaient à un niveau de civilisation bien inférieur. Ils devaient être mis aussi au service d'un programme général politique et économique étroitement lié à celui de la Crète. L'expédition navale qui a été représentée sur la fresque de Théra, si elle est effectivement en relation avec les installations commerciales sur les côtes de Libye en vue de l'exploitation des ressources africaines, donnerait une bonne image des buts politico-économiques recherchés ; de petits conflits, mais surtout une infiltration pacifique qui aboutissait à d'étroites relations culturelles entre le monde égéen et le bassin méditerranéen, c'est ce qu'on attendrait comme principal élément de l'expansion de la civilisation minoenne. On est impressionné, devant cette fresque, par le chaleureux accueil de la flotte sur ces côtes lointaines. Les moteurs économiques principaux étaient la découverte et l'exploitation de nouvelles matières premières et l'organisation plus systématique de l'exploitation des anciennes, comme l'obsidienne de Mélos et de Gyali (près de Nissyros). Les marbres, la pouzzolane, l'émeri, la pierre à aiguiser de Naxos, les divers métaux — filons pas très riches cependant — constituaient d'importants moteurs de l'activité commerciale. Les produits de la pêche étaient également essentiels, comme nous le montrent encore une fois les fresques ; ils n'étaient sans doute pas destinés seulement à la consommation locale. Il faut donner une plus grande importance au commerce de transit puisque les îles ont toujours été un pont entre les côtes de l'Egée. On a déjà parlé, à plusieurs reprises, de l'évolution de la navigation, mais les connaissances nouvellement acquises sur les bateaux de la mer Egée nous ont beaucoup appris, d'une manière générale, sur l'aspect des bâtiments qui desservaient le commerce, assuraient la liaison des centres maritimes et contrôlaient la mer.

En ce qui concerne la vie religieuse, les habitats créto-cycladiques ont suivi si fidèlement la religion et le culte minoens qu'on aurait du mal à trouver des différences notables. Nous sommes tout particulièrement renseignés sur ce sujet par les sanctuaires et leurs fresques dans les habitats de Théra et de Phylakopi, et par les représentations des sceaux et de leurs empreintes. Les sanctuaires domestiques relèvent des types connus : cryptes à pilier carré, pièce avec niches, dépôts et adytons, et peut-être pièce avec haut podium et niche. A Kéa tout un complexe avec vestibule et sanctuaire principal (sacristie toute proche et pièce intérieure en forme d'adyton) a été caractérisé comme temple, peut-être pas très heureusement. On n'a pas mis au jour d'autres lieux sacrés comme des sanctuaires de sommets, des grottes sacrées, des sanctuaires de campagne ; on est sûr toutefois qu'ils existaient puisqu'ils sont représentés : la divinité est assise sur une construction à degrés tripartite, elle a près d'elle des autels couronnés de cornes sacrées ou des autels de la végétation. Il ne fait pas de doute qu'on concevait la divinité de la même façon qu'en Crète. Les enclos des arbres sacrés sont associés aux rochers desquels sort de la végétation. Mais ce sont les différentes cérémonies qui en apprennent le plus : les offrandes sur l'autel, les processions, la cueillette des fleurs qui doivent être offertes à la divinité sur l'autel de la végétation, les supplications avec les mains levées, les sacrifices sanglants, les danses effectuées par des personnages recouverts d'un voile, etc. Les groupes de deux femmes, une qui semble la mère et l'autre qui a l'allure d'une jeune fille, ne sont pas nécessairement des divinités mère et fille ; pourtant, dans le sacerdoce, deux des prêtresses devaient représenter le mythe sacré. Le caractère céleste, terrestre et chthonien des divinités est très clair : rôle important des oiseaux et des serpents sur des ustensiles rituels, etc. Le palmier sacré qui, dans l'île de Délos, a joué un si grand rôle et a été associé à la naissance du couple divin de la lumière, de la végétation et de la domination sur le monde des animaux et des hommes, a été fréquemment représenté dans des scènes rituelles. L'arrivée du printemps, rendue de façon si caractéristique dans la fresque des lis et des hirondelles de Théra, était évidemment célébrée par une cérémonie religieuse. Le danger résultant de l'instabilité géologique donnait une intensité particulière au culte chthonien, mais nous n'avons pas eu la chance que soient conservées les idoles, parmi lesquelles devaient avoir une place privilégiée, comme en Crète, les déesses aux serpents. Les figurines de grande taille de Kéa devaient être en rapport avec la déesse-mère de la fertilité. La cérémonie fondamentale de l'épiphanie de la déesse a été rendue par sa représentation dans le sanctuaire ou sur l'autel ou elle est assise dans un large fauteuil.

Quant aux êtres supraterrestres et aux démons, quelques exemples suffisent — des griffons et des démons de type Ta-Urt — pour nous persuader que les conceptions crétoises étaient prédominantes dans les îles de l'Egée. Des singes cynocéphales, en adoration ou prenant directement part au culte, ont été figurés sur des fresques de Théra. Les singes affolés d'une autre fresque de Théra ne sont peut-être pas étrangers aux bouleversements provoqués par les puissances souterraines. D'autre part, on rencontre tous les symboles minoens : double hache, cornes sacrées, bucrane, corps astraux, etc.

Ce qui est typique, c'est que la vie religieuse est restée très intense dans ces installations créto-cycladiques. Et c'est ce qui explique pourquoi on rencontre tant d'ustensiles rituels de formes connues en Crète, comme les rhytons, les cruches à libations, les calices de la sainte communion, les kernoi, les tables à offrandes, les encensoirs, etc. Sur beaucoup d'entre eux sont représentés des symboles sacrés, des êtres supraterrestres, des génies, et peut-être la divinité elle-même. Il est ainsi confirmé que le rituel en relation avec le culte ne présentait pas de différences essentielles avec celui de Crète. Les offrandes, sanglantes ou non, se faisaient de la même façon, et comme en Crète on offrait à la divinité péplos et vêtements. La population du pays ne devait évidemment pas avoir complètement oublié les vieilles coutumes du culte cycladique ni le rituel funéraire local ; mais nous ne savons pas jusqu'à quel point. De temps en temps on trouve une figurine en marbre cycladique remployée, mais la plupart de celles qui ont été trouvées à Kéa, à Phylakopi et à Théra proviennent de couches du Cycladique ancien.

La vie privée a également été abondamment mêlée d'éléments crétois dont il serait superflu de parler. La façon de vivre dans les habitations était en grande partie crétoise ; les occupations des hommes et des femmes étaient les mêmes qu'en Crète. On distinguerait difficilement, par exemple, un outil du Cycladique récent d'un autre crétois contemporain. Les moulins étaient comme ceux de Crète mais, à Théra du moins, ils étaient beaucoup plus nombreux. Dans les pressoirs on utilisait des ustensiles analogues à ceux de Crète.

En ce qui concerne l'apparence extérieure des hommes, des femmes et des enfants, dans les vêtements, les coiffures et les couvre-chefs, les chaussures, les bijoux et l'utilisation des différents produits de beauté, on aurait du mal à trouver des différences. Même dans les moyens de récréation, la vie dans les îles de l'Egée suivait les mêmes lignes qu'en Crète ; des jeux avec des pions y étaient connus et la musique, la danse et les concours athlétiques, peut-être ici aussi liés au rituel religieux, constituaient une part importante des divertissements des nobles et du peuple. Nous rappellerons comme exemple caractéristique les enfants qui boxent et la danseuse au péplos des fresques de Théra. Evidemment, dans les îles de l'Egée pleines de rochers, les captures de taureaux n'ont pas trouvé un terrain d'élection, mais les représentations sur sceaux montrent que ces sujets étaient également en faveur.

On ne sait presque rien — si l'on excepte les domaines de l'art et de la religion — de la vie intellectuelle. Toutefois, les indications sur l'utilisation de l'écriture — le Linéaire A — rendent très probable une création intellectuelle ici aussi étendue à l'art de la parole : des fresques comme celle de l'expédition navale de Théra témoignent peut-être qu'il y avait eu au moins un début de récits épiques avec des aventures marines.

Avec des éléments aussi épars et relativement limités il serait difficile de faire un diagramme historique, aussi général soit-il. Le fait que toutes les installations créto-cycladiques primitives datent des environs de 1600 av. J.-C., c'est-à-dire de l'époque où la Crète a été bouleversée par de grands tremblements de terre, ne semble pas dû au hasard. Cette insécurité a peut-être été le principal moteur d'une telle fièvre colonisatrice vers les îles et, comme nous allons le voir, vers le sud et le centre du continent grec. La plupart de ces sites ont été victimes d'une grande catastrophe, sismique semble-t-il, aux environs de 1500 av. J.-C., en relation avec une petite explosion du volcan de Théra ; ils ont été reconstruits et ont continué à vivre, sauf celui de Théra qui a été abandonné, après une tentative partielle de reconstruction, jusque vers 1450 av. J.-C. A ce moment-là, une autre catastrophe s'est abattue sur tous les centres insulaires et sur la Crète, et la plupart d'entre eux ont été définitivement abandonnés, tandis que d'autres, après un certain temps, ont accueilli de nouvelles installations venues, semble-t-il, des centres Helladique récent de Grèce continentale, lesquels ont moins souffert. Une catastrophe aussi générale et aussi irrémédiable dans ses conséquences, doit théoriquement avoir un rapport direct avec l'éruption du volcan de Théra qui a eu pour effet d'engloutir une partie importante de l'île, de recouvrir le reste sous plusieurs mètres de cendres volcaniques et de désoler les côtes du sud de l'Egée par un gigantesque raz de marée (tsunami).

CINQUIÈME PARTIE

LA CIVILISATION MYCÉNIENNE

CHAPITRE PREMIER

LE BRONZE RÉCENT DANS LE SUD DU CONTINENT GREC (Mycénien ancien et Mycénien moyen)

Vers 1600 av. J.-C., dans tout le sud et le centre de la Grèce, mais surtout en Argolide, la civilisation et la façon de vivre sont marquées par un changement, aussi important que brutal, manifestement provoqué par un événement historique de premier ordre. Dans les centres méso-helladiques on n'a pourtant enregistré ni grandes catastrophes ni l'installation en masse de nouveaux groupes humains. La population est restée fondamentalement la même, c'est-à-dire grecque, si ce sont bien des tribus grecques qui se sont établies dans le pays dès le début du deuxième millénaire. Mais le type de la civilisation et le genre de vie se sont fortement « minoïsés ». Cela est apparu très nettement quand les vestiges mis au jour par Schliemann à Mycènes ont été comparés avec ceux d'Evans à Cnossos. La chronologie minoenne étant fixée de façon certaine, on a automatiquement constaté que les vestiges de Mycènes, qui représentaient la plus ancienne période de la civilisation dite mycénienne (d'après la ville de Mycènes), remontaient au XVIe siècle av. J.-C. Plus tard, on a compris que cette civilisation avait passé par trois périodes successives dont chacune était elle-même divisée en plusieurs phases. C'est ainsi qu'on a distingué les Mycéniens ancien, moyen et récent qui, d'après la terminologie générale de la civilisation continentale, correspondraient avec l'Helladique récent I, II et III.

Aucun chercheur n'a pu mettre en doute que la naissance de la civilisation mycénienne est étroitement liée à la Crète. Différentes interprétations ont toutefois été avancées quant à la façon dont s'est opérée cette création ; elles ont constitué, au début, des théories différentes, qui sont ensuite devenues objets de grandes polémiques. Les principales d'entre elles ont été formulées par les experts des civilisations minoenne et mycénienne, c'est-à-dire Evans et Wace. Le premier a accepté comme début la colonisation minoenne et a fait de la civilisation mycénienne une branche de la civilisation minoenne ; le deuxième a soutenu que les habitants du continent étaient allés en Crète et y avaient pris butin et artisans ; pour lui, la civilisation locale s'est adaptée à la civilisation minoenne plus avancée, mais elle a gardé son caractère grec.

Le problème de la création puis de l'évolution de la civilisation mycénienne sera exposé en détail avec les arguments des défenseurs de chacune des théories, dans un chapitre spécial, dès que nous aurons analysé les principaux éléments de la civilisation aussi bien dans l'art que dans le mode de vie. Nous y verrons également des variantes des principales théories, qui ont été émises récemment. Malheureusement, les éléments mis au jour par les fouilles quoique abondants ne sont pas toujours représentatifs ; ils ne sont pas non plus toujours suffisants pour les différentes phases de l'évolution ou pour les différentes régions. Ils sont particulièrement défectueux en ce qui concerne certains aspects de la phase la plus ancienne du Mycénien récent, et pour les régions qui n'ont été explorées que de façon sporadique. Les grands remaniements des centres mycéniens après chaque catastrophe ont abouti, dans bien des cas, à la disparition totale des vestiges des installations antérieures. Heureusement, les nécropoles, et surtout les enceintes circulaires des tombes royales de Mycènes, avec leur riche mobilier, nous ont permis de connaître bien des aspects de la vie et de l'art. Mais la lacune laissée par le manque de vestiges d'habitats et de palais remontant à la phase la plus ancienne ne peut être comblée seulement par les rares représentations des arts majeurs ou mineurs.

Les principaux centres mycéniens ont été fondés là où il y avait eu des habitats méso-helladiques, auxquels ils ont d'ailleurs immédiatement succédé, à Mycènes, Tirynthe, Midéa, Asiné, Pylos, Athènes, Orchomène, Thèbes, Eleusis, etc. Mycènes se distingue parmi tous les nouveaux centres ; elle a pris, dans la Grèce de cette époque, la place qu'avait occupée Cnossos en Crète. Cette primauté a été confirmée par les fouilles, mais il en est également question dans la tradition antique, comme le mythe crétois faisait état de celle de Cnossos. Il reste à savoir si cela suppose, du moins au début, la fondation d'une hégémonie dont le siège principal était Mycènes. Elle justifie du moins pleinement le nom qui a été donné à la civilisation mycénienne. Et pourtant, pendant toute la durée de l'époque méso-helladique, l'habitat de Mycènes ne semble pas avoir eu une place de premier plan. Son ascension eut lieu, indubitablement, quand les circonstances ont changé, avec la transplantation ou la grande influence de la civilisation minoenne.

Architecture domestique et modes de construction

En règle générale, les acropoles mycéniennes sont des collines pas très élevées mais situées dans des endroits favorables qui permettent de se défendre facilement et de contrôler les principaux axes routiers. Sur ce point elles ressemblent beaucoup aux sites des grands centres minoens, quoique en Crète ce ne soit pas une règle sans exception. Il est sûr — et beaucoup de chercheurs n'y ont pas prêté suffisamment d'attention — que, comme en Crète, au début ces acropoles n'étaient pas fortifiées ; et en fait quelques-unes sont restées ouvertes jusqu'à la fin. Mais la plupart ont été dotées au Mycénien récent (pas avant 1380 av. J.-C.) d'une enceinte défensive ou d'une fortification systématique avec des murs.

Mylonas a prouvé que l'opinion de Wace — que l'acropole de Mycènes avait eu une enceinte fortifiée depuis l'époque méso-helladique — ne correspondait pas à la réalité. Le prétendu péribole méso-helladique n'est qu'un mur de soutènement des terrasses de la colline, construit à une époque avancée du Mycénien. La fortification de l'acropole de Tirynthe, même celle du début, s'est également révélée du Mycénien récent, et on n'a mis au jour aucun vestige de caractère défensif qui soit du Mycénien ancien. Dans aucune des acropoles du Péloponnèse ou de la Grèce centrale on n'a pu prouver qu'il existait des fortifications plus anciennes que le Mycénien récent. Orchomène et Iolkos semblent même être restées sans fortifications jusqu'à la fin, et il en est ainsi de Pylos, de Kakovatos ou de Péristéria. Dans la première et dans la dernière on a découvert des restes d'enceintes qui, comme c'était l'habitude en Crète, contrôlaient le site et les accès ; ils semblent remonter au Mycénien moyen. Nous avons vu que les péribolés correspondants dans les habitats créto-cycladiques étaient bien plus puissants et équipés de tours, comme l'exigeaient les circonstances commandées par la peur des incursions pirates.

En ce qui concerne les palais des Mycéniens ancien et moyen, nous sommes obligés d'avouer notre complète ignorance. Cela n'est pas dû au fait qu'ils ont disparu sans laisser de traces parce qu'ils avaient été construits en matériaux relativement périssables, comme l'ont supposé certains chercheurs, dont Mylonas. Les progrès étonnants réalisés dans tous les domaines de l'art (voir le mobilier des tombes royales et des autres tombes également) et la découverte d'une architecture funéraire vraiment monumentale, rendent cette hypothèse inacceptable. En outre, le développement si brillant de l'architecture du Mycénien récent, qui comporte beaucoup d'éléments minoens, à une époque où les centres palatiaux crétois étaient totalement détruits, resterait inexplicable. Il ne fait pas de doute que la disparition des palais les plus anciens est due au remaniement radical — nivellements et terrassements — comme cela se faisait souvent en Crète, où les vestiges des anciens palais n'ont été découverts que sur les bords ou par leurs fondations. Malgré tout, il semble qu'il y ait, à Mycènes, des vestiges sur les terrasses les plus élevées, au sommet de la colline, dans lesquels Wace voulait voir les traces du palais HR I et II. On y voit les fondations de grandes salles qui ne sont pas orientées comme les bâtiments ultérieurs, et c'est là qu'on a recueilli des restes architectoniques — bases de colonnes, parastades, seuils — qui appartenaient peut-être au bâtiment primitif. L'hypothèse de Mylonas, que ce bâtiment devait avoir la forme du mégaron postérieur, orienté sud-nord, ne s'appuie sur rien. Il est plus logique de supposer qu'il avait fidèlement suivi les prototypes crétois, si l'on en juge d'après les vestiges trouvés sous le vestibule de la salle carrée, à l'ouest de la cour du mégaron principal ; c'est là qu'on a mis au jour l'une des cryptes de type crétois avec le pilier central rectangulaire, qui était donc, peut-être, une des cryptes du palais initial. L'escalier à deux volées, typiquement minoen, qui montait vers la région du mégaron, a été considéré par Mylonas et d'autres, comme une dernière adjonction. Il faut pourtant noter que le grand seuil qui séparait la cour du vestibule était en partie suspendu au-dessus de l'escalier, qui se trouve donc être antérieur. Un propylée plus ancien a été découvert sous le propylée de l'entrée nord-ouest, lui aussi de type crétois, et il n'est pas exclu qu'il constitue également un reste du premier palais.

Il serait difficile de retrouver des traces de l'ancien palais sur l'acropole de Tirynthe, dont le tracé, tout en angles, semble totalement adapté à l'organisation ultérieure de l'espace : mégara au fond des cours-vestibules, avec une aile latérale annexe. D'autre part, aucun élément ne nous guide sur la forme que pouvait avoir le premier palais qui devait pourtant exister, si l'on en juge d'après le trésor dit « de Tirynthe » dont les pièces principales sont du Mycénien moyen.

Dans le palais Mycénien récent de Pylos ont été incorporés, surtout dans l'aile occidentale, des secteurs de l'ancien palais auquel appartenaient même, semble-t-il, quelques fresques qui ressemblent beaucoup à la fresque de la procession de Cnossos. Nous ne sommes toutefois pas sûrs que le complexe avec la salle hypostyle et le vestibule à colonnes soit réellement du Mycénien ancien. Il paraît plus probable qu'il soit du Mycénien moyen, du fait que bon nombre d'éléments ont été mis au jour près de la porte de l'enceinte qui remonte au Mycénien moyen, et qu'une partie du mobilier funéraire de la tombe à tholos voisine qui a échappé au pillage confirme cette datation.

Même à Thèbes et à Orchomène nous ne savons pas la forme des premiers palais, puisque les vestiges qui ont été découverts ne remontent pas au-delà de 1400 av. J.-C. Mais quelques restes de fresques d'Orchomène, trouvés non loin de la tombe à tholos connue sous le nom de « Trésor de Minyas », datent, semble-t-il, du Mycénien moyen et proviennent peut-être de la région des anciens palais. Dans le cas de Iolkos, les choses sont encore plus vagues puisque les palais, dont l'existence semble pourtant sûre, n'ont même pas été mis au jour.

Parmi les maisons de l'acropole de Mycènes, il y en a très peu qui remontent au Mycénien ancien et au Mycénien moyen, et de toute façon elles ont été, elles aussi, tellement transformées au Mycénien récent qu'il serait très difficile de préciser leur forme première. En effet, lorsque le mur eut été étendu pour englober la région des tombes royales, la plupart des maisons ont été reconstruites, et certaines d'entre elles bâties au-dessus des ruines antérieures. Ces dernières se trouvent sous la « Maison de Tsountas » et la « Maison de Wace » ou « Maison de l'acropole ». D'après certains fragments de fresques, comme celui des génies à têtes d'ânes ou celui des nautiles, qui proviennent de la région de la « Maison de Tsountas », on pourrait admettre pour leur première construction une datation plus ancienne. C'est peut-être dans une maison de cette époque, dans la région de la « Maison de la rampe », qu'avait été caché le trésor d'objets d'or découvert par l'architecte Drosinos, et qui constituait peut-être le mobilier funéraire d'une tombe royale détruite. De cette maison proviennent encore d'autres fresques anciennes, par exemple des fragments représentant des concours athlétiques et des captures de taureaux. La construction de ces maisons, avec un entrecroisement de bois dans les murs, est minoenne. Il est sûr que le complexe des maisons qui bordait la route montant vers l'acropole de Mycènes — Maison du marchand d'huile, Maison des sphinx, Maison des boucliers, Maison ouest — a été construit au-dessus de vestiges de maisons plus anciennes auxquelles appartenaient peut-être également certains des objets mis au jour. Leur forme est toutefois difficile à établir en raison des bouleversements qui ont eu lieu à cet endroit. Il en est de même d'un autre complexe de maisons, à l'ouest de la route ; la plus importante d'entre elles a été explorée par Petsas.

A Tirynthe, des maisons de cette époque ont été mises au jour près de l'acropole, sous les ruines de maisons postérieures ; voilà pourquoi encore leur forme reste embrouillée. Mais dans d'autres habitats, à Korakou par exemple, on pourrait peut-être retrouver l'architecture de bâtiments qui ont été en usage au Mycénien moyen, période qui est définie par des vases du style local connu sous le nom d'éphyréen. Malheureusement, nous savons peu de chose des restes de maisons qui ont été découverts dans la région de Péristéria et de Kakovatos et qui remontent sans aucun doute possible à la fin du Mycénien ancien et au Mycénien moyen.

Nous ignorons donc l'architecture des maisons et des palais de la période qui a précédé la floraison du Mycénien récent. Tout ce que nous pouvons présumer, en jugeant d'après l'évolution ultérieure, surtout à Thèbes, c'est qu'elle a suivi dans ses grandes lignes l'architecture minoenne. On peut d'ailleurs le voir d'après les représentations de bâtiments sur des œuvres en métal, sur des fresques et sur des sceaux.

Architecture et modes de construction funéraire

Nous connaissons beaucoup mieux l'architecture et les modes de construction funéraires, car un grand nombre de monuments ont été conservés et fouillés. Les plus importants appartiennent à deux catégories : celle des tombes à fosse construites, rectangulaires, et celle des tombes à tholos. Les tombes à fosse étaient, d'une certaine manière, en usage depuis l'Helladique moyen, quand finalement les tombes à ciste se sont transformées en tombes à fosse construites. Les exemples qui sont actuellement les mieux connus sont les deux cercles — enceintes A et B — des tombes royales et princières de Mycènes. Le premier a été fouillé par Schliemann ; il se trouve à l'intérieur de l'acropole et, comme on l'a finalement constaté, il renfermait six vastes tombes rectangulaires, exclusivement royales, pour un total de dix-huit défunts. A l'origine, le péribole circulaire se trouvait sur la pente de l'acropole sans remparts ; quand celle-ci a été fortifiée pour la première fois, au début du XIVe siècle, le cercle funéraire continuait à se trouver en dehors, à l'endroit même où s'étendait l'ancien cimetière méso-helladique. Lorsque, pour des raisons de sécurité, à la fin du même siècle ou au début du suivant, le mur de fortification s'est agrandi, la région des tombes royales a été totalement réaménagée pour devenir le centre cultuel des rois héroïsés (nous verrons comment dans un autre chapitre) ; le cercle funéraire initial n'était donc plus visible. Le deuxième cercle a été mis au jour beaucoup plus tard — vers 1952 — et fouillé par Papadimitriou, sous le contrôle scientifique de Mylonas et de Marinatos. Ce cercle se trouvait un peu plus bas, sur la pente, non loin de l'endroit où a été construite par la suite la tombe à tholos connue sous le nom de « tombe de Clytemnestre ». Il n'était pas conservé en entier et quelques-unes des tombes avaient disparu ; il en restait néanmoins vingt-quatre pour plus d'une quarantaine de sépultures. Il est clair qu'il s'agissait non d'une classe royale, mais peut-être princière. La fouille systématique et le relevé détaillé de tous les éléments du deuxième cercle ont éclairci bien des problèmes qui n'étaient pas sans rapport avec le cercle A fouillé par Schliemann. Il faut noter que l'inclusion de groupes de tombes à l'intérieur d'une enceinte circulaire était très fréquente dans l'architecture méso-helladique. La fouille soignée du cercle B a montré que l'idée d'Evans, selon laquelle les restes royaux avaient été transportés sur l'acropole depuis les tombes monumentales à tholos où ils avaient, d'après lui, été déposés à l'origine, était aberrante.

Le cercle A a été découvert à une distance relativement faible de la fameuse porte des lions, à l'endroit où le mur dessinait une large courbe, justement pour l'enclore. Une partie de ce cercle est apparue lors des recherches complémentaires effectuées plus profondément au pied du mur de soutènement qui a été construit lors de l'aménagement du lieu de culte. Il avait visiblement été construit sur la pente du rocher, et c'est pour cela que les six tombes mises au jour se trouvent à l'ouest, à l'endroit le plus bas, tandis que d'autres, à l'est, ont peut-être été détruites. Les tombes les plus riches en mobilier funéraire sont les IV et V, la première abritant trois hommes et deux femmes, et la deuxième trois hommes. Les dimensions de la première, qui est aussi la plus grande, sont de 4,50 × 6,40 mètres. Les parois des fosses étaient revêtues d'un mur de pierres sèches haut de 0,75 à 1,50 mètre, et en haut il y avait une feuillure pour supporter les poutres de la couverture. Les extrémités de certaines de ces poutres étaient protégées par des enveloppes de bronze pour éviter qu'elles ne pourrissent trop vite. Les sols étaient recouverts de cailloux et le toit de plaques de schiste soutenues par des branches entrelacées. La partie supérieure de la fosse était remplie de terre. Nous verrons ailleurs le mode d'enterrement, les coutumes et le mobilier funéraires. Il faut tout de même ajouter ici que, dès le début, des stèles indiquaient l'emplacement des tombes qui était peut-être également marqué par un petit tumulus, comme cela s'est avéré pour le cercle B. Quelques-unes des stèles n'étaient pas décorées, d'autres portaient des reliefs avec des scènes ornementales et figurées. Les stèles n'étaient pas inconnues en Crète et dans le monde méso-helladique, et cela depuis longtemps. Au-dessus de la tombe VI on a découvert une installation en forme de puits qu'on pense avoir été un autel pour l'offrande de choés ; il date des années qui ont précédé l'aménagement du lieu de culte. Une fissure dans le rocher, presque au milieu du site, était peut-être utilisée pour les sacrifices en l'honneur des morts ; elle a été trouvée pleine de cendres et de charbons. On ne sait pas si le péribole avait une ouverture qui permettait d'entrer à l'intérieur ; cela est très probable puisqu'elle existait dans le cercle B. Les deux cercles se ressemblaient beaucoup par leur construction cyclopéenne. Naturellement, des sépultures du cimetière méso-helladique, sur la pente de la colline, ont été mises au jour aussi bien à l'intérieur qu'à l'extérieur du cercle.

Le cercle B devrait théoriquement être contemporain du cercle A puisque dans les tombes les plus anciennes on trouve des objets typiquement HR IA. Rien n'est venu démontrer que la civilisation mycénienne est née avant 1600 av. J.-C. La découverte de vases de type méso-helladique dans quelques-unes des tombes est facile à expliquer par le fait que les vieux styles, le minyen et le mat, ont pour un certain temps coexisté avec la céramique mycénienne la plus ancienne, et ont été influencés par elle. L'idée de Mylonas, Marinatos, Vermeule et autres savants, que le cercle B avait une certaine antériorité par rapport au cercle A, ne semble donc pas juste. Quelques secteurs, relativement petits, du cercle, surtout au nord, sont conservés près de la route actuelle et dans la bordure de la tombe à tholos de Clytemnestre. Son diamètre devait atteindre les 26 mètres. La construction est la même que celle du cercle A, c'est-à-dire cyclopéenne. La hauteur, qui semble être celle du début, atteint 1,20 mètre. Autour du mur et dedans, on a trouvé des tessons méso-helladiques mais aussi une céramique minyenne jaune caractéristique des dernières années de l'époque méso-helladique. En tout on a découvert 24 tombes, mais il est évident qu'il y en avait encore d'autres qui ont été détruites. Nous ne sommes pas sûrs que parmi celles qui ont été fouillées quelques-unes n'appartenaient pas au premier cimetière méso-helladique sur la pente de la colline. Du moins la forme et le mobilier funéraire de certaines d'entre elles sont-ils méso-helladiques. Quatorze relèvent sans aucun doute des tombes à fosse revêtues de pierre à l'intérieur. Des observations de détail ont montré qu'elles étaient construites de la même façon que les tombes du cercle A quant aux murs, au toit et au revêtement du sol ; mais la plupart d'entre elles étaient de plus petites dimensions. Les couvertures étaient à 0,70-0,80 mètre au-dessus du sol. Il y a des indices sûrs que sur chaque tombe on avait amassé de la terre sous la forme d'un petit tumulus. Au sommet on avait placé des stèles et on en a trouvé dans les remblais, dont l'une sur sa base faite d'une autre stèle plus ancienne. Certaines d'entre elles portaient des représentations ou des décors sculptés. Peut-être que dans certains cas on mettait des petits tas de pierres au lieu de stèles. Chaque tombe renfermait de un à quatre défunts ; il y en avait donc en tout quelques dizaines. Il ne serait pas raisonnable de supposer qu'il s'agissait de sépultures royales, et cela est encore confirmé par le mobilier funéraire incomparablement inférieur à celui des rois du cercle A. Mais les trouvailles précieuses montrent cependant qu'on a affaire à des personnages officiels, peut-être des princes ou de hauts dignitaires.

D'après l'agencement des tombes, qui laisse vide l'axe ouest-est, il semble que l'entrée devait être à l'est ou au sud-est. La tombe Rhô, très curieuse, est la dernière de toutes. Elle est couverte d'une voûte en selle ; c'est un remaniement d'une tombe à fosse ancienne, réalisé pendant le HR IIB, si l'on en juge d'après les restes d'amphores à trois anses du style du palais qui ont été trouvés en tas, avec des feuilles d'or, dans l'espace vide au centre du cercle où le contenu de la tombe avait été transporté par les pilleurs, pour être examiné, semble-t-il. Nous verrons ci-dessous le type de cette tombe.

D'autres tombes de forme semblable, datant du Mycénien ancien ou moyen, sont connues, à Lerne par exemple, dans le quatrième habitat où l'on a mis au jour des tombes à fosse construites qu'on a considérées commes royales, à Argos, à Péristéria — dans la région des trois tombes à tholos on a mis au jour un tronçon de l'enceinte, et une fosse a fourni des gobelets en or et des diadèmes semblables à ceux des tombes royales de Mycènes —, enfin à Skopélos où, sur le site de Staphylos, a été découverte une tombe à fosse construite du HR IIB dont le mobilier est royal (une épée avec un grand pommeau en or, très semblable à celles des tombes du cercle A de Mycènes). Il semble donc que les tombes de ce type étaient largement répandues, mais nos informations demeurent insuffisantes.

Bien des savants ont pensé que cette architecture funéraire était caractéristique du Mycénien ancien, alors que les tombes à tholos étaient spécifiques du Mycénien moyen et du Mycénien récent. Ils ont même proposé l'existence de deux dynasties successives à Mycènes, les rois de la plus ancienne étant enterrés dans les tombes à fosse construites, et ceux de la deuxième dans des sépultures à tholos. Les fouilles récentes ont prouvé que ce point de vue ne reposait sur rien, puisqu'on a acquis maintenant la certitude que les deux types d'architecture funéraire ont évolué parallèlement, durant assez longtemps du moins. A la même époque on utilisait, pour les gens un peu moins en vue et pour le commun des mortels, des tombes plus simples, à fosse ou à chambre, creusées dans la roche tendre ou à même la terre.

Aussi bien les tombes à tholos que les tombes à chambre taillées avaient, nous l'avons vu, des antécédents en Crète, et ces types sont apparus en Grèce dès le début de la civilisation mycénienne.

Les premières tombes à tholos connues — même dans la tradition antique grecque qui les avait considérées comme trésors — sont le Trésor d'Atrée à Mycènes et le Trésor de Minyas à Orchomène. Quand les fouilles eurent avancé à Mycènes, on connaissait en tout neuf tombes à tholos et Wace, partant de l'idée que leur évolution s'était faite sur le continent grec des plus simples aux plus complexes et aux plus perfectionnées, et puisque le pillage des tholoi nous avait privés de la possibilité de les dater d'après le mobilier, proposa de les classer en trois groupes, comprenant chacun trois tholoi, les plus perfectionnées étant naturellement les dernières. Mais les choses n'étaient pas aussi simples ; beaucoup d'autres tombes à tholos étaient connues depuis longtemps dans d'autres régions, et d'autres encore ont été mises au jour lors de nouvelles fouilles qu'il était cette fois davantage possible de dater par leur contenu et la céramique de fondation. Il est ainsi apparu que beaucoup de tholoi du type le plus perfectionné étaient parmi les plus anciennes et que le commencement de la série devait être fixé aux environs de 1600 av. J.-C., soit au début de la civilisation mycénienne. On a donc recommencé à discuter la vieille idée d'Evans selon laquelle des tombes monumentales comme les Trésors de Minyas et d'Atrée auraient pu appartenir au Mycénien ancien ou, du moins, au Mycénien moyen. La transplantation directe de leur forme de Crète serait donc acceptée puisque, dans l'intervalle, il a été prouvé qu'en Crète l'évolution a été continue depuis l'époque prépalatiale jusqu'à l'époque de la naissance de la civilisation mycénienne, et même après. Nous avons vu que des tombes à tholos construites en pierres de taille bien jointes étaient connues en Crète à l'époque où elles sont apparues pour la première fois telles dans la Grèce mycénienne. Le réexamen des vestiges qui ont échappé au pillage, dans les tombes les plus monumentales de Mycènes, a montré que cette idée se défendait. On a même des éléments nouveaux : des objets en ivoire provenant d'un bothros dans le dromos de la tombe dite de Clytemnestre dont les remblais ont donné le beau sceau avec la déesse chevauchant un animal supraterrestre ; aucun de ces objets ne peut être daté après 1450 av. J.-C. On aboutit à la même conclusion en examinant plus attentivement les décors sculptés du Trésor d'Atrée, de la tombe de Clytemnestre et du Trésor de Minyas. Mais quelques savants, malgré tout, continuent à militer en faveur d'une chronologie basse, s'appuyant en plus sur la découverte, dans les remblais, d'une céramique assez récente, et sur le Trésor d'Atrée (tombeau dit d'Agamemnon) où l'on a découvert des tessons mycéniens de date avancée sous le seuil de l'entrée. Mais ces tessons sont du début du HR IIIC, c'est-à-dire d'après 1200 av. J.-C., et une telle datation est tout à fait inacceptable ; il faut noter ici que le seuil, fait de deux blocs, avait été complété par un coin en poros et que les tessons se trouvaient presque sous ce dernier.

Que les tombes à tholos fussent des tombes de rois, ou du moins de membres de la famille royale, cela n'a pas été sérieusement mis en doute. Il est vrai que la construction de ce genre de monuments présuppose la participation d'une main-d'œuvre nombreuse et un approvisionnement en matériaux qui ne sont pas à la portée de n'importe quel particulier. Elles doivent avoir été construites en tant que tombes de familles royales, et leur édification, dans le cas des plus monumentales du moins, devait durer plusieurs années. Le Trésor d'Atrée est particulièrement impressionnant ; sont conservés : toute la chambre voûtée, la chambre funéraire latérale, le long dromos avec le revêtement des parois presque intact ; seul le décor sculpté s'est détaché, mais bien des fragments, ceux qui ont échappé à la déprédation, ont été retrouvés *in situ*, certains d'entre eux sont aujourd'hui dans différents musées, et surtout au British Museum où ont été déposés ceux qu'a emportés lord Elgin. Le dromos, long de 36 mètres, a ses côtés recouverts de pierres taillées (en tuf) en appareil pseudo-isodome. Un mur de construction semblable en fermait l'accès. La façade est majestueuse avec sa haute porte et, au-dessus du linteau, le triangle de décharge. Il ne fait pas de doute qu'elle était formée par des plaques qui devaient être décorées de représentations sculptées, peut-être quelques-unes de celles qui ont été conservées. Des chercheurs ont proposé diverses combinaisons pour ce décor sculpté, d'autres ont préféré les bandeaux de spires, de rosaces et de demi-rosaces, d'autres encore — comme Marinatos — un mélange de ceux-ci et de décor figuré dont les captures de taureaux nous sont fournies par les plaques transportées à Londres. Plus sûre est la décoration des parastades de l'entrée, avec des demi-colonnes qui étaient ornées de bandes en zigzag et de spires continues travaillées dans une pierre colorée. D'autres semblables, plus petites, bordaient le décor de la partie de la façade qui se trouve au-dessus de l'épistyle. L'ouverture de l'entrée a été pontée par deux gigantesques dalles formant le linteau du passage ; celle de l'intérieur pèse plus de 120 tonnes. La chambre voûtée est vraiment digne de notre admiration avec ses 14,50 mètres (environ) de diamètre, ses pierres taillées bien jointes, disposées sur 33 assises en appareil pseudo-isodome, son système d'encorbellement qui donne à l'ensemble la forme d'une énorme ruche. Des trous dans les parois, à intervalles réguliers, avec des restes de clous en bronze, montrent que l'intérieur de la voûte était ponctué d'ornements ajoutés, peut-être des rosaces dorées. Elle devait ainsi donner l'impression d'un ciel étoilé. La clé empêchait la voûte de tomber, car sur elle s'exerçait la pression des terres extérieures. Une porte plus petite, dans la paroi nord, elle aussi avec un triangle de décharge au-dessus du linteau, menait à la chambre funéraire rectangulaire, taillée dans la roche tendre. Son revêtement — peut-être des plaques sculptées — a disparu ; on a pensé que les plaques sculptées de Londres en faisaient partie, puisque l'hypothèse de Marinatos, qui voulait les placer sur la façade, peut difficilement se défendre. L'exemple du plafond sculpté de la chambre funéraire du Trésor de Minyas est riche d'enseignements. La tombe à tholos était recouverte d'un tumulus en terre dont le pourtour était maintenu par un muret peu élevé, visible en certains endroits. C'est le monument funéraire le plus important du monde préhistorique, et l'un des plus grands chefs-d'œuvre de l'architecture et de la construction créto-mycéniennes.

La tombe dite de Clytemnestre est évidemment moins majestueuse que la précédente — dromos de 37 mètres de long, ouverture de 5,40 mètres et chambre de 13,50 mètres de diamètre — mais elle est, elle aussi, construite en pierres de taille selon un système pseudo-isodome. La voûte n'a pas été conservée, mais les matériaux étant restés sur place il a été possible d'en faire l'anastylose. Une partie du dromos a été détruite par la construction d'un théâtre grec. Veli-Pacha de Nauplie, à la recherche de trésors, viola la tombe en détruisant le sommet de la voûte, au début du XIXe siècle. Mme Schliemann et Tsountas ont fait des fouilles dans le dromos, puis plus tard Papadimitriou. L'anastylose de la tholos a abouti à la découverte du cercle B voisin, dont une partie avait été détruite par le tumulus. Ici aussi, comme dans le Trésor d'Atrée, le passage du dromos était muré. La façade de la chambre était également décorée de demi-colonnes, cette fois avec des cannelures ; elles bordaient la porte avec son triangle de décharge, à la base duquel un bandeau portait une rangée de disques imitant l'extrémité de poutres de bois. L'ouverture était pontée par trois lourdes dalles. Près du sommet la courbe de la voûte changeait et dessinait un arc plutôt prononcé. A hauteur du linteau, une assise plus haute, de pierres taillées, fait le tour de la chambre. On s'était préoccupé de l'évacuation des eaux qui arrivaient jusqu'à la chambre. Tsountas a découvert une partie du mur bouchant l'entrée. Il a également trouvé dans le dromos une fosse qui abritait la sépulture d'une femme, comme en témoignent deux miroirs avec de beaux manches en ivoire sculpté et d'autres ornements. Dans les déblais des anciennes fouilles, on a retrouvé, en 1954, deux sceaux dont l'un est le fameux sceau avec la déesse chevauchant un animal supraterrestre, tandis que l'autre est orné d'un animal. Enfin, Wace a mis au jour une petite partie du muret qui retenait la terre du tumulus.

En raison du décor architectural sculpté sur les façades de ces deux grands bâtiments, de nombreux savants ont cru que les dromoi n'étaient pas remblayés après la sépulture ; d'autres — comme Persson — ont soutenu que les façades n'étaient visibles que jusqu'au moment où les rois, pour lesquels elles avaient été construites, étaient enterrés. Pour les autres membres de la famille royale il fallait les rouvrir, du moins en partie, comme cela se faisait pour les tombes taillées, même si celles-ci avaient une façade décorée. Les tombes étaient protégées à la fois par le blocage de l'entrée et par le blocage du dromos.

La tombe dite « des génies » — d'après les plaques en pâte de verre décorées qui ont été trouvées à l'intérieur — appartient à la même catégorie (la troisième) que les deux précédentes ; elle est toutefois inférieure par ses dimensions, par le travail et la décoration. Les tombes à tholos classées par Wace dans le deuxième groupe — de Panaghia, des Lions et de Kato Phournos — avaient des chambres bâties en pierres de taille et de solides entrées bien construites, avec une pierre plus grande, mais leurs dromoi étaient revêtus d'une maçonnerie commune. Cela ne veut évidemment pas dire qu'elles sont chronologiquement antérieures, comme l'a soutenu Wace. Cela est encore plus vrai pour le premier groupe visiblement plus primitif, composé de la tombe cyclopéenne et des tholoi d'Epano Phournos et d'Egisthe. Dans ce dernier groupe les dromoi ne sont pas revêtus de pierre, les chambres ne sont pas construites avec des pierres de taille jointes, et on ne distingue un travail soigné que dans le passage de l'entrée ; on ne peut pas voir s'il y avait ou non un triangle de décharge au-dessus de l'entrée, parce qu'elles ne sont pas conservées sur assez de hauteur. D'après les mêmes critères, les tombes à tholos néopalatiales et postpalatiales crétoises constitueraient une série inverse de celle fixée chronologiquement.

En Argolide on connaît beaucoup d'autres tombes à tholos, mais les plus importantes sont celles de l'Héraion d'Argos — de Prosymna — et de Dendra (Midéa). La première, connue depuis longtemps — c'est Stamatakis qui l'a fouillée le premier en 1878 —, a été construite en pierres plates ; et dans le sol de la chambre on a mis au jour trois fosses. La deuxième a été découverte et fouillée par Persson en 1926. Wace l'aurait classée dans son second groupe parce que le dromos était revêtu de pierres et l'entrée et le passage construits en petites pierres, quoique les parastades soient monolithes ; la chambre construite en pierres plates, de schiste, a un diamètre de 7,30 mètres. On peut dire qu'elle est la moitié du Trésor d'Atrée. Quatre fosses, deux pour les sépultures et deux pour des offrandes, ont été trouvées sous le sol, et ce sont les seules qui ont échappé au pillage. La plus grande a été baptisée « Sépulture du roi et de la reine » en raison du mobilier, particulièrement riche, qu'elle renfermait. L'autre fosse funéraire a été attribuée à une princesse. Le mobilier a daté la construction de la tombe du milieu du XVe siècle au plus tard.

A Vourvoura en Cynurie (nord-est de la Laconie), deux tombes à tholos fouillées par Romaios avaient été construites au début de la période HR IIB, vers 1450 av. J.-C. comme l'a prouvé une céramique typiquement style du palais. La tombe à tholos de Vaphio, si riche par son contenu, a confirmé sa haute datation, sans aucun doute avant 1450 av. J.-C. ; elle illustre, plus que toute autre découverte, les rapports étroits entre la Grèce mycénienne et la Crète. La tombe avait été pillée très tôt parce qu'elle se trouvait au sommet d'une butte dans la région d'Amyclées en Laconie. C'était un tholos libre — non taillé dans le rocher — de la forme qu'avaient les tombes à tholos de la même époque en Crète. L'entrée était construite en belles pierres de taille, tandis que la chambre était faite de pierres plates, grossièrement travaillées. En 1888 Tsountas mit au jour, sous le sol, la fosse sépulcrale intacte ; elle avait la forme des tombes à fosse rectangulaires, revêtue aussi de pierres à l'intérieur et couverte de dalles. On y a trouvé des traces du défunt royal — Mylonas pense qu'un couple était enseveli —, accompagné d'un mobilier funéraire extrêmement riche auquel appartenaient les belles coupes en or avec les scènes de capture de taureaux et une admirable série de sceaux. Dans une fosse peu profonde et irrégulière on a retrouvé des restes d'offrandes. Malgré le pillage de la chambre on a découvert, éparpillées sur le sol, un assez grand nombre de trouvailles précieuses. Dans une autre tombe à tholos de Laconie, à Kampos, la chambre était construite en pierres de taille dans un appareil presque isodome, au contraire du dromos qui était construit en pierres brutes. En Pylie et en Triphylie, dans l'ouest du Péloponnèse, on a mis au jour, et même tout récemment, bien davantage de tombes à tholos, qui ont presque toutes été construites au Mycénien ancien et au Mycénien moyen. Celle qui semble la plus ancienne, puisqu'on y a découvert de la céramique de style méso-helladique, est celle de Koryphassio, connue comme tombe d'Osman Aga, dans le golfe de Navarin ; mais, comme nous l'avons vu, cette céramique était en usage en même temps que la céramique mycénienne au début du Mycénien ancien. Peut-être est-elle en rapport avec la tombe qui est connue par la tradition comme tombe de Thrasymédès, le fils de Nestor ; c'est du moins ce qu'a soutenu Marinatos. La chambre et le passage de l'entrée sont construits en petites assises de pierres taillées ; le dromos ne semble pas avoir été revêtu. Mais beaucoup plus importante par son mobilier funéraire, puisqu'elle a été découverte intacte, est l'une des deux tombes à tholos de Myrsinochori, fouillée par Marinatos, comme la plupart des tombes à tholos de Pylie et de Triphylie. Elle date des environs de 1500 av. J.-C. et a été utilisée pendant un siècle pour six ou sept sépultures, visiblement royales ou princières. Certaines sépultures étaient sur le sol, d'autres dans des fosses. Bien des objets, surtout les poignards avec des représentations incrustées, rappellent ceux des tombes royales de Mycènes et de Vaphio. Beaucoup d'entre eux étaient d'origine crétoise, en particulier une série de vases. D'autres tombes à tholos ont été fouillées à Tragana (deux), dans le mouillage de Voïdokoilia, à Koukounara — Gouvalari et Akona — (sept en tout), dans la région d'Englianos où se trouve le palais de Nestor (quatre, qui ont été fouillées par les Américains). La tombe à tholos près du palais est maintenant entièrement reconstruite ; la voûte de la chambre se termine en pointe, et devant l'ouverture le dromos n'a pas été revêtu de pierre, ce qui est d'ailleurs le cas dans presque toutes les tombes à tholos de Pylie. D'après les quelques objets du mobilier funéraire qui ont été sauvés — parmi lesquels le sceau en or en forme de cylindre aplati avec le beau griffon — elle semble pouvoir être datée du milieu du XVe siècle.

Encore plus importante est la série des tombes à tholos de Triphylie (Kakovatos et Péristéria). Les tombes de Kakovatos, presque totalement détruites, ont été fouillées par Dörpfeld ; la plus grande des trois a 12 mètres de diamètre mais, contrairement à la normale, la coupole a été construite de pierres plus petites que celles des dromos. Dans celle-ci et dans une autre il y avait des fosses sépulcrales sous le sol de la chambre. Malgré le pillage, un assez grand nombre d'offrandes aux morts ont été sauvées, de même qu'une céramique très importante qui date du tout début du XVe siècle av. J.-C. et peut-être même de la fin du XVIe siècle. Particulièrement typiques sont les pithamphores qui annoncent le style du palais. A Péristéria, une butte assez éloignée au sud de Kakovatos, Marinatos a fouillé trois grandes tombes à tholos dont l'une est la plus grande de toute la région. Lors de leur construction une partie d'un habitat mycénien plus ancien a été détruite. Le dromos, long de 28 mètres, a été revêtu de pierre seulement dans le dernier tronçon, près de l'entrée, et son sol était recouvert de cailloux de couleur. Sa façade était majestueuse, faite de pierres de taille bien jointes, et sa porte très haute avec des parastades taillées ; elle a été reconstituée sauf le triangle de décharge au-dessus du lourd linteau dont on n'a pas trouvé de vestiges. Les pierres dont est faite la chambre sont taillées mais relativement petites, et le sol était, ici encore, recouvert de cailloux de couleur. Le passage de l'entrée qui était ponté par trois lourdes pierres, était revêtu d'un enduit blanc. Sur l'une des pierres de la parastade gauche étaient gravés deux signes du Linéaire A. Sur le seuil on distingue les traces des roues des chars funéraires qui transportaient les défunts jusqu'à la chambre. La tombe avait été entièrement pillée mais, d'après les fragments de vases, il semble qu'elle ait été utilisée dès la plus haute époque mycénienne. Les quelques tessons mésohelladiques et ceux du début de la civilisation mycénienne proviennent peut-être de la couche de l'habitat initial qui a été perturbé. Les dernières sépultures dateraient du début de la période Helladique récent III.

Dans le nord du Péloponnèse, en Elide et en Achaïe, il existe un assez grand nombre d'indices de l'existence de tombes à tholos, mais des vestiges concrets n'ont été mis au jour que dans la région de Phardi en Achaïe où deux tombes relativement petites, malheureusement pillées, ont été fouillées par Zaphiropoulos. Ce qui est caractéristique c'est que le dromos était couvert de grandes dalles. D'après le mobilier funéraire jeté en même temps que la terre à l'extérieur — il y avait un poignard avec des incrustations ciselées (des dauphins) —, il semble que les tombes aient été utilisées au moins depuis le milieu du XVe siècle.

Sur la côte opposée, en Etolie, au-delà du golfe de Corinthe, Mastrokostas a découvert et fouillé toute une série de tombes à tholos libre, au pied de l'Arakynthos ; le passage de l'entrée est profond, revêtu de pierre et ponté de poutres en pierre ; la chambre est faite d'assises de pierres plates locales bien taillées. Malheureusement, seule la partie inférieure est conservée. Des tumuli, avec une murette circulaire tout autour, recouvraient les tholoi. Suffisamment d'objets ont échappé au pillage pour qu'on puisse affirmer qu'elles étaient en usage au Mycénien moyen. Dans la région de Marathia, trois autres tombes à tholos de construction analogue, sont trouvées en meilleur état. L'une d'elles est même conservée au-dessus du lourd linteau, mais on ne distingue pas de triangle de décharge. Elles ont été construites à la même époque, mais réutilisées à la fin du Mycénien récent.

En Attique, des tombes à tholos étaient connues à Ménidi, à Thorikos, à Marathon. C'est Lolling qui a fouillé la tombe de Ménidi en 1879. Le dromos, long de 27 mètres, le passage de l'entrée et la chambre sépulcrale ont été construits de petites pierres plates, selon le système cyclopéen. Le triangle de décharge au-dessus du lourd linteau de l'entrée a été bouché par une maçonnerie de construction semblable. Le mobilier funéraire — dont une lyre et de belles pyxides sculptées en ivoire — autorise à dire que cette tombe a été édifiée à la fin du Mycénien moyen. Des deux tombes à tholos de Thorikos, l'une, curieusement, avait une chambre ellipsoïdale et un dromos à parois arquées ;

l'autre, dont la chambre circulaire était un peu plus grande, comportait deux cistes construites et trois fosses sous le sol. Un beau pithamphore à trois anses date la tombe du Mycénien moyen. La tombe à tholos de Marathon a été explorée par Sotiriades (1933-1936) puis par Papadimitriou (1958). Le dromos n'est pas revêtu de pierres, et l'ouverture comme la chambre sépulcrale sont faites de petites pierres plates. Dans les deux fosses funéraires on a trouvé des objets importants parmi lesquels deux gobelets en or dont l'un porte des représentations en relief ; au cours de l'anastylose on a mis au jour, sur le sol du dromos, deux chevaux appartenant au char funèbre. Les tessons et autres trouvailles ont prouvé que la tombe datait d'un peu après le milieu du XVe siècle.

En Béotie, la seule tombe à tholos est l'imposant Trésor de Minyas d'Orchomène qui, à cause des ressemblances de forme et de construction, a été considéré par certains chercheurs comme étant du même architecte que le Trésor d'Atrée. Il a été fouillé par Schliemann entre 1881 et 1886. A l'époque de Pausanias il était presque intact, la clé de voûte en place ; le célèbre historien exprime son étonnement que les Grecs ne l'aient pas inclu dans les sept merveilles du monde, comme ils l'avaient fait pour des monuments étrangers comme les Pyramides. Dans le dromos, quelques pierres taillées du revêtement sont conservées ; l'entrée avec le lourd linteau, le passage de l'entrée et la vaste chambre sépulcrale qui a à peu près les mêmes dimensions que le Trésor d'Atrée, ont été construits avec de grandes pierres de taille bien jointes. Ici aussi sont conservés les trous de fixation des ornements métalliques, peut-être des rosaces. A l'époque gréco-romaine, au milieu de la chambre, a été dressé le long socle d'un autel ou une base de statues. Mais ce qui surprend le plus c'est la chambre rectangulaire sur le côté avec son plafond recouvert de plaques sculptées décorées d'un réseau de spires et de papyrus de type crétois ; les parois devaient avoir une décoration sculptée mais aujourd'hui seul un revêtement de pierres brutes est conservé.

Dans la région du golfe de Pagasai, on a mis au jour quelques tholoi, pas très hautes en date, postérieures à la fin du Mycénien moyen ; elles ont continué à être utilisées longuement au Mycénien récent. Il y en a deux à Volo ou tout près — à Kapakli — et deux à Dimini. La tombe de celle de Kapakli offre des ressemblances avec celle de Ménidi et, d'après le mobilier, semble en être presque contemporaine. La chambre a 8,50 mètres de diamètre. Des deux tholoi de Dimini, celle de la butte a une chambre de 8,80 mètres de diamètre ; à l'intérieur de celle-ci, une tombe rectangulaire construite dépasse du sol, comme dans l'une des tombes de Thorikos ; il s'agit peut-être d'une adjonction postérieure.

Plus au nord encore, en Thessalie, on a découvert des tholoi, plus petites et moins bien construites, à Goura, à Karditsa et dans la région d'Elassona. La deuxième a donné des tessons de vases mats méso-helladiques. Mais cela ne veut pas dire qu'elle date du début du Mycénien car, dans le nord, la civilisation mycénienne a tardé à apparaître et c'est une forme de l'ancienne qui s'est perpétuée.

Il faut dire un mot du type de la tombe Rhô du deuxième cercle de tombes de Mycènes, unique jusqu'à présent. Son dromos court a des parois qui se recourbent en s'avançant vers le haut et il était ponté de plaques horizontales ; l'entrée était arquée et menait dans une chambre sépulcrale rectangulaire oblongue dont la voûte se formait en selle au dos plat ; les parois étaient faites de pierres taillées admirablement jointes dans un système pseudo-isodome et le sol était soigneusement dallé. Il ne fait pas de doute que cette tombe avait une affinité avec la tombe royale monumentale d'Isopata en Crète qui, elle aussi, avait un vestibule et était couverte d'un toit en bâtière. Elle rappelle également la série des tombes de la région d'Ugarit-Minet-el Beida en Phénicie ; mais dans celles-ci on descendait dans la chambre rectangulaire par quelques degrés. Les fausses portes de ces tombes et de la tombe d'Isopata n'ont pas été imitées dans la tombe Rhô de Mycènes. La tombe construite de Trachona à Chypre se présente de la même façon, mais elle semble postérieure.

Pour les gens de la classe moyenne on utilisait des tombes à tholos plus petites et des tombes à caisse construites, comme celles qu'a fouillées Mylonas à Eleusis. Mais les cimetières communs étaient faits de tombes à chambres taillées dans la roche tendre de dimensions médiocres, sans qu'on exclue pour autant l'existence de tombes semblables, plus majestueuses, pour des personnages des classes plus élevées, et même pour des membres des familles royales. Les tombes à tholos ont évolué en même temps que les tombes taillées, et chacune des deux catégories, qui avait des origines fondamentalement différentes, a influencé l'autre. Les tombes taillées avaient un long dromos, tantôt horizontal tantôt en pente qui s'ouvrait sur le côté d'une colline et menait à la chambre creusée profondément dans le rocher, à travers une porte et un passage plus ou moins long. Cette chambre n'avait pas toujours la même forme ; elle était souvent circulaire, mais quelquefois ovale, en fer à cheval, rectangulaire ou carrée. Ces dernières formes n'étaient pas très courantes. Il y avait souvent, depuis le début ou ouvertes par la suite, des niches latérales qui étaient destinées aux sépultures ou au culte funéraire. Ces tombes avaient de nombreuses variantes selon les temps ou les lieux, ou bien encore les dispositions des constructeurs ou de ceux qui les avaient commandées. Par exemple, au fur et à mesure qu'on avance dans le temps, les dromoi se font plus étroits, ils sont davantage en pente et leurs parois s'inclinent graduellement vers le haut. Dans certaines régions on rencontre fréquemment des dromoi à escaliers ou plans inclinés, et ailleurs ils sont recouverts de dalles. Les chambres comportent tantôt des banquettes et des cistes construites, tantôt des fosses funéraires pour recueillir le mobilier des sépultures antérieures ou les offrandes. Les portes sont rectangulaires ou trapézoïdales, leur largeur diminuant vers le haut, ou bien encore en berceau ou en arc brisé. On a trouvé des tombes décorées à l'extérieur, surtout sur les chambranles et les parastades, mais très peu à décoration sculptée à l'extérieur ou à fresques à l'intérieur. Celles-ci sont les plus majestueuses. Les plafonds des chambres sont tantôt plats tantôt en bâtière ou formant des voûtes à double ou quadruple pente, comme une pyramide. Leur résistance n'était pas toujours assurée, et souvent des fragments de la voûte plus ou moins volumineux se sont détachés et sont tombés à l'intérieur. Elles étaient le plus souvent utilisées pour plusieurs enterrements, peut-être pour des morts appartenant à la même famille ou du même clan. On est en droit de supposer l'usage de cercueils en bois, mais la coutume crétoise des sarcophages en terre cuite ne s'est répandue que dans certaines régions comme la Béotie, et même là un peu tard. La richesse du mobilier funéraire dépendait en grande partie de la position sociale des défunts. Un assez grand nombre d'éléments nous portent à croire que certaines tombes étaient des cénotaphes, surtout dans la région de Dendra en Argolide. Mais les coutumes funéraires en général seront étudiées dans un chapitre à part. A Dendra on a remarqué que les tombes taillées étaient plus riches en mobilier ; on en a trouvé de très riches également dans d'autres nécropoles de Mycènes, de Prosymna, de Thèbes, etc. C'est à Thèbes qu'on a trouvé la tombe taillée la plus intéressante, avec fresques, banquettes, plafond adroitement taillé, une vaste chambre funéraire encore plus grande du fait qu'elle a été reliée à la chambre de la tombe voisine ; à l'extérieur des dromoi on avait ménagé une zone plane qui faisait le tour de la colline, peut-être pour les courses de chars. Spyropoulos qui a fouillé les tombes, a pensé qu'elles pourraient être attribuées à Etéocle et Polynice qui, selon la tradition, se sont entre-tués dans la guerre des « Sept contre Thèbes » devant les portes de la ville. Une autre tombe, curieuse celle-ci, en forme de tumulus à degrés et une ciste construite au centre, a été fouillée, toujours par Spyropoulos, sur la colline d'Ampheion. Il l'a rapprochée de la tombe d'Amphion, le frère de Zéthos, connu par la construction des murs de l'acropole de Cadmée.

Des cimetières entiers, surtout composés de tombes taillées, ont été fouillés dans les différentes régions où se sont épanouis des habitats mycéniens. Ils se trouvent sur des collines voisines et étaient constitués de groupes de tombes plus ou moins étendus. Nous citerons comme exemples les nécropoles de la colline de Kalkani de Mycènes, de Prosymna, de Midéa, de Zygouriès, de Korakou (Ephyra), d'Asiné, d'Argos, de Nauplie, de Monemvasie, de Volimidia dans la région de Pylos, de Pharai, d'Athènes (Aréopage, Agora), de Voula et de Spata en Attique, de Kolonaki et des collines de Kastelli à Thèbes, d'Antikyra en Phocide, les cimetières de Céphalonie (en différents endroits), de Chalkis. La plupart d'entre eux ont continué à être utilisés, avec construction de nouvelles chambres taillées, au Mycénien récent à l'époque où l'on a bâti plusieurs autres nouveaux cimetières.

On a beaucoup discuté la provenance des tombes à coupole ou taillées. Après ce que nous avons dit, on peut considérer comme certain que les premières ont été directement transplantées de Crète. Mais on peut dire la même chose des différentes formes de tombes taillées, qui ont toutes des ancêtres dans cette île. C'est vraiment là qu'a eu lieu la transformation de la grotte funéraire en chambre taillée artificielle avec un dromos plus ou moins long. Et il serait hors de propos, puisque c'est de Crète qu'ont été transplantés les éléments essentiels de la civilisation mycénienne, d'en rechercher les précurseurs en Egypte, à Chypre ou dans la région syro-phénicienne. De lointains échos de ces régions peuvent avoir influencé la forme finale des types de Crète, mais on peut difficilement évoquer quelque chose de semblable pour le monde mycénien. Seuls peut-être les tumuli au-dessus des tombes sont une évolution des anciens tumuli méso-helladiques, avec leurs anneaux de pierre et les cistes intérieures ou les pithoi funéraires. Mais l'existence de tumuli est attestée aussi pour les plus anciennes tombes à tholos de Crète. A plus forte raison ne peut-on admettre les points de vue de ceux qui ont recherché l'origine des tombes à tholos et des chambres souterraines dans les régions nordiques ou occidentales, comme, par exemple, la péninsule Ibérique.

La céramique

A l'époque où la civilisation mycénienne a commencé à prendre sa forme caractéristique, la production des vases méso-helladiques, aussi bien minyens que mats, avait atteint son apogée ; ils avaient même commencé à être influencés, peut-être par l'intermédiaire des Cyclades, par la céramique crétoise, et le résultat a été l'apparition des vases dits minyens jaunes et d'un répertoire de motifs décoratifs mouvementés, très connus dans le sud du monde égéen. On n'est donc pas surpris de trouver des vases de ce type dans les premiers ensembles d'objets mycéniens, surtout connus par la découverte du cercle B de Mycènes. Cela, nous l'avons dit, ne peut signifier antériorité du cercle B par rapport au cercle A où les ustensiles en terre cuite étaient très peu nombreux, quoiqu'il y eût parmi eux quelques vases des mêmes styles. Il faut faire attention de ne pas inclure les vases des sépultures méso-helladiques provenant des tombes du même endroit. Comme nous l'avons vu, le cimetière méso-helladique s'étendait sur toute la pente ouest de la colline de Mycènes.

Les vases minyens des tombes des deux cercles diffèrent sensiblement des vases typiquement méso-helladiques à la fois par la technique, par les formes et par le décor gravé ou plastique : les kylikès ont souvent une panse conique, un pied bas, des incisions serrées sur la surface ; les gobelets, une panse basse et deux anses surélevées. Les vases mats ne relèvent pas non plus des types connus au méso-helladique (décor géométrique structuré), mais imitent des prototypes cycladiques ou crétois de formes diverses : cruches, amphores, gobelets, hydries, askoi, etc., et leur décoration est souvent à franges avec des spires continues, des groupes de lignes fines, etc. Sur les plus développés d'entre eux, on voit apparaître des motifs figurés végétaux, animaux, de ceux qui étaient fréquents dans les Cyclades, comme les quadrupèdes et les oiseaux. Les vases dont le col est tourné vers l'arrière, comme une tête d'oiseau, ornés même avec des oiseaux, constituent peut-être des importations cycladiques. On trouve même quelques exemplaires de ceux qui sont connus par Phylakopi de Mélos et les *Temple Repositories* de Cnossos. Le style mat bichrome, très fréquent dans les Cyclades, est assez bien représenté. Il n'y a aucune raison de dater un quelconque de ces vases d'avant 1600 av. J.-C., parce que les exemplaires qui fixent la chronologie sont les vases cycladiques et crétois et non les types méso-helladiques dont on ignore encore l'évolution finale. Autrement on aurait fait remonter des tombes à chambre et des tholoi au-delà du milieu du XVIIe siècle, sans aucune preuve.

La céramique déterminante est celle qui a été importée, telle quelle, de Crète et des Cyclades, et qu'on distingue facilement par la technique, la typologie des formes et la décoration. Elle est représentative des styles de Théra-Phylakopi et du MR IA de Crète. Le style végétal, les ornements de spires continues et les motifs symboliques abondent. Parmi les vases cycladiques il y a de très beaux exemplaires avec des hirondelles et des oiseaux aquatiques. Les derniers vases du cercle A semblent être du MR IB, comme les gobelets avec des nautiles et des petites croix, des cruches avec des feuilles de lierre à double tige ou des vases avec des rochers entourés de points du type des « dais en arc » (*Ogival Canopy*). D'où l'on en conclut que les sépultures dans quelques-unes des tombes des cercles étaient encore en usage après 1500 av. J.-C. Nous avons vu que le cas de la tombe Rhô avec le toit en selle est spécial ; c'est de là que viennent des vases précurseurs du style du palais, vers le milieu du XVe siècle.

En dehors des vieux styles locaux et des importations, il existe une catégorie de vases qui ont imité plus ou moins fidèlement des modèles minoens ou cycladiques ; dans les vases de cette catégorie on voit évoluer formes et motifs dans une variante caractéristique, celle qu'Evans a baptisée MR IC, après qu'il eut admis leur évolution locale. Des motifs comme la double hache se transforment en huîtres bivalves avec des lignes ondulées, les motifs entourés de points restent les mêmes mais se détachent sur un fond ponctué dans un encadrement sombre ondulé représentant des roches, etc. Des formes nouvelles apparaissent comme l'alabastre haut et bas, celui qui a pris plus tard une forme de pain. Ce style d'imitation utilise la technique crétoise avec le vernis brillant et le fond clair soigneusement préparé.

La céramique que nous avons décrite se retrouve, presque avec les mêmes variantes, dans les différents centres Mycénien ancien et moyen, et on la connaît surtout par les nécropoles. Les vases de terre cuite faisaient très fréquemment partie du mobilier funéraire puisqu'ils étaient indispensables pour les offrandes qui accompagnaient les défunts. C'est donc là qu'on peut suivre toute l'évolution sans aucune coupure et dans chacune des variantes, qu'elle soit locale ou liée à un certain atelier.

Nous rencontrons rarement les styles de la première catégorie (locale), le minyen et le mat, dans les grandes nécropoles du Péloponnèse et de Grèce centrale, sauf dans des régions éloignées comme à Samikon en Achaïe et à Kirrha en Phocide. Dans le premier on a également trouvé des vases d'imitation cycladique, par exemple une belle cruche avec des oiseaux dans un style bichrome. Au contraire, les vases importés de Crète et leurs imitations plus ou moins fidèles, sont très fréquents dans les tombes mycéniennes les plus anciennes. Il suffit pour s'en convaincre de voir les ensembles provenant de tombes des cimetières de Mycènes, de Prosymna, de Thèbes ou d'Athènes, des tombes de Palaiopylos-Volimidia — ou la céramique qui a échappé au pillage des tombes à tholos. On rencontre les mêmes techniques, les mêmes formes, les mêmes motifs décoratifs, de sorte qu'il n'est pas difficile de les classer par périodes et phases. On trouve rarement des formes nouvelles qui soient une évolution locale d'ustensiles crétois plus anciens ou de vases locaux méso-helladiques. Dans la deuxième phase — HR IIA —, la forme en pain qui vient de l'alabastre aplati devient très courante, de même que les formes qui annoncent le style du palais et les élégantes kylikès qui, dans la phase suivante, deviendront — en même temps que les vases ci-dessus auront des formes plus évoluées — les charmantes coupes éphyréennes qui ont souvent des anses surélevées et un seul ornement central — fleur, nautile, rosace, lyre, etc. — qui vient de vieux motifs minoens. Particulièrement caractéristiques sont les séries de pithamphores à trois anses — et souvent à neuf anses — qui sont une évolution du style précurseur du style du palais ; ils portent un admirable décor végétal — séries de feuilles de lierre, tiges de papyrus, fleurs de lis, etc. —, marin — poulpes, nautiles, tritons, etc. —, ou des motifs décoratifs imitant des pierres, des spires, des rinceaux serpentants, des symboles, etc. Dans les derniers de la série apparaissent de beaux oiseaux aquatiques, des poissons, etc. Les plus beaux exemples viennent de Kakovatos et de la région de Péristéria, de Koukounara, de Vaphio, de Mycènes et d'Argos.

Il faut avouer que le beau style floral et le style marin, qui sont représentés en Crète par des vases si caractéristiques, se rencontrent rarement dans le monde mycénien, et dans ces cas-là on se demande s'il ne s'agit pas de vases importés (cf. le vase en forme de corbeille avec les dauphins de Varkiza en Attique). Seuls quelques exemplaires trouvés sur les pentes de l'acropole d'Athènes ou sur l'Agora sont reconnus comme véritablement mycéniens à cause de leur vernis très brillant, par exemple des vases avec des poulpes qui ont été représentés très naturellement avec leurs ventouses, quelques-uns avec des nautiles et de très rares avec un décor floral, surtout des lierres, des palmiers, des papyrus et des lis. La phase Helladique récent I est davantage représentée par d'autres vases du style décoratif avec des spires continues ou des réseaux de spires, avec des symboles sacrés, des décors en écailles, des imitations de pierres, de zébrures, etc.

A la fin du Mycénien moyen la céramique se trouve au stade qui précède la formation de la « koinè mycénienne ». Il n'y a pas une grande différence entre celle-ci et celle que nous connaissons en Crète comme MR III A1, représentée de façon satisfaisante dans la couche de destruction des derniers palais de Cnossos et dans les nécropoles de Zapher Papoura, de Santorin, de Gypsadès, d'Haghios Ioannis et de Katsamba. Cette étroite parenté s'explique facilement puisque à cette époque c'est

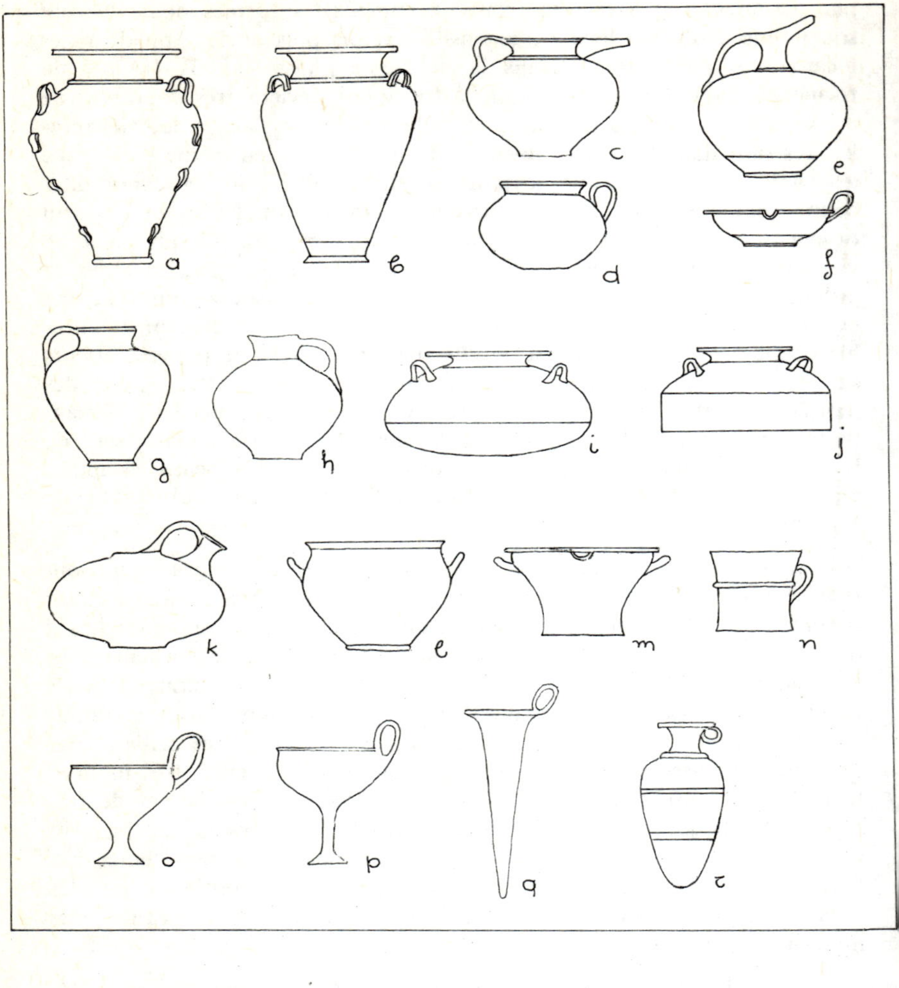

Fig. 8. — Formes de vases de l'Helladique récent, phase I (Mycénien ancien).

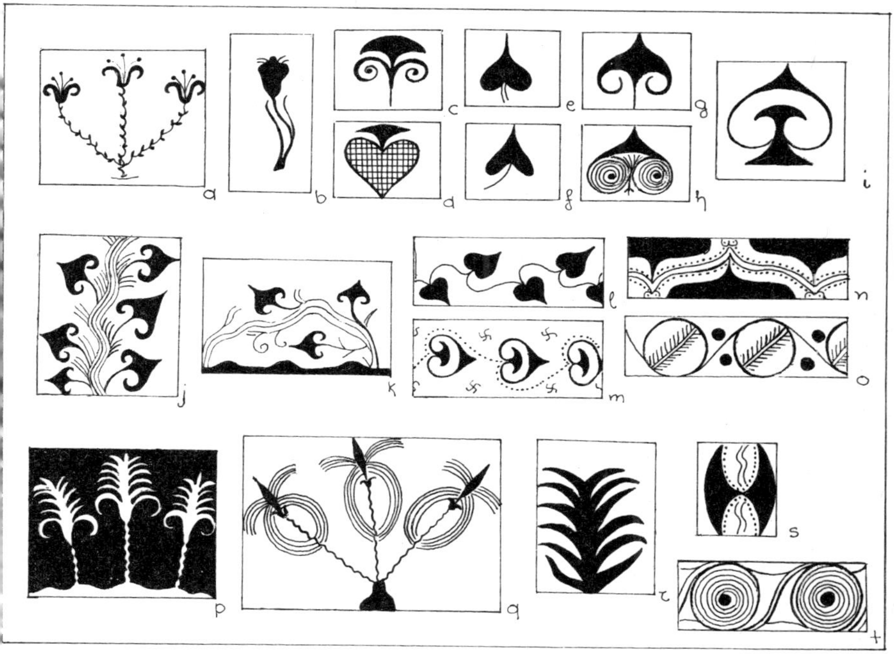

Fig. 9. — Motifs décoratifs de l'Helladique récent, phase I (Mycénien ancien).

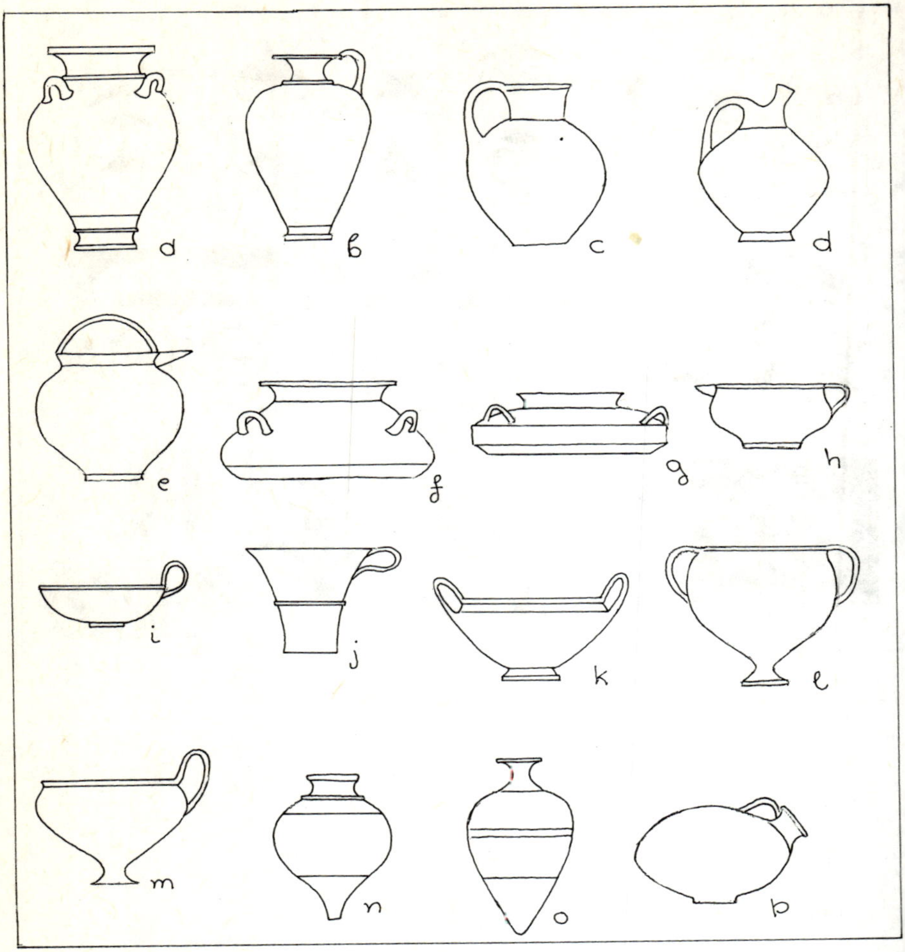

Fig. 10. — Formes de vases de l'Helladique récent, phase II (Mycénien moyen).

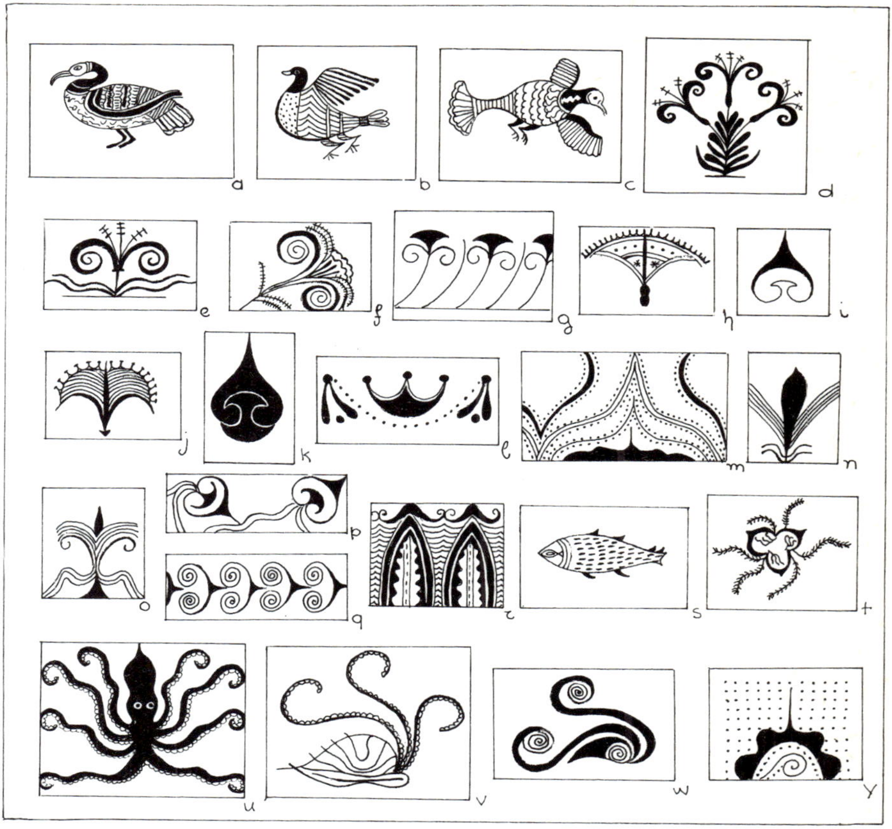

Fig. 11. — Motifs décoratifs de l'Helladique récent, phase II (Mycénien moyen).

encore la dynastie créto-achéenne qui régnait en Crète. Dans le monde mycénien les vases de cette phase sont caractérisés comme HR III A1.

En ce qui concerne l'art des terres cuites, très peu de choses nous sont connues, puisque ni sanctuaires ni dépôts n'ont été mis au jour qui datent du Mycénien ancien et du Mycénien moyen. Les quelques exemples connus nous viennent de tombes, surtout de Pylie. Ce ne sont pas des œuvres d'artistes, elles sont grossières et ont des parallèles en Crète. Ce sont, en général, des figurines féminines et elles portent parfois un pauvre décor peint. Quelques-unes d'entre elles annoncent l'évolution ultérieure, les séries stéréotypées du Mycénien récent. Mais quelques-uns des vases ont encore sur les anses, les becs, les lèvres, etc., quelques éléments d'un décor plastique.

L'art du métal

Tout ce qui a été décrit précédemment d'une façon analytique sur la métallurgie crétoise à l'époque la plus prospère, est illustré de la meilleure façon par le mobilier funéraire en métal — ustensiles, armes, outils et bijoux — qui a été trouvé dans les tombes royales de Mycènes, de Midéa, de Vaphio, de Myrsinochori, de Péristéria et des autres centres palatiaux mycéniens. Et cela est très normal, puisque de ces chefs-d'œuvre certains sont venus de Crète, d'autres ont été fabriqués par des artistes crétois qui ont travaillé dans la Grèce mycénienne, d'autres encore sont les œuvres d'artistes locaux qui ont suivi servilement ou fidèlement les prototypes crétois. En même temps s'est développée une production locale plus autonome, toujours inspirée par la technique et la typologie minoennes, mais qui a conservé les traits essentiels de la production grecque.

Dans les tombes royales à fosse du cercle A de Mycènes, les vases de métal sont représentés par d'admirables ustensiles de forme plastique : la tête de taureau en argent avec les cornes dorées et la rosace en or sur le front, rhyton correspondant aux exemplaires de pierre crétois ; le rhyton en or en forme de lion dont la face modelée par plans successifs rappelle celle de la tête de lionne (rhyton en marbre) du palais de Cnossos ; un autre rhyton en forme de cerf tout entier avec ses bois. On a trouvé des ustensiles en métal — en argent ou en or —, entiers ou fragmentaires, avec des représentations au repoussé, dont le style semble tout à fait crétois quoique les sujets — des luttes quelquefois — appartiennent à un monde nouveau, plutôt épique. Parmi ceux-ci on distingue le rhyton du siège : conique, en argent, il nous montre la résistance des habitants devant un débarquement qui avait lieu près d'une ville fortifiée, non loin d'un petit cap. On voit la défense organisée — hoplites, archers et frondeurs —, la population non combattante qui regarde au-dessus des murs, les bateaux qui approchent — mais malheureusement ils sont très mal conservés —, les naufragés qui essaient de se sauver en nageant dans une mer houleuse, rendue symboliquement par des écailles. Sur un beau cratère en argent la bataille est vive entre les adversaires ; certains épisodes ressemblent à des duels très semblables à ceux de l'épopée homérique. Les anses de calices ont pris la forme de protomes d'animaux, par exemple de chiens. Sur d'autres calices en or on a représenté des animaux entrelacés, des dauphins sautillants. Et sur les lèvres du gobelet qui a été baptisé de façon tout à fait caractéristique par Schliemann « la coupe de Nestor », des petits oiseaux qu'on dirait en train de se désaltérer. Mais la plupart des coupes étaient décorées de cannelures, d'éléments arqués, d'imitations de cordes, de séries de rosaces, de systèmes de spires continues, de feuillages ou de branches. On en a trouvé aussi dans le cercle B de Mycènes et dans l'enceinte funéraire de Péristéria. En dehors de ces vases en or, on a mis au jour, dans le cercle A, d'autres formes plus soignées, comme des pyxides avec un couvercle mobile sur l'anse, une pyxide cylindrique, un canthare à anses surélevées, des cruches plus ou moins grandes. Il y avait également des vases de ce type en argent. Un beau gobelet sur pied en électrum était décoré d'un autel de la végétation incrusté. Des ustensiles semblables en bronze ont également été trouvés dans les deux cercles de tombes royales, mais ici les formes étaient plus variées et les plus grandes — amphores et hydries, chaudrons tripodes et bassines — étaient rarement décorées au repoussé. Quelques récipients — comme les petites bassines et les « cherniba », bassines pour le lavage des mains — portaient un décor rajouté sur la lèvre (feuillages, spires continues, coquillages, etc.).

Autre série d'objets en or ou en électrum — alliage d'or et d'argent —, les masques funéraires étaient plus directement en relation avec les rois défunts ; ils rendaient certes, un peu conventionnellement, les traits du visage, les yeux étant fermés, mi-clos ou écarquillés. Le plus soigné, avec une barbe couronnant le visage et une moustache un peu drôle, a été caractérisé par Schliemann, inconsidérément bien sûr, comme portrait d'Agamemnon. Un autre masque, moins soigné, était en électrum. Un défunt portait aussi une cotte en or décorée de spires entrelacées. Les bijoux en or étaient particulièrement nombreux, mais la plupart d'entre eux n'avaient qu'une destination funéraire. Les bijoux qu'on retrouve fréquemment sont les belles boucles d'oreilles ajourées, les pinces à cheveux enroulées, beaucoup de colliers aux perles variées comportant souvent des éléments d'animaux symboliques comme les aigles bicéphales, des bracelets en or — l'un d'eux porte des rosaces découpées —, des bagues-cachets, etc. Une épingle en argent se termine par un magnifique ornement en or représentant la déesse de la végétation dans toute sa majesté. Les ornements funéraires étaient surtout des diadèmes de toutes sortes et de toutes formes, avec des représentations au repoussé ou gravées, souvent décoratives, des rosaces, des tourbillons, des spires, des boutons — un exemplaire avait, comme couronnement, des fleurs faites de lames séparées —, d'autres bandeaux semblables ou des semi-bandeaux qui se clouaient sur du bois, peut-être le sarcophage de forme humaine où il n'est pas exclu qu'aient été fixés les masques, puis un nombre incroyable de lames ou de feuilles d'or de différentes formes — disques, coquillages, ailes, croix ou animaux antithétiques, sphinx, griffons, poulpes, bucranes avec doubles haches, sanctuaires tripartites, divinités nues avec des colombes, etc. Celles qui sont en forme de disques sont décorées de représentations au repoussé (poulpes schématiques et conventionnels, papillons, huîtres, etc.). Puisque ces lames ont des petits trous tout autour, on suppose qu'elles étaient cousues sur des tissus, peut-être des linceuls qui enveloppaient les rois défunts. On en a trouvé de semblables dans les tombes du cercle B de Mycènes et dans l'enceinte sépulcrale de Péristéria. Il sera question des cachets des bagues en or et des éléments en forme de cylindre aplati dans le paragraphe sur la glyptique. Des bijoux rhomboïdaux avec des prolongements discoïdes aux angles ont été considérés comme les ornements de coffrets en bois. Une pyxide hexagonale en bois de sycomore avait ses côtés décorés de lames rectangulaires sur lesquelles sont figurés des animaux s'affrontant et des entrelacs de spires. Le schématisme et l'*horror vacui*, évidents dans les scènes figurées, ont persuadé les savants que c'était une œuvre locale, au même titre que les lames d'or avec les ornements conventionnels.

Les objets de métal les plus importants sont indubitablement les armes et les outils, qui sont bien représentés dans le cercle A de Mycènes, tandis que le cercle B a fourni, sauf exceptions, des exemplaires d'importance secondaire. La plupart des épées — du type de celles qui transpercent — sont admirablement laminées, martelées et clouées à la poignée, ce qui leur a permis de devenir très longues tout en gardant leur élasticité ; dans la longueur, un dos, pointu ou arrondi, renforçait sensiblement la lame. La poignée était souvent recouverte de lames d'or décorées qui portaient quelquefois des représentations d'animaux ou prenaient la forme de protomes d'animaux. L'un des meilleurs exemples a été trouvé dans une tombe du cercle B ; il est décoré d'un réseau de spires et de têtes de lions incisées. Le pommeau de ces poignées — quand il n'était pas en ivoire, en bois sculpté, en agate ou autres pierres — avait un revêtement de lames d'or, souvent de forme conique, bombé sur le dessus, entièrement décoré d'ornements conventionnels ; le plus grand pommeau d'épée provient de la tombe royale de Staphylos à Skopélos. Dans quelques exemplaires le décor était même figuré : trois lions qui tourbillonnent unissent leurs museaux au sommet. Les poignards aussi pouvaient être décorés d'une manière semblable ; dans l'un d'eux la lame est recouverte d'un ornement à écailles qui se termine en têtes de griffons ou de dragons. Certaines épées ont même la lame ornée tantôt de motifs purement décoratifs, tantôt figuratifs comme, par exemple, des séries de chevaux, de lions, de griffons, etc., galopant. Ces représentations étaient gravées, incisées ou incrustées. Dans cette dernière technique se distinguent les admirables poignards incrustés du premier cercle de Mycènes. La plaque décorée de la lame a été fabriquée à part et ajustée dans un évidement spécial ; l'incrustation de divers alliages et métaux — or, argent, électrum — sur un fond noir niellé, a permis de représenter des sujets très intéressants : des chasses de bêtes féroces, des scènes au bord des rivières avec des oiseaux aquatiques et des quadrupèdes agiles, des lions courants, des animaux qui se battent, puis des rangées de lis ou des réseaux de spires. Entre les épées et les poignards nous avons les « paraxiphides » de taille moyenne, comportant souvent une tige qui prolonge la lame au lieu d'une poignée. Des clous dorés fixaient le revêtement en bois ou en ivoire.

Les pointes de lances étaient, comme en Crète, longues, renforcées par un dos, avec une douille à anneau mobile — le « porkès » selon Homère — et il n'était pas rare qu'il y eût des décors sur le dos de la lame ou sur la douille. Les pointes de javelots, plus petites, sont plus simples, comme aussi les pointes de flèches en bronze ; les pointes en pierre (silex ou obsidienne) étaient toujours fréquentes. Le cercle B a fourni, lui aussi, des exemples de toutes sortes d'armes, moins décorées, toutefois, que celles du cercle A. On y trouve des couteaux en forme de langues, des couteaux à un ou deux tranchants, etc. Des rasoirs, des objets de toilette comme les pinces à épiler, certaines même de forme très artistique, des pyxides pour fards, etc., constituaient une partie du mobilier funéraire des défunts de marque.

Les outils — en bronze le plus souvent — ne sont pas beaucoup représentés dans ces tombes, et cela se comprend facilement du fait qu'ils étaient les instruments des artisans.

Les ustensiles en métal de la période suivante, qui correspond au

Mycénien moyen, proviennent essentiellement de tombes à tholos et de tombes taillées. Comme on l'a constaté, les dernières sépultures dans les tombes à fosse rectangulaires sont du début du Mycénien moyen ; leur matériel coïncide donc au point de vue dates ; peut-être les exemples les plus anciens qui proviennent des tombes à tholos et des tombes taillées sont-ils contemporains de la fin des tombes à fosse et bien des objets de cette période sont-ils passés dans la suivante. C'est ainsi que les très beaux gobelets d'or de la tombe à tholos de Vaphio sont un héritage, si l'on en juge d'après la technique, la morphologie et le décor. La technique est très soignée : préparation du repoussé, fabrication de l'anse — une petite bobine entre des lames —, revêtement intérieur fait d'une feuille lisse. La forme a été utilisée tant pour des vases de pierre que pour des vases en terre cuite (type Vaphio). Les deux scènes de capture du taureau ont été rendues avec une force extraordinaire, une vie et un élan soit déchaînés, soit réfrénés : un taureau est pris dans des filets de cordes dressés entre les arbres, tandis que les chasseurs sont entraînés ou renversés ; un autre taureau est capturé par la ruse : la génisse constituait l'appât érotique jusqu'à ce que le nœud coulant de la corde fût passé au pied ; au même moment un autre taureau suit la femelle à la trace. Bien sûr ce genre de chefs-d'œuvre était rare, et réservé à la majesté royale. Mais bien d'autres ustensiles en or et argent proviennent d'autres tombes royales. Mentionnons comme exemples de choix la tasse en or avec les poulpes, les nautiles, les dauphins dans un cadre rocheux, qui provient de la tombe à tholos de Dendra ; le rendu est quelque peu conventionnel, mais on y reconnaît la main d'un artiste de génie, habitué à représenter des scènes du style marin. Un gobelet en argent, avec un pied, revêtu d'une feuille d'or à l'intérieur, montrait une scène de chasse très caractéristique. Une « phiale », ou tasse, plus avancée dans le temps, était décorée de bucranes incrustés dans les parois en argent du récipient. Des gobelets en argent, quelquefois avec la lèvre dorée, ont été trouvés aussi bien à Vaphio qu'à Midéa. Mais beaucoup plus nombreux étaient les ustensiles en bronze — cruches, hydries, amphores, poêles, coupes, etc. Très caractéristique est le beau et grand brasero en argent de Vaphio. Des petites cuillers à pot en argent et en bronze, de la même tombe, ont peut-être été utilisées pour transvaser des huiles aromatiques. Parallèlement il existe des symboles religieux, des armes, des instruments et des outils dont il n'est pas besoin de parler puisqu'ils ont fidèlement suivi les prototypes crétois. Les doubles haches — par exemple dans la tombe de Staphylos à Skopélos — ont des formes plus stéréotypées ; une hache de type syrien, avec un tranchant arrondi, a été trouvée dans la tombe de Vaphio ; elle est représentée sur des sceaux dans les mains des prêtres et a servi de modèle pour des bijoux en or, comme, par exemple, des éléments de colliers. Les épées sont toujours longues et suivent les types angulaire, cruciforme ou en cornes ; les « paraxiphides » ou dagues évoluent. Mais ce sont les poignards qui se distinguent avec des représentations incrustées, quelques-uns étant contemporains de ceux des tombes royales rectangulaires, d'autres du début du Mycénien moyen. Dans la tombe à tholos de Vaphio on a trouvé un poignard sur lequel est représenté un marais. Comme nous l'avons vu, d'autres poignards, avec des haches et des oiseaux, ont été trouvés dans les Cyclades. Les plus beaux sont ceux de Myrsinochori ; un exemplaire avec manche en or est décoré de chats sauvages guettant leur proie près de la rivière ; l'autre, avec des clous d'or dans le talon, porte toute une rangée de nautiles et des rochers avec des plantes marines. Un beau poignard avec des dauphins qui bondissent a été mis au jour dans la tombe à tholos de Pharai.

Les pointes de lances, de javelots, de flèches sont variées de forme comme de taille. Quelques-unes des premières portent une décoration gravée. Les autres outils et instruments relèvent des formes habituelles ; la plupart d'entre eux sont connus par des ensembles qui constituaient des « trésors », exactement comme en Crète. Ce sont des doubles haches, des ciseaux, des tranchets, des faucilles, des couteaux, des scies, des forets, etc. Des plateaux de balances et des poids ont été trouvés en bien des endroits.

Parmi les objets les plus caractéristiques, on citera les bijoux en or et en argent qui appartiennent aux mêmes catégories que ceux des tombes des cercles royaux. Parmi ceux-ci on distingue, pour l'importance de leurs représentations, les bagues-cachets et les cylindres aplatis dont il sera question dans le paragraphe sur la glyptique. Les plus charmants sont les colliers avec des perles de formes variées. On donnera comme exemples ceux qui ont des éléments en forme de lis, de papyrus et de rosaces de Prosymna, d'autres avec des doubles rangées de nautiles, et la belle pendeloque en forme de taureau avec les petits disques suspendus aux cornes qui provient de Mycènes, le collier avec les rosaces de tailles inégales et la ceinture avec les pendeloques en forme de spires de Midéa, les éléments en forme de grenouille, en grènetis, et de chouette de la région de Pylos et les beaux bijoux en forme de glands, de papillons, d'oiseaux et de chouette de Péristéria. Les bijoux en argent sont beaucoup plus rares et souvent mal conservés. On a retrouvé des moules en schiste ou en stéatite, à Mycènes et ailleurs, destinés à la fabrication d'éléments de bijoux en or exécutés au repoussé ou coulés.

La glyptique et le reste de la joaillerie

Bien que les sujets des bagues-cachets et des cylindres aplatis mis au jour dans les enceintes funéraires A et B aient été pris, pour la plupart, dans le cycle de la lutte — scènes de chasse ou de guerre, pas très fréquentes en Crète —, on reconnaît facilement la main minoenne dans la fabrication. Sur les chatons elliptiques des bagues-cachets en or, on a représenté, dans un mouvement extraordinaire, la chasse au cerf, en char, et le duel du héros luttant pour sauver un blessé grave ou prêt à mourir. Des duels de combattants et des luttes contre des lions ont été figurés sur des cylindres aplatis et immédiatement imités des sceaux de formes semblables ou lenticulaires de la région de Pylos. On a également rendu là-bas des scènes de luttes ou de captures de taureaux avec des filets sur des sceaux amygdaloïdes en or, et un griffon assis, ailes déployées, sur un cylindre aplati et sur un sceau amygdaloïde. En même temps, de nombreuses bagues en or, toutes avec un chaton elliptique, portent des sujets religieux, souvent des cérémonies ou des scènes de culte, et sont, par là, une source très importante de nos connaissances sur les croyances religieuses dans le monde mycénien. Beaucoup d'entre elles — elles proviennent de Mycènes, de Midéa, de Vaphio, d'Athènes, de Thèbes et autres centres mycéniens — ont des parallèles en Crète, sur de vraies bagues ou sur des empreintes sur argile. Nous mentionnerons quelques-unes des plus connues : les bagues de Mycènes, l'une avec la déesse de la végétation qui, assise sous un arbre, reçoit les offrandes de ses fidèles ; l'autre avec la scène du déracinement de l'arbre sacré qui s'accompagne de pleurs et de lamentations ; une autre avec des femmes qui s'avancent vers un autel ; une encore avec des adorantes dans le sanctuaire entouré d'un péribole — une fontaine pour Evans —, la bague de la *sacra conversatio* entre la déesse et un jeune dieu ou roi. Un exemplaire avec la représentation d'un bouquetin qu'on amène à l'autel ; d'autres avec des griffons ou des sphinx, assis seuls ou en groupes antithétiques, ou bien des taureaux ou des bouquetins antithétiques ; ou encore la déesse tirant en laisse un griffon ; enfin un avec des rangées de bucranes et de têtes de lions. Il faut encore signaler deux autres bagues des tombes de Mycènes, l'une en électrum représentant une vache allaitant son veau, et l'autre, à moitié dorée, à moitié en fer, avec la représentation de deux bœufs couchés sur le flanc. De Mycènes proviennent aussi des bagues en pierre à chaton elliptique — l'un en chalcédoine portant la représentation de deux paires d'animaux qui tètent et un autre en jaspe avec un dieu ou un héros qui dompte des lions. Sur un sceau elliptique a été figurée une scène de combat correspondant à celles des bagues en or.

Le Trésor de Tirynthe a fourni deux bagues très importantes, celle dont il a souvent été question en raison de son intérêt religieux, avec la procession de la sainte communion célébrée par des génies de type Ta-Urt devant la divinité assise, et la bague de l'enlèvement en bateau d'une jeune femme. Parmi les bagues de Midéa, on distingue celles avec les animaux en groupes antithétiques, qui sont en rapport avec ce qu'on interprète comme des entrelacs de serpents sacrés, et une autre avec l'adoration des femmes devant un sanctuaire. Asiné a donné deux bagues très intéressantes au revêtement mi-doré mi-argenté, représentant des acrobates avec des taureaux. La bague en or de Prosymna porte des griffons antithétiques, celle de Vaphio une scène rituelle devant l'arbre sacré. Une autre bague, en stéatite, provenant de la même tombe, figurait un combat d'animaux. Une bague de la région de Pylos représente un sanctuaire de sommet, des adorants et un bouquetin. Une bague encore, de l'Agora d'Athènes, a fourni une représentation très intéressante avec un être bizarre, une sorte de Minotaure, qui est tenu en laisse par une personne à forme humaine. Il y a des bagues de Thèbes au musée Bénaki et dans des musées étrangers — à Berlin par exemple. Elles représentent des scènes religieuses avec des taureaux devant des sanctuaires, une déesse assise sur un autel ou un sanctuaire, avec des adorants. Un moule où l'on coulait, ou plus probablement où l'on imprimait au repoussé, les feuilles d'or des chatons des bagues, a été retrouvé à Eleusis ; il porte des représentations d'adorants devant un sanctuaire à trois colonnes et des oiseaux au milieu de la végétation, mais il appartient peut-être au Mycénien récent. La limite nord des bagues en or du Mycénien ancien et du Mycénien moyen est à Mégalo Monastiri, dans la région de Volo, et à Dimini ; la bague de Mégalo Monastiri montre une scène d'adoration de femmes devant un sanctuaire ; la surface gravée de celle de Dimini est étroite et s'attache directement à l'anneau.

Dans les sceaux-gemmes on ne remarque pas de différences importantes qui permettraient de distinguer de façon certaine les œuvres mycéniennes des œuvres minoennes contemporaines. Sans doute quelques caractéristiques générales ont-elles été soulignées dans lesquelles on reconnaît l'esprit mycénien, surtout dans le répertoire des thèmes et dans la disposition, plus rythmée, plus équilibrée, plus symétrique, plus conventionnelle qu'en Crète ; il en fut de même dans la période finale des palais minoens de Cnossos, quand ceux-ci se trouvaient sous la dynastie créto-achéenne. Toutefois la distinction reste toujours difficile et subjective. Aucune autre branche de l'art n'est demeurée aussi près de la création crétoise. Les formes des sceaux sont presque toujours les mêmes et le choix des matériaux s'oriente toujours vers les mêmes pierres, précieuses ou semi-précieuses, en même temps que la stéatite pour les sceaux secondaires. Les variations locales sont difficiles à reconnaître : on les trouve surtout dans des régions lointaines comme l'Achaïe, l'Etolo-Acarnanie, la Phocide et la Thessalie. L'habitude de dorer des sceaux importants s'est répandue dans tout le monde mycénien et s'est adaptée avec des méthodes identiques. Ici aussi on rencontre, en dehors des formes habituelles — cylindres aplatis, prismes à trois faces incurvées, forme lenticulaire ou amygdaloïde, fusiforme ou ovoïde —, d'autres formes influencées par l'Orient et l'Egypte, comme le cylindre et le scarabée. Bien sûr, la grande majorité de ces sceaux viennent des tombes, aussi bien des tombes à fosse rectangulaires que des tombes à chambre taillées ; on en a rarement trouvé dans les maisons. Beaucoup d'entre eux sont de véritables chefs-d'œuvre de la glyptique, et leurs créateurs devaient être de grands artistes. De par leur place dans les tombes, on a reconnu qu'ils avaient le même usage qu'en Crète : on les portait comme bracelets au poignet ou au bras, comme pendeloques, soit seuls, soit passés dans des colliers. Dans la tombe de Vaphio il y en avait au moins vingt-huit qui faisaient un collier au roi défunt. Les motifs principaux étaient des scènes rituelles religieuses, des divinités, des scènes avec des génies, des membres du clergé, des danseuses, des scènes de chasse où l'on dompte des lions, une attaque contre un sanglier, des animaux qui attaquent et contre lesquels on se défend, des expéditions de conducteurs de chars, des animaux blessés, des scènes de la vie des animaux et surtout des taureaux, des lions et des cerfs, des luttes entre animaux, des scènes avec des oiseaux aquatiques, des dauphins qui bondissent sur les vagues, un beau casque en dents de sanglier. Les quelques sceaux du cercle B de Mycènes portent des représentations d'un personnage avec barbe — roi ? —, d'un ustensile rituel, de poissons schématiques et d'un animal blessé. Du cercle A nous avons une scène de duel, un cerf avec son petit et un beau tourbillon à spires. On distingue, parmi les sceaux des cimetières des tombes taillées de Mycènes, quelques exemplaires avec des scènes d'animaux (bouquetins, béliers, taureaux et lions — un avec son petit —, avec des lions antithétiques qui ont une tête commune et se dressent sur un autel), très peu avec des représentations humaines, des scènes rituelles ou des êtres supraterrestres comme les griffons. Certains sceaux avec des acrobates et des taureaux, des captures et des sacrifices de taureaux, sont intéressants. Deux sceaux, entre autres, représentant l'un la Potnia thérôn avec les lions et, au-dessus, un entrelacs de serpents, et l'autre la déesse entre des Dioscures, sont excellents. On retrouve ici le beau casque de Vaphio. Le sceau de la tombe à tholos de Clytemnestre représentait la divinité assise sur le dos d'un animal fantastique et transportée au-dessus des vagues et des rochers.

Une autre belle série provient de Midéa, aussi bien de la tombe à tholos que des tombes taillées. Dans les scènes de la vie des animaux on remarque l'attaque d'un lion contre un taureau et des bouquetins assis. D'Asiné on a un bouquetin dompté, et d'Argos un lion qui mord un taureau ; du même endroit, un beau sceau encastré d'or porte le nœud sacré. De Prosymna provient un cylindre avec des séries d'oiseaux volant et des griffons assis, et des sceaux lenticulaires avec des animaux assis et un homme-taureau.

La Pylie et la Triphylie ont donné quelques-unes des séries les plus importantes. Tragana de Pylos a fourni des sceaux portant des représentations de combattants, le sacrifice d'un taureau, des bouquetins antithétiques ; Myrsinochori des cylindres aplatis avec de beaux griffons — dont un doré — et des sceaux lenticulaires avec des insectes, des oiseaux aquatiques qui volent par paires, des animaux et des griffons assis, souvent par paires également, des combats d'animaux, un lion blessé, deux couples de jeunes gens avec des lions, une adorante qui offre des lis sur un autel. Sur un cylindre on a représenté une figure schématique avec un casque et des griffons. Des tombes de Pylos proviennent de beaux sceaux avec un homme luttant contre un lion qui l'attaque, et ailleurs contre un sanglier. De Koukounara nous avons d'admirables sceaux avec des scènes d'animaux, des griffons et des combattants. Dans la région de Karpophora en Messénie on a trouvé, dans des tombes, des sceaux intéressants parmi lesquels on distingue un exemplaire amygdaloïde qui associe un motif tectonique à des poissons schématiques, et d'autres, lenticulaires, avec un portrait — de roi ? —, des taureaux assis par deux, des animaux luttant, des griffons, des oiseaux aquatiques, des génies officiant. Les sceaux de la tombe à tholos de Ménidi, qui portent des représentations de la vie des animaux et de leurs luttes, semblent stylistiquement plus avancés ; c'est le cas d'un long sceau fusiforme avec un griffon aux ailes déployées. Parmi les rares sceaux de Thèbes, il y en a peu qui appartiennent au Mycénien ancien et au Mycénien moyen : un bel exemplaire lenticulaire avec un cerf assis, un autre avec deux sangliers, des sceaux avec de beaux papillons, un encore avec un lion attaquant un taureau. Parmi d'autres un sceau, plaqué d'or, avec une scène semblable d'attaque, et un autre avec un taureau blessé. Les sceaux de Phocide et du golfe de Pagasai — Volos, Mégalo-Monastiri — semblent plutôt être du Mycénien récent.

Ces exemples montrent clairement que la glyptique a fidèlement suivi la tradition minoenne et que l'évolution ultérieure, jusqu'au Mycénien récent, est restée très conservatrice. Les motifs se répètent souvent, mais malgré tout les graveurs ont fait preuve de personnalité en renouvelant la composition de détail, la morphologie, la technique. Certes, il y avait, en même temps, une production de sceaux bon marché en stéatite dont les représentations n'étaient pas toujours rendues attentivement, ou qui l'étaient quelquefois d'une manière tout à fait conventionnelle ou schématique.

A part les exemplaires en métal et ceux qui faisaient partie de la glyptique, les bijoux n'étaient ni très variés ni très importants. Il s'agissait surtout de la répétition, en pierres précieuses ou semi-précieuses, des mêmes formes, surtout dans la composition des colliers et de leurs pendeloques. C'était alors la couleur du matériau et l'alternance dans la composition qui jouaient le rôle principal ; mais les formes des éléments variaient dans le même collier avec un certain rythme et une certaine symétrie. Cela, nous le déduisons surtout de la diversité des perles qui se trouvent autour du cou des défunts. L'absence de fresques représentant des femmes ou des hommes parés nous prive de la possibilité de deviner les combinaisons, comme c'est le cas en Crète et dans les Cyclades ; nous avons vu combien les fresques de Théra ont aidé dans ce genre de recherches. Nous ne doutons toutefois pas que, dans le monde mycénien, la composition ait été la même. Les plus beaux colliers étaient faits de perles en améthyste, en sardoine, en agate, mais aussi en ambre qui, en Crète comme dans les Cyclades, était particulièrement rare. Un peu moins fréquents étaient les bracelets de pierre, les ornements de cheville, les pinces, les pendeloques, etc. Pour cela on utilisait un matériau choisi, l'ivoire. Il est toutefois caractéristique qu'en même temps que ces riches bijoux on en ait fabriqué de meilleur marché, en pierres plus tendres comme la stéatite, ou en pâte de verre et en faïence ; ce n'était pas toujours pour les plus pauvres, puisqu'on en trouve dans de riches tombes. Les substituts des bijoux ont commencé à être particulièrement fréquents, et sans aucun doute aimés, à la fin du Mycénien moyen. C'est alors qu'on a prêté une attention spéciale à la création d'un nouveau type de bijoux en pâte vitreuse où les perles prennent des formes plastiques et qui utilisent la nouvelle technique des plaques coulées en relief. Les bijoux de cette sorte feront de grands progrès au Mycénien récent.

On est impressionné par l'abondance des fusaïoles, le plus souvent biconiques, qu'on trouve près des défunts. On a beaucoup discuté leur utilisation, car il est très douteux qu'il s'agisse de bijoux. Il est possible que ce soit une sorte de boutons pour les vêtements.

La sculpture et l'art de la pierre

Comme on utilisait abondamment l'argile et le métal, le travail de la pierre — fabrication d'ustensiles, d'armes et d'outils, bas-reliefs et sculptures — est tombé à un niveau plus bas. Des vases sculptés des deux cercles de tombes de Mycènes, royales et princières, se distinguent par leur excellente qualité et certains semblent importés de Crète. C'est le cas, par exemple, du beau vase en albâtre en forme de petite amphore avec les trois anses enroulées au-dessus de la lèvre et des hauts calices sur pied de la sainte communion, si semblables à ceux qui ont été trouvés dans les trésors crétois et dans les Cyclades ; ils viennent tous du cercle A. Il en est de même du vase en forme de canard qui tourne la tête vers l'arrière ; il est en cristal de roche et a été découvert dans le cercle B. C'est encore en cristal de roche qu'avaient été fabriquées de belles têtes d'épingles, sphériques ou ovoïdes, ou bien en forme de disque ou de champignon, et il n'est pas rare qu'elles portent des cannelures droites ou tournoyantes. Des vases en forme de mortiers, de calices de fleurs, ou avec des cannelures spiralées ont été mis au jour, aussi bien dans le cercle A que dans des tombes à tholos et des tombes taillées, d'où viennent également des exemplaires de types différents, presque toujours connus en Crète. Dans un puits-dépôt d'un sanctuaire de Mycènes, on a trouvé un assez grand nombre de fragments de beaux vases de pierre dont des rhytons en forme de tête de taureau, en stéatite, très semblables aux exemplaires crétois. Quelques ustensiles en pierre étaient également des imitations plus ou moins fidèles d'objets crétois. Les graveurs sur pierre se sont très peu risqués dans la création de formes tout à fait nouvelles.

Là où les artisans de la pierre ont fait preuve de davantage d'initiative c'est dans les stèles sépulcrales sculptées ; naturellement, cette technique était également connue en Crète, mais nous n'avons pas d'exemples de stèles tombales comme celles de Mycènes. Il se pose d'ailleurs un problème de chronologie ; la plupart des savants ont admis, d'une manière générale, que toutes les stèles du cercle A datent du Mycénien ancien et sont contemporaines des tombes. Mais leur technique parle clairement : la plupart d'entre elles datent de l'aménagement du lieu de culte et de la construction de l'anneau de pierre, époque où les vieilles stèles ont dû être remplacées par d'autres. Une ou deux seulement sont du début, et on le voit d'après la représentation pleine de vie et de plasticité et par les éléments décoratifs qui comportent des entrelacs végétaux. La chasse au lion a été exécutée avec le même naturel que sur les poignards incrustés. Cela devient encore plus net dans le cas des stèles du cercle B : la stèle qui a été remployée comme base d'une autre stèle associe l'entrelacs de spires à la représentation d'une scène violente où les lions attaquent un animal, peut-être un taureau, tandis que les bouviers essaient, au péril de leur vie, de les repousser. Le thème, gravé cette fois, d'une autre stèle, n'est pas moins vivant : un gigantesque taureau attaque les chasseurs qui se défendent.

La qualité et l'exécution technique des sculptures qui décorent les façades des tombes royales — Trésor d'Atrée et tombe de Clytemnestre — constituent un argument supplémentaire pour ceux qui ont milité en faveur d'une chronologie haute ; non seulement les pierres colorées ou cristallines ont été choisies avec beaucoup de soin, mais leur décoration ciselée a été exécutée avec précision, plasticité et élégance, aussi bien en ce qui concerne les spires continues que les demi-rosaces, les bandes en zigzag, les rangées de feuilles, etc. Sur le plafond de la chambre funéraire du Trésor de Minyas à Orchomène le réseau de spires avec, dans les intervalles, des papyrus, a été rendu de façon merveilleuse. Evans a insisté à reconnaître une main crétoise dans les sculptures qu'Elgin a transportées à Londres et qui provenaient du Trésor d'Atrée ; sur les plaques sont conservées la partie inférieure d'un taureau et la partie supérieure d'un autre ; l'ensemble devait représenter une capture de taureaux, motif crétois bien connu. Ces sculptures constituent la première tentative de sculpture monumentale, qui atteindra plus tard son apogée dans les tympans sculptés qui fermaient les triangles de décharge des portes. Les œuvres en ronde-bosse ne sont pas fréquentes, quoiqu'il existe quelques figurines grossièrement travaillées.

Les outils en pierre sont de types bien connus en Crète et dans les Cyclades, et ne présentent rien d'extraordinaire. Au contraire, dans les séries d'armes on ne peut s'empêcher d'admirer le perfectionnement technique avec lequel ont été travaillées pointes de lances et de flèches, surtout en silex et en obsidienne, en forme de queue d'hirondelle.

Ivoire, faïence, verre, bois sculpté et marqueterie

Depuis le Mycénien ancien, et surtout moyen, les arts qui travaillaient des matériaux délicats — l'ivoire, la faïence, le bois, le verre, le cristal de roche — étaient très en faveur. Dans ces domaines ils suivaient fidèlement la Crète, quoique le cycle figuré ait souvent fait entrer des sujets de lutte. La difficulté est de distinguer les limites chronologiques inférieures, puisque parmi les tombes qui ont été trouvées, la plupart ont continué à être en usage au Mycénien récent. D'ailleurs, les objets proviennent de couches perturbées et ils ont été datés à partir d'indices stylistiques dont les critères sont, pour la plupart, de caractère subjectif.

Des cercles de tombes A et B on a quelques pommeaux d'épées et de poignards en ivoire ; du cercle A provient une belle pyxide en bois de sycomore avec des petits chiens en ivoire. De tombes à chambre de Mycènes est parvenu un ustensile — rhyton ? — fabriqué à partir d'un fragment de défense d'éléphant abondamment ciselé de motifs décoratifs dont les principaux sont une colonne avec son chapiteau floral au milieu de guirlandes et d'un couple de bouquetins ; on distingue encore le pied d'une figure humaine. Une autre pyxide porte la représentation d'un prince ou d'un roi qui tient un sphinx en laisse, sujet très comparable à celui de la fresque du roi-prêtre de Cnossos. C'est de la fin du Mycénien moyen qu'on date la belle pyxide d'ivoire trouvée dans une tombe au pied de l'acropole d'Athènes : le décor serré sur la panse cylindrique et sur le couvercle discoïde représente des griffons attaquant des cerfs et des chevreuils ; dans les vides il a des chiens, un lionceau et des plantes.

Les figurines ou autres sculptures en ronde-bosse sont assez rares ; il existe une femme richement vêtue à la minoenne qui provient de Prosymna. Les plus nombreuses sont des plaques sculptées, comme celle de Mycènes, avec la déesse assise sur des rochers (cf. les fresques de Pseira en Crète), ou des têtes de guerriers coiffés d'un casque du type de ceux qui sont faits de rangées de défenses de sangliers ; d'assez nombreux fragments de casques semblables ont été trouvés dans le cercle A et dans les tombes de Midéa ; il a été possible d'en refaire un qui provient de la même tombe que la cuirasse en bronze, mais peut-être est-il, comme cette dernière, du début du Mycénien récent. Nombre des plaques en ivoire formaient des revêtements ou des incrustations de coffrets, de pyxides, de meubles, etc., dont il n'est pas facile de déterminer l'aspect, sauf par des comparaisons. On voit par exemple une véritable ressemblance, au point de vue de la forme et de la décoration, entre la plaque de Mycènes avec la tête casquée et les plaquettes correspondantes de la tombe à tholos A d'Archanès, que Sakellarakis a considérées comme faisant partie d'un repose-pieds. D'autres petits bandeaux avec des demi-rosaces antithétiques, thème bien connu à Cnossos, proviennent d'une tombe taillée de Mycènes ; elle contenait également d'autres fragments analogues — des demi-colonnes et autres pièces d'architecture. Ils annoncent directement les plaquettes et les fragments architecturaux en ivoire provenant des maisons de Mycènes situées contre la route actuelle montant sur l'acropole. La catégorie des objets de toilette — pyxides, peignes, manches de miroirs — est surtout représentée par des trouvailles de tombes. En dehors de la pyxide d'Athènes que nous avons mentionnée, nous signalerons la belle et haute pyxide de Myrsinochori décorée de bandes verticales, de spires et de spirales, et une autre avec des dauphins ; c'est de là que provient également un beau peigne décoré d'animaux en lutte et de chats sauvages chassant des canards. Un manche de miroir du même endroit s'ouvre comme une fleur avec trois rosaces séparées par des papyrus. Des miroirs de ce type ont été trouvés dans beaucoup d'autres régions, mais seuls ceux qui ont été trouvés dans un bothros du dromos de la tombe de Clytemnestre datent sûrement du Mycénien moyen ; leurs manches sont ornés de formes féminines antithétiques ou de deux jeunes filles qui, fatiguées, inclinent la tête en sommeillant. D'autres œuvres sculptées — manches de miroirs, peignes, pyxides, etc. — qui proviennent de tombes à tholos comme celle de Ménidi (où l'on a mis aussi au jour la lyre bien connue), ou taillées comme celles de Mycènes, de Prosymna, de Spata, etc., seront mentionnées dans le paragraphe sur l'art du Mycénien récent, auquel elles doivent appartenir, de même que les ivoires du Trésor de l'Artémision de Délos. C'est là qu'on verra aussi le chef-d'œuvre de la Triade des divinités de Mycènes, puisque c'est au début de cette période que l'ont classée la plupart des savants ; beaucoup de raisons, toutefois, nous feraient pencher pour une date plus haute. Aussi bien les ivoires les plus anciens que les plus récents ont des parallèles dans la région syro-phénicienne (surtout à Ugarit et à Meggido), les plus récents à Enkomi de Chypre.

Les objets en faïence sont encore plus étroitement liés à la Crète, et certains ont sans conteste été importés. Il nous suffira de mentionner les nœuds sacrés d'une tombe du cercle A de Mycènes et quelques vases à parfums ou petits vases à fleurs avec des rameaux modelés sur la lèvre, dont l'un, très semblable à ceux des *Temple Repositories* de Cnossos, provient d'une tombe du cercle B. Comme en Crète, la faïence a été abondamment utilisée pour des bijoux, surtout au Mycénien ancien. Elle était également incrustée avec d'autres matières fragiles comme l'ivoire, la pâte de verre, le cristal de roche, dans des pyxides et des jeux analogues au « jeu d'échecs » de Cnossos, comme l'a souligné Evans qui proposait même des reconstitutions. Des incrustations de ce genre ont été mises au jour dans les tombes du cercle A de Mycènes surtout, mais elles sont également connues par beaucoup de tombes à tholos ou taillées de divers centres mycéniens. On a aussi décoré des œufs d'autruche, pour les transformer en rhytons, par l'adjonction d'un col séparé et d'une base autour du trou d'écoulement inférieur. Nous en avons déjà vu à Théra, mais des exemples caractéristiques viennent des tombes du cercle A de Mycènes et de la tombe à tholos de Dendra, dorés avec des bandes verticales en bronze.

Le verre était surtout travaillé sous la forme de pâte de verre diversement colorée, qui servait aussi bien aux incrustations (un casque de la tombe à tholos de Dendra par exemple) qu'aux éléments de colliers en forme de plaquettes qui portaient, nous l'avons vu, diverses représentations (par exemple des génies officiant). On a trouvé des fragments de petits flacons en verre qui ont de grandes ressemblances avec leurs parallèles crétois.

Il est dommage que si peu des œuvres en bois aient été conservées. Ce qui nous est parvenu, en bois dur de sycomore, par l'intermédiaire des tombes du cercle A de Mycènes — nous avons vu deux exemples à propos de leurs incrustations en ivoire ou en or — était très remarquable. Il existe encore quelques fragments en bois sculpté avec des représentations végétales ou autres. On ne peut parler des tissus brodés, tressés, etc., les matériaux étant trop fragiles pour avoir été conservés ; parmi les rares informations dont on dispose, on citera les renseignements que fournissent les représentations et les rares vestiges découverts dans le cercle B par exemple.

Reconstitution de la vie au Mycénien ancien et au Mycénien moyen

Quand les restes matériels d'une époque proviennent à 85 % de nécropoles et de tombes et qu'il n'y a pas de textes écrits ou d'autres témoignages, il est normal qu'il soit très difficile de se faire une idée, même générale, de la vie dans ses différentes manifestations, politique et sociale, économique, religieuse et individuelle, intellectuelle, etc. Il est risqué de tirer des conclusions tout à fait hypothétiques en comparant avec d'autres régions et les époques qui ont précédé ou suivi, même si bien des éléments présentent des analogies importantes ou des ressemblances. Nous nous trouvons dans cette situation en ce qui concerne le Mycénien ancien et le Mycénien moyen.

Pour ce qui est de l'organisation de la *vie politique,* il est absolument sûr, d'après les tombes royales, et bien qu'on n'ait pas mis au jour de palais de ces époques, que nous sommes en présence de royautés et qu'il y avait des rois dans chaque grand centre mycénien ; mais le nombre relativement élevé de tombes à tholos et de tombes officielles atteste qu'il existait en même temps des toparques et que la classe des nobles était puissante. Il n'est toutefois pas facile de dire comment fonctionnait le système politique ; on ne peut pas non plus déterminer la nature et le caractère des dynasties royales. C'est à cela qu'est lié le problème de la création de la civilisation mycénienne dont il sera question tout de suite après. Il est également difficile de dire si, à partir du sommet de la hiérarchie et des classes des nobles, avaient été créés des corps représentatifs et si le peuple avait un certain droit de contrôle par des assemblées régulières ou extraordinaires. C'est le cas pour la période avancée du Mycénien récent, mais on ne peut en conclure qu'il en était de même aux époques antérieures. La place extraordinaire de Mycènes parmi les autres centres mycéniens, de l'est du Péloponnèse du moins, est évidente d'après la grande richesse des tombes royales, qui ont tout à fait justifié la qualification homérique de Mycènes « la riche en or ». Mais peut-être n'apprendrons-nous jamais si cette primauté impliquait la constitution d'un empire, même à caractère fédéral. L'impression d'ensemble est que les Etats mycéniens gardaient leur autonomie et reconnaissaient Mycènes comme *primum inter pares* (cf. Cnossos et les autres centres palatiaux de Crète).

En ce qui concerne l'*organisation sociale,* il n'y a aucune différence sensible entre la Grèce mycénienne et la Crète. Les classes sociales devaient être les mêmes, mais s'il y a réellement eu colonisation crétoise sur une grande échelle, on admettra facilement que la classe des colons crétois devait se distinguer de celle des indigènes qui n'étaient pas assujettis mais qui reconnaissaient la suprématie coloniale. Si, d'autre part, l'élément local avait pris l'attitude des conquérants, il n'aurait reçu qu'une coloration crétoise superficielle et aurait eu une allure de parvenu. A côté de celles des dignitaires et des nobles, la classe hiératique avait sans doute une place à part, puisque la religion constituait, semble-t-il, un facteur essentiel. Désormais, les besoins nouveaux — extension de puissance et organisation systématique de la défense — allaient conduire, bien plus tôt qu'en Crète, à la constitution d'une classe militaire. La distinction personnelle au combat, ce qui a été caractérisé plus tard comme ἀριστεία, devient évidente dans les scènes de lutte du Mycénien ancien. Les guerriers nobles, même ceux qui prenaient part à des chasses dangereuses, luttaient de la manière décrite par Homère, tantôt en tant que guerriers à pied, tantôt comme conducteurs de chars, assistés d'autres hommes, armés plus légèrement d'arcs et de frondes, de javelots et de piques. Ces derniers devaient constituer les plus basses classes de combattants, parce qu'ils ne pouvaient disposer d'un armement lourd.

Le *commerce* et la *navigation* avaient probablement été organisés selon les modèles minoens et étaient donc capables de rivaliser avec la Crète, si l'on en juge d'après la dispersion dans un large rayon — jusque dans la région syro-phénicienne et à Chypre, jusqu'en Egypte et jusqu'en Sicile comme dans les îles Lipari et dans le sud de l'Italie — des produits mycéniens. L'Egée et la Méditerranée n'étaient plus seulement des mers crétoises, elles étaient maintenant traversées par des flottes mycéniennes. Si en Crète le commerce était en majeure partie royal, il n'y a pas de raison pour qu'il ait été organisé différemment dans les royaumes mycéniens. Ainsi des grandes richesses s'accumulaient dans les mains des rois, comme l'a montré le mobilier funéraire. A la différence de la Crète, nous ne sommes pas sûrs qu'ils n'aient pas abusé de leur force. Il n'est pas exclu qu'au début les centres mycéniens aient collaboré avec les Crétois, surtout si les premières dynasties étaient d'origine minoenne. Il serait anormal que la flotte minoenne organisée que nous avons vue sur les fresques de Théra se soit heurtée à celle des Mycéniens, si celle-ci était alliée. L'absence de tablettes d'archives remontant à cette époque ne permet pas de donner une réponse à des sujets importants concernant l'organisation de la vie économique. Bien sûr, l'agriculture et l'élevage, en grande partie aux mains des indigènes, devaient constituer une ressource importante, peut-être la plus importante. Mais il n'est pas facile de définir les rapports financiers entre les agriculteurs éleveurs et la classe des chefs et des nobles.

La Crète a encore joué un plus grand rôle dans la formation de la *vie religieuse*. Si l'on se fonde sur le monde figuré, sur les ustensiles rituels et les symboles, sur les quelques lieux de culte qui nous sont connus, on en arrive à la conclusion que dans les deux premières périodes du Mycénien la religion et le culte minoens ont été fidèlement suivis. On retrouve les mêmes représentations de divinités sous leurs différents aspects, les mêmes animaux et êtres supraterrestres qui les accompagnent, le même monde des génies où dominent ceux du type Ta-Urt. Les symboles et les emblèmes religieux sont les mêmes — la double hache, les cornes sacrées, le bucrane, le nœud sacré, les corps astraux — et apparaissent souvent dans des scènes rituelles. Le rituel et le culte en général se pratiquaient de la même façon et avec les mêmes moyens. Des objets rituels que nous trouvons très rarement en Crète existent en assez grand nombre : ce sont des importations crétoises. Au contraire beaucoup de représentations du monde mycénien ne peuvent être comprises que si elles sont rapportées à des objets crétois. En général, quand on traite de la religion, il est nécessaire de considérer en même temps tout le cycle créto-mycénien, parce qu'il est impossible, mais aussi inutile, de le diviser. C'est d'ailleurs ce qu'ont toujours fait ceux qui se sont intéressés systématiquement à la religion préhellénique. Des éléments grecs n'ont été assimilés par cette religion qu'au Mycénien récent, comme nous l'ont clairement appris les archives mycéniennes des tablettes. Peut-être qu'un certain type de cérémonies, très fréquentes en Crète, comme les jeux de taureaux, ont été abandonnées ou sont devenues plus rares dans la Grèce mycénienne, quoique les représentations, surtout dans la glyptique, n'aient pas cessé de les montrer.

Si l'on en croit les vestiges matériels qui, nous l'avons vu, sont surtout les restes du mobilier funéraire des tombes, on arrive vite à la conclusion que, dans la *vie individuelle* aussi, les habitudes crétoises ont été fidèlement suivies. Bien que nous n'ayons pas les demeures principales, nous sommes sûrs qu'elles étaient organisées intérieurement comme en Crète ; les gynécées devaient être équivalents aux appartements des hommes et assurer aux femmes l'autonomie et l'indépendance qu'elles avaient en Crète, puisqu'elles existent encore au Mycénien récent. Si les femmes apparaissent avec des vêtements qui suivent fidèlement les modes crétoises et utilisent les mêmes objets de toilette, il ne fait pas de doute qu'il y avait dans les demeures, comme en Crète, des cabinets de toilette équipés de tous les instruments indispensables bien connus par les tombes. Sur les représentations, les hommes portent souvent le simple pagne crétois mais aussi une sorte de caleçon court, surtout les combattants, avec des pendeloques ornementales dans la partie inférieure. Comme en Crète, on utilisait des manteaux, mais peut-être plus souvent en raison du climat plus rude. Le vêtement à manches, avec une ceinture à la taille, qui descend jusqu'aux genoux ou au milieu des cuisses, n'est pas encore répandu. Quand on voit des hommes en armes — et cela est fréquent parce qu'il y a beaucoup de représentations de luttes — ces armes, qu'elles soient défensives ou offensives, sont typiquement crétoises ; nous les connaissons bien par les tombes. Quoique le bouclier en huit soit très fréquent — il y en a des imitations en or et en ivoire —, celui qui est en forme de tour et va jusqu'aux pieds fait partie de l'équipement indispensable des combattants les plus lourdement armés. Il rappelle le *σάκος ἠΰτε πύργος* d'Homère, que les guerriers manipulaient avec difficulté, protégeant aussi leurs aides légèrement armés. Nous avons des exemples de la pique de chasse, arme offensive entre la lance et le javelot, qui proviennent de la tombe à tholos de Vaphio et d'ailleurs.

Les moyens de délassement étaient les mêmes : la danse, la musique — des restes d'une lyre proviennent de la tombe à tholos de Clytemnestre —, les concours athlétiques, les différentes acrobaties, les jeux à jetons ou pions, dont on a trouvé des vestiges dans les tombes royales de Mycènes. De nombreux sceaux et bagues-cachets nous donnent des renseignements complémentaires dans ce domaine. Si l'on en juge d'après le nombre des représentations, il semble que les captures de taureaux les enthousiasmaient tout particulièrement ; nous ne savons pas toutefois si les taureaux sauvages qui étaient pris étaient tous destinés aux sacrifices — dans certains cas l'animal est attaché à la table sacrificielle — ou également aux jeux de taureaux. D'une manière générale, la chasse était devenue un moyen de délassement, surtout celle qui était source de dangers, la chasse au sanglier par exemple. Comme dans le cas de la Crète, on doute que le lion ait vécu sur place ; le fait qu'il soit fréquemment représenté implique l'organisation de chasses au-delà des mers, sur le continent africain, et la fresque de Théra montrant une expédition maritime dans des pays où vivent des lions, des léopards et autres bêtes féroces, rend cette hypothèse plus probable.

Il serait utile de voir ici les coutumes concernant la mort, puisque nous savons très peu de chose de celles qui sont liées aux événements heureux — la naissance, le mariage, les fêtes, etc. — ou au culte des divinités de la nature, qui suivent pour la plupart le rythme de la vie et des différentes activités.

Les sépultures royales ou princières dans des tombes à fosses rectangulaires recouvertes de dalles, qui étaient souvent encloses toutes ensemble dans une enceinte (cf. Mycènes, Lerne, Péristéria et Skopélos), ont suivi une tradition méso-helladique qui a été adaptée à des formes minoennes. Rien ne nous permet de croire que les défunts étaient incinérés ; les quelques traces de feu sont celles des sacrifices et de la purification des tombes. Des membres de la famille — du clan régnant dans le cercle A, de leur parenté dans le cercle B — pouvaient être inhumés dans la même tombe. Les ossements des défunts décomposés étaient mis de côté, dans un coin, pour laisser la place aux nouveaux corps. C'est alors que les objets du mobilier funéraire étaient déplacés ou même brisés. Les défunts qui ont été retrouvés les derniers étaient étendus sur le dos, les objets du mobilier non dérangés ; certains avaient les jambes écartées formant un angle droit, et Marinatos a pensé que c'était à cause du bouclier qui recouvrait le corps ; Mylonas, au contraire, a cru que c'était parce que les genoux étaient repliés lors de l'inhumation. Les défunts étaient déposés sur une couche de petits cailloux. Dans le cercle A on a des traces de peaux qui étaient étendues sous les défunts ; quant aux ornements en or des tombes des deux cercles de Mycènes, on croit qu'ils étaient cousus sur les linceuls. Des restes de banquets funéraires ont été reconnus dans les deux cercles. Des observations faites dans le cercle B semblent prouver l'existence de petits tumuli et de stèles funéraires. L'utilisation simultanée des deux lieux d'inhumation s'explique mieux, comme nous l'avons vu, par la distinction entre sépultures des rois et sépultures des princes, que par l'existence de deux branches dynastiques (hypothèse de Marinatos) ; Mylonas pense que les deux cercles sont royaux ; cette interprétation pose un problème quant au nombre de rois sur à peu près cent cinquante ans et à la différence du mobilier. Les remarques anthropologiques d'Angel ont montré que les défunts du cercle B ne devaient pas être de race minoenne ; il est normal qu'il y ait eu des mélanges entre l'élément local et l'élément minoen. Les objets du mobilier funéraire étaient exactement ceux dont on avait l'habitude en Crète ; ils diffèrent seulement par leur grande richesse ; mais il faut dire qu'en Crète on n'a pas retrouvé de tombes royales inviolées. Il ne semble pas qu'on ait rempli de terre les tombes construites, mais on le faisait dans les fosses, au-dessus des plaques qui les recouvraient. Bien sûr, pour éviter les vols il devait y avoir une surveillance rigoureuse ; les deux cercles de tombes ont été pillés (voir le trésor de Drosinos du cercle A et les pillages des tombes Lambda et Rhô dans le cercle B). On a déjà parlé des masques funéraires et de leur disposition probable sur un sarcophage anthropomorphe en bois, où il y avait aussi des bandeaux, des demi-bandeaux et des rosaces en forme de croix, cloutés, selon l'idée de Staïs. Le masque en électrum du cercle B a été trouvé dans un coin, avec du bois qui faisait peut-être partie du sarcophage d'un défunt précédent.

Malgré la différence de forme des monuments, les coutumes funéraires ne semblent pas très différentes dans les tombes à tholos et dans les tombes taillées. Les tombes à tholos inviolées ou leurs fosses à Midéa (Dendra), Vaphio et Myrsinochori, et les tombes taillées inviolées, encore plus nombreuses, nous renseignent là-dessus de façon satisfaisante. Le mobilier funéraire des tombes à tholos qui ont été pillées était probablement supérieur à celui des tombes rectangulaires, et c'est pour cela que deux d'entre elles ont gardé le nom de « trésors ». Comme nous l'avons noté, l'idée d'Evans selon laquelle les rois défunts avaient été transportés des tombes à tholos dans les tombes à fosses de façon à être mieux surveillés et plus en sécurité, est sans fondement. Les restes royaux étaient déposés dans des chambres latérales spéciales, quand il y en avait, comme c'était le cas pour le Trésor d'Atrée et le Trésor de Minyas. Cette forme existe en Crète dans la tombe à tholos A d'Archanès qui est datée d'un peu avant 1400 av. J.-C. Les autres rois défunts étaient enterrés dans des fosses de la chambre voûtée ou, plus rarement, déposés sur le sol. Des réchauds et des encensoirs, des braseros, des foyers tripodes servaient à dissiper émanations et infections, peut-être aussi à réchauffer le mort, comme en Crète. Des disques de balances, non plus en or comme dans les tombes royales du cercle A, mais en bronze, étaient peut-être en liaison avec l'idée de la pesée de l'âme du défunt. Des lampes continuaient à symboliser la dissolution des ténèbres du monde souterrain.

L'utilisation des tombes comme caveaux de familles était plus évidente dans les tombes à tholos et les tombes taillées. Les défunts sont toujours déposés sur le dos, les membres étendus. Ils n'étaient pas orientés partout de la même façon, quoiqu'il semble qu'on ait préféré une orientation vers l'est. Des restes de cercueils en bois, et peut-être de sarcophages, ont été mis au jour dans quelques tombes ; la plupart d'entre eux ont complètement disparu. Le mobilier funéraire est presque le même, à cette différence près que la céramique — et cela est normal — est très abondante, suivie par les ustensiles en bronze et les armes. Des bijoux accompagnent toujours les morts. Pour ce qui est de la nourriture offerte aux défunts, les exemples les plus caractéristiques viennent de la tombe à tholos de Myrsinochori où, entre autres choses, tout un gigot d'animal avait été offert dans une sorte de poêle. Dans beaucoup de tombes est attestée la coutume de la boisson bue par tous ceux qui accompagnent l'enterrement — aujourd'hui la « makaria », pour éterniser la mémoire du défunt — ; les gobelets étaient restés sur place, en entier ou brisés, souvent à l'extérieur de l'entrée ou dans l'ouverture de la tombe. La porte était presque régulièrement bouchée par un mur de pierres sèches ; quand ce barrage n'a pas été retrouvé c'est que la tombe avait été pillée ; parfois on enlevait la partie supérieure de ce barrage pour enterrer d'autres défunts. Les repas funèbres se faisaient pendant l'enterrement, mais ils n'étaient pas rares non plus les jours de commémoration ; on en trouve les restes sur les remblais des dromoi. Le fait que la tombe soit recouverte par un tumulus était assez fréquent, surtout pour les tombes à tholos ; les murets qui soutenaient la terre amoncelée ont été retrouvés dans bien des cas. Des stèles non décorées et de simples pierres étaient placées sur ces tumuli. Pour chaque nouvelle sépulture, il fallait ôter une partie au moins du remblai du dromos, devant l'entrée et jusqu'un peu au-dessous de son sommet. Pour économiser de la place, quand la chambre de la tombe taillée était pleine, on l'élargissait au moyen de niches ou d'embranchements, et on mettait de côté les ossements des défunts déposés antérieurement. On a ainsi l'impression qu'on ne se souciait pas du tout de ceux-ci, mais ce n'est pas vrai, car on choisissait et on mettait à l'abri les crânes et les principaux ossements dans les coins, dans les bothroi ou même dans des niches. Naturellement, on était plus indifférent quand il s'agissait de parents éloignés ou de personnes enterrées depuis longtemps. C'est alors qu'on s'appropriait leur mobilier funéraire ou qu'on l'ajoutait à celui de ses propres morts. Peut-être cela n'est-il pas tout à fait étranger aux conceptions qu'on avait du monde souterrain. L'âme libérée du corps n'avait plus besoin de soins spéciaux. Mais comme il est normal, à cette époque-là comme aujourd'hui, les défunts finissaient par être oubliés. La croyance en leurs forces occultes s'estompait. On peut suivre le changement des croyances dans les histoires de fantômes et de revenants ; ils agissent surtout quand leur corps n'est pas décomposé. Il n'y a toutefois aucun indice d'embaumement ou de momification du mort ; les remarques de Schliemann dans un cas sont dues à un malentendu ; il s'agissait de l'empreinte des traits ombreux du masque sur des matériaux qui se sont décomposés.

Les objets religieux étaient rares dans le mobilier funéraire quand les défunts étaient de simples mortels ; on ne trouve alors que rarement des symboles, des figurines, des objets avec des représentations religieuses. Au contraire, ils sont nombreux pour les morts du génos royal ou pourvus de hautes charges, et surtout religieuses ; par exemple, une grande partie des feuilles d'or imprimées et des lames des tombes royales du cercle A représentaient des sujets religieux, et la plupart des bagues en or avec des représentations religieuses proviennent des tombes de membres du génos royal et hiératique. Des symboles comme les doubles haches ont été trouvés dans de rares cas, par exemple dans la tombe de Staphylos à Skopélos, avec une figurine féminine en terre cuite portant une cruche sur la tête ; quelques figurines en terre cuite, plutôt grossières, ont également été trouvées dans des tombes de la région de Pylos et de Péristéria. Les figurines sont très fréquentes ensuite dans des tombes du Mycénien récent.

Des restes d'animaux — surtout des chiens et des chevaux —, dans les tombes ou à l'entrée de celles-ci, ne sont pas toujours la preuve de sacrifices. Des animaux favoris pouvaient accompagner leurs maîtres, comme les chiens des tombes taillées de Mycènes, d'Asiné, de Midéa et de Thèbes. Des squelettes de chevaux, dans une tombe de Nauplie et dans le dromos de la tombe de Marathon, sont peut-être les restes des animaux qui tiraient le char funèbre. Mais dans des tombes de Triphylie, Marinatos a découvert des chevaux immolés bien après les sépultures, visiblement à époque grecque. On n'a découvert nulle part des traces de sacrifices humains quoique Persson ait insisté sur le fait qu'il existait des coutumes comme le *sati* dans l'Inde, où la veuve suit son mari sur le bûcher. Tsountas a prétendu qu'il y avait des sacrifices humains, mais cela n'a pas été prouvé.

L'existence de cénotaphes, sûre pour la Crète, est attestée dans le monde mycénien depuis les époques les plus reculées. L'exemple le plus caractéristique se trouve dans une tombe à tholos de Dendra. Dans la chambre funéraire, au lieu des défunts, on a trouvé deux plaques dressées comme des menhirs, et les restes des cérémonies qui avaient eu lieu, devant ou près de celles-ci ; une plaque où l'on égorgeait les animaux et une table sacrificielle, un bothros plein d'ossements d'animaux, un autre vide, peut-être destiné à recueillir le sang des animaux sacrifiés, un troisième avec des ustensiles en bronze, prouvent l'existence de rites, célébrés en l'honneur de personnes qui étaient mortes et dont on n'a pas retrouvé les cadavres. Les menhirs étaient des substituts. Le bothros pour le sang rappelle la scène du monde souterrain dans *L'Odyssée* et le rituel qu'Ulysse a suivi d'après les conseils du devin Tirésias. Une tombe du cimetière de Kalkani à Mycènes était peut-être également utilisée comme cénotaphe ; il y a encore beaucoup d'autres exemples, pas toujours sûrs.

Sur la colline de Kastelli de Thèbes, où l'on a mis au jour la grande tombe à fresques, et sur la colline artificielle d'Ampheion, des zones circulaires avaient été ménagées pour faciliter les jeux funèbres, peut-être même des courses de chars, selon l'idée de Spyropoulos, analogues à celles qui sont décrites dans Homère lors de l'enterrement de Patrocle. Cela n'est pas confirmé de façon absolue, mais le caractère solennel des tombes de Thèbes ne peut être mis en doute ; celle qui avait des fresques présentait, en dehors des motifs décoratifs, des adorantes sur les parastades de l'entrée. Pour les rois et les personnes du génos divin le rituel devait être développé, mais, malheureusement, nous en savons fort peu de chose.

Le problème de la naissance de la civilisation mycénienne
Aperçu historique

L'exposé analytique des données de la civilisation mycénienne — les différentes branches de l'art et les diverses manifestations de la vie dans un cadre chronologique déterminé — peut aider à résoudre le grand problème de sa naissance et de son développement dans un environnement fondamentalement différent, celui de la civilisation méso-helladique. Des deux théories qui ont été émises — celles de la colonisation avancée par Evans et de l'invasion de la Crète de Wace —, la plus logique et la plus adaptée à la réalité semblait être la première, après qu'Evans l'eut soutenue dans des livres et des monographies. Wace perdait visiblement du terrain et les partisans de l'hypothèse opposée augmentaient sans cesse. Il semble que Wace ait surtout puisé ses arguments dans la civilisation du Mycénien récent, et la suite des recherches a prouvé que certains d'entre eux étaient sans fondement. Dans l'intervalle, une étude plus poussée des éléments crétois et mycéniens a prouvé qu'au MR II - HR IIB les deux régions avaient des relations étroites et qu'une foule d'éléments mycéniens avaient pénétré en Crète dans la dernière phase des palais de Cnossos, c'est-à-dire à la période du style dit « du Palais » ; Evans lui-même y avait reconnu un esprit nouveau qui ne pouvait être que l'esprit achéen. Mais il n'a jamais douté que l'Etat était resté minoen jusqu'à la fin et que les archives des tablettes en Linéaire B découvertes à Cnossos étaient écrites dans la langue minoenne. Lorsque, pour la première fois, en 1939, on mit au jour à Pylos des tablettes dans le même système et dans la même forme, le savant britannique crut que c'était là un argument supplémentaire, et d'importance, en faveur de la colonisation minoenne de la Pylie, puisque, d'après lui, les tablettes des archives du palais étaient écrites dans la même langue que les tablettes de Cnossos. Le déchiffrement des tablettes par Ventris et Chadwick, en 1952, a totalement renversé la situation. La plupart des savants ont admis que la langue des tablettes, aussi bien à Pylos qu'à Cnossos, était du grec achéen. Le point de vue de Wace semblait finalement triompher : depuis assez longtemps la langue et beaucoup d'autres traits de la civilisation étaient grecs.

Malgré tout, le problème ne semblait pas résolu. Il aurait été plutôt improbable que les centres méso-helladiques se soient coalisés et aient surpris la Crète avec une flotte — leur vie était essentiellement fondée sur l'agriculture et l'élevage, leur artisanat n'était pas développé, ils ne s'étaient jamais préoccupés de métallurgie, leur navigation et leur commerce n'étaient pas prospères —, à l'apogée de la civilisation minoenne,

1. La fresque des Dauphins du Palais de Cnossos. — 2. La fresque du Singe collecteur de safran du Palais de Cnossos.

1

2

3

3. Cruche de style floral provenant c
Phaistos. — 4. Coupe de style flor
provenant de Zakros. — 5. Vase e
forme de cabas provenant de l'îlot c
Pseira. — 6. Vase fruitier provenant c
Zakros.

5

6

7

8

9

10

7. Amphore pithoïde à neuf anses de style marin provenant de Zakros. — 8. Vase en forme de gourde de style marin provenant de Palaikastro. — 9. Oinochoé de style marin provenant de Zakros. — 10. Amphore à étrier provenant de Zakros.

11 12

11. Cruche imitant un original en métal provenant de la nécropole de Katsambas (port de Cnossos). — 12. Vase rituel provenant de la nécropole de Cnossos dans la région d'Isopata. — 13. Tête d'une figurine de femme. Piskoképhalo (Sitia). — 14. Figurine en terre cuite représentant une adoratrice de la déesse. Piskoképhalo (Sitia).

13

14

15. Figurine en faïence de la déesse majeure aux Serpents. Palais de Cnossos.

17

▲ 17. Rhyton en stéatite en forme de tête de taureau. Petit palais de Cnossos.
◀ 16. Figurine en faïence de la déesse mineure aux Serpents. Palais de Cnossos.

18. Rhyton en chlorite en forme de tête de taureau. Palais de Zakros.

19. Gobelet en stéatite dit ▶
« coupe du capitaine ».
Villa royale de Haghia
Triada.

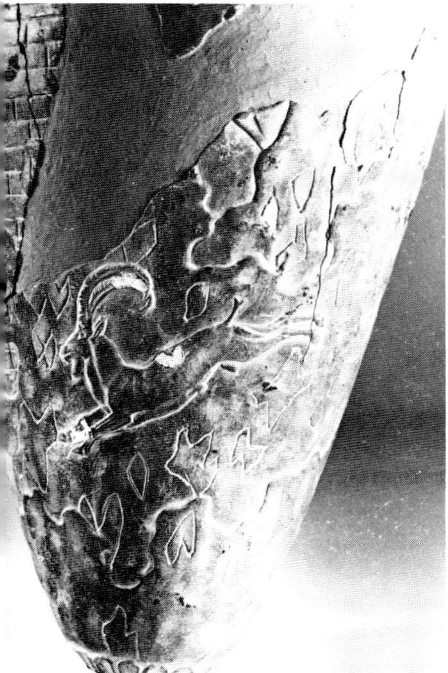

20. Rhyton en chlorite dit du
« Sanctuaire de sommet ». Détail.
Palais de Zakros.

21

21. Amphore rituelle en marbre veiné provenant du Palais de Zakros.
22. Rhyton en porphyrite. Palais de Zakros.
23. Rhyton en cristal de roche. Palais de Zakros.
24. Calice de communion sacrée en obsidienne. Palais de Zakros.
25. Calice de communion sacrée en marbre veiné. Palais de Zakros.

22

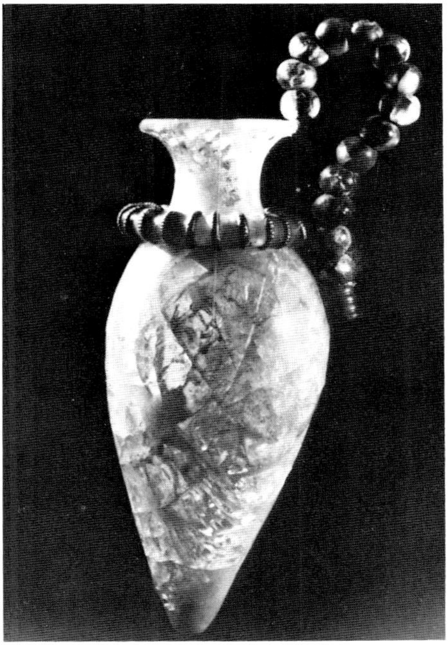

23

24

25

26. Idole d'adorateur en bronze provenant de Grivigla (district de Réthymnon).

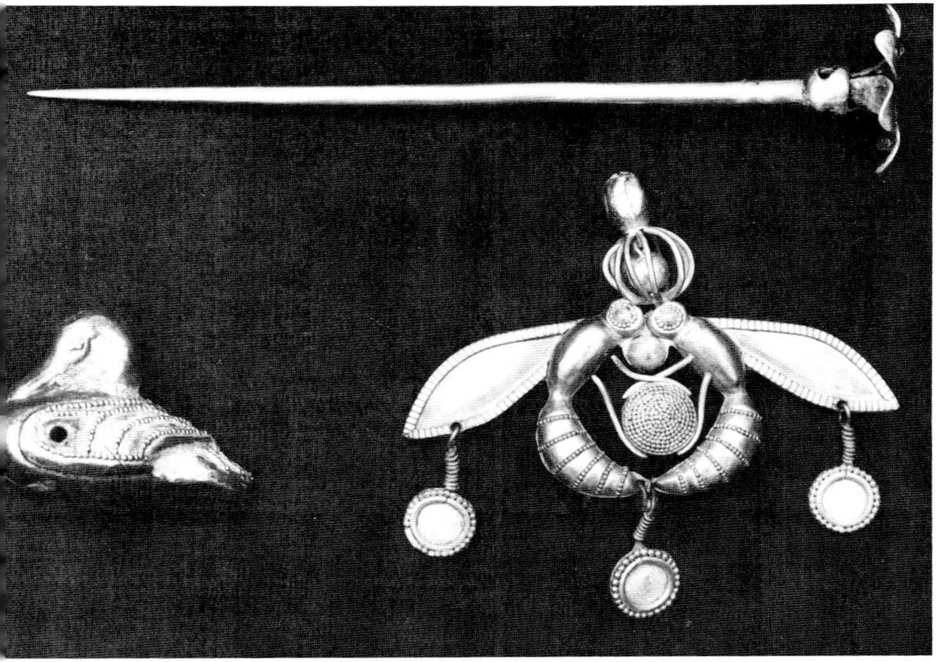

▲ 27. Bijoux en or : pièce de collier en forme de canard (Palais de Cnossos); épingle et pendentif ayant la forme de deux abeilles (Malia).

28. Bague en or provenant d'Isopata (région de Cnossos). ▶

29 30

29. La fresque aux Singes. Maison B de la colonie minoenne de Théra.
30. La fresque des Antilopes et des Enfants boxeurs. Maison B de la colonie minoenne de Théra.
31. Pot à fleurs de la colonie minoenne de Théra.

32. « Cymbé », sorte de poissonnière, provenant de la colonie minoenne de Théra.

31

32

33. Rhyton en forme de tête de taureau en argent et en or provenant des tombes royales (Cercle A) de Mycènes.

34. Canthare en or provenant des tombes royales (Cercle A) de Mycènes.
35. Bague en or représentant des sphinx antithétiques, provenant de la nécropole de Mycènes.

36. Une galerie à cas
mates de Tirynthe.
37. Le tombeau à co
pole dit « des lions
Mycènes.
38. Représentati
d'un char guerrier s
un cratère de Mycèn
39. La « Belle Myc
nienne », fresque
Mycènes.

38

39

40. Sarcophage en terre cuite du district de Réthymnon. Détail.

41. Tête d'une déesse en terre cuite provenant de Gazi, district d'Héraklion.

aux environs de 1600 av. J.-C., alors que les Minoens avaient installé des comptoirs commerciaux et des colonies dans la plupart des îles de la mer Egée, grâce à une flotte qui dominait les mers, comme l'ont montré les fresques de Théra. Et même si l'on admet que Cnossos a été surprise parce qu'elle était prise au dépourvu après la catastrophe sismique des environs de 1600 av. J.-C., comment aurait-il été possible que la Crète tout entière, avec ses nombreux centres, n'ait pas pris sa revanche mais ait laissé se constituer des centres mycéniens, exactement depuis ce moment-là, et une aussi grande puissance ? On ne conçoit pas non plus que les habitants du méso-helladique, avec une seule expédition en Crète, aient changé brusquement le caractère de leur civilisation et la forme de leurs maisons, adopté les croyances religieuses et les coutumes de leurs adversaires. Et il est encore plus inexplicable qu'ils aient changé si radicalement de nature et de tendances et qu'ils soient devenus les principaux rivaux de la Crète. Marinatos a vu les difficultés qui se présentaient et il a recherché une autre explication à ce changement soudain et à cet enrichissement rapide. Il a émis l'idée que les Egyptiens avaient demandé l'aide des populations méso-helladiques pour secouer le joug des Sémites Hyksos, et fonder le Nouvel-Empire, payant ces mercenaires avec de l'or. Ces guerriers du continent grec seraient, soutenait-il, entrés en relation, tant en Egypte qu'en Crète par où ils sont passés, avec le monde minoen, auraient épousé des Crétoises et auraient ainsi changé de mode de vie, en suivant de près les modèles de la civilisation minoenne beaucoup plus évoluée que la leur. Mais alors les difficultés se multiplient tellement que cette théorie devient totalement inacceptable. En effet, pourquoi les Egyptiens auraient-ils eu recours à ces agriculteurs qui n'avaient ni flotte ni armement et non à la puissance crétoise bien armée et qui dominait les mers ? D'autre part, la fin du pouvoir hyksos date de 1570 alors que la civilisation mycénienne était florissante et que des tombes royales avaient déjà été construites. Les armes de la reine-mère Aahotep, mère du fondateur du Nouvel-Empire, Amosis, un peu après le début de la XVIIIe dynastie, la première du Nouvel-Empire, avaient été fabriquées par des artisans minoens et non mycéniens, comme l'ont soutenu quelques spécialistes. Parmi les objets d'or des tombes royales, aucun n'est de forme égyptienne et, comme cela a été prouvé, ils s'échelonnent sur 120-150 ans et non sur un laps de temps très court ; d'autre part, ce n'est pas dans une région particulière du monde mycénien qu'on découvre des objets d'or du Mycénien ancien, mais dans tous les centres mycéniens importants.

Les arguments sur lesquels Wace a fondé sa théorie ont presque tous été puisés dans le Mycénien récent : le caractère fondamentalement différent des palais dont l'élément essentiel est le mégaron mycénien d'origine nordique, les fortifications cyclopéennes des acropoles, la forme nouvelle des armes et des vêtements, l'esprit conventionnel et surtout abstrait de la décoration, etc. D'autres arguments se sont révélés sans fondement : que les longues épées et lances se sont développées pour la première fois dans le monde mycénien, que les tombes à tholos ont évolué sur place des formes primitives aux plus perfectionnées et qu'elles doivent avoir une origine nordique ou occidentale, que les tombes à fosses rectangulaires ne sont que la continuation des tombes à cistes méso-helladiques, forme totalement inconnue en Crète, que la céramique était de type méso-helladique au début et n'a reçu qu'ensuite les influences minoennes, tandis qu'en même temps il y avait quelques importations crétoises, etc. En réalité, les premières longues épées ont été créées en Crète et les Mycéniens les ont imitées jusque dans les détails. Il en est de même pour les lances. Les tombes à tholos ont perpétué une tradition crétoise remontant à la période prépalatiale et qu'on trouve jusqu'au moment de la naissance de la civilisation mycénienne ; il s'agit plutôt d'une transplantation du type, qui s'est faite dès le début. Les tombes à fosses rectangulaires n'étaient pas inconnues en Crète quoiqu'elles y aient été rares ; les tombes mycéniennes sont une transformation des tombes méso-helladiques, sous une forte influence minoenne. Ensuite il n'est pas vrai que la première céramique avait d'abord un caractère méso-helladique ; la céramique locale de types minyen et mat, influencée, elle aussi, et largement, par la céramique contemporaine crétoise et cycladique, coexiste avec la céramique minoenne importée, la céramique minoenne locale et la céramique d'imitation locale. Et c'est exactement ce qu'on attendrait dans le cas d'installations crétoises à caractère colonial, comme le montrent les exemples correspondants dans les colonies minoennes, les colonies grecques et les colonies plus récentes. Ces quatre types nous les suivons dans d'autres branches de l'art — surtout dans le travail du métal —, tandis qu'il y a des branches où l'on a suivi plus fidèlement la tradition crétoise, comme par exemple la glyptique, la technique des vases de pierre, la faïence, l'ivoire et l'art de l'incrustation.

Comme nous l'avons vu dans les chapitres correspondants, le monde mycénien a suivi les systèmes politiques et économiques de Crète et les modes de vie minoens ; on avait les mêmes croyances fondamentales et les mêmes coutumes. Une telle adaptation ne peut pas se produire chez des gens qui, pendant des siècles, ont eu leur propre façon de vivre et qui n'étaient pour ainsi dire pas influencés par l'environnement plus ou moins proche. Dans les habitats purement méso-helladiques et les tombes, c'est tout juste si l'on rencontre des objets importés de Crète, et les imitations sont encore moins nombreuses. Les influences commencent à se manifester juste avec l'apparition de la civilisation mycénienne. Les exemples de la colonisation crétoise dans les îles offrent des ressemblances trop grandes avec ce que nous connaissons sur le continent grec au début de la civilisation mycénienne, pour qu'on ne les attribue pas à des événements analogues. Et quoique nous ignorions encore la forme qu'avaient dans cette région l'architecture palatiale et l'architecture domestique, nous avons bien des indices et bien des raisons de croire que, là aussi, les modèles minoens ont été fidèlement suivis. Dans le plus ancien Kadmeion de Thèbes du moins, bâti juste après le Mycénien moyen, les formes, comme nous le verrons plus bas, semblent assez comparables aux formes crétoises. Les quelques éléments qui ont été mis au jour dans les couches les plus profondes du palais de Mycènes, sont minoens — cryptes, propylon, escalier de type crétois. Même les rares éléments d'écriture que nous avons, et par conséquent de la langue — quelques syllabes et idéogrammes gravés sur des chaudrons de Mycènes et sur la jambe d'entrée d'une tombe de Péristéria — témoignent qu'on utilisait le Linéaire A de Crète pour transcrire la langue minoenne.

Il existe un domaine de la vie et de l'activité où les différences sont importantes ; elles ont été attribuées, par la plupart des savants, à une origine raciale différente : la combativité des habitants de la Grèce mycénienne s'oppose grandement à l'esprit pacifique des Minoens. Dès le début de la civilisation mycénienne, les représentations de lutte sont abondantes et on en distingue même qui sont véritablement des combats ; il semble donc qu'un nouvel esprit, de caractère épique, si caractéristique dans les poèmes homériques, était en développement dès ce moment-là. Ce point a été tellement accentué et souligné qu'on l'a considéré comme essentiel pour résoudre le problème de la création de la civilisation mycénienne. Mais en Crète à la même époque on rencontre — et l'on rencontrait déjà avant — des représentations de lutte, dont certaines étaient même des combats ; sans parler de l'esprit de lutte qu'on trouve dans les concours purement athlétiques, dans les captures de taureaux et dans les chasses aux animaux dangereux (lions, chats sauvages, panthères, etc.) nous rappellerons que la mosaïque de la ville, en plaques de faïence, qui a été trouvée à Cnossos et date de la première phase néo-palatiale — la phase qui précède la création de la civilisation mycénienne —, porte une scène mixte de chasse et de guerre, et que la ville dont les petites maisons sont conservées était peut-être assiégée. C'est une expédition navale qui a été représentée sur une fresque incontestablement crétoise de Théra, et une autre, semblable, est figurée sur le rhyton en argent de Mycènes, crétois lui aussi. Des scènes de combats, même à petite échelle, ont été rendues sur des sceaux dont on a retrouvé des empreintes à Haghia Triada et à Zakros. Sur des empreintes analogues de Cnossos ont été figurés des guerriers avec des boucliers, ou même des boucliers alignés suspendus ; la fresque des boucliers de Cnossos, dans le grand escalier, comme aussi la fresque dite du « Chef des Noirs » datent, selon Evans, de l'époque qui a précédé l'installation de la dynastie créto-mycénienne à Cnossos. D'autre part, il est de fait que là où des colonies se sont établies pacifiquement, que ce soit dans l'antiquité ou dans le nouveau monde, les colons ont très vite été obligés de changer de mode de vie et de devenir des guerriers pour se protéger de l'entourage indigène qui se faisait de plus en plus ennemi. Si en Crète la paix intérieure a été assurée pendant de longs siècles sur la base d'un système théocratique, en Grèce continentale les Etats mycéniens hétéroclites n'ont pas dû rester longtemps sans que des conflits se produisent.

La forme sous laquelle est apparue la civilisation mycénienne dans le sud et le centre du continent grec est très semblable à celle qu'elle a prise dans les Cyclades après la colonisation minoenne, et ce serait là un argument supplémentaire en faveur de l'extension de cette colonisation dans une zone beaucoup plus vaste. On pourrait apprendre beaucoup de choses en comparant les éléments des différentes colonisations depuis l'antiquité jusqu'à aujourd'hui. La plupart des installations coloniales se sont faites par infiltration pacifique et propagation d'une civilisation plus élevée, très bénéfique pour un environnement relativement peu développé. En règle générale les colons ont une politique d'adaptation et sont disposés à offrir toutes sortes d'échanges, évitant d'opprimer systématiquement l'élément local. La résistance de ce dernier se fait plus tard, quand il se rend compte de l'exploitation à laquelle il est soumis et acquiert une conscience nationale. Le problème est toujours de savoir dans quelle mesure la puissance coloniale va permettre la valorisation politique et administrative des éléments indigènes qui, en s'adaptant, vont devenir indépendants vis-à-vis de la métropole. En général le premier stade de la coexistence, sous le haut commandement des colons, est suivi du second, stade d'assimilation, et presque toujours du troisième, celui du renversement des dynastes étrangers par l'élément local désormais civilisé qui finit par dominer. Si, dans le monde mycénien, l'évolution s'est faite ainsi, il est facile d'expliquer les différences dans les trois périodes successives de la civilisation mycénienne.

Dans la tradition antique on devrait retrouver des traces, même altérées, confirmant la conception de la colonisation, comme c'est le cas pour les îles de l'Egée où cette tradition est formelle. Malheureusement, très peu d'éléments nous conduisent directement en Crète : certaines parentés entre des membres de familles royales, un apport crétois dans la fondation de grands sanctuaires comme Olympie, Eleusis et Delphes, quelques indices sur des expéditions crétoises et des installations sur les côtes et dans les îles du golfe Saronique, dans la région de Marathon et en Etolo-Acarnanie, en rapport avec les Courètes. Les installations minyennes de Pylie-Triphylie ne pourraient avoir qu'un rapport indirect avec la Crète. Il était généralement admis que les grandes dynasties mycéniennes avaient une origine étrangère soit égyptienne, soit lycienne ou bien encore phénicienne. Il faut souligner que dans tous ces cas il pourrait s'agir d'une colonisation crétoise indirecte puisqu'il y avait eu dans ces régions de l'Orient des installations minoennes.

La conception d'une colonisation crétoise de grande échelle comme principale raison de la création de la civilisation mycénienne ne peut être considérée que comme une théorie scientifique à vérifier. En attendant, on peut admettre que l'explication la plus logique des données à notre disposition jusqu'à ce jour est la suivante : vers 1600 av. J.-C., après une période de secousses sismiques en Crète, de nombreuses colonies crétoises ont été fondées dans les îles, dans le sud et le centre du continent grec ; la première période pendant laquelle la forme extérieure de la civilisation a gardé son caractère crétois, tandis que le noyau achéen demeurait stable, doit s'être terminée par l'assimilation du monde helladique au monde minoen. L'éruption volcanique des environs de 1450 a détruit les centres crétois et, sans aucun doute, mais à un moindre degré, les centres mycéniens de l'est ; c'est alors qu'ont dû être détruits les anciens palais mycéniens. Après une petite période de calme, un groupe d'Achéens profitant du chaos qui régnait en Crète après la catastrophe, installa à Cnossos une dynastie créto-achéenne et domina toute la Crète. La deuxième vague de colonisation crétoise date de l'éruption volcanique et s'est dirigée vers la zone pour eux la plus sûre, l'ouest du Péloponnèse, et peut-être même l'Etolo-Acarnanie. Au début du XIVe siècle, de nouvelles installations crétoises, indirectes cette fois, se sont faites à partir de la région minyenne du golfe de Pagasai, de la Lycie-Carie et de la Syro-Phénicie. C'est à celles-ci qu'il faut rattacher les installations en Pylie-Triphylie, en Argolide et en Elide où ont été fondées de nouvelles dynasties, et en Béotie où l'installation légendaire de Cadmos a été réalisée. La destruction finale des grands centres palatiaux crétois a laissé le champ libre à l'extension des centres mycéniens et à leur rajeunissement, sous le commandement achéen cette fois.

L'infiltration achéenne est allée alors jusqu'aux confins de la Méditerranée et le syncrétisme des peuples a engendré ce qu'on a appelé la « koinè mycénienne ».

CHAPITRE II

LE BRONZE RÉCENT DANS LE SUD DU CONTINENT GREC
(Mycénien récent)

On a jugé préférable de présenter les éléments culturels et la vie au Mycénien récent en commençant par le sud du continent grec (avant les îles de l'Egée et la Crète), car c'est sur le continent que la civilisation de cette période a pris sa forme caractéristique ; elle s'est ensuite étendue sur tout le monde égéen, et plus loin encore, avec un caractère commun qui a justifié le terme de « koinè mycénienne ».

Cette fois les changements ont été radicaux et sont dus, incontestablement, à l'initiative de l'élément grec local qui a fini par l'emporter sur les colons venus, directement ou indirectement, de Crète. Maintenant, tous les arguments fournis par Wace et ses partisans prennent leur valeur : la civilisation, malgré sa coloration crétoise, a un caractère fondamentalement grec. Des besoins nouveaux se sont manifestés : la fortification des sites, la reconstruction des palais selon un système plus adapté aux conditions locales et au caractère de la tribu grecque ; semblable mise au point a été faite dans les habitats, et l'architecture funéraire a été adaptée à certains changements dans les coutumes qui pourtant, dans leur ensemble, sont restées conservatrices. Dans l'art, le renouvellement n'a pas été radical ; l'évolution s'est faite plus naturellement. Mais les tendances fondamentales qui avaient leur source dans l'élément grec et s'étaient manifestées depuis le début de la civilisation mycénienne ont fini par l'emporter, et la production en grandes quantités qu'exigeait l'expansion du commerce, a contribué à donner à l'art, dans ses différentes expressions, un caractère plus conventionnel et plus stéréotypé qui l'a fatalement conduit à la décadence. Le Mycénien récent a pourtant été en grande partie, il faut l'avouer, une période de prospérité, dont nous avons une image beaucoup plus complète que pour les périodes précédentes. Et même, en ce qui concerne la vie, totalement renouvelée dans ses diverses expressions, nous disposons de bien davantage d'éléments, et en plus des vestiges matériels nous avons des documents écrits qui forment de véritables archives. C'est donc la première fois que nous nous trouvons entre la préhistoire et l'histoire.

L'architecture défensive

La puissance acquise par la plupart des centres mycéniens après la destruction des palais de Crète a engendré de grandes rivalités entre eux et les a obligés à se protéger même envers des adversaires éventuels, tels que, par la suite, la Crète, les Cyclades et l'Asie Mineure. Les traditions concernant les guerres où des forces se sont coalisées contre Thèbes et Troie, les rivalités entre Tirynthe et Mycènes, Orchomène et Thèbes, la prise de villes comme Pylos, Elis et Oichalia par Héraklès, témoignent de ces antagonismes et prouvent combien il était important que les centres fussent soigneusement fortifiés. De tels murs, faits de gigantesques pierres, ne pouvaient avoir été construits, croyait-on, que par les Cyclopes, à moins qu'un « charme » n'ait été exercé, comme dans le cas de la musique d'Amphion qui a contribué à ce que les pierres se mettent toutes seules à leur place pendant la fortification de la Cadmée. Il est clair que les dynasties qui exerçaient alors le pouvoir dans les centres mycéniens n'étaient pas du tout pacifiques. Le moindre prétexte tournait en guerre, mais les véritables raisons étaient les rivalités commerciales et les revendications de terres.

Les fortifications les plus caractéristiques demeurent toujours celles de Mycènes, bien qu'il y ait eu des murs plus épais — ceux de Tirynthe — ou plus longs — ceux de Gla en Copaïde. L'étude en a surtout été faite par Wace et Mylonas ; l'anastylose qui a été réalisée par le Service archéologique grec dans les endroits les plus importants, a mis encore davantage en valeur les murs et les portes. Lors des recherches de détails, Mylonas a pu retracer l'histoire et l'évolution de ces fortifications ; il a confirmé qu'aucun secteur n'était antérieur au MR IIIA. La surface fortifiée, de forme grossièrement triangulaire, dépasse les 30 000 mètres carrés. A l'ouest et au sud, quelques tronçons de l'enceinte ont été détruits ; ailleurs elle est plutôt bien conservée. Le parement extérieur et le parement intérieur des remparts ont été construits à la manière cyclopéenne, en pierres sèches, et ils sont reliés par un blocage de petites pierres et d'argile. Pour faire du grandiose, mais aussi pour plus de stabilité, les deux portes principales et les tours qui les protégeaient ont été faites de grandes assises en appareil pseudo-isodome. Il y a des pierres qui atteignent trois mètres de long et presque deux de haut. Cette belle construction n'existe qu'à l'ouest, dans la partie qui a été bâtie ultérieurement pour protéger les tombes royales et permettre la construction, à l'intérieur de l'enceinte, de maisons pour les dignitaires et de sanctuaires. A cette occasion on a refait la porte nord et on a détruit le tronçon qui se trouvait entre l'acropole originelle et l'extension du mur ; on distingue encore les extrémités de ce mur. C'est alors qu'on a ajouté, toujours en appareil pseudo-isodome, une tour rectangulaire à l'extrémité sud-est. Un petit tronçon du mur ouest, construit en appareil polygonal, est une réfection hellénistique ; une tour a également été construite, en même appareil, dans l'angle sud-ouest. L'épaisseur des murs varie de 5 à 8 mètres. Dans la partie la plus large, au nord, des petites pièces, peut-être des magasins pour entreposer munitions et nourriture, ont été ménagées à l'intérieur. Une autre petite pièce a été ajoutée, avec un toit en bâtière, peut-être pour les gardes. Ces changements ont été effectués à la fin, lors d'une nouvelle extension, assez limitée celle-ci, vers l'est ; elle était destinée à approvisionner l'acropole en eau : un tunnel a été construit, qui partait de ce nouveau mur et, par un escalier, descendait vers la source se trouvant à une certaine distance à l'extérieur. Pour écarter le danger on construisit alors, près de l'entrée vers la source, une poterne de secours, sans aucun doute secrète. Une autre semblable, dans la partie sud de l'extension, menait à un petit plateau au-dessus du ravin et elle était destinée à surveiller l'accès difficile en montant du torrent du Chavos. La hauteur initiale du mur était peut-être de 18 mètres, si l'on prend pour critère la hauteur de la tour hellénistique conservée. Il est toutefois difficile de parler des créneaux qui devaient théoriquement exister au-dessus du mur. Aujourd'hui le mur mycénien ne dépasse nulle part les 8,50 mètres. Il a suivi la conformation du rocher et n'a pas partout un tracé tout à fait régulier, droit ou courbe. D'après les éléments dont nous disposons, on peut penser qu'il existait partout un passage entre le mur et les constructions intérieures ; mais en bien des endroits, le passage a été bouché dans la dernière phase par des constructions rajoutées et le circuit comportait de nombreuses déviations.

La porte principale, la porte des Lions — on l'a appelée ainsi à cause de la plaque sculptée qui ferme le triangle de décharge au-dessus du gigantesque linteau (il pèse plus de 52 tonnes) — est la porte la plus monumentale qui ait été conservée ; elle est faite de quatre blocs de pierre — les parastades, le linteau et le seuil — qui laissaient une ouverture d'environ 3 × 3 mètres. Les trous de gonds prouvent qu'elle était fermée par deux battants, visiblement en bois, revêtus de bronze. On distingue encore les entailles pour les barres et les encoches pour les attaches quand la porte restait ouverte. Sur le seuil on voit les traces des roues des chars ; sa surface n'était pas lisse, pour éviter qu'on ne glisse. Le relief au-dessus de la porte — nous en parlerons ailleurs — traduisait symboliquement la puissance de la maison royale et la protection divine dont elle bénéficiait. L'accès de la porte était protégé, à gauche par un redan du mur, à droite par la tour construite en appareil isodome. Entre les deux se formait une sorte d'avant-cour. Juste après, à l'intérieur de la porte, on se trouvait dans une petite cour couverte avec, à l'est, une sorte de niche, peut-être pour un chien de garde ou pour des idoles.

Deux cent cinquante mètres à l'est, dans la branche nord du mur, s'ouvrait la deuxième porte, plus petite, protégée par une petite tour saillant sur la droite ; les quatre pierres formant l'entrée étaient analogues à celles de la porte des Lions, mais plus petites ; le triangle de décharge, au-dessus du linteau, était fermé par deux plaques dressées. Les trous dans le seuil et dans le linteau, les entailles dans les parastades montrent que la porte était fermée de la même façon, par des battants, en bois, doubles cette fois. Une petite cour était ménagée à l'intérieur et c'est de là que partait le passage unissant les deux portes. A gauche, une petite pièce triangulaire, sous l'escalier montant vers la terrasse la plus haute, servait de poste de garde. Nous avons déjà parlé des deux autres sorties construites dans l'extension de l'acropole, à l'est ; ce n'était pas véritablement des portes et elles répondaient à des besoins purement défensifs. La construction de celle du sud-est rappelle, en plus petit, les casemates de Tirynthe avec leur arc brisé. L'autre, celle du nord, ressemble à un égout de grande section.

Les chercheurs ne sont pas tous tombés d'accord sur la date des différents tronçons de l'enceinte ; mais les études de Mylonas ont contribué à éclaircir les problèmes chronologiques et confirmé l'extension progressive de l'acropole. Les indices sont à la fois techniques et morphologiques, et il y a aussi les tessons qui ont été trouvés dans les interstices du mur. La partie nord a été datée de l'Helladique récent III A2, soit au milieu du XIVe siècle av. J.-C., l'extension ouest, avec la porte des Lions, du HR IIIB avancé, pas avant 1300 av. J.-C. La deuxième porte a été aménagée à la même époque, si bien qu'à l'origine le mur ne présentait aucune solution de continuité. La plus grande partie du côté sud est du HR IIIC, de la fin du XIIIe siècle. Mylonas a réussi à retrouver les traces des murs détruits à l'est et à l'ouest, qui faisaient partie de la fortification primitive. A partir de là, il a fixé la position originelle des portes : au milieu du côté ouest avec accès depuis le sud, et à l'extrémité nord-est. Il faut toutefois reconnaître le caractère hypothétique de cette solution ; elle suppose que la pente du plan incliné — la « rampe » primitive — était opposée à celle qui a été aménagée après l'extension ouest du mur pour monter sur le sommet de l'acropole proprement dite, à l'intérieur de la porte principale. Cette rampe a d'ailleurs été refaite à plusieurs reprises et finalement son mur de soutènement s'appuyait sur les plaques de l'« anneau » des tombes royales. Mylonas a également soutenu que lors de l'extension de l'acropole, aux environs de 1300 av. J.-C., on avait englobé une surface à l'est, exactement celle où ont été construits par la suite les annexes du palais et de nouveaux ateliers. L'extension finale du mur vers l'est a enclos un espace incomparablement plus limité dont la forme, en gros, ressemble à une tête de chien. L'aménagement du passage vers la source, pourvu d'un escalier de plusieurs marches, la succession des tunnels et enfin la fontaine souterraine, constituent une œuvre très importante de la phase finale.

L'évolution, la forme architecturale et le mode de construction des murs de Tirynthe ont été étudiés en détail par Kurt Müller après Dörpfeld et Karo. Le système des fortifications a avancé en s'échelonnant progressivement du sommet de la colline à l'acropole moyenne, puis à l'acropole basse. Ainsi, bien que tout le système de fortifications date du Mycénien récent, il a été réalisé, comme à Mycènes, au cours de phases successives. Dans la première, ce n'était qu'une simple péribole qui se limitait au sommet de la colline en se confondant aux murs extérieurs du palais. La porte se trouvait à l'endroit où furent ensuite construits les propylées. La partie sud avec la porte était la plus fortifiée. Dans la deuxième phase on a ajouté un second secteur d'enceinte pour préserver l'acropole moyenne, derrière le palais, et un autre au sud, pour la rendre plus inaccessible. A l'est, l'accès a été protégé par un mur extérieur et, entre celui-ci et le côté est du mur intérieur, des portes ont été aménagées, flanquées de petites tours. L'aménagement final a donné à ce secteur une allure de dipylon. La porte extérieure avait la forme et les dimensions de la porte principale de Mycènes. Dans la troisième phase, l'enceinte des murs a enclos toute l'acropole basse, on a construit la rampe d'accès et, à l'est et au sud, on a aménagé les fameuses casemates dans l'épaisseur des murs qui, à ces endroits, atteignait 17 mètres. Aujourd'hui la hauteur des murs est difficile à déterminer avec quelque précision ; en certains points ils sont conservés jusqu'à 7,50 mètres et leur construction avec des blocs énormes est celle que la tradition a attribuée aux Cyclopes. Tirynthe avait la réputation d'être une acropole particulièrement bien fortifiée, justifiant l'épithète τειχιόεσσα d'Homère. Le parement extérieur des remparts dessine quelques redans. Il faut souligner les mesures prises pour assurer une meilleure défense : sorties protégées et accès à l'eau par des tunnels spéciaux, qu'on a récemment découverts, se continuant sous le rempart ouest du mur de l'acropole basse ; trois sorties étroites — l'une avec escalier — ont été construites en différents points de ce dernier, et un mur en courbe protégeait le très long escalier qui descendait du bastion ouest de l'acropole moyenne. Au sommet, l'entrée se faisait par un pont-levis qui recouvrait une large entaille dans le rocher. Des petites niches rectangulaires à l'intérieur du mur de l'acropole basse servaient, semble-t-il, de magasins et de postes de garde. La partie la plus intéressante de la fortification était sans aucun doute les deux séries de casemates, une sorte de galerie à toit en arcs brisés, qui menait sur le côté à une série de magasins rectangulaires d'où, par des petites ouvertures, on pouvait observer la plaine. La galerie sud était accessible par un étroit escalier dans l'angle. Une tour avec deux pièces à l'intérieur a finalement été ajoutée au sud-ouest de l'acropole, à l'extérieur des casemates sud.

Des acropoles comme celles de Mycènes et de Tirynthe devaient être difficiles à conquérir avec les armes de l'époque. En outre, de grandes quantités de nourriture et de munitions, stockées dans des magasins spéciaux, et l'eau en abondance leur donnaient une sécurité, même en cas de long siège. C'est ainsi qu'à l'époque grecque encore, en 486 av. J.-C., l'acropole de Mycènes a résisté aux attaques et n'est tombée qu'après un siège prolongé. Mais peut-être les deux acropoles n'ont-elles finalement pas tenu pendant le long siège des Doriens et des Héraklides. Nous parlerons dans un autre chapitre des relations des deux acropoles à l'époque de leur prospérité.

Les fortifications étaient extrêmement coûteuses et exigeaient une grande concentration de forces ; c'est ainsi que tous les centres mycéniens n'étaient pas fortifiés — nous sommes surpris par le fait que Pylos soit restée sans fortifications jusqu'à la fin et se soit contentée de l'enceinte de contrôle — et que ceux qui l'étaient ne possédaient pas des murs comparables, même de loin, à ceux de Mycènes et de Tirynthe. Il nous semble donc inutile de parler de Midéa et d'Asiné, d'Argos — sur la Larissa et sur l'Aspis — et de Mouriatada dans la région de Pylos, de Brauron, de Thorikos et d'Haghios Kosmas en Attique, d'Eutrésis en Béotie et peut-être d'Iolkos. Le tronçon de mur cyclopéen pourvu de petites tours qui a été découvert dans la région de Kenchréai, port de l'isthme de Corinthe, a été interprété par les uns comme une tentative de fortification de l'isthme, par d'autres — et ils sont peut-être davantage dans le vrai — comme un mur destiné à couper la terre ferme de la zone d'accès à la mer du golfe Saronique. Nous ne parlerons ici que de trois autres fortifications : celle de l'Acropole d'Athènes, celle de la Cadmée à Thèbes et celle de Gla en Copaïde.

Le mur cyclopéen de la première — celui que les Athéniens de l'époque grecque ont appelé « pélasgikon » — n'est conservé que par endroits, quoique ce soit le même mur qui ait continué à être utilisé jusqu'à l'invasion de Xerxès ; par la suite les habitants d'Athènes en ont respecté les vestiges. L'étude en a été faite par Broneer et Iakovidès qui ont relevé de façon systématique les restes conservés. Le mur a suivi le rocher, c'est pourquoi son tracé est serpentiforme, avec des coudes et des saillies, avec des angles vifs et des courbes. La place des deux portes, au nord et à l'ouest, protégées par des saillants — celle de l'ouest l'était aussi par une petite tour qui est aujourd'hui incorporée dans la tour d'Athéna Nikè — a été fixée de façon précise, mais il existe plusieurs hypothèses quant à leur forme exacte. Dans son ensemble la fortification date du HR IIIA et B, mais des remaniements ont été effectués au HR IIIC : un autre mur a enclos la zone des grottes du nord, et un peu plus à l'est une fontaine, accessible par une série de petites marches dans le rocher et des petits escaliers en bois, a été installée dans une crevasse. C'est alors que la porte nord a été réadaptée en direction du sud. Les tronçons du mur qui sont encore visibles maintenant se trouvent dans la partie sud des Propylées, dans l'angle sud-est du Parthénon et à l'est du musée. Nous avons du mal à raccorder les vestiges conservés avec la tradition des neuf portes pélasgiques ; peut-être y avait-il une autre adjonction à l'ouest dont il n'est rien resté.

Des fortifications de l'acropole de la Cadmée — la tradition reliait leur construction à Amphion et à Zéthos et elle leur attribuait neuf portes dont elle donnait encore les noms — ne sont conservés que des tronçons, surtout dans la région des portes Proitides d'est, du nord, sous le musée actuel, et à l'ouest ; peut-être les recherches futures en mettront-elles au jour davantage. Le tracé du mur et la place des portes sont à peu près connus puisqu'on a découvert les portes Electres d'époque grecque et la source Dirké dans la région des portes Dircéennes.

L'acropole de Gla en Copaïde, dont nous ignorons le nom mycénien, a été fortifiée différemment, pour répondre à sa destination : servir de refuge en cas de besoin aux bourgades de la plaine qui, sans aucun doute, continuait à être dominée et exploitée par Orchomène. C'est dans ce but qu'on a construit, en pierres de taille moyenne, un mur qui, dès le début, entourait toute l'acropole sur une longueur d'environ trois kilomètres ; la surface enclose était donc de plus de 20 hectares. Son épaisseur était de 5,50 mètres environ et la hauteur, ne dépassant pas aujourd'hui 3 mètres, devait au moins être du double, si l'on en juge d'après les pierres dispersées aux alentours. La construction est plus régulière que celle, cyclopéenne, des autres grandes acropoles. Après de Ridder, c'est Threpsiadès qui a étudié le plus systématiquement le mur et les portes. Les portes A et B du côté sud sont les plus importantes — la deuxième est géminée — et elles sont protégées par des saillants utilisés comme de petites tours. Les chambranles des portes étaient fixés au milieu des passages, qui étaient dallés. A l'intérieur on avait aménagé des postes de garde et des petits escaliers pour monter sur le sommet du mur. Devant la porte A, à côté de la grande tour, il y avait une avant-cour. La porte nord-est n'était pas très différente ; une longue rampe y conduisait. Il n'y avait pas de tours, mais les extrémités du mur étaient renforcées et prolongées. La quatrième porte, au nord, plus simple, menait vers la partie ouest de l'acropole qui n'abritait pas de constructions. Il semble que c'était l'entrée pour les troupeaux. L'acropole et les murs ont été utilisés jusqu'à la fin du HR IIIB, c'est-à-dire presque jusqu'à la fin du XIIIe siècle.

Architecture et construction palatiales

Aucun des ensembles palatiaux mycéniens conservés n'est plus ancien que le début du Mycénien récent, époque à laquelle a été détruit le dernier palais de Cnossos, vers 1380 av. J.-C. Mais la forme des palais a changé au cours de cette période et ceux qui sont conservés datent essentiellement de la phase finale, c'est-à-dire Helladique récent IIIB. Les vestiges les plus anciens se confondent et ce n'est qu'à Thèbes que nous pouvons les suivre de façon relativement satisfaisante.

Le caractère des palais est toujours multiforme, comme dans les palais minoens. Ce n'était pas seulement des demeures royales mais aussi des centres de la vie politique, sociale, économique et religieuse, et tout autour étaient groupées les maisons des dignitaires les plus élevés, des artisans royaux et des membres de la haute classe hiératique. C'est ainsi que les acropoles mycéniennes ont gardé, même dans la période finale — une période de grande prospérité —, le caractère des centres palatiaux crétois, avec une organisation bureaucratique et centralisée. Ce fait ressort clairement de leur forme architecturale, mais aussi de la découverte d'archives organisées, comparables à celles de Crète.

Nous donnerons ici les lignes principales de l'architecture et de la construction des plus importants d'entre eux, c'est-à-dire de Mycènes, Tirynthe, Pylos, Athènes et Gla en Copaïde. Des autres, dont seuls quelques vestiges ont été mis au jour, il ne sera fait qu'une rapide mention. Enfin, quelques-uns dont il est question dans les poèmes homériques et dans la tradition grecque — les palais d'Ithaque et de Sparte par exemple — n'ont pas encore été mis au jour.

Le palais de Mycènes a été bâti sur le sommet de l'acropole nivelé en terrasses à cet effet ; comme l'a bien compris Mylonas, il y avait des prolongements et des annexes à l'est, dans un endroit relativement plat. C'est Tsountas qui a fait l'essentiel de l'exploration (1885, 1887) mais la publication systématique est de Wace, tandis que bien des points litigieux ont été éclaircis par Mylonas. Les différentes terrasses sur les pentes de la colline ont été très habilement utilisées, et l'espace s'avérant insuffisant, on a fait, à l'ouest, un vaste terrassement supporté par un long mur de soutènement ; c'est là qu'a été bâti le mégaron royal avec sa cour et ses annexes. Malheureusement, une grande partie de cette terrasse n'a pas résisté et elle s'est écroulée dans le Chavos, entraînant avec elle une grande partie du mégaron. Aujourd'hui ce secteur a été restauré, et le mégaron a repris sa forme primitive. L'architecte du palais devait avoir une grande expérience et être doué, car il a admirablement réussi à adapter la complexité de l'édifice à l'irrégularité du terrain. Comme soutènement, au sud, il a utilisé une partie de la branche sud du mur d'enceinte, tandis qu'au nord, à l'ouest et à l'est le pourtour se continue par un parement en dents de scie. L'escalier sud-ouest, à deux volées, de type crétois, devait déjà exister, puisqu'une partie du seuil de la pièce d'entrée vers la cour se projette au-dessus ; peut-être n'était-il plus utilisé dans la période finale, l'accès principal étant alors le propylon nord-est, dont on a la preuve qu'il a été refait dans la phase finale. De ce propylon, accessible par des sentiers qui montaient des deux côtés, nord et nord-ouest — le deuxième partant de la rampe que nous avons mentionnée —, on suivait un passage hypèthre, inégal en largeur, qui bordait le mur de soutènement en ligne brisée. De ce passage, à travers des couloirs latéraux, on accédait aux appartements des différents niveaux. Mylonas a pensé que c'est sur la plus haute terrasse qu'avait été bâti le mégaron initial, mais il n'y a toutefois de cela aucun indice sûr. La terrasse principale, celle du mégaron, était accessible depuis la fin du passage de l'entrée ; on franchissait un grand seuil et l'on arrivait dans un vestibule pour descendre ensuite l'escalier menant à la cour du mégaron ; on pouvait aussi continuer dans le corridor qui bordait cette cour à un niveau un peu plus haut, pour passer finalement par un escalier dans la salle du mégaron. Au-dessus de ce corridor, sur deux terrasses séparées par un autre couloir presque parallèle, étaient aménagés les appartements royaux dont, en raison de leur destruction, nous ignorons la disposition. Au niveau le plus bas, de grandes salles communiquaient entre elles ; au niveau le plus haut, une autre rangée de salles suivait la même orientation, différente, toutefois, de celle des anciens appartements hypostyles, semble-t-il, qui se trouvaient à ce même endroit. Tsountas a fait de l'une d'elles un sanctuaire en raison des nombreuses trouvailles à caractère religieux. La découverte de la Triade bien connue — deux déesses avec un enfant — en ivoire, dans le remblai d'une pièce qui se trouve tout de suite au-dessous du mur de soutènement, a rendu plus probable cette hypothèse.

Revenons à la principale unité, à la région du mégaron, pour en analyser la disposition.

1. Deux pièces d'entrée se trouvent tout de suite au nord de l'ancien escalier de type crétois ; l'une constitue l'antichambre de l'autre, la pièce principale, rectangulaire, avec une sorte de foyer — que d'autres ont considéré comme le soubassement d'un trône — encadré d'une corniche en stuc. Un système d'égout sous le sol était peut-être en relation avec une salle de bains qui a été détruite. Mylonas a vu dans ce complexe l'appartement des hôtes, correspondant à celui de Pylos. Le vestibule a deux entrées avec de grands seuils — la première a été bouchée lors de la construction de la seconde — donnant sur la cour du mégaron. Les vestiges d'une crypte à pilier rectangulaire, qui ont été mis au jour dans une couche plus profonde du vestibule, étaient en relation avec l'escalier plus ancien.

2. La cour principale, rectangulaire, qui se trouvait devant le mégaron, est de dimensions beaucoup plus réduites que les cours des palais crétois. Sur son revêtement en stuc on distingue un décor qui imite un dallage en plaques veinées. Le fait que l'enduit ait été sans cesse refait témoigne évidemment que cet endroit n'était pas couvert. De belles façades en pierres de poros taillées, appareillées selon un système pseudo-isodome, avec des fenêtres géminées, bordaient la cour au nord et à l'ouest ; le côté sud était peut-être fermé par un parapet qui aurait également servi de siège pour qu'on puisse jouir de la vue sur la plaine d'Argolide. Dans l'angle nord-ouest se trouvait l'escalier vers le passage situé de ce côté.

3. Le mégaron, élément principal de l'ensemble, a la forme typique, avec les trois pièces essentielles : le portique, qui donne sur la cour avec deux colonnes entre les parastades, le vestibule, accessible du portique par une grande porte, et le mégaron principal, vaste pièce rectangulaire avec un foyer circulaire au centre entouré de quatre colonnes soutenant

les poutres du *μέλαθρον*, la lanterne avec des ouvertures latérales par où sortait la fumée. Comme les deux tiers de la salle ont été détruits, y compris une partie du foyer, l'endroit du mur sud où devait se trouver le trône n'a pas été conservé. Il ne subsiste que deux bases de colonnes et les fondations de la troisième. Le foyer, dont le centre était en argile et la circonférence en tuf, était recouvert d'un stuc peint, décoré du motif bien connu de la flamme ; il avait été refait, comme le montrent les couches successives, au moins dix fois. Le sol des pièces du mégaron était recouvert, sur une largeur de 1,15 mètre tout autour, de dalles de gypse de provenance crétoise ; le milieu était stuqué et imitait un dallage avec des veines rendues conventionnellement. Les murs étaient décorés de fresques : dans le portique, un bandeau de triglyphes et de demi-rosaces, motif très connu en Crète, dans le vestibule des motifs qui se distinguent difficilement parce qu'ils ont été noircis lors de l'incendie, dans la salle enfin, de sujets représentant les préparatifs à la guerre et au combat dont il ne reste que de maigres fragments. Un sondage sous le sol du portique a fait découvrir la base d'un autel et les vestiges d'une table à offrandes en porphyre avec des spires continues en relief.

On s'est demandé si le mégaron avait ou non un étage ; si oui le fonctionnement du foyer aurait été très difficile ; Wace a donc supposé que seule la partie au-dessus du porche et du vestibule était à étage, tandis que la salle était surmontée d'une sorte de galerie qui en faisait le tour. La solution la plus probable est qu'il n'y avait pas du tout d'étage, mais que le mégaron était très haut, avec un toit en terrasse d'où ne dépassait que la lanterne centrale de la salle. En gros, le mégaron présente un mélange d'éléments locaux et d'éléments crétois ; la façon dont les sols et les murs avaient été revêtus et décorés est tout à fait crétoise, à l'exception des scènes de combats et des rendus conventionnels des veines.

De la porte percée dans le mur nord du portique du mégaron on atteignait, en montant quelques marches, des couloirs qui menaient aux autres pièces d'habitation ; l'accès au corridor donnant sur les appartements des terrasses supérieures, au nord de la cour, avait été fermé dans la phase finale. Les pièces au nord de ce couloir étaient à l'état de fondations puisqu'on voit le rocher ; il y avait toutefois, semble-t-il, une entrée vers l'étage supérieur par un escalier en bois qui se trouvait au niveau du couloir parallèle nord. Mylonas a pensé qu'une sorte de longue terrasse-balcon y prenait appui. Par l'escalier de la porte nord de la salle du mégaron on arrivait dans une pièce oblongue, connue sous le nom de « Salle aux rideaux » d'après les fragments de fresques

Fig. 12. — Plan du palais de Mycènes.

1 Entrée nord.

2 Propylées nord.

3 Voie d'accès soutenue par l'enceinte ouest.

4 Corridor nord.

5 Quartier nord, probablement du sanctuaire palatial.

8-9 Chambres extérieures annexes du sanctuaire.

10 Corridor sud.

11-12 Quartier des appartements centraux.

13 Escalier.

14 Corridor d'accès à la cour centrale.

15 Cour centrale.

16-17 Hôtellerie.

18 Escalier monumental.

19-21 Aithousa, prodomos et domos du mégaron royal.

22 La « Salle des rideaux ».

23-24 Escalier et « sotto scala ».

25 Citerne.

26 Présumée chambre des bains.

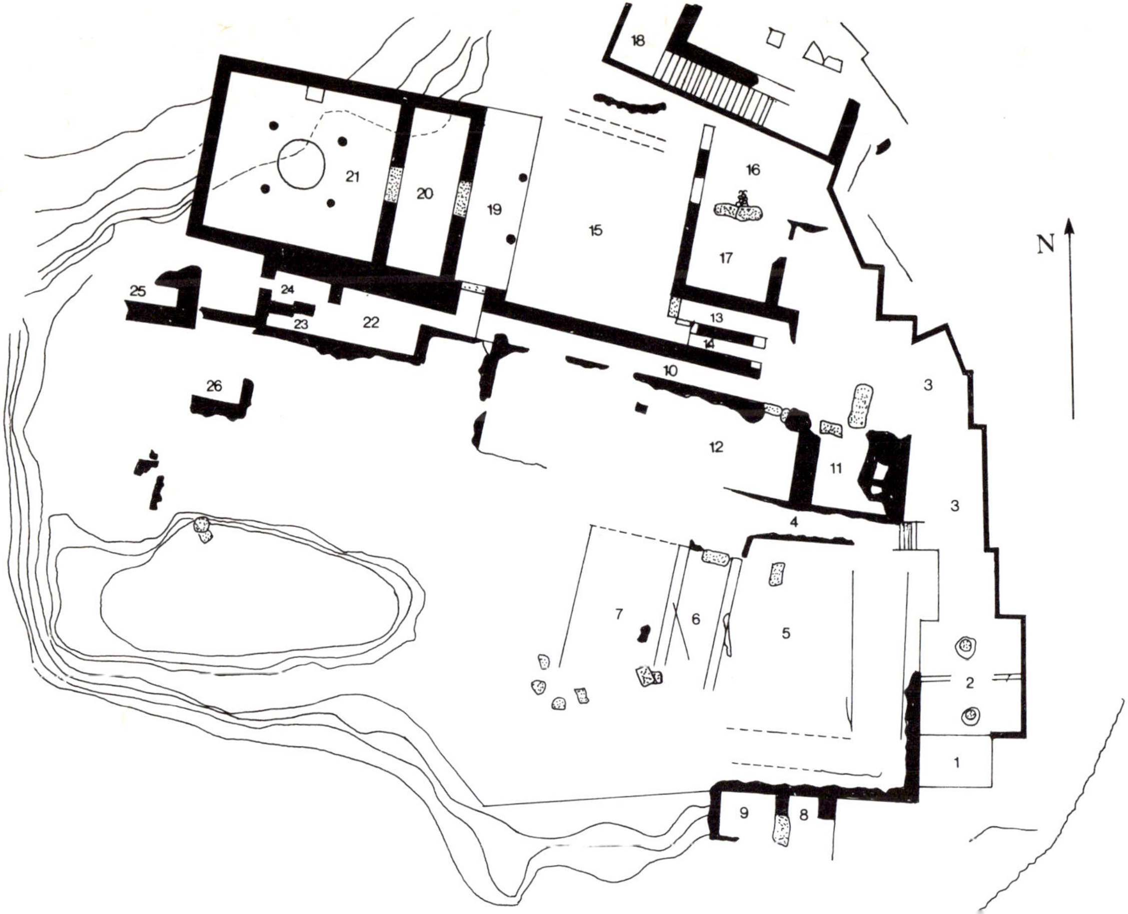
18
21
20
19
15
16
17
N
25
24
23
22
13
14
10
26
3
12
11
3
4
7
6
5
2
1
9
8

qui y ont été trouvés. Au fond, à l'est, un escalier conduisait à d'autres appartements privés, qui sont malheureusement très mal conservés. Un compartiment avec des murs très épais a été considéré comme une citerne. On a vu dans une partie d'une autre pièce avec escalier, dont le sol était revêtu d'un enduit rouge, une salle de bains de type crétois ; les indices pour une telle acception sont toutefois insuffisants.

L'hypothèse de Mylonas selon laquelle des secteurs du palais de Mycènes, qui pourraient être considérés comme des annexes, s'étendaient au-delà du versant est dans une zone plus plate de l'acropole, semble très probable. Un bâtiment de huit pièces avec une petite cour au rez-de-chaussée et deux couloirs parallèles, longs et étroits, devait supporter un étage dans sa partie orientale — trois marches de l'escalier ont été mises au jour — et était peut-être utilisé comme atelier d'ivoirerie et de marqueterie, si l'on en juge d'après les restes qui y ont été trouvés. Peut-être constituait-il un secteur de l'aile orientale du palais, comme semble le confirmer une construction, baptisée « Maison à colonnes » par les fouilleurs, qui se trouve tout de suite après. Ce bâtiment présente une certaine indépendance avec son entrée extérieure séparée, la cour intérieure et son demi-péristyle, un petit mégaron, les rangées de magasins qui bordent les faces ouest et sud et l'escalier menant aux étages supérieurs qui, au sud, devaient être au nombre de trois. Avec ces prolongements, le palais atteignait probablement 130 mètres de long pour 80 mètres de large environ, soit la moitié du palais de Cnossos.

Nous avons vu que le palais de Tirynthe, au sommet de la colline oblongue elliptique, était défendu par toute une série de fortifications. Dans la phase finale, une vaste place avec des colonnes a été aménagée entre les propylées et les casemates. Les propylées étaient de type crétois avec des portiques à deux colonnes et une grande porte dans le mur séparant les portiques. Ils menaient à la première cour, qui était entourée de pièces annexes servant peut-être pour la garde du palais. D'autres propylées, un peu plus petits, donnaient sur la cour intérieure du palais, cour à péristyle si l'on compte les colonnes des propylées et celles du portique du mégaron. L'autel se trouvait au milieu de la face sud de la cour. Les pièces qui bordaient le propylée étaient réservées à la garde. Le mégaron, au centre de la face nord de la cour, était identique de forme, et presque de dimensions, à celui de Mycènes. Comme différences fondamentales on notera seulement que le portique et le vestibule communiquaient par trois baies de type crétois — un « polythyron » —, et qu'on passait dans les pièces voisines par une porte percée dans le mur du vestibule et non du portique. Le fait qu'il soit bien conservé l'a mis plus en valeur que celui de Mycènes. Le foyer et la place du trône — elle se distingue par la décoration peinte sur le sol stuqué où l'on a imité un dallage avec des motifs décoratifs alternés de dauphins et de poulpes — sont merveilleusement conservés. De nombreux fragments de la décoration à fresque du mégaron sont encore visibles, avec de beaux motifs figurés. Juste à l'est, avec une entrée séparée depuis la cour et à l'intérieur d'une enceinte spéciale, presque autonomes, avec leur propre cour à portiques sur un côté, deux autres mégara plus petits et moins perfectionnés devaient être réservés à la reine et aux princes. Ce système clos se trouvait en communication directe, par un corridor étroit en chicane, avec les propylées extérieurs, de façon que ceux qui l'habitaient puissent atteindre leurs appartements sans emprunter les passages officiels. Les sols et les murs étaient décorés comme ceux du mégaron principal. A côté de ces appartements, une rangée de pièces, qui donnaient sur un corridor commun et une cour séparée, devaient être des ateliers. Au contraire, celles qui étaient accessibles depuis la porte du vestibule du mégaron principal, vers l'ouest, étaient les pièces de séjour du roi : on y distingue la salle de bains — le sol est fait d'une dalle monolithe et elle est pourvue d'un système d'évacuation des eaux — et le cabinet de toilette. L'organisation des pièces, de part et d'autre du couloir en zigzag, rappelle les dispositions crétoises. Un escalier intérieur menait à l'étage. On s'est soucié de faire communiquer les trois mégara par un couloir à maintes courbures qui en fait le tour.

En dehors des fresques, de nombreuses pièces avaient, dans la partie inférieure des murs, des orthostates ou des plaques de gypse sculptées ; en certains points ils devaient avoir été remplacés par des frises décoratives peintes, et le meilleur exemple est la frise avec les demi-rosaces et les triglyphes qui provient du portique du mégaron principal que d'aucuns ont rapproché du *Θριγκός κυάνοιο* d'Homère, en raison de ses incrustations de lapis-lazuli. Comme à Mycènes et à Pylos on avait utilisé les vieux procédés crétois de construction : armature de bois, socles des murs en pierre, briques crues de grand format, cloisons de brique aux étages, toits plats en terrasses, etc. L'adduction et l'évacuation des eaux dans des tuyaux en terre cuite suivaient encore plus fidèlement la vieille tradition crétoise. Confort et délassement étaient assurés par des installations de type minoen : salles de bains et cabinets de toilette, cours dallées ou avec des arbustes. Comme en Crète les appartements du roi étaient séparés de ceux de sa famille et la distribution des autres appartements par secteurs — ateliers, magasins, pièces réservées au personnel, postes de garde, etc. — était faite de la même façon. On n'a pas retrouvé de salle d'archives à Tirynthe, mais cela ne veut pas dire

Fig. 13. — Plan de l'acropole et du palais mycénien de Tirynthe

1 Rampe d'accès.
2 Accès vers la porte de l'acropole.
3 Porte principale de l'acropole.
4 Porte secondaire de l'acropole.
5 Cour extérieure des casemates.
6 Casemates est.
7 Grands propylées.
8 Cour extérieure.
9 Casemates sud.
10 Petits propylées.
11 Cour centrale.
12-14 Aithousa, prodomos et domos du mégaron royal.
15-16 Mégarons secondaires.
17 Petite cour des mégarons secondaires.
18 Corridor liant les propylées.
19 Cour du quartier sud-est.
20 Chambre des bains.
21 Quartier nord-ouest.
22 Corridor liant les mégarons.
23 Cour de l'acropole moyenne.
24 Bastion et escalier de la porte ouest.
25 Acropole basse.
26 Porte ouest de l'acropole basse.
27-28 Passages souterrains vers l'eau et corps de garde.
29 Niches aux parois du mur.

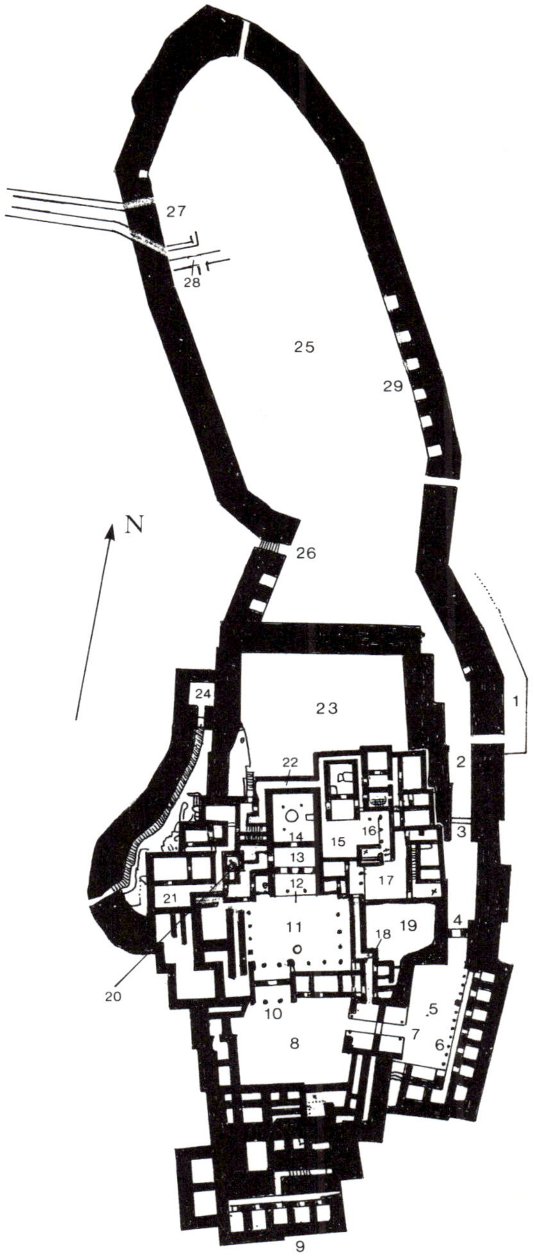
N
1
2
3
4
5
6
7
8
9
10
11
12
13
14
15
16
17
18
19
20
21
22
23
24
25
26
27
28
29

qu'il n'y en avait pas. On sait combien les tablettes qui n'ont pas été cuites par le feu s'abîment facilement.

Le palais de Tirynthe, comme ceux de Mycènes et de Pylos, a été détruit par un violent incendie qui, en raison de l'armature de bois et des nombreux chambranles, a transformé en chaux une grande partie des murs. La catastrophe a eu lieu à la fin de l'Helladique récent IIIB. Au-dessus du mégaron principal on a construit, à l'époque géométrique, une pièce en forme de mégaron simplifié : un portique à une colonne et une nef oblongue qui semble avoir été utilisée comme temple, si l'on en juge d'après un dépôt voisin avec des figurines. Un temple d'Athéna a été construit à la fin de l'époque classique à Mycènes, à peu près à l'endroit où Tsountas et Wace plaçaient le sanctuaire mycénien. Quelques-uns se sont servis de ces exemples pour montrer la survivance du caractère sacré des lieux. La nature de la construction de Tirynthe en tant que naos et sa datation (VIIIe siècle av. J.-C.) ont été mises en doute par beaucoup de savants mais les arguments de Mylonas pour prouver le contraire semblent très convaincants. On ne peut donc admettre l'idée de Müller selon laquelle le mégaron serait resté en usage jusqu'au VIIIe siècle.

Le palais de Pylos prend toute la moitié sud-est de la colline d'Englianos sur laquelle il est bâti. Au sud-ouest on a une large vue sur le vaste golfe de Navarin et au nord-est sur la montagne d'Aigaléon. Il a été découvert par Kourouniotis et Blegen, et fouillé par ce dernier et ses collaborateurs. La fouille a révélé l'existence de deux phases successives, qui correspondent à l'Helladique récent IIIA2 et à l'Helladique récent IIIB, et d'une petite réoccupation à l'Helladique récent IIIC. La position du palais — au cœur de la Pylie — et sa datation ont conduit le fouilleur à l'attribuer à Nélée et à son fils Nestor qui, d'après la tradition, a régné pendant trois générations. D'autres — Marinatos par exemple — ont mis en doute ces attributions et ont recherché la Pylos homérique en Triphylie. Dans le palais d'Englianos c'est l'ancienne enceinte sur les bords de la colline et le pourtour même du bâtiment qui assuraient une relative protection. L'extension du palais ne dépasse pas les 600 mètres carrés et il est orienté N.-E.-S.-O., l'accès principal étant au sud-ouest. Son plan semble un peu plus simple que celui des autres palais. Au corps original de l'aile sud-ouest on a ajouté le complexe central qu'on a agrandi vers le nord-est par des annexes extérieures.

Les propylées rappellent ceux de Mycènes mais ils sont beaucoup mieux conservés. L'entrée était contrôlée par un poste de garde à l'extérieur et par des pièces à l'intérieur. On s'est aperçu, et c'est important, que la plupart des colonnes — des propylées, des mégara, des portiques

— avaient de nombreuses cannelures ; cette constatation a pu être faite à partir des anneaux en stuc encastrant la partie inférieure des colonnes en bois. Juste à côté des propylées il y avait la salle d'archives, dans laquelle on a trouvé plusieurs centaines de tablettes qui, à l'origine, étaient placées dans des boîtes et des couffins, sur des étagères ; elles ont été conservées, parce que cuites, par hasard, lors de l'incendie qui a détruit le palais. La cour intérieure, qu'on atteignait après avoir passé les propylées, était rectangulaire et plus petite que les cours des deux autres palais. Les colonnes des propylées, du portique du mégaron qui ouvrait au fond, et d'un petit portique au nord-est donnaient à la cour un air de demi-péristyle. Au sud-ouest, à côté de la salle d'archives, des petites pièces en enfilade étaient utilisées pour le délassement des visiteurs, comme semblent le confirmer un grand nombre de coupes dans une armoire et un petit lieu de repos agencé spécialement. Le portique en face, avec une véranda à l'étage, donnait des possibilités supplémentaires de repos et de délassement.

Le mégaron était traditionnel, très semblable de forme et de dimensions à ceux des deux autres palais. Il est très bien conservé et vient donc compléter nos connaissances sur l'organisation interne et la décoration des lieux. L'impression générale devait être celle d'une polychromie ornementale particulièrement riche, qui s'étendait presque partout, sur les sols, sur les murs, sur les poutres et sur les plafonds. L'architecte et peintre Piet de Jong a donné, dans ses représentations de planches en couleurs, une image impressionnante de ces ensembles. Les enduits en stuc des sols et du foyer ont été refaits de nombreuses fois, comme l'ont montré les couches superposées. Ce qui est caractéristique c'est que devant la parastade droite de la porte médiane, entre le porche et le vestibule, il y avait des socles rectangulaires peu élevés, pour les gardes d'après Blegen, selon Mylonas pour des porte-lampadaires ou des porte-torches. Dans la salle le foyer était décoré de motifs analogues à ceux des autres foyers : des flammes et des spires continues. La lanterne centrale, supportée par les quatre colonnes et les poutres intermédiaires du plafond, était équipée d'un conduit de cheminée en terre cuite. La place du trône sur le mur de droite se distingue très bien ; deux cavités reliées par une petite rigole étaient peut-être en rapport avec les libations faites par le roi. Le trône lui-même, en bois comme les autres, n'est pas conservé. Mais un assez grand nombre de fragments de la décoration murale grandiose — griffons et lions — de part et d'autre, ont été conservés, de même que d'autres motifs décoratifs que nous verrons ailleurs. Sur le sol recouvert d'un enduit de stuc on a imité, ici aussi, un dallage en échiquier, disposé un peu irrégulièrement, avec des

Fig. 14. — Plan du palais mycénien de Pylos.

1-2 Propylées.
3 Cour centrale.
4-5 Archives.
6 Chambre de rafraîchissement.
7 Salle d'attente.
8-10 Aithousa, prodomos et domos du mégaron royal.
11-12 Corridor des chambres annexes au mégaron.
13 Magasin des cyliques.
14-15 Magasins d'huile.
16 Corridor est.
17-18 Rez-de-chaussée des ateliers d'ivoire.
19 Magasin de grandes jarres.
21 Escalier.
22-23 Chambre de bains et antichambre.
24 Portique monostyle.
25 Cour intérieure.
26 Portique est de la cour centrale.
27 Corridor des appartements princiers (ou de l'hôtellerie).
28 Salle princière ou hôtellerie.
29 Cour de l'appartement princier (verger).
30-31 Chambre de toilette et lavanderie.
32 Cour ouest.
33 Ancien système d'entrée.
34-35 Système d'entrée postérieur.
36-37 Vestibule et mégaron de la reine.
38 Office-cuisine dans le quartier nord-ouest de service.
39 Chambre des bains (présumée).
40 Chambre rectangulaire, annexe.
41 Cour intérieure ouest.
42-43 Magasins du vin.
44 Le sanctuaire.
45-47 Chambres du sanctuaire.
48 Cour avec autel et portique à piliers.

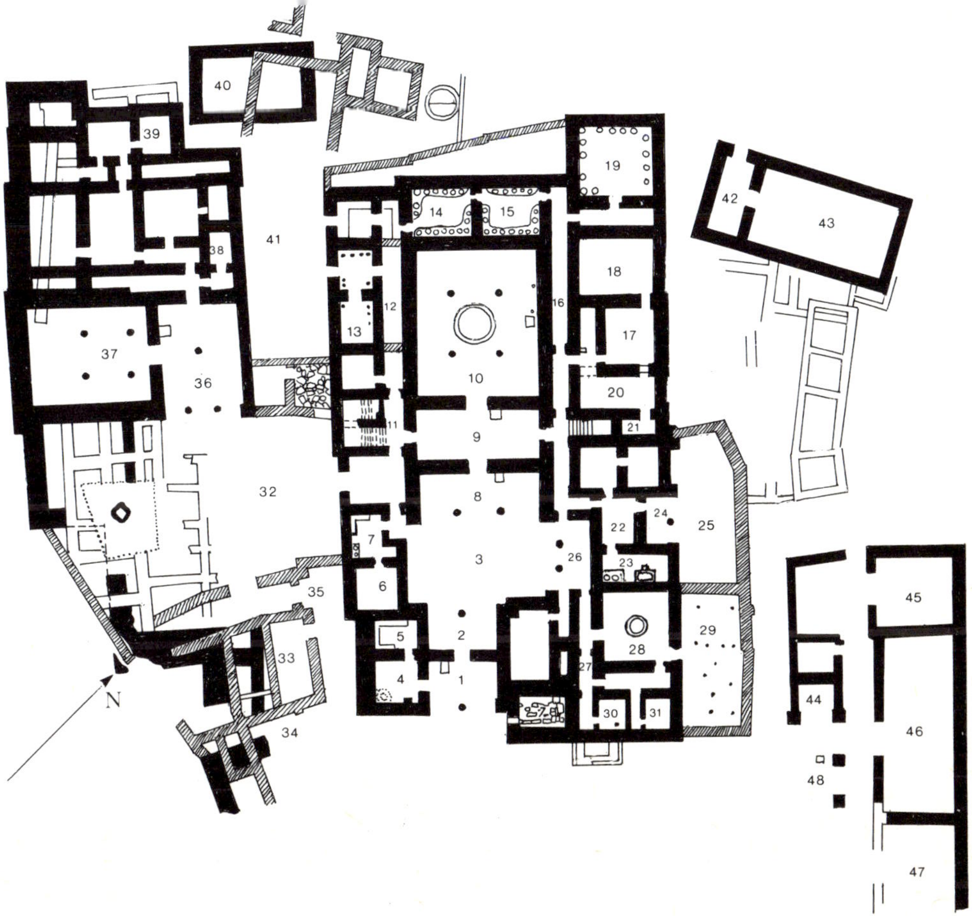
N

motifs conventionnels représentant des dalles veinées ; seul un carré devant le trône était décoré d'un poulpe. Les fouilleurs ont pensé qu'une galerie faisait le tour de la salle à une certaine hauteur. Mais les indices pour cela sont très faibles.

Les appartements qui bordaient les divers côtés du mégaron étaient accessibles depuis le vestibule : des portes latérales menaient à de longs couloirs, ceux qui, chez Homère, sont appelés *λαῦραι* ; c'est à partir de ceux-ci qu'on accédait à toute une série de pièces dont certaines étaient des magasins et d'autres des ateliers. Les pièces du nord-est étaient spacieuses et ont fourni un matériel très important utilisé dans des magasins et des ateliers. Des deux côtés, des escaliers assuraient la communication avec les pièces de l'étage. Deux magasins consécutifs, juste derrière le mur nord-ouest du mégaron, avec des récipients encastrés dans des banquettes le long des murs, étaient sans aucun doute des magasins à huile.

Au sud-est de la cour, derrière le portique, des pièces avaient été aménagées que Blegen a considérées comme appartements de la reine ; Mylonas et d'autres ont pensé que c'était l'appartement des hôtes du roi. La pièce centrale est équipée d'un foyer au milieu et sa décoration murale — griffons et lions antithétiques — rappelle celle du mégaron principal. Il est relié, par l'intermédiaire d'un couloir pas très long, à de petites pièces dont les sols et les murs sont décorés ; il n'est pas exclu qu'elles aient été utilisées comme cabinet de toilette et pièce de divertissement ; dans les carrés du sol stuqué ont été rendus conventionnellement des poulpes, des dauphins et des poissons. Le cabinet de toilette était équipé pour qu'on puisse se laver. Juste après la salle il y avait une pièce avec une baignoire encastrée dans un socle, et une installation auxiliaire pour le bain. C'est dans une salle de bains de ce type que Polycaste, la fille de Nestor, a aidé à se baigner Télémaque, leur hôte. Dans le prolongement de ces pièces, des espaces hypèthres, clos par des murs, ont été considérés comme de petits jardins : on y a reconnu les cavités dans lesquelles étaient plantés des arbres et des tonnelles.

L'aile ancienne qui a été refaite et réutilisée, au sud-ouest du complexe principal, avait un large accès au sud qui a été totalement transformé de façon à pouvoir être mieux contrôlé dans la phase finale, quand a été fermée une autre entrée au sud-ouest. Après avoir traversé une vaste cour on atteignait le complexe principal où les deux pièces essentielles, le portique-vestibule et la salle avec quatre ou peut-être six colonnes et un foyer, étaient hypostyles. La première était décorée, encore une fois, du motif bien connu des griffons antithétiques, mais de couleur mauve. D'autres fragments figurant des luttes sont tombés des pièces de l'étage. Il n'est pas facile de savoir si c'est là qu'étaient situés les appartements de la reine ; cela ne semble pas improbable puisque toutes les petites pièces intérieures étaient destinées à faciliter le séjour et l'alimentation.

Deux autres complexes, à l'intérieur du corps principal du palais, constituaient sans aucun doute des annexes. Celle du nord-est est faite d'une double rangée de pièces avec passage central qui, vers le sud-est, se transforme en portique à piliers carrés ; sur la courette ainsi formée, s'ouvrait une petite pièce au sol surélevé, considérée comme un sanctuaire. On a effectivement trouvé un autel devant, dans la petite cour. Des tablettes provenant des pièces de ce secteur font état du sanctuaire et de son administration, et l'une d'entre elles mentionne le nom de la déesse Hippeia (des chevaux). Peut-être s'agit-il donc d'un sanctuaire avec ses ateliers. Un autre ensemble isolé vers le nord-ouest, disposé obliquement, abritait les magasins à vin, comme l'ont prouvé les nombreux ustensiles trouvés alignés à l'intérieur.

L'hypothèse que le palais était le siège des rois Nélée et Nestor est véritablement séduisante et elle est bien conforme aux éléments mis au jour. Mais ce qui est particulièrement intéressant c'est que la découverte du nouveau palais mycénien a résolu de nombreux problèmes relatifs à la forme et à l'évolution de l'architecture palatiale du Mycénien récent et que, pour la première fois, on a exhumé des archives royales qui nous informent, grâce au déchiffrement des tablettes, sur la vie et son organisation autour du palais mycénien.

Il ne fait pas de doute qu'il y avait, sur l'Acropole d'Athènes, un grand palais. Dans les poèmes homériques, des passages font allusion à l'Ερεχθῆος *πυκινός δόμος* — au bâtiment solidement construit d'Erechtheus, où Athéna a trouvé refuge. On a donc été conduit à en rechercher les vestiges dans la région de l'Erechthéion où, à l'époque grecque, on continuait à rendre un culte à Poséidon, à Athéna et à Erechthée. La particularité du bâtiment classique a même été expliquée par l'existence de vestiges anciens et l'organisation première du site. On a remarqué que, dans la région, à l'intérieur de la porte nord, des terrasses avaient été aménagées sur différents niveaux grâce à des murs de soutènement ; elles étaient reliées entre elles comme les terrasses d'un palais mycénien ; sur l'une d'elles, exactement celle où, à l'époque grecque, a été construit le plus ancien temple d'Athéna, connu sous le nom d'« Hécatompédon », il existait toujours, *in situ*, deux grandes bases de colonnes mycéniennes qui faisaient probablement partie du mégaron primitif, si l'on en juge d'après leur position sur la terrasse oblongue. Mais du reste du palais, très peu de vestiges, et de toute façon tout à fait indéfinis, ont pu être retrouvés. On distingue l'accès à degrés vers la grande terrasse où se trouvait le mégaron, la terrasse la plus basse vers le mur nord, le passage étroit entre les deux, deux autres terrasses immédiatement à l'est du passage de la cour nord telle qu'elle a finalement été aménagée, elles aussi sur différents niveaux. Certains des longs blocs équarris et des marches d'escalier ne se trouvent plus aujourd'hui à leur place d'origine. Une autre base de colonne a été découverte, elle aussi dépareillée, sur les terrasses à l'est de l'Erechthéion. Bref, si nous n'avons pas la forme du palais nous pouvons du moins être sûrs de sa disposition d'ensemble et reconnaître certain de ses membres architectoniques. Les signes divins, celui du trident de Poséidon, de l'olivier, de la « mer d'Erechthée », sont restés des lieux de pèlerinage vénérés dans toute l'antiquité grecque.

C'est encore une fois à partir de la tradition antique qu'on s'est mis à rechercher les vestiges du palais mycénien sur l'acropole de la Cadmée, à Thèbes ; elle mentionnait la « demeure de Cadmos », sa transformation en *ἐνηλύσιον*, lieu sacré inaccessible après que, comme le veut la légende, Sémélé, la mère de Cadmos, y eut été frappée par la foudre de Zeus. Dans cet espace sacré, toute installation avait été interdite et seul le téménos de Déméter y fut bâti. La tradition voulait que le palais ait été reconstruit après un incendie. La fouille l'a confirmé ; on a mis au jour, sous les constructions de la ville moderne, les restes de deux palais, orientés différemment, le premier N.-E.-S.-O., le second N.-S., à des niveaux différents. D'après les secteurs des deux palais qui ont été découverts à ce jour — par Kéramopoullos, Marinatos, Platon, Touloupa, et d'autres — on en conclut que le bâtiment était très étendu, qu'il était construit sur différents niveaux, qu'il avait une très grande cour, probablement centrale, et que les pièces de l'ancien palais ont suivi de près les prototypes crétois : corridors sinueux, petits puits de lumière, rangées de pièces-magasins et d'ateliers, revêtement de plaques dans les pièces principales, etc. Entre les ateliers il y avait, dans la cour, un four de potier. Les nombreux restes d'ateliers et les séries d'amphores à étrier — en grande partie portant des inscriptions — qui étaient destinées à l'envoi de vin et d'huile, ont conduit Kéramopoullos à parler de l'industrie et du commerce de Cadmos. Dans une pièce du second palais, on a mis au jour un grand trésor de bijoux d'or et des cylindres-sceaux orientaux, surtout en lapis-lazuli, avec des inscriptions cunéiformes ; la tradition était donc fondée qui faisait état des relations étroites de Thèbes et de Cadmos avec la Phénicie, puisque c'est de la région syro-phénicienne que provenaient la plupart des cylindres-sceaux.

Les deux palais étaient décorés de belles fresques avec des motifs ornementaux et figurés. La décoration était complétée par des frises de pierre sculptées. En dehors du palais il y avait des annexes qui, d'après les découvertes, ont été caractérisées comme arsenal et atelier d'ivoire. Dans le premier on a mis au jour quelques tablettes en Linéaire B. D'autres ont été trouvées dans un secteur éloigné vers le nord-ouest. Des deux palais le premier a été daté de l'Helladique récent IIIA2, le deuxième de l'Helladique récent IIIB1. La catastrophe finale a eu lieu, semble-t-il, vers 1280 av. J.-C. (on sait que Thèbes n'a pas pris part à la guerre de Troie). La fouille a également mis au jour une partie du téménos de Déméter et, à une certaine profondeur, une partie d'un grand bâtiment à abside Helladique ancien. La fouille des deux palais et de leurs annexes doit absolument être continuée.

Des recherches récentes, de Spyropoulos surtout, ont mis au jour d'importants vestiges du dernier palais mycénien d'Orchomène, dans la région du monastère de Skripou. On a découvert deux complexes superposés de type à mégaron, mais comme ils sont très abîmés il n'est pas possible de fixer plus précisément leur agencement interne. On a trouvé un assez grand nombre de fragments de fresques avec des motifs décoratifs et figuratifs. Mais il semble qu'il y avait un palais plus ancien sur la colline qui bordait le célèbre Trésor de Minyas, la tombe à tholos bien connue, non loin du premier, car de cette région proviennent d'autres fresques qui semblent antérieures.

Les Minyens d'Orchomène dominaient la Copaïde et l'on peut considérer comme certain que le palais mis au jour sur l'acropole de Gla répondait aux besoins de la dynastie royale minyenne. Il avait été construit sur le plus haut point de l'acropole et le mur nord de l'enceinte a servi de mur de soutènement. Le palais était fait de deux ailes qui se réunissaient en formant un angle obtus de façon à enclore une cour assez étendue. Sa forme a été éclaircie par la fouille de De Ridder, l'étude de Noack et la fouille finale de Threpsiadès. Les accès se trouvaient aux deux extrémités, et la communication avec les différents appartements disposés dans la longueur des ailes, se faisait par un double système de couloirs de façon que chaque secteur puisse être isolé, et qu'en même temps la communication d'une aile à l'autre soit libre. Les pièces des extrémités avaient en gros la forme de mégara et constituaient les pièces principales. Au point de rencontre des deux ailes il y avait l'escalier qui menait à l'étage. De beaux seuils en calcaire avaient été utilisés et la plupart des sols étaient en aggloméré ou recouverts de stuc. Il y avait une armature de bois dans les murs en bien des endroits. Des restes de fresques ont été mis au jour dans les pièces principales.

Le système d'égout débouchait sur la cour et la muraille ; il était de type crétois comme les principaux éléments de construction et également bien des points du plan général auquel avait été incorporée, ici aussi, la forme du mégaron. A l'extrémité ouest avaient été ajoutés des postes de garde. La moitié d'une double corne sacrée, de type crétois, a été mise au jour dans la cour, et il ne fait pas de doute qu'elle appartenait au couronnement.

A Iolkos, au fond du golfe de Pagasai, des sondages sous les maisons d'un faubourg de Volo ont révélé des vestiges importants que Théocharis a considérés commes les restes d'un palais. On a mis au jour les ruines de trois vastes pièces, l'une avec banquette et de nombreux fragments de fresques. Il faut absolument que la fouille soit poursuivie pour qu'on puisse déterminer la forme du bâtiment, dans lequel on a déjà distingué des phases successives à l'intérieur de l'Helladique récent III.

Architecture et construction domestiques

Un grand nombre de maisons isolées, de groupes de bâtiments plus grands, ou même de quartiers ont été mis au jour dans les différents centres mycéniens, de sorte que les formes principales de l'architecture et de la construction domestiques au Mycénien récent nous sont désormais connues. Il est évident que, sur les acropoles, il n'y avait pas de place pour des maisons privées ; on ne les aurait pas admises non plus, sauf en cas de danger, quand une grande partie de la population s'y réfugiait ; on construisait alors des abris provisoires. Mais il y avait des maisons de dignitaires et des bâtiments à destination particulière : des magasins à blé par exemple, des arsenaux, d'autres magasins, des maisons pour les prêtres, liées à des sanctuaires et, comme nous l'avons vu, des annexes du palais. Sur l'acropole de Mycènes, au nord et au sud du cercle des tombes royales, on en a fouillé et on en fouille encore beaucoup ; ils sont connus sous différents noms : « Grenier », près de la porte des Lions, « Maison du vase aux guerriers » au sud de l'enceinte, comme d'ailleurs les « Maison de la rampe », « Maison sud », « Maison de l'acropole », « Maison de Tsountas », « Maison du sanctuaire », etc. D'étroits passages et, en quelques endroits, des escaliers les reliaient entre elles ainsi qu'avec la porte principale. Toutes ces maisons sont plutôt exiguës, avec de petites pièces, des couloirs pas très longs, des escaliers courts menant aux appartements de l'étage, très rarement avec des piliers ou des colonnes pour soutenir le plafond. Le « Grenier », qui doit son nom au tas de blé trouvé carbonisé, servait aussi de poste de garde et comportait en dehors du sien propre, un autre escalier qui conduisait au pourtour des murs. Après de profonds changements il a également été utilisé dans la phase finale (Helladique récent IIIC), et il a donné son nom à un style céramique, le *Granary Style*. Parmi les autres maisons situées au sud du cercle des tombes royales, il faut faire une place à part à la « Maison de l'acropole », connue maintenant sous le nom de « Maison de Wace », et à la « Maison de Tsountas » dont Mylonas a poursuivi l'investigation. Dans la première on a mis au jour un sanctuaire important avec des dépôts d'idoles, une pièce de culte avec « podium » décoré de fresques, et la sacristie ; dans la deuxième on distingue le foyer du mégaron et les pièces-magasins ; de l'étage proviennent des fresques très intéressantes. Dans le prolongement vers le mur on a mis au jour un autre sanctuaire, peut-être dédié à la divinité protectrice des remparts ; des fresques avec des boucliers en huit et des dames mycéniennes qui tiennent des colliers, peut-être pour les dédier, ont été retrouvées en morceaux dans cette région. C'est dans la « Maison de la rampe » que Drosinos, l'architecte de Schliemann, a découvert le trésor d'objets en or ; de là proviennent également des fresques avec des concours athlétiques et une tauromachie. Toutes ces maisons ont partagé le sort du palais au cours des différentes catastrophes.

On atteignait le palais par une route en pente, la rampe, qui bordait le principal mur de contrefort de la colline. De là, on gagnait le propylon par un sentier sinueux à côté du mur nord, dont certaines parties comportaient des marches. Le secteur vers le mur nord, entre la porte et ce chemin, était rempli de constructions, de pièces pour la garde et d'étroits passages ; on y distingue un bâtiment plus grand, en forme de mégaron, qui a été considéré comme la maison du commandant de place. Nous avons déjà parlé des annexes du palais dans le prolongement est de l'acropole.

A l'extérieur de l'acropole on a mis au jour des groupes de maisons qui attestent un habitat dispersé. Le plus important d'entre eux, sur la route qui montait vers la porte principale, non loin de la tombe à tholos de Clytemnestre, a été fouillé par Wace et Verdélis. Il s'agit de quatre grandes maisons qui, si l'on en juge d'après leur contenu, ont servi comme ateliers. Dans la « Maison du marchand d'huile » sont conservées les pièces du rez-de-chaussée constituées d'un couloir central avec des magasins et des ateliers de chaque côté. On a trouvé, bouchées d'argile, un grand nombre d'amphores à étrier contenant de l'huile, un autre magasin à huile et une installation pour préparer des essences aromatiques ; cette dernière est attestée aussi par les tablettes trouvées à cet endroit ou tout près. A un niveau plus élevé, peut-être à la suite de la première, la « Maison ouest » comprenait une pièce principale en forme de mégaron, des ateliers — l'un d'eux pour la fabrication de parfums, à nouveau avec des tablettes qui le confirment — un grand escalier et des magasins. Les maisons « des Sphinx » et « des Boucliers » doivent leurs noms aux pièces de marqueterie en ivoire qui y ont été découvertes ; d'autres fragments étaient ouvragés en formes architecturales. Le plan de la première maison est très simple, les pièces du rez-de-chaussée de la seconde montrent des rangées de pièces ouvrant sur un couloir commun. D'autres maisons ont été mises au jour dans la région de la tombe à tholos des Lions ; les pièces étaient soutenues par un mur cyclopéen compact. Dans un complexe voisin comportant des magasins, on a découvert huit pithoi et une cinquantaine d'amphores à étrier, pleines de vin ; il a pris le nom de « Maison du marchand de vin ». A une petite distance de là, Papadimitriou et Petsas ont fouillé une autre maison dont les nombreux magasins ont fourni une céramique très abondante. Toutes ces constructions semblent avoir été détruites par le feu, à peu près en même temps, vers la fin de l'Helladique récent IIIB.

Sur la colline qui dominait le Trésor d'Atrée, d'autres maisons ont été mises au jour par Mylonas : la « Maison du plomb » — ainsi baptisée à cause du plomb qui y a été trouvé en abondance —, une autre plus près de la tombe à tholos, grande et confortable, avec une pièce centrale en forme de mégaron et un foyer, près duquel on a découvert le tuyau de la cheminée en morceaux. Le squelette d'une femme était sur le seuil de la porte extérieure ; il s'agit sans aucun doute d'une victime de la catastrophe finale qui, cette fois, semble avoir eu lieu un peu plus tôt.

Il est évidemment inutile de voir les vestiges de maisons et de quartiers des autres centres mycéniens, car les ressemblances avec ceux de Mycènes sont très étroites. D'importants quartiers d'habitation sont actuellement fouillés autour de l'acropole de Tirynthe et dans la région de l'acropole basse. Des restes intéressants ont été découverts à Korakou — l'antique Ephyre — par Blegen, dans lesquels ont été reconnus des mégara des phases Helladique récent IIIB et C. Une ou deux maisons ont, derrière la salle principale, une pièce-magasin. Il existe des maisons semblables à Zygouriès, à Asiné, à Amyclées en Laconie, à Haghios Kosmas en Attique, à Eutrésis en Béotie. Des bâtiments fouillés en Pylie, en Messénie et en Triphylie comme à Mouriatada, à Karpophora, à Nichoria et à Péristéria ne sont pas non plus dépourvus d'intérêt. Nous ne sommes pas en mesure de dater avec précision les maisons de plan plutôt irrégulier sur l'acropole de Malthi (Dorion).

Travaux d'intérêt public

Sur l'acropole de Gla en Copaïde sont conservés les vestiges d'un système organisé de bâtiments, qui pourraient être caractérisés à la fois comme « agora » et comme casernes. Une vaste enceinte, grossièrement trapézoïdale, était percée au sud par une grande porte, protégée par deux petites tours rectangulaires communiquant directement avec la porte sud par une route étroite. Les petits côtés avaient respectivement 160 et 145 mètres de long contre 170 mètres pour les plus grands. L'espace central était vide d'édifices, sans aucun doute pour être utilisé lors de grands rassemblements, et pour l'exposition des marchandises. Deux complexes oblongs s'étendaient parallèlement sur une grande longueur. Le premier comprenait deux systèmes symétriques : des grandes salles hypostyles qui bordaient un espace central, hypostyle lui aussi, le vestibule, accessible par des entrées aux deux extrémités. Au secteur nord on avait ajouté un complexe en forme de mégaron entouré d'un couloir de communication, peut-être le siège de l'agoranome. D'autres salles plus petites étaient reliées par un corridor commun. Le bâtiment oblong, en face, qui, très vraisemblablement, constituait des casernes, comportait toute une série de pièces étroites, égales en largeur, disposées de façon symétrique. Il y avait deux autres ensembles entre les bâtiments parallèles et le péribole sud, symétriques eux aussi, mais de direction différente ; chacun d'eux comprenait un couloir central et une pièce sur deux de chaque côté ; ils étaient peut-être destinés à la garde royale. C'est le premier lieu public qui ait été utilisé dans la Grèce mycénienne et qui soit très semblable aux agoras antiques. La surface totale était de 2 700 mètres carrés. Ce péribole était séparé du palais, dont nous avons déjà parlé, par des murs de refend.

Les Minyens avaient entrepris une œuvre gigantesque : le drainage des marais de la Copaïde ; on en a découvert les traces par hasard, lors des travaux d'assèchement réalisés au siècle dernier pour la construction d'un système de canaux destinés à irriguer la plaine. On s'est alors aperçu qu'à peu près le même système avait été construit et mis en application à l'époque mycénienne ; des canaux qui s'entrecoupaient en damier irriguaient toute la surface, tandis que les eaux en excès étaient finalement absorbées par des gouffres tout autour des collines. Nous avons vu qu'un système analogue avait été mis au point par les Minoens sur le plateau du Lassithi en Crète centrale, connu aujourd'hui encore comme *λίνιες* (systèmes en lignes).

Le réseau des routes qui unissaient les principaux centres de la Grèce mycénienne aux régions vitales et aux ports, continuait la technique adoptée en Crète depuis des siècles. Des réseaux de ce type ont été étudiés, surtout dans la région de Mycènes, en Pylie et en Messénie. Steffen a été le premier à s'intéresser aux routes qui, de toutes les directions, convergeaient sur l'acropole de Mycènes : une de Tirynthe et de Prosymna et trois au nord, de la région de Corinthe. Mylonas a suivi de façon très précise leur tracé, retrouvé les dallages en certains endroits avec les traces de roues des voitures, découvert les ponts et les ouvrages techniques de contrefort dans les passages difficiles. Des postes de garde mycéniens ont également été notés, pas très différents de ceux de Crète. Ces travaux sont généralement datés du Mycénien récent. Le réseau routier a aussi été reconnu dans la région de Prosymna et des ouvrages identiques retrouvés.

Mac Donald et Hope Simpson ont exploré les réseaux routiers de Messénie et de Triphylie et obtenu des résultats très intéressants. Ces routes, toujours difficiles et relativement étroites, nous rappellent *L'Odyssée*, surtout dans la description du voyage de Télémaque dans le Péloponnèse.

Nous avons rapidement parlé des fontaines des acropoles. Il faut y ajouter les quelques éléments connus sur de véritables aqueducs qui, depuis une distance plus grande, amenaient l'eau dans des fontaines, exactement comme cela s'était fait en Crète. La fontaine souterraine de Mycènes était alimentée par des sources assez éloignées qui, plus tard, ont également alimenté la fontaine dite Persée, dans la région nord-est de l'acropole. Les conduits de cette fontaine ont été découverts non loin du pont routier de Dragonera. Il a été prouvé que le palais de Nestor à Pylos était approvisionné en eau par un aqueduc en terre cuite en forme de U, depuis une source distante de près de deux kilomètres ; une partie de cet aqueduc a été taillée dans le rocher, une autre était en bois : voilà pourquoi on n'en a pas retrouvé de traces. Des conduits d'aqueducs en terre cuite ont également été découverts dans le palais de Cadmos à Thèbes.

L'architecture funéraire

Après tout ce qui a été dit sur l'architecture et la construction funéraire au Mycénien ancien et au Mycénien moyen, il reste peu de chose à noter sur leur évolution ultérieure, puisqu'en substance elles ont gardé les mêmes formes de base. Ceux qui ont admis une chronologie plutôt basse pour les tombes à tholos monumentales, pensent que l'architecture funéraire a connu pour la première fois à cette époque sa véritable floraison. Mais, en réalité, la forme de la coupole va vers son déclin. Les tombes plus anciennes continuent à être utilisées pendant un certain temps, mais les nouvelles sont inférieures en bien des points, autant par les dimensions que par la forme et la construction. Souvent des éléments de base manquent — le passage de l'entrée, le revêtement des parois du dromos, le triangle de décharge au-dessus de la porte — et la plupart d'entre elles ont été construites avec une pierre plus petite, et pas régulièrement. C'est le cas des tombes de la région de Koukounara en Pylie et de quelques-unes d'Achaïe et d'Elide. Les tombes à tholos d'Etolo-Acarnanie marquent la transition entre les deux phases ; ce sont des tholoi libres construites avec des pierres plates et les dromoi sont élémentaires, rarement revêtus de pierre. C'est à la même période qu'appartiennent quelques tombes à tholos d'Attique, de Béotie et de la région du golfe de Pagasai en Thessalie.

Les tombes à chambre taillées ont marqué des progrès importants ; elles sont groupées pour former de grands cimetières dans presque chaque centre mycénien. Nous en connaissons même une foule dont nous ignorons où se trouvaient les habitats correspondants. Les plus célèbres sont ceux que nous avons vus en usage presque depuis le début de la civilisation mycénienne à Mycènes, à Tirynthe, à Prosymna, à Midéa, à Asiné, à Palaipylos — Volimidia —, à Athènes, à Thèbes, à Iolkos, etc. Mais de nouveaux cimetières importants ont été découverts à Monemvasie et dans d'autres endroits de Laconie, en Achaïe, à Tanagra en Béotie — avec plusieurs dizaines de sarcophages en terre cuite —, en Attique dans différentes régions de la Mésogée et à Pérati (région de Makri) — le cimetière qui a été fouillé le plus systématiquement, par Iakovidès, et date de l'Helladique récent IIIC —, dans la région de Kirrha et d'Antikyra en Phocide. D'importants cimetières Mycénien récent ont également été découverts à Céphalonie. Les chambres comportent des rangées de fosses. Les chambres irrégulières, le grand nombre des niches, les ouvertures étroites, les dromoi en pente, souvent avec des marches, dont les parois sont inclinées vers le haut, les dimensions relativement réduites qui, dans la phase finale, sont souvent très petites, sont caractéristiques d'une époque avancée. Les coutumes funéraires restent les mêmes quoiqu'elles évoluent vers une simplification ; le respect dû aux restes des défunts est de moins en moins grand. A côté du mobilier funéraire, abondant mais rarement précieux, on trouve assez souvent des idoles protectrices en Ψ, Φ et T, surtout dans des tombes d'enfants. La porte est généralement bouchée, mais le pillage des tombes est un phénomène très courant. Dans de rares cas les morts sont incinérés à une époque avancée de la phase finale.

La fresque

On a vu pour quelles raisons les fragments du décor à fresque des palais et autres bâtiments importants découverts jusqu'à ce jour datent du Mycénien récent. Leur état de conservation n'est pas meilleur que celui des fresques crétoises. En dehors des enduits de sol décorés, très peu de fragments ont été mis au jour *in situ* sur les murs ou tombés par terre. La plupart ont été retrouvés jetés en tas autour des palais et très peu dans les remblais. Il n'est donc pas toujours facile de dire quels appartements étaient ornés. Bien des fois nous sommes aidés par de très rares fragments restés sur place. Ils sont de deux phases successives : Helladique récent IIIA2 et Helladique récent IIIB ; presque rien ne peut être attribué à la phase finale C. Les dégâts sont dus à la détérioration normale, qui a nécessité leur réfection, et aux incendies ; c'est ainsi que bien des fragments sont noircis et écaillés. D'après ce qui est resté sur place nous voyons que l'adaptation au bâtiment était la même qu'en Crète et dans ses colonies insulaires : frises, cadres, chambranles, imitation d'orthostates, plafonds et sols (surtout des carreaux en damier). Les mégara et les autres appartements royaux ont reçu les plus brillants décors. Quelques-uns, surtout sur les sols et les foyers, ont été conservés sur plusieurs couches. On peut facilement imaginer la somptuosité de la décoration polychrome de l'intérieur des palais, mais il est presque impossible de reconstituer, à partir des rares fragments conservés, une image d'ensemble. La technique a peu varié par rapport à celle de la Crète : la méthode *a fresco*, avec rehauts et fixation des détails, a également été utilisée ; mais l'ancienne palette crétoise, avec ses couleurs lumineuses, a été atténuée par l'emploi de nombreux tons intermédiaires, pas toujours très harmonieux. Curieusement, toutefois, le vert reste rare quoique ce soit la couleur dominante dans la nature. C'est dans le répertoire qu'il existe des différences essentielles avec les fresques crétoises, quoique bien des motifs constituent un héritage, on pourrait même dire une copie. Les motifs décoratifs sont minoens : spires continues, en réseaux ou en bandes, souvent, comme en Crète, avec des ornements de remplissage végétaux — lierres, rosaces —, et des imitations des veines polychromes de la pierre. Mais nombre de ces motifs sont devenus tout à fait conventionnels et stéréotypés, surtout sur les sols dont les décors sont, chaque fois, plus éloignés de leurs modèles. Dans ces compositions structurées, nous l'avons vu, se mêlent des motifs pris dans le règne marin ou végétal, complètement stéréotypés et conventionnels eux aussi. La ressemblance de ces motifs dans les différents palais donne l'impression que des peintres itinérants se chargeaient de la décoration pour le compte des rois. Bien d'autres thèmes sont crétois : des processions d'hommes et de femmes qui portent, peut-être pour la divinité, des cadeaux divers, des offrandes et des fleurs. Des exemplaires intéressants ont été mis au jour dans le palais de Cadmos à Thèbes, à Pylos et à Tirynthe. Reusch a donné, guidée par Rodenwalt, une reconstitution peinte de la frise de Thèbes. Quant aux fresques de Pylos, c'est le fameux architecte-peintre d'Evans, Piet de Jong, qui a essayé de les recomposer. Parmi les autres figures féminines, l'une, reine ou déesse, a une couronne sur la tête. Au palais est conservée la partie inférieure de personnages en procession qui portent le même vêtement — jusqu'aux pieds avec la bande verticale au centre — que sur la fresque de la procession de Cnossos. Les femmes avec les pyxides de Tirynthe étaient, elles aussi, en procession ; la poitrine nue a toutefois été rendue de façon exagérée et antinaturelle, et toutes les figures ont été peintes d'une façon froidement calligraphique, comme la belle Mycénienne découverte récemment à Mycènes par Mylonas, dans la région du mur ouest. Elle tient dans les mains des colliers polychromes, pour se parer ou pour les offrir. A Pylos, une fresque représente des personnages qui portent des peaux, font des gestes et sont en mouvement, comme s'ils étaient en extase bacchique ; le sujet semble religieux. D'autres thèmes à Pylos, à Mycènes et ailleurs montraient des architectures : vestibules avec des bandeaux et des couronnements, des sanctuaires, des groupes de bâtiments d'inégale hauteur, des fenêtres géminées avec des dames s'y montrant, etc. Les fresques de tauromachie de Mycènes et de Tirynthe sont pleines d'élan et de mouvement, comme les fresques crétoises correspondantes. Les griffons et les lions en groupes antithétiques sont typiques dans les salles du trône et plus généralement dans les mégara principaux, particulièrement bien conservés à Pylos. La priorité revient, ici aussi, à la Crète où le motif est connu dans les deux salles du trône de Cnossos, peint ou en relief. Là aussi ces fresques sont de la phase finale de la dynastie créto-achéenne, mais il existe des modèles beaucoup plus anciens dans la glyptique. Le ton est généralement beaucoup plus flamboyant dans les exemples mycéniens où l'on recherche une espèce de majesté factice. Toutefois le musicien qui joue de la lyre, assis sur un rocher polychrome, charmant, comme un autre Orphée, les oiseaux, toujours sur le mur de la salle du trône du mégaron de Pylos où ont été représentés les griffons, a davantage l'air crétois. Mais en général, il manque ce souffle poétique et l'élément réaliste si manifeste dans les fresques crétoises et dans celles de Théra. L'élément humain a triomphé et les personnages avancent d'une façon beaucoup plus stable et plus solide. Il ne s'agit évidemment pas d'une règle stricte : dans nombre de scènes on retrouve le balancement aérien des Crétois.

C'est dans les scènes de lutte — chasse et combat — qu'il y a eu renouvellement total du répertoire ; dans la toreutique et dans la gravure nous le voyons évoluer depuis les périodes mycéniennes les plus anciennes. On distingue clairement une tendance narrative avec, assez souvent, un caractère épique. Ces scènes sont représentées en miniature ou comportent des figures de taille moyenne. Il est très rare que nous rencontrions des personnages de grande taille, comme par exemple les figures féminines qui conduisent des chars et prennent peut-être part à une chasse. Les chasses au sanglier montrent un élan analogue à celui des fresques crétoises. Les animaux courent en galop volant, poursuivis par de grands chiens de chasse avec des rubans pour colliers ; quelques piques se sont plantées sur eux, tandis que d'autres sont tenues par des mains dont certaines sont féminines. On ne peut s'empêcher de penser à la chasse au sanglier de Calydon où l'aimable Atalante a trouvé la mort. Nous avons de telles fresques à Tirynthe, appartenant à deux peintures successives, et à Orchomène. Dans les deux cas, le fond est tapissé de frêles rinceaux décoratifs, comme ceux qu'on voit de nos jours sur des tissus d'ameublement ou sur des murs. On trouve ici et sur d'autres motifs une disposition répétée, dans les processions par exemple, qui formaient de longues frises (celle du Kadmeion de Thèbes atteignait 14 mètres de long). Sur les fresques de Tirynthe, celles où des hommes tiennent les rênes des chars et celles des chasseurs au sanglier, la tendance décorative est exagérée ; elle s'occupe de tous les petits détails du char, des bâts des chevaux, des taches des peaux et des poils du pelage des animaux, des courroies, etc. En règle générale leur rendu est calligraphique et conventionnel. Les arbres, par exemple derrière les chars, sont comme des éventails de feuilles, les lierres comme des guirlandes de spires alternées. Des valets conduisent des chiens très grands tenus par des cordes. Les chasseurs avancent par deux portant des vêtements courts à manches et ceintures étroites, tenant sur l'épaule les piques ou les javelots. Sur d'autres fragments de Tirynthe sont représentés des cerfs et des chevreuils, par groupes de deux à quatre, la peau tachetée ou pleine de petites croix, certains anxieux, la tête tournée vers l'arrière ou frappant la terre de leurs cornes. Malgré le souffle réaliste, ces sujets ont été rendus de façon froide et conventionnelle dans des tons intermédiaires qui atteignent rarement à l'ancienne harmonie des coloris. Des motifs semblables ont également été trouvés à Mycènes et à Pylos ; dans la plupart d'entre eux les figures sont minuscules. Des bandes ondulées qui interrompent le sujet dans le fond, tendaient peut-être à rendre un paysage accidenté et rocheux. La disposition des personnages dans l'espace est plus libre et, les uns sur les autres, ils donnent une fausse perspective de profondeur. Piet de Jong a essayé de refaire nombre de ces motifs de Pylos qu'a particulièrement étudiés Miss Lang.

Peut-être le sujet le plus intéressant, et de toute façon le plus important à beaucoup d'égards, est la frise du mégaron de Mycènes que Rodenwalt a étudiée et essayé de reconstituer. Peut-être y avait-il sur la même frise des scènes de chasse comme sembleraient le prouver les fragments d'un chien et d'une chèvre sauvage. Mais le thème principal paraît avoir été un combat autour d'une acropole dont les maisons, hautes, sont construites inégalement, certaines avec une disposition en cinq parties au sommet, de type crétois. Des femmes ont été représentées aux fenêtres ou dans les ouvertures à colonnes. Çà et là, des rochers et des plantes ont été figurés dans le champ du combat. Il est difficile de suivre la lutte qui se déroule ; mais on voit les chars qui passent, certains au-dessus de la ville, en perspective cavalière. Dessous, des guerriers tombés ; des femmes même sont mêlées au combat en tant que personnages auxiliaires. Toutes les figures paraissent suspendues dans l'espace, suivant le système crétois. La tendance à l'ornemental se manifeste par les couleurs des chevaux, des armes, des vêtements des guerriers et même du champ de bataille. Sur le fragment gauche de la frise on a représenté très artificiellement la préparation au combat : les chevaux que l'on approche, l'attelage des chars, les guerriers qui se rassemblent et s'arment, les chars déjà prêts pour le combat mais qui n'ont pas encore leurs cavaliers. Dans l'ensemble, le sujet offre quelque chose d'épique et rappelle des scènes analogues — le siège de la ville située au bord de la mer sur le rhyton en argent de Mycènes et la fresque de l'expédition navale de Théra — qui sont, nous l'avons vu, plus anciennes. Ici non plus on ne semble pas avoir peint une scène historique et les adversaires sont représentés de façon presque semblable. Malgré tout, la tendance narrative est évidente et n'était pas si fréquente en Crète. Les *κλέα ἀνδρῶν* — les exploits de bravoure — constitueront très vite le sujet principal de la poésie épique qui paraît être née dans la Grèce mycénienne. La frise de Mycènes présente une plus grande harmonie des coloris que les fresques mycéniennes postérieures. Des fragments analogues comportant des sujets de lutte ont été trouvés à Pylos, malheureusement pas en très bon état, et il est difficile de les reconstituer.

Décorée à fresque, une tête de femme assez grande, en stuc, pauvrement modelée, a été découverte à Mycènes dans la « Maison de Tsountas ». Elle a un visage plutôt plat aux traits accentués, que soulignent davantage trois grains de beauté sur les joues et sur le menton ; elle porte une coiffure basse, au tour arrondi qui rappelle celle des sphinx. Certains ont donc cru que c'était la tête d'un sphinx. De la même maison provient un important petit tableau avec la représentation peinte du culte du Palladion. Quelques stèles funéraires étaient également décorées de fresques ; l'une, de Mycènes, représente des guerriers — qui rappellent ceux des cratères mycéniens — et une rangée de chevreuils. C'est peut-être parmi les dernières œuvres peintes mycéniennes.

La céramique

La céramique a de moins en moins à voir avec la grande peinture, quoiqu'elle continue en partie à y puiser ses thèmes et qu'un style, celui qu'on a appelé pictural, essaie de l'approcher davantage. Mais pour répondre aux besoins du commerce qui s'étend de plus en plus en Méditerranée orientale puis en Méditerranée occidentale, la céramique prend l'allure d'un artisanat de production massive et cette industrialisation contribue à en figer la technique, à en stéréotyper la morphologie et à en rendre de plus en plus conventionnelle et abstraite la décoration. Du point de vue de la technique, les potiers ont réussi la cuisson parfaite, l'engobe très fin et unique, le vernis très brillant, le tournage remarquable. En ce qui concerne la typologie, les vases se limitent à quelques formes, mais chacune d'entre elles avec des variantes infinies ; les formes facilitant le transport ont fait fortune, tels l'amphore à étrier et l'askos, comme aussi les vases pour les banquets, comme les cratères et les kylikes à pied haut — coupes à champagne — et les vases pour l'huile de qualité ou des parfums, comme ceux en forme de pains ou les alabastres ; très fréquentes étaient également les cruches de toutes sortes et les pyxides. Des vases de ce type sont allés jusqu'en Egypte, en Syro-Phénicie, dans toutes les îles de l'Egée, sur toutes les côtes de la Méditerranée occidentale et plus spécialement en Italie du Sud et en Sicile. Ils étaient particulièrement répandus sur les côtes d'Asie Mineure et dans les îles voisines, à Rhodes et à Kos, où l'on suppose qu'a été fondé et a prospéré l'Etat de Achijawa connu par les archives hittites. Cette grande diffusion de la céramique qui se manifeste à peu près de la même façon partout, l'aspect stéréotypé, la répétition des formes ont contribué à la naissance du nom de « koinè mycénienne ».

En ce qui concerne la décoration dans la phase initiale — Helladique récent IIIA2 — on suit les traces du Mycénien moyen ; les thèmes puisés dans le monde végétal et dans le monde marin, aussi bien que les motifs décoratifs stéréotypés, fondés sur la spire, les symboles, les rosaces et les écailles, existent toujours, mais se schématisent de plus en plus et deviennent tout à fait conventionnels et méconnaissables. Parmi les vases mycéniens de Tell-el-Amarna, on trouve beaucoup de vases Helladique récent de ce type, en même temps que des exemplaires crétois. Des variantes naissent librement dans les îles orientales et sur les côtes qui leur font face, comme aussi à Chypre où se forme un style mycénien oriental (style levantino-mycénien). En même temps, sous l'influence de la fresque, le style figuré apparaît avec pour centres l'Argolide et Chypre. Il comporte des scènes humaines et animales qui, auparavant, étaient tout à fait exclues de la céramique. Les poissons et les oiseaux y jouent un certain rôle. Une série de cratères ont été décorés de scènes où évoluent des chars et des guerriers. Sur d'autres, on a préféré les taureaux, les bouquetins et d'autres animaux, souvent dans des scènes de chasse. L'introduction d'éléments du monde marin et du monde végétal est caractéristique. Le style figuré prend un caractère un peu différent dans la troisième phase, où il devient touffu comme le style parallèle, le *Closed style,* avec encore une plus grande hétérogénéité de formes qui s'entremêlent. Il prend un autre aspect sur les sarcophages dans les trois phases qui se sont succédé, parce que les représentations y sont très liées au rituel des coutumes funéraires ; c'est ainsi que sur les sarcophages du cimetière de Tanagra sont souvent représentés les pleureuses, les célébrants, l'exposition du défunt, et même des scènes de captures de taureaux. Ce qui est typique c'est la façon dont ont été rendues les scènes du style figuré. Sur le pelage des animaux maladroitement dessinés, surtout les taureaux, ont été ajoutés des détails caractéristiques qui rendent symboliquement les taches du pelage ou des éléments anatomiques. Les personnages qui sont représentés debout sur les chars ou embarqués dans des bateaux sont comme des caricatures. On se demande si dans ce genre de représentations il y avait une intention humoristique ou si c'est simplement de l'inhabileté. Les exemples les plus typiques de cratères figurés proviennent de Chypre, surtout d'Enkomi et de Kition, mais une belle série a été fournie par l'Argolide, tandis qu'à Koukounara, en Pylie, le style figuré local avait un faible pour les étranges oiseaux mythiques. Sur d'autres cratères chypriotes ont été rendues des scènes de lutte. Mais on a trouvé des cratères avec des guerriers dans de nombreux centres de la Grèce mycénienne ; le plus connu et le mieux conservé, avec l'adieu aux guerriers qui partent au combat, provient de Mycènes. Des vases de cette sorte semblent se faire l'écho des « exploits de bravoure » que nous avons également vus dans

Fig. 15. — Formes de vases de l'Helladique récent, phase III (Mycénien récent).

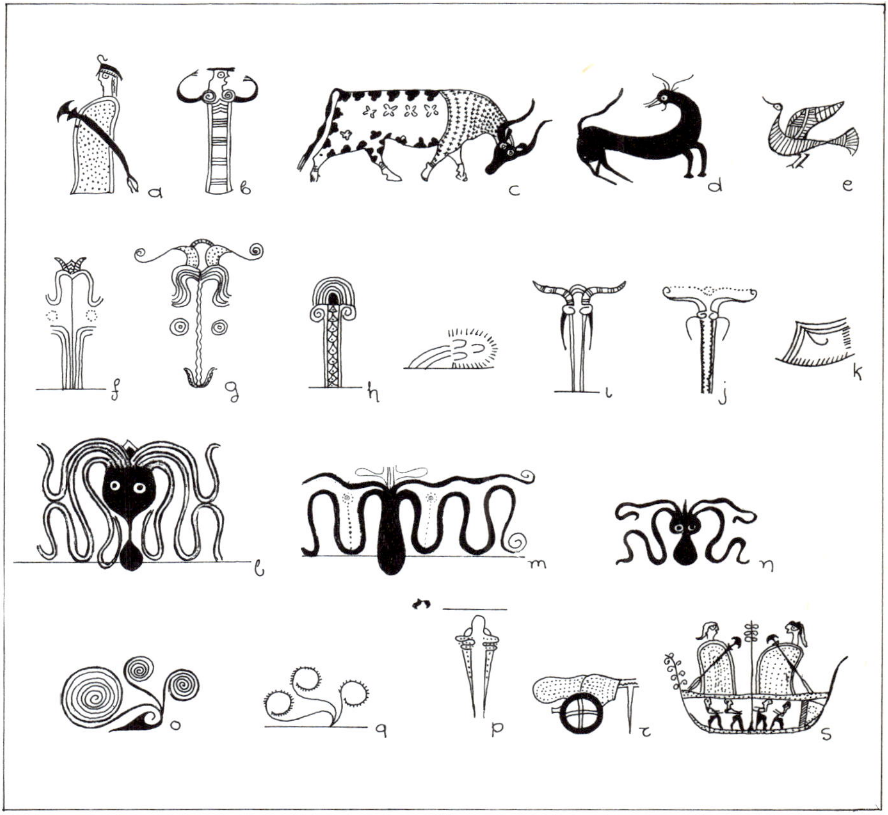

Fig. 16. — Motifs décoratifs de l'Helladique récent, phase III (Mycénien récent).

les fresques. Mais peut-être les courses de chars ont-elles un rapport quelconque avec les jeux funèbres, puisqu'un exemple montre un personnage portant une balance, peut-être manifestation symbolique de la pesée de l'âme. Dans d'autres représentations coexistent des membres du clergé, des divinités ou des rois, quelques-uns assis sur un trône. Sur certains exemplaires parmi les derniers comme le « Cratère aux fenêtres » de Chypre, on voit des scènes rituelles à l'intérieur de bâtiments. A la fin, le style figuré acquiert un caractère purement caricatural, peut-être pas intentionnel, où les formes humaines, rendues de façon grotesque, nous font rire. C'est ce qu'on appelle le « style rude ». Un vase de Mycènes a été baptisé « Récipient du cirque » à cause de ses personnages clownesques. Il y règne une charmante naïveté.

La plupart des vases de la « koinè mycénienne » présentent une décoration conventionnelle sans cesse répétée, qui est née de l'évolution et de l'abstraction des styles mycéniens plus anciens. Une grande partie des vases sont décorés de bandes qui en font le tour à des distances rythmées ou selon des systèmes de zones plus ou moins larges. Les motifs marins ou végétaux sont souvent à peine reconnaissables et il faut pour cela suivre leur évolution typologique. Fondamentalement toutefois, le répertoire est le même, mais les motifs figurés sont réduits à de simples ornements dont on ne sent pas la signification. La plupart des critiques ont taxé ce changement de déclin, mais il ne s'agit pas de cela, pas plus qu'on ne peut considérer l'art abstrait contemporain comme décadent.

Dans la phase finale, en dehors des styles figuré et caricatural, deux styles essentiels dominent : le *Granary style* et le *Closed style* (style touffu). Le premier — on a expliqué d'où venait son nom — est particulièrement sobre et provient de la simplification extrême des motifs décoratifs qui sont finalement devenus de simples lignes ondulées, des S, des courbes antithétiques, et surtout des bandes faisant le tour du vase ou des dispositions en métopes. La technique est très pauvre, presque sans engobe ni purification de l'argile. Il ouvre la voie aux styles submycénien et protogéométrique. Pour ce qui est des formes, on préfère les skyphoi profonds, les cruches avec des anses tortillées, les cratères, les ustensiles coniques en forme de bassines, les amphores simples à étrier. Le deuxième, le style touffu, doit son nom à sa décoration très dense, on pourrait dire serrée ; il essaie de faire renaître les formes anciennes en les mélangeant de façon imprévue, et, d'autre part, l'« horreur du vide » — *horror vacui* — fait qu'on ajoute des figures intermédiaires ou une foule d'éléments de liaison. C'est ainsi que, coincés entre les tentacules du poulpe, on trouve des ornements de toutes sortes, des oiseaux et des poissons, et même des formes végétales et hybrides. Les tentacules sont sans raison pourvus de rejetons. Les yeux deviennent énormes et dominent toute la composition. Les principaux centres de ce style sont Rhodes, Naxos et la Crète, mais il ne fait défaut dans aucun grand centre mycénien de la phase finale. La forme favorite est l'amphore à étrier.

Dans la dernière phase on peut vraiment parler de décadence ; elle est d'ailleurs évidente dans toute la vie de la période qui, semble-t-il, a été particulièrement troublée. Les marchés intérieurs et extérieurs se sont appauvris et les vases ne sont plus demandés en quantité. C'est aussi la raison pour laquelle ils sont également en quantité limitée dans le mobilier funéraire. Et c'est au contraire cette céramique qui se trouvera dans les mains des Peuples de la Mer ; plus tard, quand ces derniers finiront par s'installer, ils la feront évoluer dans de pauvres styles locaux comme ceux que nous voyons dans la région philistine. La chronologie absolue de ces styles est fondée, pour un stade assez avancé de l'évolution, sur la céramique de ces installations, dont la plupart datent du début du XIIe siècle av. J.-C. Mais nous suivons beaucoup mieux l'ensemble de l'évolution jusqu'au-delà du milieu du siècle, quand l'infiltration dorique est assez avancée, dans la céramique du cimetière de Pérati, si minutieusement fouillé par Iakovidès.

Les terres cuites

Comme dans les périodes précédentes la céramique s'est associée à l'art plastique dans la fabrication de nombreux ustensiles, d'usage rituel surtout. Les vases zoomorphes ne sont pas rares, surtout ceux qui se sont contentés de rendre plastiquement la tête de l'animal, du taureau le plus fréquemment, dans des ustensiles de type rhytons. Il en provient d'Amyclées, de Karpathos et de Ialysos (Rhodes). De cette dernière nous avons un vase en forme d'animal chargé, très semblable à ceux qui ont été trouvés en Crète. Certains ont pris la forme de poissons, comme un exemplaire de Tirynthe. Beaucoup plus fréquents sont les ustensiles dont seule une partie comporte des éléments plastiques. C'est ainsi que des vases de Koukounara, de Pylos et de Volimidia (Palaipylos) ont été pourvus de becs et d'anses en forme de protomes d'animaux. Les ustensiles en relation avec les serpents sacrés, prenant souvent l'aspect de kernoi en forme de tubes circulaires ou d'ustensiles cylindriques, sont pourvus d'éléments plastiques. On y a représenté des serpents, des oiseaux et des têtes de taureaux. Des exemplaires intéres-

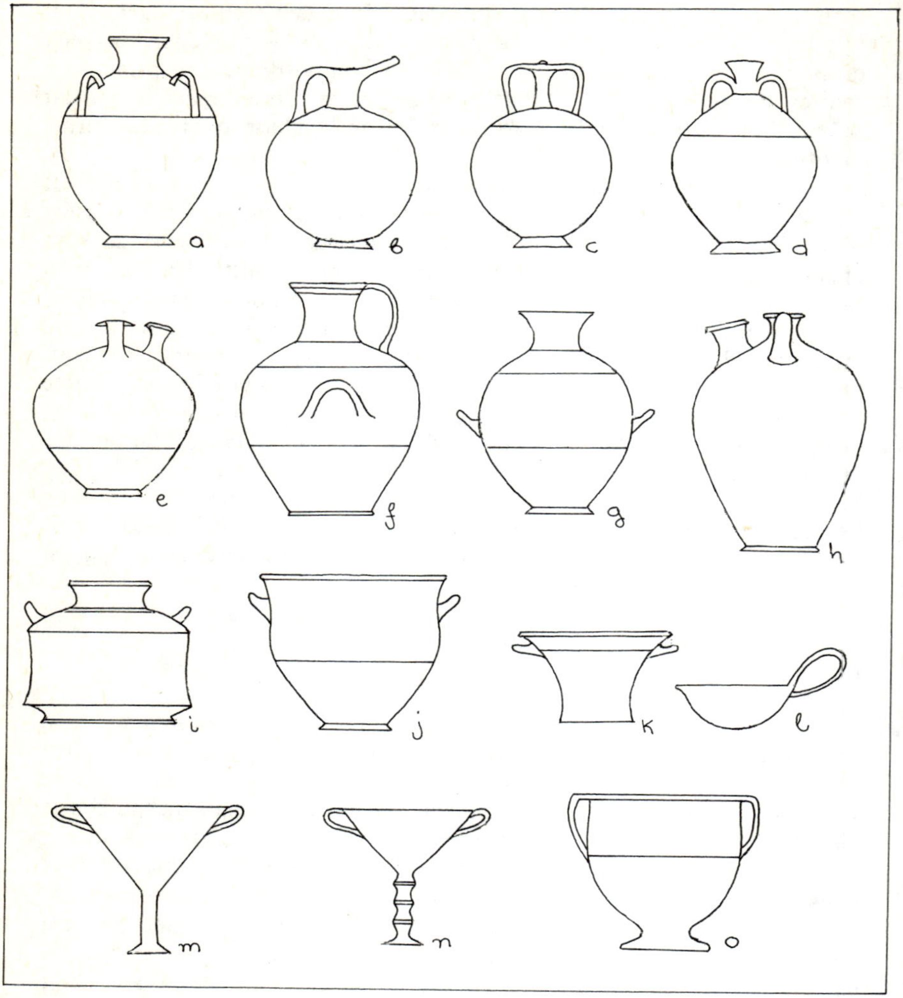

Fig. 17. — Formes de vases de l'Helladique récent, phase IIIC (Mycénien récent final).

Fig. 18. — Motifs décoratifs de l'Helladique récent,
phase IIIC (Mycénien récent final).

sants proviennent de Rhodes et de la région syro-phénicienne. Il existe des kernoi avec des petites figurines humaines qui ont, eux aussi, des parallèles en Crète. Dans la dernière phase (C) on rencontre fréquemment des ustensiles d'un autre type : des kalattroi avec des petites pleureuses sur la lèvre et des vases en forme d'oiseaux aquatiques, qui évolueront aux époques submycénienne et protogéométrique. Des récipients en forme de chaussures ou de sandales ailées sont très intéressants pour leur sens symbolique également.

Les figurines sont presque toujours petites, surtout féminines, stéréotypées et schématiques. Les grands modèles de terre cuite, comme ceux de Kéa, ne sont pas du tout courants, quoiqu'on en ait fabriqué dans la phase finale ; une grande tête, laide à voir, avec des yeux globuleux qui ressortent, un menton pointu, un nez proéminent sur un visage plutôt plat, provient d'Asiné, d'une pièce considérée comme sanctuaire ; on a pensé qu'il s'agissait d'un homme — le « Seigneur d'Asiné » — mais ce n'est pas du tout sûr. De nombreuses figurines isolées, avec un certain modelé et décorées, malgré l'allure stéréotypée du corps presque cylindrique, ont été trouvées dans la région de l'acropole de Mycènes. Dans une maison du prolongement ouest de l'enceinte, lord Taylour a mis au jour un sanctuaire avec toutes ses figurines de terre cuite, dont quelques-unes sont expressives, malgré leur schématisation. En Pylie et en Triphylie on a trouvé un assez grand nombre de figurines qui datent du début du Mycénien récent — Helladique récent IIIA — et qui ont assez bien gardé leur ancienne forme plastique. Mais à partir de la fin de cette période et surtout à l'Helladique récent IIIB, on se contente de formes purement stéréotypées, symbolisant sans aucun doute les divinités protectrices ; les types sont connus comme Ψ, Φ et T ; le premier est ailé, le second discomorphe sur un support et le troisième a des épaules fortement saillantes parce que les bras sont croisés sur la poitrine. Ces types étaient visiblement des divinités, peut-être du cycle lunaire — la demi-lune ou la pleine lune. Le vêtement et le chapeau ont été rendus de façon très schématique et la décoration, faite de lignes courbes ou ondulées, s'est adaptée à leur forme. Sur les chapeaux qui s'ouvrent comme des entonnoirs on a souvent ajouté une tresse ou un serpent. On a remarqué que ces idoles se rencontrent surtout dans des tombes d'enfants ; c'est eux, en effet, qui avaient le plus besoin de protection. Certaines des idoles tiennent un nouveau-né dans les bras et sont donc appelées courotrophes ; ces nouveau-nés sont souvent coiffés d'un chapeau de paille. Il n'est pas rare que ces figurines soient assises sur des trônes ; il existe aussi des trônes vides et d'autres sièges. Dans quelques tombes, comme celles de

Prosymna et de Pérati, on a trouvé des chars modelés avec des personnages qui tiennent les rênes. Les groupes sont rares : des divinités assises sur un animal, des captures de taureaux en raccourci, etc. Les animaux en terre cuite sont variés, la plupart très grossiers, si bien qu'on a du mal à reconnaître l'espèce. Leurs yeux sont souvent rendus par de petits disques. Les quelques groupes d'animaux qui allaitent leurs petits sont charmants ; un animal tient son petit dans sa gueule ; une autre figurine représente un lion qui transporte sa proie.

Il continue à y avoir des maquettes de constructions sacrées ou en forme de tours, comme en Crète, qui sont des supports de vases ou des réchauds. Au moins quelques-uns d'entre eux étaient des ustensiles rituels.

La sculpture et la technique de la pierre

Nous avons vu qu'en liaison avec l'architecture et étroitement adaptée à elle, la sculpture s'est développée sous une forme qui aurait pu être monumentale si, par une recherche appropriée, elle avait abouti à des créations plus importantes. Sur les portes et les façades des plus belles tombes à tholos, un décor sculpté combinait une fonction organique et des recherches esthétiques. Malheureusement, des grands reliefs un seul est conservé, celui avec les deux lionnes de part et d'autre de la colonne qui confère, de façon symbolique, un caractère sacré au palais royal. Cette interprétation peut être déduite des fragments d'autels sur lesquels les animaux ont posé leurs pattes avant ; cette enseigne pouvait exprimer la protection de la divinité sur la maison royale. Aujourd'hui, les têtes des lionnes manquent et le Dr Deïlaki-Protonotariou a soutenu que, puisqu'il n'y a pas assez de place pour elles, il devait s'agir de griffons, comme sur les sceaux. Mais les trous de fixation de ces têtes sont conservés ; elles étaient faites dans des morceaux de pierre séparés, et cela n'est pas en faveur de l'hypothèse des griffons. On retrouve le même sujet au sommet des deux branches de la lyre de Ménidi et là il est évident qu'il s'agit de lions. La sculpture est grande mais, quoique imposante, elle ne peut être considérée comme un chef-d'œuvre. Il y avait peut-être des reliefs analogues sur les portes de Tirynthe. Grands, sinon monumentaux, sont les reliefs en gypse cristallin de la tombe à tholos d'Agamemnon — le « Trésor d'Atrée » — représentant des taureaux (peut-être une capture) qui se trouvent aujourd'hui au British Museum ; nous avons donné, dans le chapitre sur l'architecture, les hypothèses sur leur place dans la tombe. Les motifs avaient gardé des traits de la sculpture minoenne, quoique l'inhabileté à traiter de tels sujets — qui avaient été rendus dans la glyptique et la fresque — soit ici évidente. Nous avons vu qu'il faut sans doute attribuer le décor avec les demi-colonnes, les bandeaux de demi-rosaces et de triglyphes, les zones de spires continues et les disques imitant les extrémités des chaînages de bois, comme dans la décoration minoenne, tous admirablement incisés dans des pierres polychromes sur la façade du Trésor d'Atrée, le plafond sculpté de réseaux de spires qui sont reliés à des éléments végétaux dans la chambre funéraire du Trésor de Minyas, de même que les plaques sculptées avec les taureaux, au Mycénien moyen (au Mycénien ancien pour Evans). A cette période appartient également une partie des stèles funéraires à reliefs de Mycènes. Mais il ne fait pas de doute que la plupart des stèles en bas-relief, assez grossières de forme et d'exécution, datent de l'époque où a été aménagé le lieu de culte des rois défunts, soit du HR IIIB. Les sujets restent fondamentalement les mêmes : luttes en char et réseaux de spires ; les chevaux ont été rendus avec deux pattes seulement, et les chars apparaissent comme des boîtes démontées qui peuvent à peine abriter leurs conducteurs.

La technique de la pierre s'est davantage occupée de fabriquer des ustensiles et des outils. L'expérience acquise au cours des époques précédentes s'est révélée précieuse, et certaines de ces œuvres sont très intéressantes, quoiqu'elles manquent de charme et de variété. Les formes sont, ici encore, stéréotypées et se répètent un peu mécaniquement. Il s'agit surtout de vases cylindriques, de bassines, de mortiers, de lampadaires qui gardent souvent quelque chose de leur décoration ancienne, de broyeurs, de meules et de pierres à aiguiser, etc. Les ustensiles avec des représentations en relief ne sont plus fabriqués. Quelques moules ont été conservés ; ils servaient à la fabrication des bijoux en métal coulés ou au repoussé, et surtout de bijoux de fantaisie en pâte de verre.

L'art du métal

Dans les deux périodes précédentes du Mycénien, nous avons observé l'évolution de l'art du métal dans ses différentes branches — ustensiles, armes, outils, bijoux — qui suivait les traces minoennes. L'expérience acquise a été précieuse pour l'évolution ultérieure qui s'est révélée constante, avec une tendance à la production de masse stéréotypée. L'importation de matière première continuait à se faire surtout à partir de Chypre, sous forme de talents dont les extrémités sont un peu plus pointues, les petits côtés plus courbes et les longs plus droits, comme ceux qu'on a trouvés en abondance en Sardaigne ou ceux qui ont été retirés du bateau coulé au large du cap Chélidonia, sur les côtes de Cilicie ; l'origine chypriote de ces derniers a pourtant été mise en doute à cause des alliages. Des talents de ce type ont été représentés comme idéogrammes sur des tablettes en Linéaire B. Dans les tablettes de Pylos on parle même des quantités de cuivre fournies par le sanctuaire pour qu'elles soient travaillées. Sur ces tablettes les artisans sont qualifiés de « bronziers ». Le contrôle se fait depuis le palais et le terme τελέσιον a peut-être un rapport avec les quantités de cuivre contrôlées par la pesée. La découverte, dans la région du sanctuaire du palais de Pylos, de magasins de cuivre, confirme les conclusions qui ressortent des tablettes. Le travail des alliages de cuivre avec de l'étain est prouvé par les analyses chimiques ; dans le bateau échoué également, une poudre blanche ramassée en quantité s'est révélée être de l'étain pour la préparation des alliages ; on y a découvert aussi des outils et des ustensiles en métal. On allait chercher les minerais d'étain dans des régions éloignées, en Anatolie intérieure, dans la péninsule ibérique, en Europe centrale — surtout en Silésie —, en Cornouailles (Grande-Bretagne) et dans les îles Cassitérides. Les filons de cuivre de Grèce, de faible teneur, sont restés presque inexploités. Il est très probable qu'il y ait eu des installations mycéniennes à Chypre, qui facilitaient l'exploitation et l'approvisionnement en cuivre.

La plupart des objets en cuivre et en bronze proviennent des tombes, de celles qui n'ont pas été pillées. Les ustensiles en métal des maisons ont été fondus et refondus, chaque fois transformés en ustensiles, outils et armes nouveaux, et la plupart d'entre eux ont disparu, sauf ceux qui ont été cachés, à l'approche de dangers, sous les sols ou dans des cachettes, pour être récupérés plus tard, et qui sont finalement restés là pour être découverts lors de fouilles ou tout à fait par hasard. Spyropoulos a rassemblé dans une monographie de nombreux exemples de trésors mycéniens de ce genre.

Les ustensiles en métaux précieux sont rares ou du moins n'ont pas été mis au jour ; ils n'accompagnaient en effet que rarement les morts dans la tombe en tant que mobilier funéraire. Mais les bijoux en or continuent à être fréquents, quoiqu'on utilise souvent des parures moins coûteuses. Même les récipients en argent sont imités en argile avec une couche superficielle d'étain ou de plomb ; évidemment, ce genre de vases ne pouvait aller au feu. Des ustensiles en plomb ont été découverts dans une maison de la région du Trésor d'Atrée à Mycènes.

Les ustensiles en cuivre appartiennent aux mêmes catégories que ceux des époques mycéniennes plus anciennes : amphores, cruches, hydries, bassines, gobelets, chaudrons — trépieds ou sans pieds, profonds ou plats —, lampadaires, pyxides, etc. Mais les formes sont désormais plus anguleuses, moins dynamiques, très rarement décorées au repoussé ou moulées. Même les outils sont davantage stéréotypés et leurs catégories sont beaucoup moins nombreuses. Mais la technique de leur fabrication est la même. Ce sont des outils de menuisiers, d'artisans de la pierre, de maçons, d'artisans du cuir, etc. On a mis au jour quelques moules à l'intérieur desquels on coulait le métal ; l'un d'eux était destiné à la confection de haches à ailerons de type italiote.

La production d'armes en bronze semble avoir été énorme, si l'on en juge d'après les quantités dénombrées sur les tablettes, aussi bien de Cnossos que de Pylos. De grandes quantités de flèches sont mentionnées. Mais sur les tablettes de Pylos le cuivre fourni pour la fabrication des armes se trouve également en grandes quantités et devait dépasser les besoins de l'équipement local. On en fabriquait donc aussi, visiblement, pour le commerce. Quelques-unes des tombes — de guerriers, certainement — étaient bien équipées de lances, de javelots, d'épées et de couteaux. Les longues épées continuent d'évoluer mais pour une meilleure fixation la poignée est constituée d'une tige de métal qui prolonge la lame (soie) recouverte de bois ou d'ivoire ; dans la décoration on recherche plus de simplicité, et les épées sont rarement aussi variées dans leur décoration qu'aux périodes précédentes. D'ailleurs, la production de ces armes n'est plus seulement destinée à la classe des nobles. La technique du combat exige une plus grande uniformité et davantage d'efficacité. Les lames s'élargissent souvent sans que leur dos soit renforcé et les tranchants sont plus aiguisés de façon que les guerriers puissent frapper d'estoc et de taille. Pour le corps à corps les poignards sont indispensables, et même les couteaux simples à un ou deux tranchants. Ces armes cessent d'avoir le charme des poignards décorés des époques antérieures, qui étaient surtout un ornement pour les nobles. Apparaissent même des couteaux courbes comme des faucilles ; ils sont bons pour couper les têtes et les membres des adversaires. Au cours de la phase finale (C) apparaissent de nouveaux types d'épées, nordiques visiblement. Elles ont été apportées par des nouvelles tribus indo-européennes venues du nord.

Les pointes des lances sont devenues plus longues, plus solides, davantage renforcées dans le dos ; la douille est plus longue, mais il y a très rarement l'anneau de serrage ; d'autres modèles sont plus larges, en forme de feuille. Quelquefois la lance était pourvue, dans sa partie inférieure, d'un talon aigu, pour qu'on puisse le planter dans le sol lors des moments de repos ; mais très peu de ces talons ont été conservés. Des pointes, plus légères mais semblables, étaient destinées aux javelots. Les flèches continuent les deux types anciens en forme de queue d'hirondelle et avec une tige élémentaire ; on les trouve comme idéogrammes sur les tablettes. Presque rien n'est conservé des arcs, faits de verges souples et de cornes d'animaux — surtout de bouquetins —, mais nous connaissons leur forme d'après les représentations et d'après les tablettes ; c'était des arcs simples, ou à deux branches avec une entaille au milieu, faits de deux parties. Les haches à double tranchant en bronze étaient rarement utilisées comme armes ; c'était surtout des instruments sacrificiels.

De l'armement défensif que nous suivons mieux sur les représentations, surtout sur les fresques, très peu d'exemplaires sont conservés ; la plupart d'entre eux ont en effet continué à être confectionnés en matériaux périssables, même renforcés. Un ensemble impressionnant d'armes défensives, en bronze surtout, a été mis au jour dans une tombe à chambre de Midéa et date du début du Mycénien récent (HR IIIA2). Il s'agit d'une lourde cuirasse couvrant tout le corps, faite de nombreuses lames jointes dont certaines constituent les éléments courbes de la poitrine et du dos, d'autres les épaulières, d'autres encore les zones articulées du bas-ventre et de la partie supérieure des cuisses. Elle était doublée de cuir pour ne pas blesser le guerrier qui devait toutefois, avec tant de poids, se mouvoir difficilement. Par erreur les fouilleurs avaient, à l'origine, raccordé les deux épaulières comme un casque, mais celui-ci, trouvé en morceaux, était du type habituel avec les rangées de dents de sangliers, en usage, comme nous l'avons vu, dans les plus anciennes périodes de la civilisation mycénienne et dans la Crète néopalatiale où l'on connaissait également le casque en bronze avec les couvre-joues mobiles. Ce dernier ne semble pas inconnu en Grèce mycénienne, puisque l'exemplaire crétois provient de Cnossos à l'époque de la dynastie achéenne. Une cuirasse analogue a été mise au jour, malheureusement très abîmée, dans une annexe du palais de Cadmos à Thèbes. Ces cuirasses en bronze devenaient superflues quand on utilisait les grands boucliers en forme de huit qui, à ce qu'il semble, continuaient à être utilisés au tout début du Mycénien récent ; on le voit d'après les représentations et les effigies. Ils étaient toujours faits de peaux de bœuf superposées et c'est pourquoi il n'en est presque rien resté. Par la suite, pour assurer aux guerriers une plus grande liberté de mouvement, le bouclier a pris une forme elliptique, discoïde ou en demi-lune, comme l'attestent, encore une fois, les représentations. Quelques lames dans des tombes proviennent peut-être de boucliers de ce genre qui avaient quelquefois des appliques ou des enseignes métalliques. Le petit bouclier obligeait à mieux protéger les jambes et c'est alors qu'apparaissent, pour la première fois, des cnémides de bronze, comme celles qui ont été trouvées dans une tombe en Achaïe. On en connaît aussi en Crète et à Chypre. Elles ont remplacé les vieilles guêtres en cuir, mais il semble qu'en même temps on continuait à utiliser de hautes chaussures. On ne peut être sûr que les casques, dans les deuxième et troisième phases, associaient le métal, le cuir et les cornes, quoique d'après les représentations nous connaissions assez bien leurs diverses formes avec le panache, les deux cornes et souvent des protections pour le visage et la nuque.

Au contraire de ce qui s'est passé pour la Crète, il ne semble pas que les figurines en métal aient particulièrement progressé. On a rarement trouvé de petites figurines féminines en bronze et elles suivaient toujours les types minoens. Les adorants sont fort peu nombreux et parmi ceux-ci on classe les exemplaires en plomb qui ont été découverts dans la tombe à tholos de Kampos en Laconie et qui sont de la phase transitoire entre le Mycénien moyen et le Mycénien récent ; ils n'ont pas la tension du tronc des figurines minoennes et sont plus rigides, bien que dans le reste on ait suivi le type connu des petits adorants. Même les petits animaux en bronze suivent la tradition minoenne, mais ils sont plus maladroits et plus raides. Quelques-uns forment des groupes. Une petite figure masculine avec un haut pilos conique qui a été trouvée à Tirynthe semble être une importation syro-phénicienne.

Orfèvrerie et joaillerie

L'art des bijoux, qu'ils soient en métal ou faits d'autres matériaux, a suivi de très près, nous l'avons vu, les prototypes minoens, aussi bien dans les formes des bijoux que dans leur décor ciselé ou au repoussé. L'évolution ultérieure, au Mycénien récent, a suivi une voie identique, quoiqu'on remarque ici aussi le même tournant vers le formel, le schématique et le conventionnel. Dans la première phase, le HR IIIA, les bijoux gardent encore suffisamment de vie dans le rendu des formes du monde animal et végétal — poulpes, nautiles, tritons, coquillages, hippocampes, papyrus et lys, rosaces, etc. Des perles de colliers adoptent des formes de ce genre avec rendu au repoussé sur la feuille d'or. Des pendeloques en forme d'animaux — taureaux, cerfs, chevreuils, lions, etc. — continuent à être utilisées, mais plus rarement. Dans le Kadmeion de Thèbes, on a trouvé de très beaux bijoux de ce style, et à peu près tous les cimetières des grands centres mycéniens en ont fourni de semblables. Caractéristiques sont quelques perles en forme de spires en relief, de petites ruches ou de roues à quatre rayons. Parmi les pendeloques de forme plastique représentant un animal couché, on distingue un exemplaire de Thèbes, en forme de cerf, et un autre de Mycènes en forme de taureau, avec des petits disques qui pendent des cornes. La partie supérieure d'un sceptre en forme de boule sur laquelle sont assis deux faucons avec de nombreuses incrustations en cloisonné et avec un fin grènetis a été trouvée à Kourion (Chypre) et reconnue comme œuvre mycénienne de la phase finale. Nous verrons ci-dessous les bagues-cachets, mais en dehors de celles-ci il y en avait beaucoup décorées d'un très fin cloisonné ou d'un fin grènetis, très semblables à d'autres qui ont été trouvées en Crète. Dans les phases avancées les bijoux en or sont devenus rares et ont été remplacés par des exemplaires en pierre ou en pâte de verre. On trouvait déjà ces derniers au début de la civilisation mycénienne, en même temps que des bijoux en or, en électrum et en argent, mais maintenant ils sont beaucoup plus fréquents et leur qualité dépend, cela va de soi, de la position sociale et de la richesse de ceux à qui ils appartenaient. Les mêmes pierres précieuses et semi-précieuses continuaient à être utilisées, surtout dans la première phase, mais beaucoup plus courants sont les bijoux en pierres communes — surtout la stéatite —, en verre, en pâte de verre. Perles et pendeloques dans ces matières sont coulées dans des moules, dont un assez grand nombre ont été conservés. L'ambre, matériau précieux apporté de la région de la Baltique, a cessé d'être utilisé dans la plupart des sites. Mais il est étonnant que dans certaines régions insulaires, comme par exemple à Céphalonie, on continue à en faire un usage intense ; peut-être y était-il apporté par les marins. Si à Thèbes on fabriquait une grande quantité de bijoux en lapis-lazuli, on le trouvait dans les montagnes du Béloutchistan, et il était obtenu grâce aux relations étroites avec la Phénicie d'où vient également le trésor de cylindres, sceaux orientaux, presque tous en lapis-lazuli, qui a été découvert dans le deuxième palais de Cadmos. La pâte de verre donnait de grandes possibilités pour la fabrication de bijoux bon marché ; facile à couler, elle pouvait prendre toutes les formes qu'on voulait, même les plus contournées, et celle de plaquettes avec des représentations minuscules : divinités, génies officiant, êtres supraterrestres, scènes entières qui ont rappelé à Persson des sujets mythologiques — le rapt d'Europe, la Chimère de Bellérophon, les travaux d'Héraklès, etc. —, mais cela n'est finalement pas prouvé. De nombreux éléments sont en forme de décors architectoniques, bandeaux, moulures, etc. Les perles en forme de céréales et de légumineuses sont également très courantes. La faïence est maintenant devenue très rare pour les bijoux, en raison du succès de la pâte de verre.

Les fusaïoles en stéatite, dont l'usage nous est encore inconnu, ont changé de forme : de biconiques ou fusiformes elles sont devenues coniques ; en choisissant bien les couleurs de la stéatite on obtenait des effets polychromes. Leur découverte en série a incliné de nombreux chercheurs à croire qu'elles étaient utilisées comme bijoux, perles de colliers ou pendeloques.

En verre polychrome épais et en pâte de verre on faisait des petits vases à parfums, analogues, semble-t-il, à ceux qui étaient fabriqués en Crète et dont la tradition a été suivie par la suite en Phénicie et dans la Grèce archaïque et classique.

La glyptique

L'évolution de la glyptique sur métal et sur pierre, des époques mycéniennes plus anciennes au Mycénien récent, s'est faite normalement et est passée d'une phase à l'autre de façon insensible, si bien qu'il serait difficile de distinguer de façon certaine les stades successifs. La plupart des bagues-cachets en or ou en électrum appartiennent indubitablement aux périodes antérieures, et même celles qui proviennent d'ensembles Mycénien récent — surtout de tombes à chambre taillées — sont souvent de vieux héritages. Dans très peu d'entre elles on voit la technique nouvelle, beaucoup plus conventionnelle et formelle, et la composition quelque peu relâchée, parfois disloquée.

Le changement est beaucoup plus évident dans la pierre. Les matériaux sont de moins en moins variés, et dans la phase finale la plupart des sceaux sont en stéatite et en serpentine. Dans la première phase, la variété est encore assez grande ; on préfère pourtant les agates, surtout la sardoine et l'onyx. Les formes — amygdaloïde, lenticulaire et fusiforme — diffèrent légèrement en section et en dimensions ; les cylindres aplatis sont rares, la plupart comportant des motifs décoratifs simples. Ils ont davantage un usage ornemental et on s'en sert très rarement comme amulettes magiques. L'utilisation du foret facilitait grandement leur élaboration ; il a toutefois laissé des traces, surtout dans les articulations des membres des animaux rendues comme des nœuds, ce qui enlève beaucoup de charme aux formes. En général, les figures deviennent plus anguleuses, les tendons sont particulièrement accentués, les corps arrivent souvent à être monstrueux, les membres perdent leur cohésion et cela aboutit à un style qu'on qualifie de relâché et de disloqué. Plus de 85 % des sceaux représentent des scènes de la vie et des jeux des animaux, dans lesquelles on répète les mêmes formes. Les véritables scènes de combats, de guerre ou de chasse sont devenues très rares, mais elles sont, elles aussi, très schématiques. Les groupes antithétiques de lions, griffons et taureaux continuent d'exister, quoiqu'ils soient moins fréquents et plus formels. On distingue une série avec la divinité au milieu de lions ou d'autres animaux, souvent avec un entrelacs de serpents au-dessus de la tête. Fréquents également sont les groupes antithétiques de génies officiant ou transportant des victimes. Il existe des sujets qui présentent un intérêt particulier. Mais ce qui surprend c'est que dans les séries d'empreintes trouvées à Pylos, à Mycènes et ailleurs, on trouve des scènes beaucoup plus variées et plus intéressantes, certaines très réalistes même, quoique ces empreintes soient de la fin des palais mycéniens. Cela nous convainc que dans les mains des dignitaires palatiaux il y avait de nombreux sceaux hérités, que chacun passait à son successeur. Dans les derniers sceaux il est vraiment très difficile de comprendre, ou simplement de voir le sujet, qui est entièrement schématisé et disloqué.

Ivoirerie, marqueterie et arts sur matières périssables

Le travail de l'ivoire qui, dès le début de l'époque mycénienne avait si bien suivi les modèles minoens, continue sans interruption au Mycénien récent, époque à laquelle appartiennent la plupart des objets de toilette, des meubles, des décors incrustés, des instruments de musique, etc., qui ont été trouvés soit dans les habitations soit dans des tombes. La tradition crétoise s'est poursuivie, quoiqu'on distingue une plus grande schématisation, quelque chose de plus conventionnel et une tendance à la décoration abstraite. Bien des leçons ont également été prises en Orient et en Egypte. C'est la région syro-phénicienne qui a surtout exercé son influence et qui, à son tour, a assimilé les leçons de l'ivoirerie créto-mycénienne ; elle a importé beaucoup d'objets qui ont été retrouvés surtout dans les centres côtiers, et plus particulièrement à Ugarit et en Syrie (Meggido). L'installation achéenne d'Enkomi à Chypre a fourni un assez grand nombre d'échantillons de l'ivoirerie mycénienne. Nous citerons comme exemples le beau couvercle de pyxide d'Ugarit portant la représentation d'une déesse assise sur un autel et entourée de bouquetins, la plaque avec le griffon ailé de Meggido, d'autres plaquettes à reliefs de la même région avec des animaux au galop ou se battant, des sphinx, etc., les plaquettes oblongues rectangulaires d'un coffret d'Enkomi avec des chasses et des animaux fuyant. Les œuvres en ronde-bosse du Mycénien récent ne sont pas nombreuses ; on distingue parmi celles-ci, du tout début de la période ou même peut-être héritage de la période précédente, la Triade de Mycènes, très intéressante du point de vue religieux, qui représente deux divinités, visiblement la mère et la fille, recouvertes d'un péplos commun, avec, à leurs pieds, un petit enfant qui joue, peut-être le jeune dieu ; la finesse du rendu est remarquable. Une tête en ivoire, dont les détails des cheveux et les traits du visage sont rendus de façon calligraphique, a été trouvée dans une maison de l'acropole de Mycènes. D'impressionnants ensembles d'ornements de meubles, de coffrets ou d'incrustations sur divers objets ont été mis au jour dans la plupart des maisons qui bordaient la route montant vers l'acropole de Mycènes ; elles leur doivent leurs noms. Ce sont des plaquettes avec des sphinx, d'autres en forme de boucliers, diverses colonnes et corniches, des incrustations en forme d'animaux marins, de plantes, etc. Ici aussi on rencontre les groupes antithétiques de sphinx, les griffons couchés, etc. Les ailes déployées, les panaches, les couronnes, les rosaces étaient les décors préférés. Les sphinx ont un étrange sourire qui préfigure le sourire grec archaïque. Dans plusieurs tombes taillées de la région de Mycènes, on a trouvé de nombreux objets en ivoire : des pyxides — dont celle avec le prince qui tient en laisse un sphinx —, des peignes avec la partie supérieure souvent décorée de rosaces, de dragons, etc., des manches de miroirs portant des représentations, des plaquettes sculptées avec des têtes de guerriers coiffées d'un casque en dents de sangliers, des couronnements de sceptres en forme de tête humaine — l'un d'eux peut être le portrait d'un roi —, etc. De l'acropole de Mycènes provient un fragment d'une plaque sur laquelle se déploie une bande inégale pleine de petits boucliers de tailles différentes. Des objets en ivoire ont également été trouvés dans des tombes de Messénie, de Pylie et de Triphylie.

Mais l'une des séries les plus intéressantes et les plus importantes a été mise au jour à Thèbes, dans le palais de Cadmos et ses annexes. Dans l'« arsenal » on a trouvé deux fragments de colonnes ciselées, uniques en leur genre, avec des feuilles de lotus égyptiens ; ils faisaient peut-être partie d'un baldaquin de trône. Dans une autre annexe, peut-être un atelier, au sud du Kadmeion, on a découvert un assez grand nombre de plaquettes sculptées avec des bouquetins antithétiques ou luttant entre eux, des génies de type Ta-Urt qui transportent leurs victimes. Un fragment d'une plaque est très semblable à celui de Mycènes avec la bande enroulée et les petits boucliers.

L'Attique a également fourni d'importantes pièces d'ivoire, la plupart d'entre elles provenant de tombes. Nous avons cité la belle pyxide d'une tombe de la région de l'Aréopage d'Athènes — aujourd'hui au musée de l'Agora — avec des griffons chassant des animaux, que certains placent au début du Mycénien récent, mais qui est peut-être plus ancienne. Dans une tombe de la région de Spata on a trouvé une plaquette avec un sphinx, très intéressante. Mais la grande majorité vient de la tombe à tholos de Ménidi : des plaques rectangulaires avec de hauts sphinx debout de part et d'autre d'une colonne — l'une d'elle a été replacée (mais cette reconstitution est fausse) sur la caisse de résonance de la lyre en ivoire qui a été découverte dans la même tombe. La lyre, avec son cadre courbe dont les extrémités sont ornées du motif bien connu par la porte des Lions à Mycènes, a gardé sa réglette où sont fixées les cordes, avec son plectre en ivoire. Des fragments d'une lyre semblable ont été trouvés dans la tombe à tholos de Clytemnestre.

D'une manière générale, répétons-le, plus on avance dans le temps, plus l'art devient conventionnel et stylisé. Les incisions sont moins profondes et les représentations serrées couvrent toute la surface. Les ivoires trouvés dans les fondations de l'Artémision de Délos par les membres de l'Ecole française d'archéologie sont caractéristiques. Le plus intéressant d'entre eux est la plaquette avec le guerrier ; il est véritablement à l'étroit dans son cadre : il tient sa lance verticalement et il a le bouclier derrière lui. Sur des bandes oblongues particulièrement chargées ont été représentés des combats d'animaux avec des lions. Sur certaines plaquettes on a des griffons luttant. Sur d'autres enfin, davantage influencées par des modèles égyptiens, le décor n'a été qu'incisé ; quelques-unes sur lesquelles a été représentée l'attaque d'un lion contre un griffon, sont découpées suivant les contours des animaux. On a également des imitations miniatures de colonnes avec des chapiteaux floraux. Peut-être tous les objets de ce trésor n'appartiennent-ils pas à la même phase du Mycénien récent ; mais il ne fait pas de doute qu'ils viennent d'un sanctuaire qui se trouvait à l'époque mycénienne à l'emplacement de l'Artémision.

Nous avons très peu de vestiges du travail des matériaux périssables et nous continuons à ne les connaître que par les représentations : tissus, tressages, vannerie, broderie, incrustations, etc. De pauvres restes sont parfois arrivés jusqu'à nous, mais ils ne sont pas suffisants pour nous donner une idée de ces domaines de l'art sans doute importants. Nous avons du moins quelques-uns des éléments isolés, des incrustations en matériaux divers — ivoire, faïence, pâte de verre, pierre polychrome, etc. — qui nous persuadent qu'il y avait eu aussi là, malgré la stylisation, de grands progrès.

CHAPITRE III

LE BRONZE RÉCENT DANS LES ÎLES SUR LES CÔTES ORIENTALES DE L'ÉGÉE ET EN CRÈTE

La communauté de la civilisation au Mycénien récent, pas seulement dans le sud et le centre du continent grec, mais même dans les îles de l'Egée, sur les côtes orientales de celle-ci et en Crète, nous dispense de donner pour chacune des régions une description détaillée de l'art dans ses différentes manifestations. Nous ne nous occuperons que des éléments particuliers qui valent la peine d'être mentionnés, surtout en ce qui concerne les diverses formes architecturales. Ces particularités sont dues essentiellement à la survivance d'éléments de l'ancienne civilisation, mais aussi à une adaptation plus étroite aux conditions locales. Dans chaque cas, il faudra tenir compte du mélange des caractères ethniques qui s'est effectué au cours des conquêtes, des installations coloniales, des infiltrations commerciales, etc.

Dans les îles de l'Egée, après les destructions dues aux éruptions volcaniques de Théra et la tentative de reconstruction de certaines installations, à la fois sous l'influence mycénienne et sous l'influence crétoise au Cycladique récent IIB — phase qui correspond à l'Helladique récent IIB et au Minoen récent II —, il y a eu de nouveaux établissements à caractère mixte cyclado-mycénien, après un certain laps de temps semble-t-il. On distingue cette nouvelle phase dans des centres comme Phylakopi de Mélos, sur l'acropole d'Haghios Andréas à Siphnos, à Naxos, etc. Dans d'autres régions — Rhodes, Kos, Kalymnos, etc. — de nouveaux habitats ont succédé aux anciens : à Ialysos de Rhodes, par exemple, à Kamiros (toujours à Rhodes), etc. Malheureusement, la fouille des villes du Mycénien récent des Cyclades, des Sporades du Nord, du Dodécanèse, n'a pas encore pris d'ampleur. Nous connaissons mieux les cimetières. Quant aux établissements des côtes d'Asie Mineure, des îles voisines — Lémnos, Lesbos, Chios, Samos —, comme des colonies de la région syro-phénicienne, nous les ignorons pour la plupart, et il y a encore davantage de problèmes en ce qui concerne les installations du Mycénien récent à Chypre, dont il sera question plus loin.

L'architecture des Cyclades et des autres îles de l'Egée n'a pas radicalement changé. Dans les fortifications on suit les modèles anciens, mais on voit que dans certains centres plus directement exposés aux brusques incursions des pirates ou d'autres ennemis, les enceintes ont été renforcées — surtout les portes — et certaines d'entre elles dotées de tours carrées plus ou moins grandes. A Phylakopi, le mur a été doublé d'un parement à redans comme dans les façades des palais minoens ; entre les deux parements ont été aménagées d'étroites pièces-magasins. L'une des portes principales a été dissimulée par un bastion et un étroit escalier permettait de monter à la tour. Le mur continuait toujours à fermer l'accès à l'habitat sur un côté seulement. Sur l'acropole d'Haghios Andréas à Siphnos, l'enceinte a été renforcée de façon analogue, comme l'ont montré les recherches récentes : le bastion a été équipé de petites tours rectangulaires à intervalles réguliers, et d'autres petites tours protégeaient la porte principale ; par la suite on a ajouté, un peu plus loin, un avant-mur relativement bas et simple ; plus tard — on ne sait pas si c'est à la fin de l'époque mycénienne ou au début du protogéométrique —, on a construit, à la place des petites tours de la porte, une grande tour carrée qui allait jusqu'à l'avant-mur ; la porte principale a été fermée et deux petites portes la remplacent. Nous connaissons mal les changements qui sont intervenus sur d'autres acropoles cycladiques.

Nous avons déjà parlé des fortifications de Troie VI ; elles ont continué à être en usage jusqu'à la fin du HR IIIA, et peut-être même un peu au début de la phase suivante ; mais il serait très difficile de distinguer les changements intervenus dans les phases finales. Les fortifications de la ville VIIA — qu'on considère aujourd'hui comme celle qui a été assiégée et prise lors de la guerre de Troie — sont essentiellement celles de la ville précédente, mais renforcées. La partie supérieure des murs a été reconstruite et la porte dissimulée par un bastion, pour plus de sécurité. C'est la porte sud qui est devenue la porte principale. Un passage dallé avec, dessous, un grand égout, facilitait l'accès. Pour assurer l'approvisionnement en eau on construisit un passage dallé vers un vieux puits, derrière la grande tour. De nombreuses habitations ont été érigées à l'intérieur, le long du mur, serrées les unes contre les autres, et on distingue les mesures prises pour le stockage des aliments et de l'eau ; on voit nettement les besoins engendrés par le siège. La partie centrale de l'acropole a été nivelée pour permettre la construction des nouveaux palais et des maisons des dignitaires, mais ce secteur a été complètement remué à l'époque grecque.

Dès le début de l'époque mycénienne, un comptoir commercial avait été établi à Milet ; c'était maintenant une colonie importante, peut-être la capitale de l'Etat achéen de l'Est, connu sous le nom d'Achijawa dans les archives hittites ; on y a construit un solide mur avec des tours tous les quatorze mètres. L'habitat a un caractère fortement mycénien et a continué d'exister jusqu'à l'époque géométrique.

Dans les centres cycladiques on ne distingue pas toujours nettement les maisons qui ont été construites au Mycénien récent, mais certaines, avec le mégaron caractéristique — comme à Phylakopi —, ne laissent aucun doute ; le complexe tout autour a l'allure d'un petit palais mycénien — c'était peut-être la demeure du toparque — avec ses couloirs de communication, les pièces d'habitation et le corridor aux magasins. A Délos, on a mis au jour des vestiges de maisons, peut-être même des sanctuaires, sous les sanctuaires d'Apollon et d'Artémis, et sur la montagne sacrée du Cynthe. Contre le sanctuaire d'Artémis, des tombes mycéniennes jumelles avaient été attribuées aux Vierges hyperboréennes. D'importants complexes d'habitations ont été fouillés dernièrement à Naxos — à Aplomata — par Kontoleon, à Siphnos et à Paros ; des vestiges d'établissements du Mycénien récent ont été identifiés dans beaucoup d'autres îles.

La Crète n'a pas connu, même au Mycénien récent IIIA2 et jusqu'au IIIC, de fortifications systématiques ; les simples enceintes étaient même hors d'usage. La plupart de ses centres ont été désertés pendant un certain temps, puis ils ont été réoccupés sporadiquement, certains d'entre eux seulement dans un but religieux ; en même temps, beaucoup de nouveaux habitats ont été fondés, en si grand nombre que nous sommes obligés d'admettre une vaste colonisation achéenne. Malgré tout, la civilisation minoenne a gardé son caractère fondamental, quoique dans la plupart des branches de l'art l'influence mycénienne soit évidente ; il n'est pas rare d'y trouver une production typiquement mycénienne et des objets importés. Malheureusement, très peu des nouveaux habitats ont été fouillés et toujours de façon partielle et sporadique ; au contraire, on connaît beaucoup de nécropoles, presque toutes de tombes à chambre taillées. Ce qui est caractéristique c'est qu'aussi bien les habitats que les cimetières sont répandus de façon presque aussi dense sur toute la Crète.

Le problème reste toujours de savoir si la Crète a connu une architecture palatiale dans la dernière période. Le philologue anglais Palmer, essayant d'expliquer l'étroite parenté entre les tablettes en Linéaire B de Cncssos et celles de Pylos, a prétendu un peu précipitamment et en attaquant violemment Evans, que le palais de Cnossos a continué à fonctionner normalement jusqu'à la fin de l'époque minoenne, c'est-à-dire jusque vers le milieu du XIIe siècle environ. Les archéologues spécialistes de la question ont vivement réagi et la discussion, qui a duré des années, a finalement convaincu que les idées d'Evans étaient fondées mais qu'elles devaient être corrigées sur certains points de détail. Il s'est donc avéré qu'aucun des palais n'a été reconstruit dans son ensemble, mais qu'il y a eu des réoccupations partielles et des réinstallations, pour des raisons essentiellement religieuses, dans le palais de Cnossos. Des secteurs du palais ont été transformés en habitation et en sanctuaires : on a bâti des cloisons, reconstruit, percé et bouché des ouvertures, rehaussé des sols, mis des toitures plus basses, etc. L'essentiel de la réoccupation s'est effectué dans les secteurs du sud avec les propylées, dans une partie du corridor des magasins ouest, dans la région de la porte nord et du complexe nord-ouest, dans une partie des appartements royaux et du petit sanctuaire voisin. Ce dernier a été transformé pour devenir le « Sanctuaire des doubles haches » trouvé presque intact avec tous les ustensiles, les figurines et les symboles en place sur l'autel-banquette du fond et sur le socle qu'il y avait devant. Des changements semblables sont intervenus dans le Petit palais et le complexe ouest voisin de celui-ci — l'ancienne *Unexplored Mansion* —, dans la Villa royale et le Caravansérail. Dans le premier, les cryptes ont été compartimentées par des cloisons, quelques sols rehaussés, et la salle de bains (bassin lustral) transformée en sanctuaire à banquette, après que le sol eut été rehaussé ; le côté où il y avait les colonnes a été muré vers le couloir voisin et l'autre parapet transformé en banquette du sanctuaire. Les idoles et quelques symboles ont été découverts sur place. Au Caravansérail on a ajouté des bâtiments et la « fontaine architecturale » a été restaurée et transformée en sanctuaire avec niche et podiums au fond sur lesquels ont été trouvées des figurines, des symboles et des ustensiles rituels *in situ*. De rares maisons du Mycénien récent ont été explorées dans le voisinage immédiat du palais ou à côté, dans la vallée du Kairatos. L'une d'elles présentait un intérêt particulier par ses installations culinaires et ses ustensiles.

Dans deux autres centres, Tylissos et Haghia Triada, les installations se sont révélées beaucoup plus intéressantes. Malheureusement, une partie d'entre elles ont été détruites par les fouilleurs qui cherchaient à mettre au jour les bâtiments néopalatiaux, et ceci avant que les vestiges aient été relevés et photographiés. Aujourd'hui, on essaie de raccorder les éléments disparates de façon à mieux les comprendre. A Tylissos, les principales traces ont été découvertes au-dessus de la villa C et de la place voisine du sanctuaire. Leur niveau était un peu plus bas que celui de l'étage, et l'on accédait directement au bâtiment depuis la rue dallée voisine. L'appartement principal était en forme de mégaron mycénien et, dans le vestibule qui donnait sur le sud, ont été conservées en place les deux bases de colonnes, très grandes et sans doute très hautes. Dans la longueur de ce mégaron, d'autres pièces plus petites, sur un côté, étaient reliées à la salle par trois baies. De grandes portes avec des seuils monolithes — l'un d'eux est le plus grand jamais découvert en Crète — permettaient l'accès direct depuis la rue et la communication du mégaron avec les appartements voisins. Une grande citerne circulaire accessible par un escalier long et étroit, assurait l'approvisionnement en eau ; elle était alimentée par un système de conduits avec des baquets de pierre intermédiaires pour filtrer, depuis des espaces découverts, et peut-être par un aqueduc avec des conduits en terre cuite. La place voisine a été redallée et dotée d'un petit portique avec des magasins sur le côté est, tandis qu'un large escalier, au nord, menait à d'autres espaces dallés qui n'ont pas encore été fouillés. A l'époque grecque la place a été recouverte de grandes dalles rectangulaires cette fois, et au milieu on a édifié un autel à Héra, comme l'a montré la découverte, sur place, d'un traité entre Tylissos et Cnossos qui définissait leurs territoires respectifs. Peut-être l'installation postpalatiale de Tylissos était-elle la demeure d'un toparque. On pense que la principale installation royale devait toujours être à Cnossos, mais pas dans le palais minoen. C'est du moins ce qu'on pourrait conclure des traditions sur les derniers rois de Cnossos dont l'un, Idoménée, prit part à la guerre de Troie avec une flotte imposante.

L'installation d'Haghia Triada, dans la région de Phaistos, s'est révélée beaucoup plus importante ; elle a, sans conteste, un caractère palatial et montre peut-être le déplacement du palais de Phaistos vers le palais d'été. En effet, sur la colline de Phaistos on n'a aucune installation, même sous forme de réoccupation, au-dessus des vestiges du nouveau palais. On imagine qu'il devait y avoir, de même que pour les autres palais, une sorte de tabou qui dissuadait d'y construire quoi que ce soit en dehors des sanctuaires. A Phaistos, autour du palais, on a trouvé un assez grand nombre de maisons postpalatiales — et cela est valable également pour Cnossos, Malia et Zakros — tandis qu'on évite de bâtir quelque chose de caractère palatial. Dans le palais de Malia, à la cour nord, on a construit, comme nous l'avons vu, en remployant des matériaux anciens, le bâtiment oblique qui a la forme d'un sanctuaire avec vestibule. Mais les bâtiments postpalatiaux d'Haghia Triada sont véritablement royaux et la découverte du célèbre sarcophage à fresques, sans aucun doute royal, remployé dans une tombe postérieure, constitue un argument en faveur du caractère palatial pris par le nouveau centre.

Les principaux bâtiments ont été construits, comme à Tylissos, à un niveau plus élevé, correspondant à peu près à la hauteur du premier étage de la Villa royale. Le plus grand avait la forme d'un mégaron de type mycénien, avec un vestibule ouvert, une salle principale et un opisthodome ; pour asseoir les murs il a fallu établir de profondes fondations. Quoique les sols et une partie des murs de séparation aient été détruits — si bien que nous ne sommes pas tout à fait sûrs de l'organisation intérieure —, nous ne doutons pas que le bâtiment avait la forme d'un mégaron mycénien, et une construction aussi monumentale ne pouvait être qu'une demeure royale. Devant le petit côté est passait une large route recouverte de grandes dalles rectangulaires, et dessous se ramifiait un système d'égouts avec de gros conduits de pierre. A la suite, à l'est, un portique rectangulaire avec de grandes colonnes en bois dont on n'a retrouvé que quelques bases, donnait vers la cour sud qui était la même que celle de la villa, mais on en avait refait le revêtement. Des cérémonies religieuses étaient célébrées tout près, dans la cour et sur l'eschara qui se trouvait à une extrémité de la cour, entouré de dalles dressées. Après le portique, à l'arrière, ont été mis au jour deux enclos carrés qui, d'après leur surface intérieure irrégulière, devaient être destinés aux arbres sacrés. Il est sûr que de nombreuses cérémonies se déroulaient sur toute l'étendue de la cour, puisqu'on y a trouvé de nombreux ex-voto en terre cuite, des bases pyramidales de doubles haches et, sur le côté sud du mégaron, un léger kiosque construit avec des supports carrés, des bancs et de larges ouvertures, pour protéger les personnages officiels qui assistaient aux fêtes. Un peu plus loin, au commencement de la route qui allait vers Phaistos, on a mis au jour un autre sanctuaire avec vestibule ouvert, trois baies et sékos à banquette-autel au fond pour les figurines et les symboles. Sur le sol recouvert d'un enduit décoré de fresques, on a découvert des ustensiles liturgiques, quelques-uns en forme de tuyaux pour la conservation et l'alimentation des serpents sacrés.

Vers le nord, à une petite distance de ce complexe de bâtiments et à un niveau plus bas, s'étendait ce qu'on appelle l'« agora », ensemble très important qui s'allongeait sur le côté est d'une vaste place en forme de portique où alternaient colonnes et piliers carrés et une longue rangée de magasins ; à l'une des extrémités, un escalier menait à l'étage du portique. Cette agora semble un peu plus ancienne que celle de l'acropole de Gla. Pour suivre les cérémonies et, plus généralement, les allées et venues sur la place de l'agora, on a reconstruit, au sud, un vieux complexe de bâtiments qui avait la forme d'un soubassement élevé, comme un bastion accessible par un long escalier. Plus tard, une partie de la place a été utilisée pour la construction de maisons privées.

De nouvelles maisons et des sanctuaires publics ont été bâtis sur d'autres sites qui avaient été des centres importants à l'époque minoenne ; c'est le cas de Gournia, Palaikastro et Zakros. Le sanctuaire de Gournia, accessible par une petite branche de la rue périphérique principale, était une simple pièce avec banquette-autel sur un côté ; on y a découvert de nombreuses idoles caractéristiques et des ustensiles cultuels. On en a mis au jour de semblables dans des sanctuaires aménagés à l'intérieur de complexes plus anciens, comme à Koumasa et dans la ferme de Métropolis (région de Gortys).

Parmi les nouveaux habitats, le plus caractéristique, daté du MR III A2, est celui que Platon a fouillé àKéphali de Chondros (région de Viannos). On y voit se poursuivre le vieux principe minoen de blocs de constructions avec des maisons sans solution de continuité. Dans ce dédale de pièces, d'espaces hypèthres et d'escaliers plus ou moins grands, de couloirs et de passages construits sur différents niveaux et aux étages, on distingue quelques constructions meilleures, des salles plus grandes avec des colonnes intérieures, des lieux de repos, des petits sanctuaires, des foyers hypèthres dans des cours, des terrasses avec une large vue, etc.

En Crète occidentale on a fouillé des bâtiments de la même période (finale) aussi bien dans la région du nome de Réthymnon que dans celle de La Canée, dans l'Akrotiri même, à Vrysses (Kydonia), à Stylos (Apokoronou), dans la région de Souda. L'existence de cimetières si nombreux en différents points prouve que les habitats étaient serrés et répandus dans toute la Crète. Les fouilles à venir ont, sans conteste, beaucoup encore à découvrir.

En ce qui concerne l'architecture et la construction funéraire, la Crète a suivi une voie normale dans l'évolution des tombes à tholos et des tombes à chambre taillées ; les cimetières qui étaient en usage dans la dernière période palatiale de Cnossos — le MR IIIA1 — ont continué à l'être pour une grande part dans la période finale. Il ne fait aucun doute que l'influence grecque est maintenant beaucoup plus sensible et qu'après l'extension des installations mycéniennes en Crète, surtout au MR IIIB, il y a eu assimilation. Malgré tout, la Crète a gardé une certaine autonomie, et c'est pourquoi nous rencontrons de nombreuses formes et particularités qui sont inconnues sur le continent grec ou y sont très rares. Dans les tombes à tholos par exemple, on a, en même temps que la chambre ronde, des chambres rectangulaires ou carrées recouvertes d'une voûte pyramidale ou en bâtière. On en a mis au jour à Phaistos — où elles se poursuivent jusqu'à la phase finale —, à Mouliana (Siteia), à Stavroménos (Réthymnon), à Maleme (La Canée), à Damania (Monophatsi), tandis que des tombes à tholos à chambre ronde ont été découvertes à Haghioi Theodoroi (Vassiliki, Hierapetra), à Kalamafka, à Achladia (Siteia), à Plati (Lassithi), à Xeniako (Pédiada), à Cnossos, à Apodoulou (Amari), à Stylos (Apokoronou). Certaines tombes à tholos ont continué à servir jusqu'à l'époque grecque géométrique.

Très peu de tombes à tholos ont été mises au jour dans les îles et sur les côtes de l'Egée ; il y en a quelques-unes d'isolées à Kolophon, à Ephèse, à Enkomi de Chypre, à Mykonos. Au contraire, il existe une grande variété de tombes à chambre taillées dans de nombreuses îles des Cyclades et du Dodécanèse, surtout à Rhodes et à Kos, et en abondance en Crète, souvent organisées en vastes cimetières. On y trouve toute la variété des formes connues sur le continent grec. En même temps, mais beaucoup plus rarement, on a des tombes à fosses rectangulaires avec entrée latérale, comme par exemple à Cnossos, à Gournès et à Haghia Triada — la tombe du célèbre sarcophage à fresques —, des tombes à fosses perpendiculaires comme à Zapher-Papoura, des tombes à puits avec niche latérale ou chambre funéraire, toujours à Zapher-Papoura. Tous ces types existent également sur le continent grec mais ils y sont rares. Il y a des tombes singulières avec une petite chambre funéraire, souvent irrégulière, un dromos court, où l'on descend par des marches, dans la région d'Arméni (Réthymnon).

Si dans les îles de l'Egée et sur les côtes orientales de celle-ci on n'a pas trouvé — au contraire de ce qui s'est passé pour le continent — de vestiges de fresques, c'est peut-être parce qu'on n'y a pas découvert d'installations véritablement palatiales, les fresques étant toujours étroitement liées aux palais. Le fait qu'on en ait mis au jour seulement à Haghia Triada, en Crète — la seule région où l'on est sûr qu'il y avait des bâtiments de caractère palatial —, semble le confirmer. Les fragments de fresques n'ont pas été trouvés en place mais jetés à une certaine distance, avec des détritus. On a vu les fresques qui datent de la phase correspondant à la fin du style du palais de Cnossos, le sarcophage historié et quelques autres fresques très semblables de nature et de style. Nous ne savons pas si ces dernières avaient un rapport quelconque avec le nouveau mégaron ; si elles en avaient un cela voudrait dire qu'il est encore plus ancien, peut-être d'environ 1400 av. J.-C. Mais il ne fait pas de doute qu'elles n'appartenaient pas au bâtiment de la villa. D'autres fragments se rapprochent davantage des fresques du continent, à la fois dans la technique, le style et les sujets — par exemple les daims et autres animaux. Le sol enduit décoré de fresques du sanctuaire avec la banquette-autel, dont on a parlé plus haut, est indubitablement plus ancien que n'importe quel autre sol enduit mycénien, et cela se voit aussi à la manière dont a été rendue la belle composition avec les dauphins et les poulpes : au lieu que le sol soit divisé en carreaux imitant un dallage comme dans les palais mycéniens, et que les motifs marins soient intégrés systématiquement et symboliquement, ce monde se meut de façon continue mais suivant un arrangement parallèle autour de certains centres ; les dauphins et les poulpes continuent à vivre librement dans leur élément.

Il n'est pas besoin d'ajouter beaucoup de choses sur la céramique et la plastique dans cette région après tous les détails qui ont été donnés sur la « koinè mycénienne ». Dans la plupart des cas il est difficile de distinguer la céramique locale de celle qui est arrivée par le commerce ou de celle qui a été fabriquée par les colons nouvellement installés. Il est de toute façon plus facile de reconnaître la première phase — HR IIIA, CR IIIA et MR IIIA — et la dernière — HR IIIC, CR IIIC et MR IIIC. Il a été question de la céramique levantino-mycénienne — la céramique des régions du Dodécanèse, de la Syro-Phénicie, de Chypre — qui tranche dans la « koinè ». La production commerciale s'est plus orientée vers les préférences et les tendances du monde oriental que vers celles de la Méditerranée occidentale. Mais ce qui a joué un rôle plus important, surtout en ce qui concerne la céramique, c'est la forme qu'a prise la colonisation dans les régions les plus éloignées. L'infiltration a été faible dans le nord de la Grèce que nous verrons dans un autre chapitre. De toute façon la diffusion commerciale et coloniale a été très différente dans ses effets de celle du début de l'époque grecque. C'est du moins la conclusion à laquelle on aboutit si l'on considère les résultats de la recherche jusqu'à présent. La « koinè mycénienne » ne pénètre que dans certaines régions des côtes est de l'Egée, là où il y avait des mouillages profonds ou des caps protégés et dans les îles voisines. En Egypte, la céramique mycénienne apparaît comme un article de luxe mais on la trouve en masse dans des régions où travaillaient comme ouvriers ou artisans des hommes du monde égéen. La céramique est arrivée en certains points de Sicile et d'Italie du Sud, mais elle y était terriblement en concurrence avec la production locale. Sa diffusion dans la péninsule ibérique se constate surtout par les survivances de certains éléments dans les époques suivantes.

En Asie Mineure le centre de gravité se situe sur les côtes sud et dans les îles voisines : Milet, Samos, Kos, Rhodes (avec pour centres Ialysos et Kamiros). Dans la région syro-phénicienne la production mycénienne est équivalente à la production locale et à Chypre ce sont surtout les périodes les plus basses qui sont représentées par une céramique mycénienne. Dans les archives de Boghaz-Köy et de Tell-el-Amarna, il est question très tôt d'Alasia, qui semble être Chypre et l'actuelle Enkomi, son principal centre mycénien.

En Crète, dans la première phase, la céramique garde assez fortement son caractère minoen ; le style du palais, stéréotypé et simplifié, se poursuit, ainsi que le style avec les oiseaux, et les coupes évoluées du type éphyréennes, tandis que tout de suite après la céramique devenait très stéréotypée ; elle est encore plus connue par les cimetières de Zapher-Papoura, de Katsamba et de Kalyvia ; le rapprochement avec des vases crétois trouvés à Tell-el-Amarna situe cette phase céramique de façon sûre dans le deuxième et troisième quart du XIVe siècle av. J.-C. Dès lors, la céramique crétoise se rapproche de plus en plus de la céramique mycénienne, tout en gardant une certaine indépendance. La céramique du MR IIIB a un caractère tellement mycénien qu'il serait injuste de la séparer de celle de la « koinè mycénienne ». Dans la technique, les formes des vases et leur décoration il y a des analogies très étroites. Le *Granary style* et le *Closed style* mycéniens se retrouvent — nous l'avons vu — en Crète avec des variantes ; quelques savants ont même soutenu que c'est là que le second s'est formé.

En ce qui concerne la plastique, les îles et les côtes orientales de l'Egée ont suivi l'évolution générale du Mycénien récent ; on a déjà vu quelques œuvres plastiques de base qui sont liées à la céramique. Mais la production de figurines a un caractère local et se limite à la création de formes grossières, féminines surtout. On trouve rarement des idoles stéréotypées en Ψ, Φ et T. Cela est également valable pour la Crète, où pourtant les fortes survivances du culte minoen aboutissent à une production beaucoup plus riche et particulièrement intéressante.

En dehors des ustensiles — surtout des rhytons — de forme plastique et particulièrement en tête de taureau, une foule d'autres, d'usage rituel, ont été décorés de formes humaines ou animales, rajoutées ; c'est le cas de kernoi très intéressants avec des figurines d'adorants, de danseurs, de divinités, de petits taureaux, de serpents, de colombes, etc. Un kernos de Palaikastro, très intéressant, présente toute une série de danseuses, en rond, avec, au milieu, un personnage qui joue de la lyre ; du même kernos proviennent de petites colombes. Il y a également une série intéressante d'ustensiles en tuyaux avec des ornements plastiques en forme de symboles sacrés, de serpents et d'oiseaux. Ils proviennent, presque en règle générale, de sanctuaires et on croit qu'ils sont en rapport avec la conservation et l'alimentation des serpents sacrés. Avec eux on a souvent trouvé des idoles en terre cuite d'assez grande taille du type caractéristique avec le tronc nu, le corps cylindrique qui rend la jupe de façon schématique, les bras levés à angle droit, divers symboles et les animaux qui les accompagnent, sur la tête, sur les mains, sur le visage, plus rarement sur le vêtement. Les séries les plus importantes ont été trouvées à Gazi (Héraklion), à Métropolis (Gortys) et à Prinias, tandis qu'il y en a d'isolées provenant de divers autres endroits de Crète, même occidentale — par exemple Pankalochori de Réthymnon. Beaucoup d'autres idoles, plus petites mais de forme semblable, ont été mises au jour dans les divers sanctuaires de Cnossos et d'Haghia Triada. Ces séries présentent une plus grande variété, surtout celles de Gortys, et en même temps il existe des formes en relief. Une idole de courotrophe qui lève dans ses bras le nouveau-né est caractéristique. D'autres idoles, plus petites, ont été représentées à l'intérieur de cabanes rondes — peut-être des sanctuaires — dont certaines sont vides. A Haghia Triada quelques têtes et corps appartiennent incontestablement à des sphinx. Une forme féminine dans une position assise typique, provenant de Gournia, est une divinité en train d'accoucher. Les séries d'idoles, surtout celles aux bras levés, se retrouvent au-delà de la dernière phase, dans la période submycénienne et au protogéométrique.

Des ustensiles rituels de forme plastique, ainsi que des symboles, des doubles haches et des cornes de consécration, des bases pyramidales, des petits autels, des supports de vases en forme de petites tours, etc., continuent les séries anciennes correspondantes. Mais les animaux en terre cuite offrent une variété extraordinaire ; la plupart d'entre eux sont exécutés de façon conventionnelle qui rend difficile l'identification des espèces, et surtout de celles dont les traits principaux ne sont pas accentués. Les plus nombreux sont les taureaux et les chevaux. Quelques-uns d'entre eux sont de grande taille et portent une décoration caractéristique. Un petit âne a été représenté chargé de cruches. Une catégorie particulière, celle des sarcophages en terre cuite, participe à la fois de la céramique et de la plastique. Dans cette dernière phase, ils sont nombreux et on en trouve beaucoup ensemble, ou plus rarement isolés, dans des tombes taillées. Jusqu'à maintenant, ils ne sont absents que dans la Crète occidentale, district de La Canée ; peut-être y utilisait-on des sarcophages en bois ou des cercueils. Des deux sortes, en forme de caisses et en forme de baignoires, les premiers étaient de loin les plus fréquents. Ils avaient l'aspect de coffres avec les traverses saillantes, les panneaux et leur couvercle en bâtière ou à quatre côtés incurvés ; des anses avaient été ajoutées pour relier ce dernier plus solidement au coffre et pour transporter plus facilement le sarcophage. Il n'était pas rare qu'on ajoutât des formes humaines ou animales, en ronde-bosse ou en relief, surtout sur la poutre du sommet du couvercle. La décoration est tantôt purement ornementale, tantôt figurée avec des éléments décoratifs tout autour. Le monde végétal et marin y a été rendu avec les mêmes conventions et le même formalisme ; certains sujets appartenaient au monde du culte divin — divinités, adorants, êtres supraterrestres, personnages du clergé, symboles divers et étendards, etc. On rencontre les mêmes motifs que sur les sceaux — animaux qui se battent ou mènent une vie pacifique — mais rarement. Des scènes de chasse, avec des chars, plus rarement des tauromachies ou des captures de taureaux, ont été trouvées sur des sarcophages de la région d'Arménoi (Réthymnon). L'exemplaire le plus remarquable provient d'Episkopi (Hiérapétra) ; il présente des scènes de départ de chars pour la chasse et d'autres avec la poursuite et la capture d'animaux, surtout des bouquetins ; les conducteurs de chars tiennent d'étranges étendards discomorphes et des coupes pour l'adieu ; sur le couvercle a été représenté le culte du taureau. Les sarcophages sont rarement polychromes avec des couleurs lumineuses mais délébiles, posées sur un fond enduit de blanc ; c'est le cas de ceux d'Episkopi (Pédiada) et de Dramia — l'antique Hydramia — à la frontière entre les nomes de Réthymnon et de La Canée. En règle générale les sarcophages en forme de coffres étaient limités en longueur de sorte que les défunts ne pouvaient y être déposés qu'avec les jambes repliées ; cela a été confirmé par les squelettes retrouvés dans nombre d'entre eux. Quelques-uns, très courts, sont des larnakès d'enfants. En Béotie et dans d'autres régions du continent grec où se sont répandus la plupart des sarcophages, on en trouve qui sont encore plus petits. La fixation sur des pieds bas, quatre ou plus rarement six, est de règle. Ce n'est qu'à la fin de la période qu'on trouve des sarcophages sans pieds. Des trous dans le fond et plus rarement des vides entre les traverses intérieures servaient à l'écoulement des liquides.

Les larnakès en forme de baignoire sont plus rares. D'après leur forme et leur décoration intérieure — une certaine hauteur d'eau rendue par des lignes parallèles et des poissons —, il semblerait qu'à l'origine on ait utilisé comme sarcophages les baignoires des maisons ; la forme se serait ensuite imposée pour des sarcophages qu'on fabriquait spécialement pour y enterrer les défunts. Quelques-uns étaient décorés d'ornements végétaux ou marins, d'autres de sujets figuratifs comme, par exemple, des animaux qui nourrissent leurs petits, sur d'autres enfin, le décor est fait d'ornements conventionnels correspondant à ceux de la céramique. Sur des sarcophages de la période finale, comme ceux de Mouliana, des tentacules de poulpes sont devenus de longues lignes ondulées. Les sarcophages eux-mêmes, qu'ils soient en forme de coffres ou de baignoires, ont perdu, dans la phase finale, toute plasticité, et l'on reconnaît à peine l'imitation des modèles.

On n'a que très peu de chose à ajouter pour les autres branches de l'art dans la région dont nous nous occupons, puisque la production varie très peu par rapport à celle du continent grec. En ce qui concerne l'art de la pierre on trouve toujours le même manque de soin dans le choix des matériaux ; la grande majorité des vases de pierre ont été faits dans des pierres locales, surtout la stéatite, la serpentine, le calcaire ; ce n'est que dans la première phase qu'on utilise l'albâtre et quelques pierres dures comme le basalte, le porphyre, le trachyte — ce dernier davantage pour les ustensiles de cuisine ou d'ateliers —, sur une assez grande échelle. Les formes sont stéréotypées et limitées à quelques types, mais dans de nombreuses variantes. En Crète on rencontre encore des lampadaires à pied haut, des tables à offrandes, des kernoi à compartiments, etc. Des lampadaires bas avec des récipients séparés pour l'huile qui communiquent avec les becs sont dignes d'intérêt, comme d'ailleurs les moules où l'on coulait les idoles, les symboles, les divers bijoux, etc. Les moules de la région de Siteia sont variés et leurs types particuliers. Les outils en pierre ne sont que l'évolution des types plus anciens.

En ce qui concerne la technique, la morphologie et la typologie des représentations des sceaux et des bagues-cachets tout ce qui a été dit sur la glyptique du Mycénien récent est encore valable. Ce n'est qu'en Crète, au cours de la première phase, qu'on peut reconnaître un niveau un peu plus élevé dans l'art et dans la technique ; les pierres précieuses et semi-précieuses sont encore très souvent utilisées et toujours admirablement travaillées, malgré le changement de technique et l'utilisation du foret. Les représentations du cycle religieux sont plus nombreuses que celles du continent et ici aussi abondent les sujets de la vie et des combats des animaux. L'évolution suit la même ligne, mais en Crète il reste davantage d'éléments de l'ancien naturalisme minoen.

Malgré la distance, la glyptique du Dodécanèse et des côtes orientales est restée plus proche de la production de la « koinè mycénienne » du continent grec, quoiqu'elle ne puisse être comparée à celle de la Crète.

Fig. 19. — Formes de vases de la période post-palatiale minoenne (A, B et C).

Fig. 20. — Motifs décoratifs de la période post-palatiale minoenne (A, B et C).

Dans l'art du métal on ne peut parler de la même « communauté » que dans la céramique ; nous sommes toutefois obligés de reconnaître que dans les îles, sur les côtes orientales et en Crète cet art a suivi la direction générale et que la plupart des formes sont les mêmes. Partout l'esprit pratique domine de façon presque absolue, bien qu'on sente une certaine recherche esthétique, de caractère décoratif essentiellement. En Crète, en particulier, on voit la production prendre un certain essor et une originalité un peu plus grande. Le nombre des ustensiles en bronze qui y ont été trouvés — « trésors » de vases et d'outils cachés et équipement de tombes au mobilier funéraire très abondant — donne l'impression, peut-être de façon accidentelle, que la Crète continue à se trouver à l'avant-garde. De véritables batteries de cuisine ont été mises au jour, des instruments d'artisans très variés, des armes en bronze en assez grand nombre, la plupart dans des tombes de guerriers. Ces ensembles datent en grande partie de la première phase. Mais dans la phase suivante les objets en bronze ne sont pas rares, quoiqu'on sente une certaine tendance à économiser le métal en faisant des articles plus fins et plus légers. On est surpris de trouver dans les tombes de grandes quantités de rasoirs et de miroirs, de pinces à épiler et autres objets de toilette ; les pyxides en bronze sont plutôt rares, l'une d'elles, d'une tombe de la phase finale de Praisos, est faite de petites boules et de filets minces. Très peu d'ustensiles en or ou en argent sont du Mycénien récent.

Au contraire, de nombreux exemplaires représentatifs de l'orfèvrerie ont été mis au jour en Crète, un peu moins dans le Dodécanèse, et très peu dans les Cyclades et la zone côtière de l'Egée. Dans la technique, la morphologie, la typologie ornementale et figurée on ne distingue pas de différence notable par rapport aux bijoux de la Grèce continentale du Mycénien récent, et c'est pourquoi il n'est pas besoin, ici non plus, d'en parler spécialement. Les bijoux en or massif sont, bien sûr, très rares ; généralement ils sont faits de lames ou de feuilles d'or, l'intérieur étant creux, ils avaient peut-être jadis un noyau de bronze, de bois ou de pâte. Les bagues en or continuent à avoir des chatons elliptiques, sur lesquels sont rarement rendues des représentations ; beaucoup plus fréquemment ils restent sans décor ou sont ornés d'un cloisonné ou d'un fin grènetis et de filigrane ; telles sont les bagues en or de Kalyvia, de Praisos et de Mouliana. Les bijoux en pierre deviennent beaucoup plus rares et les pierres précieuses ou semi-précieuses furent surtout utilisées dans la première phase ; les perles en corail sont rares, mais la stéatite est le matériau le plus utilisé. Les imitations en pâte de verre ne sont pas plus rares que sur le continent et suivent à peu près la même morphologie.

En ce qui concerne l'ivoirerie et l'incrustation, la plupart des articles étaient fabriqués dans des ateliers continentaux, surtout en Argolide, en Pylie et en Béotie, et circulaient dans les îles, à Chypre et sur les côtes orientales grâce au commerce ; c'est pour cela que nous avons parlé de certains exemples dont la fabrication locale n'est pas sûre. Mais la Crète avait ses propres ateliers, comme le montrent l'abondance relative des exemplaires et leur originalité. Les manches de miroirs portant des décors floraux ou des représentations de griffons et autres animaux, les peignes avec des dragons en relief, certaines pyxides avec des motifs décoratifs ont, bien sûr, des parallèles sur le continent au Mycénien récent. Mais les couvercles de coffrets et de pyxides avec décorations incrustées — des séries de boucliers plus ou moins grands et, dans du bois, de lis schématisés à l'intérieur de cadres — ont continué la vieille tradition crétoise qu'on a vue s'être conservée dans les pyxides de la phase de transition vers la période finale. La marqueterie a également suivi cette tradition, nous en avons bien des exemples. Leur disparition ne nous permet pas de nous en faire une idée complète, mais nous pouvons reconstituer leur décoration d'ensemble, comme par exemple pour les œuvres provenant des tombes de Sellopoulo (région de Cnossos).

Nous avons relativement peu de vestiges mais beaucoup de représentations des œuvres d'art qui ont utilisé des matériaux périssables ou particulièrement fragiles. On n'y distingue toutefois pas de différences notables avec celles du continent, aussi est-il superflu d'en parler.

CHAPITRE IV

LA VIE SOCIALE, ÉCONOMIQUE, RELIGIEUSE, PRIVÉE ET INTELLECTUELLE AU MYCÉNIEN RÉCENT

Le fait qu'au Mycénien récent la civilisation se soit diffusée de façon unique sur presque tout le monde égéen nous donne le droit d'examiner l'aspect qu'a pris la vie à cette époque dans toutes les régions, en passant au-dessus des variantes locales sur lesquelles nous ne sommes d'ailleurs pas très bien informés. Cette reconstitution est rendue plus facile grâce à la découverte, dans les fouilles — surtout dans les centres palatiaux et dans les nécropoles —, d'un grand nombre de vestiges matériels. Mais elle se fonde essentiellement sur des données issues du déchiffrement des archives palatiales — les tablettes en Linéaire B —, même si les conclusions que celui-ci a engendrées continuent d'avoir un caractère quelque peu hypothétique. Ces données semblent pour la plupart concorder avec les conclusions auxquelles a abouti l'examen des vestiges matériels ; mais il en existe qui semblent se trouver en contradiction totale avec eux, ou du moins présenter des difficultés de concordance dont il n'est pas exclu qu'elles proviennent de la nature même des tablettes et de la façon dont a été rendu leur contenu. Aussi verrons-nous d'abord l'écriture et la langue au Mycénien récent.

L'écriture et la langue au Mycénien récent

Evans avait bien compris que le Linéaire B — système dans lequel étaient écrites les centaines de tablettes en terre cuite de la dernière phase des palais de Cnossos — procédait de l'adaptation du Linéaire A des archives antérieures, dont il ne doutait pas qu'elles étaient écrites en langue minoenne, de type méditerranéen. Il avait également supposé qu'il devait y avoir eu une raison importante pour que cette adaptation fût faite, mais il ne voulait pas croire que c'était le besoin de transcrire une autre langue, qui ne pouvait être que le grec. Bien qu'il ait admis la grande influence achéenne sur la Crète, et en particulier à Cnossos, dans cette phase finale, il lui était impossible d'accepter le fait qu'il y ait eu, si tôt, des installations achéennes, et à plus forte raison un changement de dynastie — de minoenne à achéenne — puisqu'il voyait clairement que la civilisation minoenne se poursuivait jusqu'à la fin. Au contraire, il était certain que c'étaient les Achéens qui avaient adopté la langue minoenne, au même titre qu'ils avaient presque fidèlement suivi la civilisation crétoise en général ; et quand, en 1939, on mit au jour les premières tablettes à Pylos, il considéra qu'elles constituaient, par leur ressemblance, un argument de poids en faveur de ses idées. Caressant le projet d'être le premier à trouver la clé du déchiffrement, il évita, nous l'avons vu, de publier aussi largement qu'il aurait pu les tablettes de Cnossos, et cela gêna considérablement les tentatives parallèles des autres savants. De toute façon, les observations générales et les classements préliminaires avaient confirmé les difficultés du problème, dues essentiellement à la nature même de l'écriture et à la façon dont on l'utilisait. Même à une époque aussi avancée, l'écriture était encore tout entière entre les mains des scribes du palais qui en assuraient le fonctionnement bureaucratique et s'en servaient pour des archives ayant le caractère de comptabilité. Il se peut que de simples particuliers ayant reçu une formation spéciale aient pu l'utiliser à des fins plus vastes et plus diverses, mais leurs écrits, sur des matériaux périssables — papyrus, feuilles de palmier, parchemins ou couche de cire — n'ont pas été conservés. Les brèves inscriptions sur pithoi ou autres vases — surtout des amphores à étrier —, ustensiles rituels, etc., ne constituent pas des textes importants parce qu'elles avaient une destination précise et limitée. D'autre part, la présence sur les tablettes de nombreux idéogrammes montrait clairement que, pour des raisons orthographiques ou autres, la compréhension de ces textes n'était pas si facile et ne pouvait pas se passer de l'aide idéographique. Ces restrictions naturelles expliquent pourquoi cette écriture a totalement disparu dès que les centres palatiaux eurent été détruits. Il apparaît nettement que l'enseignement de l'écriture n'avait pas fait de grands progrès parmi le peuple. Mais on voit très bien les services rendus par les scribes-comptables dans l'administration des palais, quoiqu'on ne puisse pas les apprécier dans leur ensemble, puisque nombre de tablettes se sont perdues — elles étaient faites d'argile crue — et que celles qui ont été retrouvées ne représentent qu'une ou deux années, les dernières des centres palatiaux.

A partir des idéogrammes et d'observations générales sur les associations, Evans avait réussi à classer les tablettes d'après leur contenu, sans les lire, et cela si bien que ces classifications peuvent, dans l'ensemble, être conservées après le déchiffrement. De nombreuses tentatives ont suivi pour arriver au déchiffrement, sans résultats très importants, sauf en ce qui concerne des déductions statistiques, des hypothèses sur les idéogrammes et les groupes de signes, et des explications sur le système numérique. Il y eut d'abord Alice Cober qui fit des rapprochements de variations triples — ce qu'on a appelé « Triplets » — qui traduisaient peut-être des rapports avec la conjugaison ou l'origine des mots. Mais c'est finalement un jeune architecte, Michael Ventris, qui, aidé par la suite de l'helléniste et linguiste John Chadwick, réussit le déchiffrement ; la première communication, pleine de modestie et présentée sous forme de proposition expérimentale, date de 1953. Une violente querelle s'ensuivit entre philologues, linguistes, archéologues et historiens dont certains se rangeaient parmi les défenseurs et d'autres parmi les adversaires. Les premiers l'emportèrent finalement lorsqu'on prouva les liens étroits entre les idéogrammes et leur transcription syllabique, et ceci avec de nouvelles tablettes ou des tablettes reconstituées à partir de fragments ; parmi celles-ci, deux exemplaires, l'un de Pylos — où il était question de trépieds et d'autres variétés de vases — et l'autre de Cnossos — se référant à trois catégories d'équidés — convainquirent les chercheurs que le déchiffrement était désormais un fait. Cela ne veut pas dire pour autant que les textes traduits et finalement publiés étaient parfaitement compréhensibles et ne soulevaient pas d'objections. Il y avait, et il y a toujours aujourd'hui, de grandes incertitudes dues à la fois à l'ancienneté de la langue et à l'orthographe, très libre, qui permet de lire le même mot de plusieurs façons. C'est la raison pour laquelle de nombreux savants continuent à mettre en doute, sinon la totalité du déchiffrement, du moins une grande partie des interprétations. Il est donc dangereux de faire entrer dans l'histoire comme des données sûres les éléments hypothétiques qui proviennent des interprétations des textes.

Le fait que Ventris ait réussi le déchiffrement sans qu'il ait eu à sa disposition de texte bilingue a provoqué une grande surprise ; ce succès est dû à ce que le chercheur anglais avait l'habitude des méthodes de déchiffrement et au fait que, après un effort vain pour obtenir un résultat en appliquant la langue étrusque, il essaya finalement la langue grecque. En rapprochant les variations des conjugaisons, des cas, des genres et des adjectifs dérivés, et en les reportant sur une grille, il réussit enfin à déterminer divers signes syllabiques. Puis, en appliquant des valeurs, quoique hypothétiques, à différents groupes de signes, il arriva à préciser, par une sorte de réaction en chaîne, la valeur phonétique de bon nombre d'autres syllabogrammes.

Dans bien des cas la juste observation de la correspondance entre idéogrammes et transcription syllabique l'aida pour de nouvelles déterminations et pour confirmer celles qui avaient déjà été faites. L'helléniste Chadwick le seconda beaucoup grâce aux connaissances qu'il possédait. Les transcriptions, pas faciles à faire, et les interprétations des mots et des phrases qui s'ensuivirent étaient suffisamment satisfaisantes pour convaincre bon nombre de savants. D'autres, au contraire, insistaient sur le fait que presque chacun des textes écrits à l'aide des syllabogrammes minoens, pouvait être lu de façon satisfaisante comme un texte en grec ancien, avec l'orthographe libre qui était adoptée. De toute façon, il était impossible d'attribuer au hasard certaines correspondances extraordinaires. Mais pour confirmer quelques-unes des conclusions, il faudra les vérifier sur de nouvelles archives qui seront probablement mises au jour.

L'étroite parenté et la ressemblance des tablettes de Pylos et de Cnossos a rendu très probable l'idée que dans les archives cnossiennes on utilisait cette même langue archaïque grecque. En effet, les textes étaient très comparables à ceux de Pylos. Cela voudrait dire que la langue officielle de l'administration cnossienne dans la phase finale était le grec, en d'autres termes il semblait très probable que la dynastie ait été achéenne ou du moins créto-achéenne. L'application des valeurs phonétiques du Linéaire B au Linéaire A — difficile en elle-même parce que nombre de signes étaient différents ou ne comportaient qu'une faible ressemblance, et parce que beaucoup d'autres étaient composés — n'a pas fourni de textes grecs compréhensibles, chose qui semble confirmer l'idée que le Linéaire A transcrivait la langue minoenne. Il semble que l'adaptation du système de façon à transcrire la langue grecque achéenne se soit faite en Crète, au début de la phase finale, un peu après 1450, et cela explique le fait qu'on ne trouve pas le Linéaire B avant cette date. Jusqu'à présent, d'autre part, il n'y a pas de preuve que le Linéaire A ait continué à être utilisé en même temps que le B.

Dans les paragraphes suivants concernant le mode de vie, nous essaierons de donner les principaux éléments issus du déchiffrement des tablettes malgré, nous l'avons vu, leur caractère hypothétique. Il s'est révélé que les archives étaient renouvelées presque chaque année, et il n'y avait par conséquent aucune raison pour dater les différents enregistrements ou actes ni mentionner le passé. La nature de ces comptes est donc très différente de celle des archives que nous connaissons depuis le Moyen Age jusqu'à l'époque actuelle.

La langue des tablettes est vraiment particulière et utilise de nombreuses expressions presque stéréotypées, consacrées semble-t-il à la langue des scribes. Il s'y mêle, bien sûr, beaucoup de noms propres et un assez grand nombre de toponymes ; on a essayé de reconnaître ces derniers en partant de ceux qui se sont conservés dans l'antiquité, et certains jusqu'à aujourd'hui. La transcription de noms est plus arbitraire et l'on soupçonne souvent les déchiffreurs de les avoir créés pour combler des vides. Des inscriptions si formelles et si brèves, qui sont presque toujours accompagnées de chiffres et souvent d'idéogrammes significatifs, ne peuvent pas nous aider à nous faire une idée bien nette de la langue grecque achéenne qu'on a maintenant conventionnellement baptisée mycénienne. On y reconnaît beaucoup d'archaïsmes : la conservation du locatif et de l'instrumental, l'absence d'articles, l'apparition fréquente du digamma, la présence de nombreux sons gutturaux, etc. On y retrouve nombre d'éléments de la langue homérique, chose qui rend très probable l'existence d'épopées au Mycénien récent dont aurait hérité la langue des poèmes épiques postérieurs. On est surpris en particulier par les dénominations de certaines parties de l'armement défensif ou offensif, des chars, d'autres objets de la civilisation, de plantes aromatiques, etc. D'une manière générale, le contenu des tablettes de Pylos est plus compréhensible que celui des tablettes de Cnossos, et cela est dû à l'immixion dans les secondes de beaucoup d'éléments de la langue minoenne dont jusqu'à présent nous ne savons malheureusement que peu de chose. On est également étonné de voir beaucoup de noms de personnages du panthéon grec qu'on aurait pu penser postérieurs. Le fait d'avoir des mots dans leur forme initiale permet enfin de reconsidérer bien des choses en ce qui concerne leur étymologie et leur composition. En gros, on voit que la langue présentait une forme commune correspondant à la communauté de la civilisation au Mycénien récent. La plupart des éléments de cette langue ont des rapports avec le noyau central des dialectes arcado-chypriotes auquel se mêlent bien d'autres éléments qui apparaissent ensuite dans les dialectes ioniens et éoliens. Toutefois nos connaissances sont encore insuffisantes pour que nous puissions en dire davantage sur la forme et le fonctionnement de cette langue dont une partie est peut-être fabriquée artificiellement par ceux qui lisent les textes, et qui ne sont d'ailleurs pas toujours d'accord entre eux.

La vie politique et sociale

Il est naturel de supposer que la vie politique au Mycénien récent a évolué normalement et sans grand changement par rapport à celle des époques antérieures. Mais les bouleversements qu'on remarque avec la reconstruction, sous une forme nouvelle, de presque tous les palais mycéniens, supposent des changements radicaux, surtout s'il y a eu établissement de nouvelles dynasties de caractère grec. Nous avons vu que les palais ont adopté des éléments nouveaux d'origine achéenne et que la plupart des acropoles ont été fortifiées, assurant par là une défense permanente. Une politique de réorganisation s'imposait de par les faits, puisque avec la destruction des villes minoennes le centre de gravité s'était définitivement déplacé. L'augmentation générale de la population sur toute l'étendue du monde mycénien avait engendré des conditions nouvelles et on voit nettement que les classes populaires, dans leurs différentes catégories — celles des agriculteurs, des éleveurs, des artisans, des marchands et des navigateurs — demandaient l'accroissement de leurs droits et la possibilité de prendre part plus activement au mécanisme de l'administration. La bourgeoisie en progrès était le pont entre les classes aristocratiques et le peuple. La nature même des centres palatiaux, avec leur organisation économique plus souple, en constitue la preuve. Les palais restent toutefois les principaux centres de la vie. Mais l'exemple de l'acropole de Gla en Copaïde montre qu'à côté de ceux-ci s'était organisée une vie économique relativement autonome avec une agora ; nous avons vu qu'il en était de même dans le centre palatial de la région de Phaistos, à Haghia Triada, en Crète. Chaque palais continuait visiblement à être le siège de l'administration politique d'un grand espace vital qui, s'il n'avait pas le caractère d'un Etat, reconnaissait totalement le palais et dépendait de lui pour beaucoup. Cette situation se retrouve également en Crète où les rois locaux, qui n'étaient peut-être que des toparques, reconnaissaient l'autorité du roi de Cnossos, comme le montrent les tablettes. Même des régions éloignées de Crète orientale ou de Crète occidentale ont été sous le contrôle de Cnossos jusqu'à sa destruction aux environs de 1380 av. J.-C. Nous ne sommes pas sûrs qu'il en ait toujours été ainsi après la grande colonisation achéenne, puisqu'on n'a pas découvert d'autres palais à Cnossos. Dans les poèmes homériques toutefois, Idoménée est le chef de tous les Crétois, comme Agamemnon le chef de tous les Achéens.

Dans les îles de l'Egée on voit nettement que des installations mycéniennes, très probablement dirigées par des toparques, ont succédé aux colonies minoennes. Nous avons noté que seule la zone côtière de l'Est égéen a donné naissance à des Etats relativement indépendants — comme celui d'Achijawa — dont il est fait mention dans les archives hittites et celui de Milawanda (Milet ?) ; il y avait peut-être aussi des coalitions de comptoirs commerciaux dans la région syro-phénicienne.

Les tablettes nous apprennent que c'est le *Wanax* (Fάναξ) — le roi — qui détient l'essentiel du pouvoir ; c'est lui qui contrôle toute la vie politique et il est en même temps le chef suprême des forces armées — comme Agamemnon lors de la guerre de Troie. Son principal représentant dans l'armée est le λαFαγέτας — λαός = στρατός —, tandis que les βασιλεῖς sont les chefs d'unités mais aussi de régions. On ignore si les ἕπεται — « ceux de la suite » — avaient des devoirs militaires en tant qu'assistants du λαFαγέτας ou s'ils secondaient le *Wanax* dans l'administration politique et économique. Sur les tablettes ils apparaissent comme attachés à certaines régions organisées pour la défense, mais cela n'exclut pas qu'ils aient été utilisés pour d'autres choses également, comme les βασιλεῖς. En liaison avec l'armée on trouve encore d'autres chefs : les Korete et les Porokorete.

Les impôts et les distributions sont l'apanage du palais, mais certaines répartitions, celle du cuivre en particulier, sont contrôlées par le clergé.

L'administration politique était très étroitement liée à l'organisation sociale, du fait que les différentes classes étaient constituées et gouvernées par les palais. La catégorie des grands propriétaires terriens, par exemple, a été créée sur une base politique à caractère féodal qui impliquait des obligations, surtout économiques, et la participation à la défense, en échange de la terre et de certaines distributions. Le commerce était encore sous le contrôle du palais, et le clergé, qui avait toujours les rois à sa tête, était dirigé par eux. Le palais était responsable de l'organisation des forces armées, et c'est la raison pour laquelle tant de séries de tablettes se rapportent aux armes, aux chars, à l'équipement, à la préparation des centres de défense, etc.

Les dangers qui augmentaient sans cesse obligeaient l'administration à porter un intérêt tout particulier à l'armée et à la flotte. Dans les tablettes, aussi bien de Cnossos que de Pylos, on devine un esprit militariste ; en fait il s'agit de prendre les mesures absolument nécessaires devant la pression d'événements annonçant un danger qui s'est finalement révélé d'importance. C'était peut-être aussi dans le caractère des Achéens, amis de la guerre, que de toujours s'occuper de la préparation et de la menée au combat. Cela se sent dans la poésie épique qui se fait l'écho de situations datant de la fin de l'époque mycénienne. Les vestiges matériels de la civilisation nous permettent d'observer des perfectionnements dans l'armement — offensif et défensif — du fantassin, et d'autres dans la préparation d'unités mobiles. Le char a résolu le problème du déplacement rapide vers le champ de bataille, mais pas les problèmes de tactique. Il est étrange que, jusqu'à la fin de la civilisation mycénienne, le cheval n'ait été utilisé qu'en liaison avec le char et qu'on n'ait pas pensé à organiser une cavalerie. Il ne semble pas qu'on ait classé les fantassins en corps d'armée, sauf en ce qui concerne les unités spécialisées des patrouilles et des messagers ; hoplites lourdement armés, archers et frondeurs se battaient de façon un peu inorganisée et peut-être pas toujours selon une stratégie bien établie. La nécessité d'une collaboration plus étroite et d'une plus grande mobilité a abouti, dans les dernières phases, au changement de l'armement défensif et offensif. On se demande si l'alimentation des troupes faisait l'objet d'un service spécial ; les portions qui étaient distribuées étaient frugales et constituées de produits qui se conservaient facilement et pouvaient se préparer à l'avance : blé, légumineuses, figues, vin. Il semble que les forces armées de l'Etat d'Achijawa aient été mieux organisées, et cela justifie les craintes des Hittites. Là-bas, les guerriers donnent l'impression d'être des professionnels, des mercenaires indubitablement. Plus tard les troupes — ou plus exactement les hordes — des peuples de la mer fondaient leur force sur les heurts massifs et non sur une organisation systématique ; il s'agissait d'ailleurs de déplacements en vue de nouvelles installations. Jusqu'à la fin les chars furent utilisés par les classes des nobles, c'est pourquoi dans leurs descriptions sur les tablettes nous voyons des matériaux choisis, des ornements surajoutés et des couleurs vives. Des chars semblables ont été représentés avec les nobles qui les utilisaient — et même des femmes — sur les fresques mycéniennes. Sur les tablettes ils portent le nom d'ἱππεία. Sur le célèbre sarcophage d'Haghia Triada, les chars sont décorés, et même les chevaux qui les tirent. Quelques harnachements décorés ont été mis au jour à Thèbes et ailleurs.

Nous savons fort peu de chose sur l'organisation de la flotte, et les représentations comme les bateaux en terre cuite nous renseignent davantage sur la flotte marchande. Les tablettes de Pylos nous parlent d'une petite expédition à Plevrôn pour laquelle on prépare des équipages de rameurs.

Mais la tradition de la nef Argo — bateau rapide, très long et parfaitement équipé, préparé pour l'expédition au fin fond du Pont-Euxin à laquelle participèrent un si grand nombre de héros —, l'expédition troyenne aussi avec ses nombreux bateaux entièrement équipés, les randonnées de bateaux isolés (comme celui sur lequel voyageait Télémaque à Pylos), les bateaux d'Ulysse qui, d'après le récit épique, ont été exposés à de terribles aventures, tout cela témoigne, au Mycénien récent, d'un souci particulier concernant l'aménagement de la flotte. Et puis on voit l'importance des bateaux des Peuples de la mer dans la dernière phase du Mycénien récent, qui frappe encore davantage sur les reliefs de Médinet-Abou, datant de l'époque de Ramsès III.

La participation des femmes au pouvoir politique, surtout en tant qu'épouses des rois, semble assurée d'après les représentations — à Pylos par exemple — où elles sont figurées avec la couronne sur la tête. Dans la tradition, des reines comme Clytemnestre à Mycènes restent quelque peu dans l'ombre du pouvoir du roi leur mari, mais c'est souvent elles qui machinent ou dirigent les choses en coulisses — comme Clytemnestre et Pénélope — au cas où l'absence du roi régnant se prolonge. D'une manière générale, dans la société mycénienne, la femme, suivant les vieilles coutumes minoennes, continue à avoir une place prédominante : elle participe à une foule de choses et même au combat, ainsi que nous l'apprennent les représentations sur fresques et la vieille tradition qui mentionne assez d'héroïnes (Atalante par exemple).

La place du clergé dans la société semble être également très importante. Traducteurs de la volonté des divinités et seuls possesseurs des moyens capables de les apaiser et de les adoucir, les prêtres dirigent indirectement une grande partie de la politique des Etats et sont les indispensables participants de toute expédition importante.

Le grand problème est le développement de la classe des esclaves qui joue maintenant un rôle incomparablement supérieur à celui qu'elle tenait dans la société minoenne des époques antérieures. Dans l'épopée et dans le reste de la tradition archaïque qui se rapporte au Mycénien récent, les esclaves achetés, rétribués et prisonniers de guerre, occupent une place de premier plan. Ils sont souvent chargés des tâches secondaires de l'administration et ont des fonctions importantes dans le clergé ; ils sont souvent devins, hérauts, rhapsodes, etc. Dans l'économie domestique des rois et des toparques ils acquièrent, par leur travail et leur dévouement, des postes de confiance et deviennent les principaux maîtres des grands troupeaux. A l'intérieur de la famille ils sont nourriciers — hommes et femmes — et pédagogues ; certains arrivent même à être pris comme conseillers. Sur les tablettes mycéniennes, les esclaves hommes et femmes sont énumérés selon des catégories, et on fixe souvent les tâches auxquelles ils s'adonnent. Les parts de nourriture qui leur sont distribuées arrivent à peine à la moitié de celles qui sont octroyées aux hommes libres, et elles diffèrent naturellement suivant qu'il s'agit d'hommes, de femmes ou d'enfants. Les cas d'affranchissement ne semblent pas rares et il se forme alors une catégorie à part d'affranchis qui sont égaux aux citoyens libres.

Quoiqu'il ne soit pas facile, d'après les tablettes, de préciser la forme et le genre de participation des classes supérieures et du peuple lui-même au gouvernement, l'allusion à un sénat, une assemblée et au démos montre clairement que les pouvoirs absolus des rois avaient été sensiblement limités, et cela est également visible dans l'épopée homérique où il est question d'assemblées de vieillards et du peuple lui-même, chaque fois qu'une décision importante doit être prise. Même à l'intérieur des casernes, les décisions étaient prises lors de l'assemblée des divers chefs d'unités et il n'était pas rare que les juridictions et les ordres du général en chef fussent mis en question ; la voix du peuple enrôlé pouvait être entendue, même si elle était mal vue par certains nobles comme la voix démagogique d'un mauvais Thersitès. Le caractère théocratique du pouvoir royal avait incontestablement beaucoup changé quoiqu'on pensât toujours qu'il avait une origine divine et que le roi détenait son sceptre du plus grand des dieux. Les toparques, qui avaient peut-être le titre de *βασιλεῖς*, dépendaient directement du *Wanax*, mais les liens divins étaient peut-être plus relâchés. Les pages *ἐπέται* étaient beaucoup moins nombreux. Peut-être y avait-il davantage de « sénats » dans les centres administrés par des toparques, puisque les tablettes de Pylos en mentionnent au moins cinq. Quelques chercheurs ont insisté sur la puissance du démos ; mais cela ne transparaît ni dans les archives ni dans la tradition épique. Dans certains cas le démos avait le droit de concéder des terres, peut-être de fixer les limites des sanctuaires et des terres du roi, des « temenea ». Mais à Pylos ce sont les sanctuaires qui revendiquent ces droits. De toute façon l'autorité du démos allait en s'accroissant si l'on en juge d'après les noms de personnes dont beaucoup se composent de « démos ». En ce qui concerne la *gérousia*, le nom ne doit pas nous amener à penser qu'elle était exclusivement constituée de vieillards. Peut-être était-elle formée par ceux qui avaient déjà exercé les plus hautes fonctions. Le changement politique avait dû s'étendre partout, et même en Crète, puisque c'est là que nous rencontrons l'une des plus anciennes formes de l'agora. Bien sûr, on ne veut pas dire par là qu'il s'agissait d'une agora telle que la définit Van Effenterre et pour l'époque protopalatiale déjà.

La vie économique : commerce, navigation, artisanat

La forme même et les dispositions intérieures des palais minoens montrent que les sièges des rois continuaient d'être les principaux centres de la vie économique. Comme nous l'avons vu, ils avaient leurs annexes qui, chacune avec son caractère propre, constituaient les rouages secondaires d'un mécanisme économique assez complexe. Elles se trouvaient soit dans le voisinage direct des palais, soit un peu plus loin, mais toujours en liaison immédiate avec eux. Les tablettes qui constituaient les archives ont mis en lumière la façon dont fonctionnait ce mécanisme, puisque c'étaient des archives de comptabilité.

Le commerce n'a pas cessé d'être, en majeure partie, royal et d'être contrôlé par les rois eux-mêmes et leurs mandataires. Encore une fois, cela apparaît très clairement dans les archives. Mais cela est également prouvé par le stockage systématique, dans les palais, d'articles commerciaux. On a vu dans le palais de Cadmos à Thèbes un centre de commerce, et Kéramopoullos a relié cette importance commerciale aux traditions constantes qui faisaient du Phénicien Cadmos un commerçant, lui ajoutant la fonction d'artisan, puisque son palais s'est révélé être un grand centre artisanal, surtout pour ce qui est de la céramique, du bronze, des bijoux, des sceaux et des ivoires. Ce caractère mixte s'adaptait toutefois à tous les palais, et il va de soi qu'il était également en relation très étroite avec la navigation.

Le commerce s'exerçait surtout entre les différents centres mycéniens, quelle que soit leur situation géographique. Les marchés augmentaient sans cesse, au fur et à mesure que s'étendaient les colonies et les comptoirs mycéniens. Pour alimenter tant de centres, dont chacun avait son propre artisanat, il fallait une production de masse qui aboutit, nous l'avons vu, à la naissance de la koinè artisanale. Bien sûr, les palais n'étaient plus capables, à eux seuls, d'alimenter le commerce qui devenait, malgré le contrôle de l'Etat, de plus en plus indépendant. Quand les marchés extérieurs, qui étaient jadis presque exclusivement monopole crétois, se sont ouverts, il a fallu réorganiser plus systématiquement les centres de production massive de façon qu'ils puissent suffire à la demande. Il a aussi fallu que l'artisanat et le commerce s'adaptent aux désirs et aux goûts de leurs clients et c'est pour cela qu'on remarque certaines variantes dans lesquelles entrent des éléments étrangers. Les bateaux de commerce ont dû s'équiper pour de plus longs transports et étendre leurs lignes dans toutes les directions. Cela nécessitait de nombreuses échelles intermédiaires pourvues de vastes entrepôts. Naturellement, on ne peut pas être totalement renseigné sur les détails d'un commerce aussi étendu. Une très petite partie des archives commerciales particulières a été mise au jour. Mais on constate avec surprise que dans chaque bâtiment utilisé comme annexe du palais pour la production artisanale ou pour le commerce on a retrouvé des tablettes où il est question des articles produits et prêts à être exportés. C'est ainsi que le commerce s'est étendu jusque dans des régions éloignées et isolées des côtes de la Méditerranée, jusque dans la péninsule Ibérique et les îles de la Méditerranée occidentale, jusqu'au fin fond du Pont-Euxin et sur les côtes de Libye. Il s'est enfoncé à l'intérieur des terres des grandes civilisations, mais pas suffisamment pour avoir le dessus sur les marchés étrangers. Les articles mycéniens y sont toujours demeurés des articles de luxe. Dans les endroits fournisseurs de matières premières — dans les îles Lipari au large de la Sicile par exemple (liparite) — l'abondance relative de céramique mycénienne témoigne peut-être d'une certaine participation à l'exploitation des carrières. En Egypte où l'on avait eu besoin de centres de travail étrangers, l'abondance de la céramique mycénienne et submycénienne est la preuve de la participation d'ouvriers du monde égéen. C'est ainsi qu'à Tell-el-Amarna, la nouvelle capitale du pharaon réformateur Aménophis IV-Akhenaton, on a trouvé une grande quantité des vases brisés du Mycénien récent, dans les tas de détritus des quartiers ouvriers. Ils datent du HR IIIA2, mais ailleurs en Egypte et en Orient, c'est le HR IIIB, l'époque de la « koinè mycénienne » qui est le plus représenté. Les vases qu'on y rencontre le plus souvent sont ceux qui permettent le transport facile des liquides, l'amphore à étrier par exemple.

D'après les indications que nous fournissent les objets mis au jour dans les fouilles et d'après les témoignages des tablettes, nous sommes convaincus que les articles du commerce intérieur et extérieur sont les mêmes que ceux qui alimentaient jadis le commerce minoen et le commerce mycénien des époques antérieures : produits agricoles de choix — huile et vin de bonne qualité —, céramique, ustensiles d'usage pratique, objets fabriqués de toutes sortes, matières aromatiques, bois, etc. On continuait à importer des métaux — surtout du cuivre de Chypre —, de l'ivoire de Syrie, de l'or de Nubie par l'intermédiaire de l'Egypte, des produits agricoles — du blé du Pont-Euxin surtout pour compléter la production locale qui, avec l'accroissement de la population, se révélait insuffisante. Peut-être des esclaves arrivaient-ils de régions conquises ou de marchés étrangers où on les échangeait contre divers produits. Les matériaux précieux comme l'or, l'argent, les pierres précieuses — le lapis-lazuli — et l'ivoire étaient importés en plus grandes quantités qu'auparavant, mais il y en avait moins dans les palais, ils étaient davantage dispersés dans les innombrables centres mycéniens, de sorte que les stocks paraissent beaucoup plus pauvres. Nous avons dit un mot du commerce fait avec ces articles dont la valeur, en raison de la demande, devait avoir beaucoup augmenté.

Nous avons parlé de la forme des lingots de cuivre qui arrivaient de Chypre, de même que de leur évolution jusqu'aux époques mycéniennes les plus avancées. Les talents trouvés dans différentes régions et jusqu'aux points les plus éloignés de la Sardaigne, de la Lycie et de Chypre même, nous informent sur les variantes locales. Il en est question sur les tablettes et ils sont représentés par des idéogrammes, quelquefois en relation avec l'idéogramme de la balance, ce qui implique peut-être un certain contrôle du poids. L'étain venait probablement des mêmes régions qu'antérieurement, mais nous le voyons souvent remplacé par des alliages de zinc. On ne peut pas affirmer que les faibles quantités d'argent étaient fournies par les mines du Laurion.

En ce qui concerne l'artisanat, en dehors des données qui nous sont parvenues grâce aux vestiges matériels d'œuvres d'art, nous avons appris bon nombre de choses par les tablettes, même si ces renseignements ne s'imposent pas comme absolument sûrs. Pour la préparation des parfums par exemple, on voit qu'on utilisait le souchet, le coriandre, l'huile de sésame, le cumin, le céleri, etc. La menthe et le diktamon servaient à faire des tisanes qui remplaçaient à merveille le thé. Pour la marqueterie et les incrustations, on importait des bois précieux comme l'ébène, et des matériaux comme l'ivoire, le lapis-lazuli et le cristal ; les meubles, les chars de combat, les objets de toilette en profitaient. Il n'était pas rare, nous l'avons vu, que des objets finis de ce type, constituant des produits de luxe, aient été exportés. Il faut encore y ajouter les différents tissus, broderies, tressages pour lesquels les tablettes fournissent des renseignements épars. Divers tissus y sont par exemple représentés par des idéogrammes, en liaison avec des syllabogrammes minuscules et des abréviations ; on voit même les métiers verticaux avec les poids de tissage suspendus. Les teintures sont souvent mentionnées, surtout la pourpre et le safran — le crocus — qui donnaient de belles couleurs rouge profond et jaune d'or. D'autres plantes colorantes étaient également utilisées. On se servait de résines, semble-t-il, pour aromatiser d'excellentes qualités de vin. Il n'est toutefois pas sûr que le cèdre crétois ait fourni la rare qualité de résine des cèdres du Liban — l'encens d'oliban d'aujourd'hui —, et il n'est pas exclu que ces cèdres aient constitué une part importante des importations. Les informations que nous donnent les tablettes sur le travail du cuir et les articles dérivés de celui-ci ne sont évidemment pas nombreuses. On voit toutefois qu'il existait des artisans spécialisés dans cette branche. Pour ce qui est du bois et des articles qui en découlent, les renseignements fournis par les tablettes sont encore plus pauvres ; on y mentionne toutefois différentes espèces d'arbres et d'arbustes ligneux comme le cyprès, l'orme, le sapin, le buis ; et, parmi les artisans, les charpentiers.

Il y avait donc de nombreuses professions, et l'on est particulièrement surpris de voir qu'il existait des artisans spécialisés pour des articles dont on n'attendrait pas, même aujourd'hui, qu'ils puissent constituer un métier particulier. Les spécialités s'étendaient jusqu'à celles qui étaient surtout exercées dans les palais (divers travaux et préparation des aliments).

On s'attendrait, par contre, à rencontrer très souvent les métiers de commerçants et de navigateurs. Et pourtant on ne trouve rien en dehors de deux mentions des *πρακτέFων* qui correspondaient peut-être aux *πρακτῆρες* homériques, marchands-revendeurs, la rare mention de rameurs — *ἐρετῶν* — et des noms de personnes qui évoquent la mer et ses travaux — Amphialos, Aigialos, Ponteus, Euormos, etc. Ce sont des noms qui rappellent les Phéaciens de *L'Odyssée*.

En dehors du commerce et de l'artisanat, l'économie était fondée sur l'agriculture et l'élevage. Nous ne savons rien des progrès réalisés dans les méthodes de culture, mais sur les tablettes les rendements et les variétés semblent satisfaisants. Les grands propriétaires terriens étaient les rois, les sanctuaires, quelques-uns des dignitaires les plus hauts placés et certaines personnes dont nous ignorons la qualité. On est surpris de voir que les bœufs destinés à l'agriculture avaient des noms, comme quelquefois encore à notre époque : Aiolos, Kelainos, Xouthos, Stomargos, etc. A Pylos, le sanctuaire Pakijana exploitait de vastes étendues. Le dénombrement de troupeaux d'ovins, de porcs, de bœufs, de vaches et taureaux, suivant les endroits dans certains cas, est la preuve d'un élevage bien organisé. Dans l'épopée homérique on voit la place importante qu'occupaient les *αἶπόλοι*, les *βουκόλοι*, les *συϐωται* (bergers, bouviers, porchers), qui avaient la confiance du roi. On ne s'étonnera donc pas que Marinatos ait considéré que le palais de l'acropole de Gla en Copaïde était la demeure du bouvier en chef, puisque c'est sur cette acropole que se réfugiaient des milliers de bêtes qui normalement broutaient à l'endroit où l'on avait asséché les marais. Les principaux possesseurs de troupeaux étaient naturellement les rois et les sanctuaires. Mais bon nombre de particuliers avaient également des animaux à eux. L'élevage de chevaux, en plaine, devait avoir pris une assez grande extension puisque ces animaux servaient beaucoup aux transports et pour les chars.

La vie religieuse

Si l'on rapproche les données fournies par les vestiges matériels de la religion et du culte de celles qui sont issues des tablettes, on arrive nécessairement à la conclusion qu'à la fin de l'époque mycénienne les deux courants principaux — le naturalisme minoen et l'anthropomorphisme céleste grec — se sont rencontrés et se sont amalgamés. Les premières pierres de cette religion ont été posées, nous l'avons vu, dans les deux périodes antérieures, mais l'élément nordique indo-européen a maintenant réussi à l'emporter et à asseoir les bases d'une religion qui ne prendra toutefois sa forme définitive qu'à l'époque grecque. L'interprétation et la compréhension de tous les éléments ne sont ni faciles ni sûres, mais on saisit davantage leur combinaison dans un ensemble de croyances et de rites. On se trouvera, longtemps encore, dans le domaine des hypothèses et, peut-être, des interprétations imaginaires. Mais grâce à la confrontation des données archéologiques, des tablettes, des traditions mythiques et légendaires, à la survivance d'éléments dans l'épopée homérique et dans la religion grecque, nous sommes en mesure d'en tracer au moins les grandes lignes. Les croyances et le rituel qui se sont formés à propos de la mort et de la vie au-delà du tombeau étaient étroitement mêlés au reste de la religion.

D'une manière générale, les religions minoenne et mycénienne antérieures se prolongent dans l'iconographie, les symboles et les ustensiles liturgiques. Mais les changements sont beaucoup plus importants que ce qu'il en apparaît extérieurement, et cela se trouve confirmé par les tablettes.

Lieux de culte

Les lieux de culte ne se distinguent pas aussi nettement qu'en Crète et dans les colonies minoennes. Certains chercheurs insistent même sur le fait qu'il n'y avait pas véritablement de sanctuaires palatiaux, domestiques ou agraires. Cette affirmation est exagérée. La partie principale du mégaron, le domos, ne cesse d'avoir un caractère religieux, en un point du moins, puisque le foyer est également un autel destiné aux sacrifices et à d'autres offrandes. A Pylos, le roi a, près de son trône, un dispositif pour les libations, et les griffons de part et d'autre du trône montrent qu'il avait aussi la fonction de grand prêtre. Il était donc superflu d'aménager des sanctuaires à l'intérieur des palais ; malgré tout, il existe dans le palais de Pylos, nous l'avons vu, un sanctuaire spécial disposé comme une annexe mais en relation directe avec un autel fixe devant, dans la cour. Dans le palais de Mycènes, Tsountas et d'autres ont recherché et situé le sanctuaire, et il se trouve presque attesté par la découverte, dans son voisinage immédiat, de la Triade en ivoire. A Tirynthe, il serait difficile de baptiser sanctuaires les endroits où ont été mis au jour des ustensiles rituels ou des autels tripodes. Sur l'Acropole d'Athènes, l'existence d'emplacements sacrés dans la région du palais — plus tard de l'Erechthéion — est confirmée. Dans les autres palais nous manquons d'assignations précises, mais à l'extérieur de la façade du palais de Gla en Copaïde, on a mis au jour un important fragment de doubles cornes de grande taille. A Mycènes on a découvert davantage de sanctuaires dans des maisons sur l'acropole ; le plus connu comporte un autel-banquette construit, décoré de fresques à sujets religieux, un dépôt et des idoles de terre cuite en place ; il a été découvert par lord Taylour dans la maison dite « de l'Acropole » ou « de Wace ». Dans la Maison de Tsountas, une pièce avec des banquettes le long des murs a fourni un autel en demi-lune, relié à des installations qui facilitaient les libations ; des fragments de fresques à sujets religieux et le célèbre tableau du Palladion confirment l'utilisation du bâtiment comme sanctuaire. Un troisième sanctuaire a été mis au jour par Mylonas, contre les murs ; il était décoré de fresques et renfermait des idoles de terre cuite, etc. Il est vrai qu'on n'a rien trouvé en Grèce mycénienne qui rappelle l'oikos sacré de Kéa. On avait, bien sûr, des autels dans les cours des palais — à Tirynthe par exemple — et des autels mobiles ont été découverts à des emplacements qui étaient désignés comme sacrés. Les tablettes aussi mentionnent des sanctuaires dont il n'est toutefois pas facile de déterminer la position. Dans quelques maisons de l'époque mycénienne avancée, on a des pièces qui semblent réservées au culte. On citera, par exemple, la maison G d'Asiné où l'on a trouvé, dans une grande salle à deux colonnes, sur une banquette, au fond, des ustensiles rituels, des idoles en Φ et des divinités aux bras levés de type crétois, de même qu'une grande tête d'idole semblable baptisée « Le Seigneur — c'est plutôt une dame — d'Asiné ». Dans une maison de l'habitat mycénien proche de Berbati en Argolide, un sanctuaire plus petit a été mis au jour, équipé lui aussi d'une banquette-autel contre le mur, sur laquelle étaient posés des idoles et des ustensiles rituels ; un socle, tout près, servait d'installation annexe pour les libations. On remarque que, à l'époque grecque, des temples et des sanctuaires ont souvent été construits là où il y avait jadis les palais mycéniens, et plus particulièrement à l'endroit des mégara ou des autres sanctuaires. A Mycènes, on a érigé un grand temple dorique dédié à Athéna, orienté obliquement depuis l'emplacement probable du sanctuaire jusqu'au porche et au vestibule du mégaron mycénien. A Tirynthe, un temple, qui date peut-être de l'époque géométrique, a été bâti juste au-dessus du mégaron, mais il est plus étroit et plus petit que ce dernier. Sur l'acropole d'Athènes, le plus ancien temple d'Athéna était au-dessus du palais. A Eleusis, un bâtiment relativement petit, en forme de mégaron — avec accès à degrés entre des soubassements saillants — qui faisait peut-être partie d'un palais plus grand mais indubitablement de caractère sacré, a été remplacé par le Télestérion du sanctuaire de Déméter. A Thermos en Etolie, le plus ancien temple d'Apollon a pris la place de bâtiments mycéniens dont nous ignorons malheureusement la véritable nature. A Delphes et à Olympie, les premières enceintes sacrées ont été fondées dans les endroits où il y avait eu des sanctuaires mycéniens, comme l'ont montré les vestiges de constructions et les objets sacrés qui ont été découverts. Il en a été de même, nous le verrons, dans les îles et en Crète. La tradition disait que ceux qui avaient fondé les sanctuaires grecs venaient de la Crète préhistorique : à Delphes, par exemple, le téménos d'Apollon avait été fondé par l'équipage d'un bateau crétois qui avait été pris alors qu'il se dirigeait vers Pylos ; les Dactyles de l'Ida se sont établis à Olympie, Déméter vint de Crète et aménagea son téménos à Eleusis dans la région des palais de Kélainos. Le sanctuaire d'Amyclées a remplacé un sanctuaire plus ancien, dédié à Yakinthos, et au Ménélaion ont été mis au jour des vestiges mycéniens antérieurs. Au-dessus du Kadmeion de Thèbes on a aménagé un téménos de Déméter. Le temple d'Aphaia a été construit au-dessus d'un sanctuaire mycénien, dont il n'est pas exclu qu'il ait fait partie d'une grande demeure de toparque. Sous le sanctuaire d'Apollon Maléatas à Epidaure on a retrouvé d'importants vestiges sacrés mycéniens, mais la fouille n'est pas encore terminée. Nous verrons plus bas la fondation de sanctuaires grecs au-dessus de vestiges plus anciens, des sanctuaires le plus souvent. Pour quelques-uns d'entre eux il y a des doutes (l'oracle de Dodone, le Nékyomanteion d'Ephyra en Epire, etc.).

En Crète nous avons vu qu'il était de règle d'aménager de petits sanctuaires, sous forme de réoccupation, au-dessus des palais minoens. Ainsi, dans le palais de Cnossos, le petit sanctuaire à banquette connu sous le nom de « Sanctuaire des doubles haches » nous fournit un ensemble très impressionnant tel qu'il a été découvert avec toutes ses idoles, les symboles et les ustensiles rituels en place ; devant la banquette-autel du fond, une banquette plus basse servait à poser les ustensiles, tandis que l'espace où se tenaient les adorants était très limité. C'est d'une manière identique qu'on a réaménagé, nous l'avons déjà vu, la vieille fontaine-bassin lustral du Petit palais de Cnossos, en construisant, d'une part, un mur de briques dans lequel ont été encastrées des colonnes, et, d'autre part, en enlevant deux autres colonnes sur le podium du fond qu'on utilisa comme banquette-autel après qu'on eut rehaussé le sol au niveau de l'entrée. Des remaniements moins importants ont été exécutés dans la Τυκτή κρήνη du Caravansérail qui, dans l'ensemble, a gardé sa disposition initiale avec une petite niche au fond et les hauts podiums-banquettes qui l'entouraient. Les sanctuaires postpalatiaux de la ferme de Métropolis de Gortys sont très simples : une pièce avec des banquettes le long des murs, et d'autres, voisines, qu'on utilisait comme sacristie et comme dépôts. Dans le palais de Phaistos on n'a retrouvé aucun sanctuaire postpalatial à l'emplacement du palais. Quelques chercheurs croient qu'on se servait, pour les cérémonies, de l'autel à degrés dans l'angle nord-ouest de la cour centrale, et c'est à cette époque aussi qu'on attribue les tables à offrandes en forme de kernoi qui ont été découvertes. Dans le palais d'été des rois de Phaistos, à Haghia Triada, il y a eu un assez grand nombre de remaniements de façon à organiser les lieux de culte dont on a déjà parlé : il s'agit de l'eschara dans l'angle de la cour sud, du sanctuaire avec la banquette-autel et le sol décoré de la fresque des dauphins et des poulpes, en forme de mégaron, de la transformation de l'« agora » en lieu de culte. A Malia, dans la cour nord du palais, on construisit le « bâtiment oblique » qui, d'après sa forme et son orientation particulière, a été considéré par les investigateurs comme un sanctuaire ; à l'époque où il fut bâti, le portique angulaire de la cour avait été supprimé. Des sanctuaires postpalatiaux, simples et sans type particulier, ont été mis au jour à Koumasa, à l'emplacement du sanctuaire paléopalatial, à Gazi où l'on a découvert l'importante série d'idoles en terre cuite aux bras levés, à Prinias (peut-être submycénien). Nous ignorons la forme d'autres sanctuaires où l'on a mis au jour des idoles et des symboles importants, sauf un, dans une maison de Katsamba, également avec banquette-autel. Dans des maisons — à Palaikastro, Gournia, Képhali Chondrou Viannou, etc. — les pièces qui étaient utilisées n'avaient pas une forme typique et variaient de l'une à l'autre. On remarquera toutefois le sanctuaire public de Gournia, accessible depuis un embranchement de la rue périphérique, pas grand, mais équipé de façon caractéristique d'un autel-banquette auprès duquel on a découvert les idoles de terre cuite habituelles et les ustensiles tubulaires pour la nourriture des serpents sacrés.

Comme dans la Grèce mycénienne continentale, on a souvent construit des sanctuaires grecs au-dessus des sanctuaires postpalatiaux minoens, et même des temples de divinités héritières des minoennes. C'est le cas du palais de Cnossos, où l'on aménagea un sanctuaire, à Rhéa semble-t-il — c'est à elle également qu'appartenait le bois de cyprès qui entourait la colline. Un temple de même type, encore dédié à Rhéa, a été bâti sur le versant de la colline de Phaistos, dans le voisinage immédiat du palais. Dans la villa royale d'Haghia Triada, un petit sanctuaire du dieu local Velchanos a été fondé à l'endroit même où se trouvait jadis l'eschara. A l'emplacement des sanctuaires principaux de Palaikastro, on a édifié le temple de Zeus dictéen crétagène dont on a une bonne partie du décor sculptural en terre cuite. Sur la colline qui dominait l'habitat de Praisos il y eut un sanctuaire hypèthre consacré à Zeus, dans lequel on a découvert une foule d'ex-voto en bronze et des fragments d'idoles en bronze martelé. A Tylissos, là où se trouvaient des sanctuaires, on a aménagé un autel à Héra. Le culte s'est poursuivi à l'époque postpalatiale, et même jusqu'au début de l'époque grecque, dans des grottes sacrées, comme par exemple dans les grottes de l'Ida, du Dikté, d'Hermès Tallaios à Mélidoni et dans la grotte de Patsos qui fut, elle aussi, finalement vouée à Hermès et aux Nymphes. Hermès Dendritis reçut un culte — et jusqu'à la fin de l'époque Mycénien récent postpalatiale — là où il y avait eu un sanctuaire, dans la région de Symé Viannou, une région boisée sur les versants sud du Dikté.

Dans les îles de l'Egée, les exemples de sanctuaires du Mycénien récent ne sont évidemment pas nombreux, mais ils sont caractéristiques et suivent les lignes générales qui combinent l'héritage minoen et l'adaptation mycénienne. A Kéa, le vieux sanctuaire a été réutilisé après qu'il eut été rajeuni par quelques changements : aménagement de niches dans le vestibule, clôture de quelques ouvertures, transformation de la sacristie. A l'époque grecque il y eut là un culte local, peut-être d'Athéna Parthénos, pour lequel on utilisa des vieilles idoles en terre cuite. A Délos une tombe double taillée, d'époque mycénienne, a servi pour le culte des deux Vierges hyperboréennes. Les traces d'un sanctuaire ont été retrouvées sous l'Artémision grec, à l'endroit où a été découvert tout un trésor d'objets d'or, de bronze et d'ivoire. Un autre sanctuaire mycénien avait été érigé au sommet du Cynthe. Des vestiges de sanctuaires du Mycénien récent ont été reconnus à l'emplacement des temples d'Egine. Tous semblent très simples, du type du petit sékos rectangulaire avec une banquette au fond. Malheureusement, ils n'étaient pas bien conservés.

Dieux et génies

Le monde figuré, les idoles en matériaux divers, le type et la forme des sanctuaires, la tradition et la mythologie antiques, et surtout les différentes mentions sur les tablettes donnent un assez grand nombre d'éléments pour qu'on puisse se faire une idée générale de l'évolution du panthéon mycénien et du culte des génies. Malgré tout, il continue à y avoir de petites confusions et incertitudes, en particulier sur ce qui provient des textes. Les scènes de culte qu'on rencontre aux époques mycéniennes les plus anciennes sur des bagues-cachets en or, sur des sceaux et des empreintes de sceaux, se retrouvent presque sans grand changement, et cela est également valable pour les autres représentations (fresques, ustensiles à reliefs ou au repoussé). On croirait que la religion minoenne, qui s'était presque totalement imposée dans la période la plus ancienne, a continué son chemin de façon presque imperturbable avec d'insensibles changements. Dans les groupes plastiques on remarque un certain renouvellement allant de pair avec le formalisme qu'on note dans presque toutes les formes de l'art. Mais, là aussi, chaque fois qu'on a affaire à des articles de luxe et qui remontent à une phase relativement ancienne de la période finale, on voit que les croyances religieuses minoennes n'ont pas changé et on reconnaît les mêmes divinités principales : la déesse-mère, la fille, plus jeune, le jeune dieu, enfant ou adolescent, étroitement lié au couple des autres divinités. La triade en ivoire de Mycènes en constitue l'exemple le plus caractéristique. Sur les sceaux on continue à trouver très fréquemment la déesse aux bras levés, la *Potnia thérôn*, avec l'entrelacs de serpents sur la tête. Mais nous ne sommes pas toujours en mesure de dire si certains personnages sont réellement des divinités, même s'ils sont représentés plus majestueusement que d'autres. Il serait par exemple difficile de dire si l'imposante tête de femme en stuc de Mycènes avec ses stigmates caractéristiques sur le visage, est une déesse, une reine ou un sphinx ; on ne sait pas non plus si la belle tête en ivoire de Mycènes appartient à une idole du jeune dieu. Mais quand on rencontre, sur des représentations, des personnages avec des symboles qui reçoivent un culte — comme la femme qui tient un épi sur la fresque du sanctuaire de la Maison de l'acropole à Mycènes — on ne peut douter de leur essence divine. Il en est de même des idoles en terre cuite qui représentent une courotrophe, une femme avec les bras levés, bénissant, assise en amazone sur un cheval ou sur un être supraterrestre. Nombre des figurines qui ont été mises au jour dans des sanctuaires, comme dans la Maison de l'acropole et dans la Maison de Tsountas, laissent peu de doute sur le fait qu'il s'agit de divinités. Les figurines stéréotypées en Ψ, Φ et T doivent être des divinités, si les rendus discomorphe et en demi-lune sont à mettre en rapport avec le culte des corps célestes, comme cela est très probable. On peut en dire autant des idoles auxquelles on a ajouté le serpent sacré ; elles sont à rapprocher des déesses protectrices de la maison ou en rapport avec le culte chthonien. Les figurines en terre cuite relativement grandes, aux bras levés, avec la partie inférieure du corps cylindrique, qui sont beaucoup plus fréquentes en Crète que sur le continent grec et dans les îles, doivent être des divinités ; les chercheurs ont essayé d'en définir le caractère d'après les symboles — astraux surtout — et les animaux — colombe et serpent, etc. — qui les accompagnent. La déesse aux pavots du sanctuaire de Gazi a été considérée par Marinatos comme déesse du sommeil et de la mort, peut-être aussi de la santé. A partir des représentations et des idoles on arriverait à la conclusion que les personnages du panthéon crétois se sont conservés jusqu'à la fin, et qu'il n'y a eu de changement que dans leur apparence. Peut-être a-t-on davantage insisté sur l'image du Palladion, la divinité de la guerre qui s'est imposée par la suite en tant que Pallas Athénée ; le petit tableau peint de l'acropole de Mycènes, avec la représentation du culte de cette divinité, montre peut-être que ce type s'est formé dans le principal centre mycénien. La triade crétoise sous toutes ses formes — céleste, terrestre et chthonienne — souvent liées entre elles, n'a pas cessé de constituer le noyau du panthéon mycénien.

Quelques divinités locales devaient avoir acquis une certaine autonomie, et il y en a peut-être qui sont passées du niveau divin à celui de héros mythique. Ces divinités locales devaient être celles qui, à Sparte, furent présentées plus tard comme Yakinthos et Artémis Orthia ou Orthosia. En Crète l'ancienne Eileithyia a continué d'être vénérée dans des grottes, dont certaines étaient encore d'importants lieux de culte, comme la grotte d'Eileithyia à Inatos.

Il ne semble pas que le culte des génies ait eu une très grande importance à l'époque mycénienne, quoiqu'on rencontre souvent des génies du type Ta-Urt dans différentes fonctions, étroitement liées aux cérémonies — rappelons ceux des plaquettes de colliers et ceux des panneaux en ivoire de Thèbes —, ou d'autres, à têtes d'animaux, sur une fresque d'une maison de Mycènes par exemple. Beaucoup plus fréquents sont les êtres supraterrestres, surtout le griffon et le sphinx, que nous rencontrons sur de nombreux objets d'art, tels que fresques, orfèvrerie et bronzes, ivoires.

Toutefois, le panthéon mycénien se manifeste différemment sur les tablettes en terre cuite, celles de Cnossos et de Pylos en particulier. On est surpris de voir tant de divinités dont les noms sont connus dans le panthéon grec ultérieur : Athéna, Héra, Artémis, Poséidon ou Potidas, Zeus, Arès, Hermès, Dionysos, les Erinyes, Eileithyia. Le surnom de Potnia s'applique souvent à la divinité principale, désignée également par d'autres noms suivant sa fonction particulière — Hippeia, Pakijania, Asia, Potnia du Labyrinthe, etc. ΔίϜια semble être l'équivalent féminin de ΔίϜος, Zeus. On rencontre d'autres déterminations : déesse-mère, Ϝάνασσα (Reine) — et les dieux Ϝάνασσοι — Manassa, Iphimédia, Péleia, Posideia — correspondant au dieu mâle Poséidon —, etc. Le nom Pipituna semble avoir une vieille origine crétoise. Comme noms de dieux on compte παιάϜων (dieu de la Santé), Triséros, les surnoms Dospota (Seigneur), Ϝάναξ (Roi), Drimios, tandis que les Dipsioi semblent plutôt être des génies. Le grand nombre de dieux tendrait à prouver que, dans la période finale, les Mycéniens avaient atteint un polythéisme développé. Certes, quelques noms sont de simples surnoms, comme Ennosigaios (divinité des tremblements de terre) et Enyalios (dieu des combats). Mais on est surpris de rencontrer des noms de divinités du domaine moral comme Thémis (la Justice), ou des divinités inférieures comme les Vents, qui ont leur propre clergé. Et encore davantage lorsqu'on voit faire des offrandes « à tous les dieux ». On s'attendrait, il est vrai, à rencontrer les noms de divinités aussi habituelles qu'Aphrodite, Apollon et Déméter. On ne les trouve qu'une seule fois, dans un texte de Pylos qui est douteux. Il est certain qu'ils apparaissent sous d'autres noms. Mais, en dehors d'Eileithyia et de Pipituna, on ne trouve pas de noms crétois de divinités, comme Britomarpis, Velchanos, Akakalis, etc. Une tablette de Pylos parle d'une foule de divinités et de leurs ex-voto — gobelets d'or et tasses — et de femmes, peut-être des hiérodules. A Pylos la divinité principale est Poséidon, qui est en relation directe avec la Potnia dont le sanctuaire est à Pakijana et dans le palais même de Pylos où, en tant que déesse de la guerre, elle porte le nom d'Hippeia (déesse des chevaux). La Potnia du Labyrinthe ne se retrouve — on pouvait s'y attendre — qu'à Cnossos et c'est là la preuve que le palais a continué, même au Mycénien récent, à être considéré comme le Sanctuaire de la labrys (la double hache). Le surnom d'Upojo de la Potnia à Pylos est interprété par quelques-uns comme « du tissage » ou « du métier à tisser », sans que cela soit sûr, tandis que celui d'Asia est encore plus difficile à expliquer ; on le rencontre pourtant comme surnom d'Athéna dans un sanctuaire de montagne en Laconie. Pourrait-on associer le Sito Potinija sur une tablette de l'acropole de Mycènes à la déesse du blé ? Il demeure toujours quelque doute. Dans les divinités Ϝάνασσοι (les régnants) de Pylos on a reconnu le couple mère-fille qui, à l'époque grecque, recevait un culte sous le nom de Despoinai. On ne sait pas si le nom d'Erinyes est le surnom d'une autre déesse principale, comme Persa qui rappelle Phéréphata ou Perséphone. Enosidas caractérisait Poséidon en tant que « secouant la terre ». Sur une tablette de Cnossos le nom de Zeus Diktaios semble être une appellation locale. Le Paiaon de la tablette cnossienne a les propriétés thérapeutiques d'Apollon qui, nous l'avons vu, n'est pas mentionné par son nom. On ne parle pas encore d'Héphaistos, le dieu du feu et de la métallurgie, quoique Héphaistion semble désigner un sanctuaire sur une tablette de Cnossos. La présence divine la plus étrange est celle de Dionysos ; tout le monde s'accordait à penser que son culte s'était répandu relativement tard dans le monde grec et qu'il provenait du nord — surtout de Thrace. Et pourtant, des cérémonies à caractère dionysiaque étaient connues depuis longtemps en Crète et il semble qu'elles aient été largement diffusées dans le monde mycénien. Sur les tablettes, aussi bien de Cnossos que de Pylos, Dionysos est mentionné plusieurs fois et on peut donc considérer comme presque sûr qu'il faisait partie du panthéon créto-mycénien. Que peut-on imaginer pour des divinités aussi mystérieuses que Triséros (Amour triple) ? Son essence triple évoque le Triton attique à trois corps. Beaucoup de choses demeureront pour longtemps, et peut-être à jamais, inconnues ou incertaines.

Les symboles, les emblèmes et les animaux sacrés

Pendant tout le Mycénien récent, très peu de changements ont été enregistrés dans les symboles sacrés, les emblèmes de la religion et les animaux qui accompagnent les différentes manifestations des divinités. Il n'est donc pas nécessaire d'en parler spécialement ; il suffira simplement de noter qu'on les utilise beaucoup moins que dans la Crète minoenne ou les époques mycéniennes antérieures. La répétition stéréotypée et conventionnelle est, ici aussi, la caractéristique essentielle, et dans certains cas on se demande si on percevait encore le sens des symboles et des emblèmes, et la signification des rites. On se demande si les animaux sacrés qui accompagnaient les divinités — lions, taureaux, oiseaux, etc. — « traduisaient » la *Potnia thérôn*, comme les serpents la qualifiaient en tant que divinité chthonienne ou protectrice de la maison. Seuls les êtres supraterrestres sont représentés abondamment et pas toujours très pieusement, lorsque par exemple on les a ajoutés comme simples ornements sur des peignes, des pyxides, des miroirs, etc.

Mais le mythe du sphinx qui posait aux passants des énigmes difficiles, comme le sphinx d'Œdipe, a dû se former à cette époque. La labrys, la double hache, nous la rencontrons assez souvent, mais à l'intérieur des palais elle ne joue plus le rôle qu'elle avait jadis en Crète, et peut-être aussi dans les premiers palais mycéniens ; cela est également vrai pour les doubles cornes.

Dans le cycle figuré les symboles astraux continuent à jouer un rôle essentiel, mais nous ne pouvons leur assigner un sens plus précis.

Sur les tablettes il n'en est fait mention qu'occasionnellement. Sur celles de Cnossos, nous l'avons vu, il est question de la Potnia du Labyrinthe, ce qui implique que la labrys continuait à jouer un rôle de premier plan dans ce palais. Ces Potnies étaient accompagnées de leurs animaux sacrés, mais cela n'est pas visible sur les tablettes, sauf dans des cas comme celui d'Hippeia qui devait, sans aucun doute, être accompagnée de chevaux. Sito tenait peut-être des épis, comme la déesse du petit sanctuaire de la Maison de l'acropole à Mycènes. Persa, en tant que déesse lunaire, était peut-être symbolisée par la demi-lune. Ennosidas pouvait déjà avoir le symbole du trident, si l'on en juge par la marque laissée par le trident de Poséidon dans la région du palais mycénien d'Athènes.

Le clergé

Après tout ce qui a été dit du caractère sacré des mégara, de leurs dispositions particulières qui facilitaient les cérémonies religieuses, de l'installation de sanctuaires et d'autels à l'intérieur des palais, etc., on peut considérer comme certain que, jusqu'à la fin, les rois sont restés à la tête du clergé. Les griffons sacrés encadraient toujours les trônes parce que les rois étaient encore les représentants de la divinité ; dans l'épopée homérique, ils se livrent souvent eux-mêmes à des rites — comme Nestor à Pylos qui sacrifie de ses mains un taureau — et il y est souvent question de la royauté octroyée par les dieux et des sceptres confiés aux ancêtres des rois par le dieu lui-même. Fondamentalement, les diverses catégories de prêtres et de prêtresses n'ont pas dû beaucoup changer ; l'apparence sous laquelle ils officient est à peu près la même que jadis : grands prêtres et grandes prêtresses, prêtres et prêtresses, sacrificateurs, examinateurs des entrailles et autres personnages de la classe des devins, danseuses sacrées, etc. Des prêtres en robe longue, d'autres portant des peaux pour tout vêtement, quelques-uns habillés en femmes, des personnages barbus dont la physionomie pleine d'extase rappelle les « derviches » du sceau cnossien, des porteurs de symboles et des porteurs d'offrandes continuent à apparaître sur diverses représentations.

Mais les tablettes nous donnent des renseignements plus précieux dont certains demeurent obscurs et un peu douteux en raison de la traduction peu sûre des titres. Il est souvent fait mention de prêtres et de prêtresses, dans certains cas avec le nom de la divinité au culte de laquelle ils sont voués — par exemple les prêtresses des Vents, le prêtre d'Héra. Mais nous ne savons pas quelle était la véritable fonction des *τελεσταί*, qui sont souvent associés aux sanctuaires et sont propriétaires d'une terre sacrée. A Pylos, une prêtresse du sanctuaire de Pakijana est mêlée à l'administration, et surtout à celle de la richesse mobilière de son sanctuaire. Elle est chargée du soin et de la garde du trésor, et c'est la raison pour laquelle elle a un abondant personnel, serviteurs et esclaves. De nombreuses fonctions religieuses sont mentionnées : le porte-clés (*karawiporo*), le sacrificateur (*ijerowoko*), la *kiritewija* dont le nom est lié à l'orge, le *pukowo*, gardien du feu sacré. Les hiérodules étaient habituels, comme par exemple l'*Ἀρτέμιτος δοῦλος* (l'esclave d'Artémis). Il y avait aussi, semble-t-il, des congrégations religieuses, les *ὀργεῶνες* à Pylos par exemple. Les *ναυδόμοι* étaient peut-être destinés au soin des sanctuaires, sauf si ceux-ci ont quelque chose à voir avec la fabrication des bateaux, et les *δαυδοροι (dakoro)* qui sont comme les *ζανορου* et *νεωκόροι* des grands sanctuaires grecs. Hérauts et *ὑδρανοί*, qui s'occupaient de l'approvisionnement en eau des sanctuaires, faisaient partie du personnel annexe. Le *θυFέτας* et le *ἀλειφαξόος* (*tuweta*, *arepazoo*), s'occupaient peut-être d'encenser et de préserver les idoles et les symboles. On ne sait pas quelle était l'occupation principale du *dipteraporo*, si la peau — *διφθέρα* — en question était la peau du sacrifice, une peau qu'il portait comme vêtement sacré ou une peau sur laquelle on écrivait.

Le culte et les cérémonies sacrées

L'exercice du culte et les cérémonies correspondantes suivaient si fidèlement les modèles minoens qu'ils ont fini par être consacrés et ont continué de la même manière pendant toute la durée du Mycénien récent. Nous le voyons avec les idoles, sur les représentations, dans les ustensiles rituels, dans les vestiges laissés par certaines cérémonies et dans l'aménagement même des lieux du culte. Les figurines d'adorants continuent d'avoir les mêmes gestes pour prier, supplier, apaiser la divinité, et peut-être la remercier. La tension du tronc n'est toutefois pas aussi marquée que jadis et elle finit par ne plus exister du tout dans les figurines qui sont devenues schématiques et conventionnelles. Le geste crétois des bras qui se dressent à angle droit est toujours réservé aux divinités, mais on ne sait pas s'il s'agit de bénédiction ou d'intercession auprès d'une divinité qui leur serait supérieure. Quoique nous trouvions un assez grand nombre d'indices de théophanies, il ne semble pas que l'attente de l'apparition des divinités constitue un élément primordial du culte. On pourrait dire de même du culte de l'arbre et du bétyle, quoiqu'on en ait des exemples. L'apparition de la divinité sous la forme d'un animal — taureau pour la divinité mâle, oiseau pour les différentes manifestations des divinités féminines — est visible dans l'épopée homérique qui fait évidemment allusion à des situations du monde mycénien. C'est en Crète qu'ont été conservés la plupart des exemples de ces manifestations. Sur le sarcophage d'Episkopi (Hiérapétra) par exemple, nous voyons, parmi les différentes représentations, une forme féminine adorer un taureau qui constitue indubitablement l'incarnation du dieu fort. Sur d'autres sarcophages — de Milatos et d'Anopolis — les déesses descendent du ciel. Les petits trônes souvent vides et parfois avec des personnages assis dessus trouvés dans des tombes et des sanctuaires, ne sont peut-être pas sans rapport avec la théophanie. Des divinités de ce type, assises ou debout, font l'objet d'un culte dans des représentations sur des cratères ou des sarcophages ; sur ces derniers, les personnages peuvent être des morts héroïsés. Sur le petit tableau peint de Mycènes, le culte à la déesse de la guerre du type Palladion est rendu par deux personnages qui tendent les mains, tandis qu'entre l'un d'eux et la divinité il y a un autel de type crétois. Il est impossible d'être sûr que les représentations si habituelles de la vache avec son veau, surtout sur des sceaux, représente, comme jadis en Crète, la divinité elle-même avec le dieu nouveau-né. Il ne fait toutefois pas de doute que dans la Crète postpalatiale ces conceptions ont continué d'exister puisqu'elles sont passées dans le mythe crétois de l'alimentation du jeune Zeus par la chèvre Amalthée. L'inspiration de cette tradition dans la métamorphose des dieux en taureaux pour qu'ils s'unissent à des divinités comme Europe et Pasiphaé, incarnant la pleine lune et la nouvelle lune, montre que l'île était toujours liée aux mêmes croyances comportant l'hiérogamie.

Les cérémonies d'offrandes, sanglantes ou non, se faisaient encore presque de la même façon, puisqu'on a les mêmes représentations sur lesquelles on utilise les mêmes ustensiles, rhytons, cruches à libations, seaux pour le sang, corbeilles et tables à offrandes, brûle-parfums et réchauds, etc. Le rituel et la nature des offrandes devaient varier suivant les divinités qu'on vénérait. Les autels sont toujours fixes ou mobiles et leurs divers types suivent la vieille tradition. Les kernoi multiples ont, en gros, les mêmes formes, quoiqu'ils varient dans les détails. Dans certaines régions, même — dans l'Est égéen et en Crète —, on continue à se servir des ustensiles tubulaires pour la nourriture des serpents sacrés, et il n'est pas rare que ces animaux soient représentés plastiquement dessus. Des ustensiles rituels de ce genre sont souvent mis au jour à l'intérieur de sanctuaires, et c'est, dans bien des cas, grâce à cela qu'on identifie ces derniers. Des tables tripodes stuquées ont été découvertes dans les salles des mégara mycéniens et, quelquefois même, contre le grand foyer circulaire, ce qui confirme leur usage cultuel. Les coupes communes sans anses, coniques, ne cessent d'inonder les lieux de culte et leurs dépôts, visiblement parce qu'elles étaient utilisées pour les offrandes de nourriture et de liquides de toutes sortes.

Les cérémonies à l'intérieur des cryptes obscures ne semblent plus très fréquentes et les purifications dans des bassins lustraux ou d'autres endroits sont plus rares, quoique quelques chercheurs aient voulu reconnaître des installations de ce genre dans de pauvres vestiges qui nous sont parvenus. La cérémonie de la réanimation de la végétation par arrosage avec des cruches rituelles spéciales n'a pas cessé de constituer une partie du culte : on a encore un assez grand nombre de représentations qui en témoignent, surtout dans la glyptique où des génies de type Ta-Urt portent ces cruches. Les rhytons en tant qu'ustensiles rituels ne sont pas aussi divers dans les centres mycéniens que jadis en Crète, mais aucune catégorie n'a cessé d'être utilisée ; on trouve même encore les exemplaires plastiques en forme de têtes d'animaux sacrés. En Crète ils sont de toute façon plus courants que dans le reste du monde mycénien. Les tritons marins étaient utilisés dans le culte là où se sent davantage l'héritage minoen.

Si les fresques et les reliefs des vases de pierre nous aident à reconstituer les processions religieuses, les restes brisés ou détachés (comme en Crète d'ailleurs) ne permettent pas d'avoir une idée très claire de leur composition. Ce sont les fresques de Thèbes et de Pylos, on l'a vu, qui nous ont fourni la plupart des éléments. La participation des femmes est fondamentale, plus encore qu'en Crète, mais la disposition semble plus monotone malgré la différenciation des offrandes. La cérémonie de la communion, avec le calice sacré, ne joue peut-être plus un rôle aussi important, mais le fait qu'elle ait survécu dans les mystères éleusiniens montre qu'elle n'avait pas cessé de constituer une partie importante de la liturgie des mystères ; on trouve d'ailleurs des gobelets et des coupes de formes à peu près semblables dans l'équipement des lieux sacrés. Les offrandes de matières aromatiques — encens, fleurs, etc. — dans les sanctuaires ont toujours lieu, comme l'ont prouvé les ustensiles utilisés et certaines représentations de la glyptique. Ces dernières nous offrent également des sacrifices d'animaux — taureaux et sangliers par exemple — sur des tables sacrificielles et des autels ; une représentation où le sacrificateur ouvre avec un couteau le ventre de la bête donne l'impression que les entrailles devaient être examinées. Les poèmes homériques décrivent assez en détail, aussi bien la préparation des sacrifices sanglants que le sacrifice lui-même qui aboutissait à l'offrande des morceaux de choix, préparés d'une façon spéciale, entre deux couches de gras. Nous voyons aussi qu'un orfèvre, spécialiste en la matière, dorait les cornes du taureau qui allait être sacrifié, et qu'après suivait une *δημοθοινία*, festin pour tout le peuple, où la viande des animaux sacrifiés était distribuée à tous les participants. Les hécatombes mentionnées ne sont pas en fait des sacrifices de cent bœufs, mais simplement de riches sacrifices où les victimes sont nombreuses. Les viandes qui étaient offertes aux divinités étaient des holocaustes, et cela explique pourquoi sur les autels, les foyers sacrés et tout autour de ceux-ci, on a trouvé des tas de cendres et des restes d'os brûlés. C'est ainsi que les autels les plus anciens dans les sanctuaires grecs, qui étaient également utilisés à l'époque préhellénique, sont constitués presque exclusivement de couches de cendres dans lesquelles avaient été jetés un grand nombre d'ex-voto. Les grils — prenons comme exemple celui qui était sur la place des autels du mégaron d'Haghia Triada, en Crète — facilitaient la consomption des victimes. Dans des cérémonies nocturnes, à caractère de mystère, on continuait à avoir les anciennes *λυχνοκαίοι* — fêtes à lampes allumées — comme l'ont prouvé les nombreuses lampes mais aussi les lampes à mèches multiples, dont l'usage s'est poursuivi par la suite dans les sanctuaires de Déméter.

On a également continué à offrir à la divinité des vêtements et des sortes de péploi, comme en témoignent les fresques et les représentations en miniature sur des sceaux et des empreintes. Ces cérémonies se sont transmises à l'époque grecque, où des fêtes comme les Eilotia de Gortys et l'offrande du péplos à Athéna Parthénos à Athènes sont liées au déshabillage et à l'habillage des anciens xoana sacrés. En Crète et en Béotie, à l'époque grecque, on transportait toujours ces statues jusqu'aux fleuves pour les baigner. Des mythes grecs rapportent que ceux qui osaient, comme Tirésias, regarder la déesse nue quand elle se baignait, étaient frappés de cécité. Des cérémonies de cette sorte devaient être fréquentes aussi à l'époque mycénienne.

Nous avons de nombreux exemples de l'utilisation de la musique et de la danse dans les cérémonies religieuses — représentations et restes d'instruments de musique, figurines de personnages en terre cuite qui dansent —, nous en avons cité quelques-uns qui proviennent de Crète et de la décoration des palais mycéniens. Mais la musique et la danse étaient un délassement, aussi bien pour les classes populaires que pour les nobles et les rois. On a trouvé, nous l'avons vu, des restes importants de lyres à plusieurs cordes, comme celle de Ménidi. La danse, seule ou en groupe, en rond ou tourbillonnante, a gardé et prolongé la tradition antérieure. Mais il semble que les danses extatiques crétoises n'aient pas survécu, sauf dans l'île même.

L'esprit de lutte des Mycéniens devait au contraire aboutir à exalter l'esprit athlétique en rapport avec le culte des dieux, des héros et des ancêtres ; on ne peut affirmer que les représentations correspondantes sur fresques et dans la gravure soient autant que jadis en Crète à rattacher aux fêtes religieuses. Mais la belle apparence de certains athlètes évoque davantage un contexte de fêtes, comme d'ailleurs ces défilés de chars tout décorés, si légers qu'ils semblent faux, dans lesquels des femmes peuvent prendre place comme conductrices ou passagères. Quant aux captures de taureaux et aux tauromachies qui n'ont pas cessé d'être représentées — même si elles sont plus rares — on peut considérer comme certain qu'elles n'avaient plus la signification religieuse particulière qui était autrefois la leur, et que ces sujets se répètent de façon stéréotypée et mécanique. Il semble que des séries de concours étaient de règle dans des endroits où l'on se rassemblait depuis de nombreux centres pour rendre un culte aux divinités principales, et cela dans les grands sanctuaires comme Olympie, Delphes, Délos, et peut-être à l'isthme de Corinthe et à Némée. La tradition parle souvent de la participation de héros à ces jeux, mais aussi de leur fondation première à partir de Crète.

Le grand problème est de savoir si les cérémonies qui étaient liées au cycle de la végétation et qui, pour une grande part, se sont conservées dans les périodes mycéniennes les plus anciennes ont continué à jouer un rôle important après que l'élément achéen l'eut totalement emporté. D'après les représentations de la glyptique et certains motifs sur des fresques on pourrait conclure que ce genre de cérémonies s'est poursuivi. Mais ils se répètent de façon quelque peu mécanique et conventionnelle, de sorte qu'on n'est pas du tout sûr qu'ils correspondent à la réalité. Cependant, des motifs comme ceux de la déesse aux épis dans le sanctuaire de Mycènes ne semblent pas simplement formels : ils sont liés au culte qui s'y déroulait. Les arbres sacrés n'ont pas cessé d'exister à l'intérieur d'enclos ou pour faire de l'ombre aux autels. Et le palmier sacré dans la scène rituelle du cylindre aplati de la tombe de Naxos, que beaucoup ont daté de cette période, rappelle le palmier de Délos que Létô embrassa pour adoucir ses douleurs au moment où elle accouchait des deux divinités jumelles. Le palmier sacré a été peint sur une idole de Mycènes, une femme au corps cylindrique qui presse ses seins. Des autels fleuris et des offrandes de lis sur d'autres sont à rattacher au même cycle. Mais le culte se rapportant au cycle de la végétation s'est conservé de façon plus vivante en Crète ; c'est là qu'on a retrouvé le plus d'exemples et qu'on a remarqué les survivances les plus importantes à l'époque grecque. Le cycle apparenté de la déesse de la fécondité, de la naissance et de l'alimentation du jeune dieu s'est, lui aussi, mieux conservé en Crète. Dans la grotte d'Eileithyia à Amnisos, le culte s'est poursuivi presque de la même façon jusqu'à l'époque grecque ; ensuite, il a été transplanté dans d'autres grottes, comme celle d'Inatos sur la côte sud. L'autel de Zeus Thénatas rassemblait les fidèles dans la petite plaine d'Amnisos ; c'était là, comme le voulait le mythe sacré, qu'était tombé le cordon ombilical du dieu nouveau-né au moment où sa mère le transportait pour le cacher dans la grotte du Dikté sur l'Aigaion oros. Des fêtes correspondant aux différentes saisons de l'année continuaient à être liées à des cérémonies particulières dont certaines se sont transmises à l'époque grecque — fêtes du printemps comme l'Aiôra, de la balançoire, de la moisson et du vannage, des vendanges, de l'ouverture des pithoi de vin, etc. Le culte éleusinien n'aurait pas conservé autant d'éléments du culte si ancien de la végétation et de la fertilité s'il y avait eu disparition totale des croyances au Mycénien récent.

Le culte chthonien ne semble pas être en essor ; les divinités aux serpents sont davantage protectrices de la maison et du sanctuaire que chthoniennes. Le « serpent gardien », peut-être en relation avec Erichthonios ou Erechthée, continue à être nourri dans le palais mycénien, mais il ne protège plus contre les puissances souterraines destructrices, maintenant que la crise géologique de l'Egéide est à peu près calmée. En Crète pourtant, la vieille tradition est toujours vivante, comme le prouvent les idoles aux serpents et les innombrables ustensiles pour nourrir ces ophidiens. Il semble qu'on pratiquait toujours quelques rites pour apaiser les divinités chthoniennes, souvent en liaison avec d'autres du cycle de la végétation ; toutefois, les cérémonies dans des grottes n'étaient fréquentes qu'en Crète où il y a un assez grand nombre de grottes à stalactites. Le culte des bétyles avait beaucoup baissé, mais subsistait encore dans les grands sanctuaires où commençait à se manifester la piété populaire.

Nombre des coutumes funéraires — il a déjà été question de certaines d'entre elles à propos des tombes — sont toujours étroitement liées à la religion. En dehors des préoccupations concernant la garde, la satisfaction et le délassement du défunt, des cérémonies spéciales assuraient son voyage vers l'autre monde, neutralisant en même temps les actions malfaisantes des génies malins. Les mythes religieux se font l'écho des espérances en une vie future ; le mythe de Glaukos est très caractéristique : le fils de Minos s'était noyé dans un pithos plein de miel, et son père, aidé de Polyidos qui avait des qualités de devin et de magicien, fit le nécessaire pour qu'il revienne à la vie dans la chambre souterraine à tholos, grâce à une plante qui avait permis à un serpent sacré de guérir son compagnon. Ce mythe témoigne d'une sorte de conservation du défunt à l'intérieur d'un pithos de miel, de l'enterrement dans une tombe à tholos et des espérances d'un retour à la vie. L'abandon des restes du mort, nous l'avons vu, n'avait lieu qu'après la décomposition du cadavre, mais là encore il n'était pas total puisqu'on ramassait et enterrait à part les os principaux en les accompagnant souvent de quelques offrandes funéraires. On a parlé également des cénotaphes et d'une sorte d'enterrement symbolique. Ce n'est véritablement qu'en Crète, et encore limités aux sépultures royales, qu'on trouve des exemples d'un véritable culte des morts. Par contre, nous voyons souvent des monuments funéraires à des héros et une sorte de culte particulier des ancêtres héroïsés qui remontent à la dernière phase mycénienne ; c'est là la première manifestation du culte des héros, si commune à l'époque grecque et qui, dans l'épopée, est décrite avec tant de détails.

La cérémonie des lamentations était absolument consacrée, et c'est à elle que se rapportent la plupart des représentations sur les sarcophages béotiens et crétois (ceux de la région d'Arménoi de Réthymnon par exemple). On voit aussi des rites relatifs à l'exposition et au convoi du mort, scènes qu'on retrouve sur les grands vases grecs géométriques. Il existe des exemples de chars funéraires dans les tombes à tholos de la période mycénienne précédente, et il ne semble pas qu'on ait cessé, au Mycénien récent, de transporter les défunts de marque de cette façon. Mais il y a effectivement, cela est confirmé, des courses de chars en l'honneur du défunt — des exemples existent sur les cratères du style historié — et si l'on avait déjà aménagé, à la fin de la période précédente, des zones planes à cet effet autour des collines ou des tumuli, c'est dans la période finale que cela s'est systématisé comme l'attestent les exemples thébains. Les jeux et les concours athlétiques organisés en l'honneur des défunts de marque qui sont mentionnés dans Homère, s'ils ont, ce qui semble prouvé, un fondement historique, confirment la continuité de ces coutumes presque jusqu'à la fin de la civilisation mycénienne.

L'Egypte, davantage que l'Orient, semble avoir exercé une influence sur la formation de nombre des coutumes funéraires du Mycénien récent. Les petites barques qu'on continue à offrir aux défunts, sont peut-être à mettre en rapport avec les conceptions plus anciennes selon lesquelles le voyage après la mort se faisait par passage de l'eau (rivière, lac ou mer). Il est probable que ces conceptions ont tracé la voie aux croyances grecques concernant l'Achéron et l'Achérousia.

Il semble que les croyances relatives aux Champs Elysées, où se rendaient les défunts privilégiés, ne s'étaient pas éteintes au Mycénien récent ; autrement elles n'auraient pas laissé de traces aussi vives dans l'épopée et elles n'auraient pas survécu par la suite. Mais le changement des conceptions sur la vie au-delà de la mort, d'une vie triste et larvaire, qui est dépeinte avec tant de mélancolie dans Homère — l'ombre du héros Achille déclare clairement qu'elle préférerait une vie d'esclave sur la terre plutôt que la vie qu'elle mène dans le monde souterrain —, doit s'être réalisé à la fin de l'époque mycénienne, quand on a surestimé la vie terrestre. C'est peut-être pour cela qu'on essaie alors d'adoucir la vie dans la tombe par toutes sortes de divertissements — musique et danses même — qui étaient, semble-t-il, de règle aussi bien lors de l'enterrement que lors des cérémonies de commémoration. Il y a de nombreux exemples où la mémoire du défunt est fêtée par des offrandes et des repas funèbres. Les *κύλικες μνήμης* — les « coupes de la mémoire » — de la tombe royale-sanctuaire de Cnossos sont encore offertes au début de l'époque minoenne postpalatiale. Nous avons, au Mycénien récent, des exemples de stèles funéraires, mais elles sont rarement décorées — une seule stèle de Mycènes montre des guerriers. Ce sont souvent des plaques irrégulières, ou même des blocs de pierre, comme dans l'enclos des tombes mycéniennes de Phourni à Archanès.

Il y a de nombreux exemples de tombes mycéniennes, taillées et à tholos, où on a célébré, à l'époque grecque ou hellénistique, le culte des héros. Citons, parmi d'autres, des traces du culte des héros dans des tombes de Pylie et de Messénie, à l'intérieur de tombes Mycénien récent III — comme celle de Stylos Apokoronou en Crète occidentale, où l'on a trouvé des vases hellénistiques offerts dans le triangle de décharge de l'entrée. A l'époque grecque, le transport des reliques des héros connus raviva leur culte ; c'est le cas de Thésée, dont les restes furent apportés de Skyros à Athènes, vers le milieu du Ve siècle av. J.C., pour être déposés dans ce qu'on a appelé le Théseion — ce n'est pas le Théseion d'aujourd'hui qui est en fait un temple d'Héphaistos.

Les tablettes ne nous apprennent que fort peu de choses sur les cérémonies. Ce sont d'abord les offrandes de produits divers qui s'adressent directement aux divinités ou à leurs sanctuaires et dont on a parlé. Une tablette de Pylos mentionne de l'huile aromatique pour les vêtements de la divinité — *erawo Upojo Potinija wea$_2$ noi aropa* —, une autre l'offrande, au cours d'une cérémonie officielle, d'ex-voto en or. Ces offrandes semblent très variées, mais ne devaient pas répondre à un programme ou une dogmatique stricte. Quelquefois, il est fait allusion aux mois et aux jours qui ne sont pas propices aux offrandes et aux cérémonies — *outemi* = *οὐ θέμις*. Dans les tablettes de Cnossos, on ne parle pas d'offrandes sanglantes ; il est question de vases de miel, d'huile, de blé, de vin, de condiments, de fromage et peut-être de laine. Les moutons qui sont liés à la Potnia lui appartiennent, mais il n'est pas prouvé qu'ils étaient destinés au sacrifice. La tablette d'offrandes la plus caractéristique est celle de Pylos qui mentionne des coupes et des gobelets en or, qui ont été offerts à différents dieux en même temps que des hommes et des femmes, peut-être des hiérodules. Sur une tablette de Cnossos parmi les plus anciennes, les rhytons de forme plastique offerts à la divinité — ceux en forme de têtes de taureaux par exemple — ont été représentés par des idéogrammes. Sur une autre tablette de Cnossos, l'offrande de récipients avec du miel est faite à Eileithyia, visiblement dans la grotte d'Amnisos. Dans le temple de Pakijana à Pylos on offre des sangliers, des truies, des taureaux, des moutons, des peaux de béliers, de l'huile, du vin, du miel, du fromage, du blé. Sur les « tablettes de l'huile » de Pylos, il est souvent question de l'huile offerte à la déesse. Ailleurs on parle séparément des plantes aromatiques dans les offrandes faites aux dieux. Aux Dipsioi, qui sont peut-être des génies du monde souterrain, on offrait des liquides, peut-être des vins, comme des choés. Certaines offrandes étaient liées à des fêtes et à des cérémonies particulières, l'ouverture du vin nouveau (les Pithoigia d'Attique), la préparation du lit sacré et la procession du trône sacré. Peut-être ces cérémonies n'étaient-elles pas sans rapport avec celle de l'hiérogamie qui avait encore lieu à l'époque grecque en Crète et en Béotie. Le trône sacré avec son repose-pieds pouvait ressembler à ceux qui ont été représentés sur des bagues en or et qui ont été décrits sur les tablettes, orné de représentations incrustées. On ne sait si le *ξείνιον* mentionné était un cadeau d'hospitalité offert à la divinité. Pour la conservation des trésors de la déesse, il est question de jeunes filles fournies au clergé « pour l'or sacré ». Les Fοργεῶνες, dont nous avons dit un mot, témoignent peut-être de la célébration de mystères dont nous n'avons toutefois aucune mention spéciale. Il n'est pas question des fêtes orgiastiques de Dionysos dont le nom est pourtant lié au vin dans l'étrange titre *οινοFατις (wonoFatis).* Peut-être *mujomeno* = *μυόυμενος* a-t-il quelque rapport avec les mystes, comme aussi le titre *tereta* = *τελεσται*. Quant à la cérémonie de purification, nous n'avons que la pauvre indication des *udornooi* = *ὑδρανοὶ* qui apportaient de l'eau pure dans le sanctuaire, comme les *ὑδρανοὶ* d'Eleusis. Quel genre de fête étaient les *θεοφόρια* mentionnées sur des tablettes de Cnossos ? On n'en sait rien.

La vie privée

Grâce à la découverte de nombreux vestiges architecturaux et d'objets liés à la vie individuelle, nous sommes en mesure de savoir bien davantage de choses sur la vie privée dans la dernière période mycénienne qu'aux époques précédentes. Les poèmes homériques, surtout les fragments qui décrivent de façon si impressionnante la vie à l'intérieur des palais de Troie, d'Ithaque, de Pylos, de Sparte, du pays des Phéaciens, nous permettent de mieux comprendre ces éléments, même si ceux-ci ont été exagérés ou mythifiés, et même si ces palais n'ont pas encore été découverts ou que ceux qui l'ont été n'ont fait l'objet que d'une fouille partielle. La forme même des palais nous renseigne sur la vie qu'on y menait et montre assez clairement les différences entre la Grèce mycénienne et la Crète. D'une manière générale, la vie dans les palais mycéniens, bien qu'elle soit toujours étroitement liée à la vie sociale, politique, économique et religieuse, a acquis un caractère bien plus particulier qu'en Crète et peut-être plus individuel, puisque les mégara sont des entités indépendantes parallèles, chacune d'elles ayant son environnement, ses commodités propres, mais aussi de multiples possibilités de communication. Les femmes mènent plus qu'en Crète une vie à part. Les enfants profitaient peut-être davantage de leur liberté. Les installations sanitaires et les moyens de délassement, vieil héritage crétois réadapté au cours des époques mycéniennes antérieures, sont, presque tous, communs à tous les membres de la famille royale, mais il était facile d'en réserver une partie pour les hôtes. Mylonas a même insisté, nous l'avons vu, sur la répartition de ces commodités dans des endroits du palais qui avaient été spécialement aménagés à cet effet ; cela est tout à fait clair dans les récits homériques.

La coexistence de tant de personnages — membres de la famille royale, nobles, artisans, employés de l'administration, personnalités du clergé, serviteurs, etc. — à l'intérieur des palais nécessitait une bonne coordination de façon à éviter des situations anormales ou désagréables ; l'organisation architecturale interne avait prévu cela.

Dans les palais mycéniens la vie devait présenter un assez grand choix de divertissements, de fréquentations, d'occupations intellectuelles et corporelles. L'intérieur des palais, avec sa décoration, les petites cours et les portiques, devait être agréable, mais peut-être moins que celui des palais minoens. Aux étages les habitants pouvaient, depuis les balcons et les vérandas qui donnaient sur les cours, observer tout ce qui se passait et, le soir, se détendre et se reposer. Dans le palais de Pylos nous avons vu que les cours intérieures étaient agrémentées d'arbres et de vigne. Sur des fresques les dames à leur fenêtre suivent les allées et venues ou prennent l'air.

On conçoit aisément le rôle du foyer pour la réunion de la famille royale. Mais puisqu'il y avait plusieurs mégara avec des foyers à l'intérieur d'un même palais, on peut penser qu'il y avait des réunions de groupes particuliers et dans des buts différents. L'ameublement devait se limiter au strict nécessaire mais, là non plus, nous ne sommes pas suffisamment renseignés. Des petites tables à trois pieds chargées de douceurs ou de fruits ont été représentées sur une fresque de Pylos. On ne sait pas quelle forme avaient les sièges mobiles, sauf s'ils étaient, comme les imitations en argile que nous avons, des petits trônes et des tabourets. Des repose-pieds bas, rectangulaires, avec deux anses latérales pour permettre de les transporter facilement, ont été représentés sur la bague en or de Tirynthe et sur les tablettes. Mais de nombreuses incrustations de meubles nous sont parvenues et c'est d'une annexe du palais de Cadmos à Thèbes que proviennent deux colonnettes en forme de lotus, qui faisaient peut-être partie du dais en ivoire d'un trône. Les sièges pliants sont du vieux type crétois. Des traces d'un trône en bois décoré et doré, qui a entièrement brûlé, ont été conservées à Pylos. Des restes carbonisés de coffrets et des imitations de ceux-ci en argile ont été mis au jour dans bien des palais. En ce qui concerne les lits et les divans ou canapés, nous ne savons presque rien ; les bancs en pierre le long des murs et les couchettes basses stuquées étaient souvent utilisés pour dormir et pour la sieste de midi. Certains d'entre eux imitent des modèles en bois.

Pour garder les vêtements, les objets personnels, les archives, on avait des armoires en bois avec des étagères ou de simples montants de bois avec des rayons mobiles, particulièrement adaptés au rangement des archives, comme cela a été observé à Pylos. On est sûr qu'une sorte de buffet était placé dans une pièce, à côté de l'entrée du palais de Pylos, où les étrangers reçus comme hôtes pouvaient se délasser dès leur arrivée. On a vu les salles de bains et les baignoires dans le chapitre sur l'architecture. Comme dans les salles de bains crétoises, la baignoire n'était pas reliée au système d'égout, pas plus qu'elle ne pouvait être alimentée en eau directement par l'aqueduc. Nous ne savons pas encore comment étaient disposés les cabinets de toilette, mais nous sommes sûrs de leur existence. Peut-être les systèmes crétois étaient-ils encore en usage. Dans l'épopée on parle également de baignoires en argent. A Pylos on a trouvé 13 tablettes faisant allusion au mobilier du palais. L'une d'elles mentionne un trône d'ébène avec des accoudoirs en ivoire, décoré de têtes de cerfs et de bucranes travaillés, et d'un repose-pieds en ébène, peut-être incrusté de papillons en ivoire. Une autre fait état d'un trône incrusté de lapis-lazuli, d'électrum et d'or, avec les accoudoirs incrustés de représentations humaines, de têtes de cerfs, de têtes de taureaux et de palmiers en or et en lapis-lazuli. Des trônes semblablement incrustés ont été trouvés, on le sait, dans la tombe de Toutankhamon et dans une tombe du début de l'époque hellénique à Salamis de Chypre.

Le vêtement habituel est maintenant le chiton à manches, qui descend jusqu'aux genoux, souvent avec une ceinture à la taille, et un décor de bandes, surtout comme bordures. Sur les fresques ils sont souvent de diverses couleurs, portés par les hommes comme par les femmes. Les dames de l'aristocratie ont, suivant la vieille mode minoenne, la poitrine découverte, et leurs vêtements, qui quelquefois descendent jusqu'à terre, sont décorés de façon plus sophistiquée avec bandes et ceintures. Certaines portent même une jupe cousue au milieu formant jupe-culotte, toujours suivant la vieille mode minoenne. La couleur des vêtements n'était pas sans rapport avec les circonstances, mais il ne semble pas y avoir eu des règles selon lesquelles des vêtements blancs, rouges ou noirs exprimaient la participation à un événement heureux, la majesté royale ou le deuil. Les vêtements d'apparat les plus courants étaient de couleurs diverses.

Sur les tablettes il est souvent fait état de tissus qui sont désignés plus précisément par l'adjonction de syllabogrammes minuscules à côté des idéogrammes qui les représentent. Il est également question de « chitons » qu'on faisait bouillir pour qu'ils soient plus doux. Des toiles pliées en forme de coussins sont souvent figurées sur des sièges. Les tablettes ne font aucune mention des matelas ; ils n'ont pas non plus été représentés. On utilisait visiblement des peaux. Les chitons étaient en laine pour l'hiver et en lin fin pour l'été. Quand les hommes avaient besoin de plus de liberté de mouvement, ils portaient une sorte de caleçon court et leur torse restait nu. Les tablettes parlent de manteaux en laine pour se protéger du froid, l'épopée aussi (*φάρεα* = *pawea*).

On devait les maintenir en place sur l'épaule grâce à de grandes agrafes, comme celles qui ont été trouvées dans les tombes. Quelquefois ils étaient doubles, pour que la protection soit plus efficace. Les hommes qui exerçaient certains métiers — auriges, hérauts, musiciens, rhapsodes —, certaines catégorie de prêtres, portaient des vêtements longs jusqu'à terre. On a parlé (dans le chapitre de la religion) du costume religieux féminin. Souvent, les femmes portaient, sous le corsage, une chemise légère blanche ou transparente. Il semble qu'à l'intérieur des maisons on ait porté des vêtements beaucoup plus légers. Les garçons avaient des pantalons courts et le reste du corps était nu ; quelques-uns, parmi les classes des nobles, étaient habillés presque comme des petites filles qui portaient, en miniature, les vêtements des diverses modes. La Triade en ivoire de Mycènes en est un exemple caractéristique. Le péplos qui drape les deux personnages principaux a, dans ce cas, le sens de manteau sacré ; c'est avec un péplos qu'on drapait la partie supérieure du corps, couvrant également quelquefois la tête quand il faisait froid ou qu'on partait pour une longue route. On rencontre des personnages vêtus de péplos dans des scènes d'adieux, quand les hommes partent au combat, et aussi dans des scènes de deuil.

Sur les représentations nous voyons les hommes comme les femmes accorder un soin particulier à l'arrangement de leurs cheveux, qui étaient souvent tressés en longues nattes. Les dames de l'aristocratie gardaient l'ancienne mode crétoise avec les accroche-cœur sur le front. Mais les artisans, les ouvriers, les paysans, les soldats, etc., avaient des cheveux courts, et il n'était pas rare qu'ils fussent rasés. Il n'est pas vrai que la plupart des hommes portaient la barbe et la moustache ; sur les représentations nous les voyons rasés comme les Crétois, et on en voudra pour preuve les nombreux rasoirs qui continuaient à les accompagner dans les tombes. Les personnages respectables, royaux et sacerdotaux, portaient la barbe mais pas la moustache. Dans la dernière phase nous voyons les soldats arborer une longue barbe pointue. Il a été question des bijoux, des produits de beauté, des fards et des parfums dans les chapitres sur l'art et l'artisanat.

Dans l'alimentation il ne semble pas y avoir eu de changements importants depuis les époques précédentes. Les viandes de toutes espèces constituaient la nourriture de base, tandis qu'on n'aimait pas particulièrement le poisson. Kéramopoullos a même soutenu que les Mycéniens étaient restés totalement indifférents à ce genre d'alimentation, ce qui ne paraît pas admissible. Les pâtes pétries à partir de céréales ne constituaient qu'une nourriture d'appoint, et les légumineuses étaient surtout utilisées par les masses populaires les plus pauvres. Légumes variés, produits laitiers et fruits complétaient le régime dans toutes les classes. Ici aussi, comme en Crète, nous sommes surpris par le fait que très peu de pièces spécialement aménagées pour la cuisine aient été mises au jour, même dans les palais. Mais des cheminées, en plein air ou dans des pièces couvertes d'une toiture légère, ont été découvertes en bien des endroits. Les grands foyers des mégara et quelques-uns des foyers fixes au milieu des pièces principales des maisons ne servaient pas qu'au chauffage et aux cérémonies religieuses, mais aussi à la préparation des mets et surtout à la cuisson des viandes. Les ustensiles de cuisine sont abondants et variés de formes : marmites, chaudrons, poêles, bassines, cuillers, fourchettes pour tourner les viandes, grils, etc. Nombre d'entre eux sont équipés de passoires pour filtrer les liquides ou pour égoutter. Les écuelles et les assiettes ne sont pas assez nombreuses pour qu'on puisse penser que tous ceux qui mangeaient en utilisaient. Des couteaux, grands et petits, servaient à couper les viandes, les pâtes, etc. Il va de soi qu'on n'utilisait pas de fourchettes individuelles. Bien que certains ustensiles rappellent des saucières, on ne sait s'ils étaient utilisés pour les sauces qu'on ne semblait pas aimer particulièrement. Condiments et assaisonnements — pour donner du goût aux aliments, mais peut-être aussi pour pallier le manque de fraîcheur des viandes — existaient sous différentes espèces et, si l'on en juge d'après les mentions qui en sont faites fréquemment dans les tablettes, étaient très demandés. Comme à l'époque grecque, oignons, olives, figues sèches faisaient l'ordinaire des classes pauvres. Il leur était moins facile de se procurer de la viande, autrement que par la chasse et les divers pièges tendus aux animaux en liberté et aux oiseaux. Il ne semble pas que la chasse au gros gibier ait constitué, à cette époque-là, un moyen essentiel pour s'assurer de la nourriture. Les chasses dangereuses aux animaux sauvages — sangliers par exemple — étaient davantage un sport en faveur dans la classe des nobles.

Naturellement, la vie à l'intérieur des maisons était beaucoup plus simple que celle des palais, mais dans l'ensemble elle suivait les mêmes lignes générales. Nous avons vu que nombre d'entre elles avaient leurs petits ateliers et des installations agricoles simples — pressoirs à vin, moulins, pressoirs à huile, etc. Les ateliers de certaines maisons au voisinage des palais étaient des annexes palatiales, comme à Mycènes et à Thèbes. D'autres maisons avaient leurs magasins pleins de céramique, fabriquée, semble-t-il, pour le commerce, intérieur et extérieur. Comme nous l'avons vu, les maisons formaient des petits hameaux dispersés dans la campagne. Les habitants devaient se trouver en relation étroite les uns avec les autres, et l'aménagement d'une agora sur l'acropole de la Copaïde nous apprend qu'il y avait des lieux de rencontre permettant échanges et délassement. D'autres habitats, de caractère agricole, étaient plus isolés. Des installations de ce genre ont été mises au jour à Mouriatada en Pylie et à Nichoria en Messénie. C'est là également qu'il y avait de grands bâtiments, les sièges de toparques. On n'a pas observé de grandes différences locales dans la façon de vivre. La vie a été paisible aussi longtemps qu'il n'y a pas eu de rivalités entre régions voisines, à l'instigation souvent d'étrangers de régions plus ou moins éloignées qui se présentaient comme alliés. Dans la dernière phase seulement les troubles sont devenus permanents.

Les divertissements dans les palais et dans les demeures étaient variés et, pour la plupart, connus depuis longtemps en Crète et dans le monde mycénien. Les fêtes religieuses et les cérémonies en constituaient toujours les principales occasions et toutes les classes y participaient. Elles prenaient l'allure de cérémonies officielles quand la cour y assistait, ou de panégyries populaires dans lesquelles le rituel religieux aboutissait à une bombance générale, comme aujourd'hui lors des fêtes populaires. Des manifestations musicales ou des danses, souvent aussi des acrobaties et des concours athlétiques constituaient l'essentiel ou les éléments annexes de ces cérémonies. Cela ne veut pas dire que de tels divertissements n'avaient pas lieu également indépendamment des cérémonies religieuses. Les tauromachies, si elles continuaient à se pratiquer, devaient avoir acquis un caractère nouveau.

Les jeux individuels avec pions et dés continuaient à être utilisés mais moins souvent, si l'on en juge d'après les rares vestiges conservés ; l'invention de l'un d'eux par Palamède pour passer le temps lors du siège de Troie, date de la deuxième phase du Mycénien récent. La chasse et les concours athlétiques complétaient les divertissements des hommes comme des femmes. Le jeu de volley-ball, auquel prennent part dans *L'Odyssée* Nausicaa et ses compagnes, devait être habituel parmi les jeunes filles de l'époque. De même que les escarpolettes, puisqu'un groupe plastique nous est parvenu, nous l'avons vu, d'Haghia Triada en Crète, qui est daté par certains de l'époque postpalatiale. L'Attique a conservé la fête de l'*αἰώρα* dont la tradition fait remonter l'origine à l'époque préhistorique.

Les banquets, royaux et autres, organisés à différentes occasions — fêtes religieuses ou politiques, réceptions d'hôtes officiels — continuaient à être très courants, si l'on en juge d'après le nombre des récipients pour le vin (coupes, gobelets, cratères). Les salles destinées à cet usage se trouvaient le plus souvent aux étages. Il faut imaginer qu'ils se déroulaient comme Homère les décrit, et que souvent les convives se divertissaient avec les récits des rhapsodes, la musique des citharèdes, des joueurs de flûte et peut-être les ensembles de danseurs que nous connaissons grâce aux représentations peintes et aux imitations en terre cuite — nous en avons une de Crète qui provenait d'une kernos de Palaikastro. Des lyres en ivoire, on le sait, accompagnaient quelques-uns des défunts célèbres dans leur tombe (Mycènes, Ménidi). L'hospitalité, hautement prisée et courante au Mycénien récent, comme nous le constatons dans les récits homériques, offrait bien des occasions d'étendre les divertissements. Nous voyons la manière dont on s'occupait des hôtes dans ces récits ; les étrangers prenaient place à la table commune ou mangeaient à part, sur de petites tables transportables, après s'être lavé les mains dans des bassines spéciales avec l'eau apportée dans des cruches par les serviteurs. Pour prendre part aux cérémonies religieuses ils se baignaient dans des salles de bains — comme celle qui a été mise au jour dans le palais de Pylos —, ils se paraient et se maquillaient. S'ils restaient le soir, ils dormaient sur des couches dressées spécialement pour eux. Des appartements de ce type ont été reconnus, nous l'avons vu, par les fouilleurs, dans les palais de Pylos et de Mycènes. Quand les étrangers partaient, on leur offrait des cadeaux dont l'importance était fonction des dispositions amicales de ceux qui les recevaient et des qualités des personnages reçus.

En ce qui concerne la vie privée, les enseignements qu'on peut tirer des tablettes sont relativement pauvres, si l'on fait exception des inscriptions sur les différents types de meubles, d'ustensiles, d'outils, d'armes, d'aliments, d'aromates, etc., sur les rations, les dénombrements des différentes catégories d'habitants des palais et autres centres administratifs. Les renseignements concernant les loisirs ou les fêtes, en dehors des fêtes religieuses que nous avons vues, sont encore plus pauvres. Quelles étaient les coutumes qui accompagnaient les événements essentiels de la vie — la naissance, la majorité, le mariage, la mort, etc. ? Il nous est très difficile de le savoir. Seules les coutumes funéraires nous sont davantage connues et nous les avons examinées précédemment.

La vie intellectuelle

Il nous est encore plus difficile d'observer l'évolution des différentes manifestations de la vie intellectuelle et de la vie spirituelle, au-delà de ce que permettent les vestiges matériels mis au jour. Les textes écrits ont, nous l'avons vu, un caractère essentiellement administratif et ne se font en rien l'écho de la création intellectuelle. On est pourtant presque sûr qu'elle était importante ; il est naturel que ce monde qui s'est tant occupé du développement de l'homme et de sa promotion par la lutte ait été à l'origine des premiers poèmes qui ont ouvert la voie à la poésie épique ultérieure. Les spécialistes qui ont analysé certains éléments de cette dernière ont même été convaincus que les racines — et même peut-être déjà des épopées entièrement composées — remontent au Mycénien récent, justement à l'époque de la principale aventure épique : la guerre de Troie et ses conséquences immédiates. Nous avons vu que les rhapsodes existaient et ont été représentés. D'autre part, il était normal que les hymnes religieux aient suivi la tradition minoenne antérieure.

Après tout ce qui a été dit de l'écriture et de la langue des tablettes, on comprendra facilement que l'instruction, malgré tous les progrès qu'elle avait faits, était réservée à certaines classes. D'autre part, l'écriture, le Linéaire B, ne pouvait que rendre imparfaitement une langue qui s'enrichissait sans cesse d'éléments nouveaux, mais qui n'avait pas encore réussi à prendre conscience de sa propre structure. Elle avait néanmoins atteint le stade précurseur de cette langue qui a été si merveilleusement utilisée dans la poésie épique grecque.

Il serait incorrect de partir des poèmes, et particulièrement de ceux d'Homère, pour tirer des conclusions sur l'état des connaissances, de la réflexion et de la morale, etc., même seulement en ce qui concerne les premiers éléments qui, à cette époque, prennent leur source dans les expériences directes. La médecine s'alliait à la magie et à la pharmacopée des plantes médicinales. Nous devinons la technique empirique utilisée — dans des cas qui nécessitaient des interventions, souvent chirurgicales, lorsqu'il s'agissait de blessures par exemple — dans les récits homériques, surtout avec les médecins Podaleirios et Machaon. On pensait que les soins pouvaient être plus faciles si on recourait, dans le cas de maladies dangereuses ou douloureuses, à l'intervention des dieux. C'est ainsi qu'une certaine catégorie du clergé pouvait associer son expérience personnelle à la découverte de la volonté divine par l'intermédiaire d'oracles, de présages, de rêves, etc. Il ne semble pas qu'on ait relevé systématiquement les connaissances pour rechercher la vérité se cachant derrière la fugacité de la réalité. Il serait hors de propos de supposer qu'avaient été posées les bases d'une connaissance philosophique : les principes primordiaux étaient toujours uniquement recherchés dans le monde divin. De toute façon, tout ce qu'on pourrait dire là-dessus ne serait que pure hypothèse.

APPENDICES

APPENDICE I

LA CIVILISATION DU BRONZE RÉCENT EN GRÈCE DU NORD

Il faut avouer la grande insuffisance de nos connaissances sur la civilisation de la Grèce du Nord au Bronze récent, celle qui s'est répandue de Thessalie sur la Macédoine, l'Epire et la Thrace. Cela est dû, d'une part, à l'absence de grandes fouilles systématiques dans les principaux centres et, de l'autre, à la nature des vestiges, qui ne sont ni très caractéristiques, ni abondants, ni importants. On peut faire exception des côtes du golfe de Pagasai, du golfe Thermaïque, de la péninsule de Chalcidique et, à un moindre degré, des côtes de l'Epire où il y a eu, à plus ou moins grande échelle, des installations mycéniennes. D'une manière générale, on peut dire que la civilisation mycénienne n'a pas pu pénétrer à l'intérieur des terres — peut-être par manque d'intérêt économique, peut-être aussi à cause de la résistance des tribus locales demeurées jusqu'à un certain point à demi barbares — et l'influence de la civilisation du Sud sur le Nord est restée très faible et presque toujours superficielle. La civilisation locale s'est montrée conservatrice et nombre de ses éléments se distinguent difficilement de ceux des époques précédentes quand la fouille présente de si grandes failles.

Depuis quelques dizaines d'années seulement, les savants se sont obligés à étudier plus systématiquement l'évolution de la civilisation préhistorique de la Grèce du Nord, et les conclusions n'ont, pour la plupart d'entre elles, pas encore été publiées. Elles sont mieux connues pour la Thessalie où l'on a étudié par exemple avec soin tout le réseau routier qui s'est révélé assez évolué, comme celui de Béotie. Sur les côtes de Thessalie et de Grèce du Nord, à l'ouest, vers la mer Ionienne, on voit que la céramique a subi fortement l'influence de la « koinè mycénienne », sans que cela préjuge d'une quelconque domination politique, sauf dans le cas du golfe de Pagasai pour lequel la tradition parle des Minyens de Iolkos et de Nélée. C'est de cette région, nous l'avons vu, que sont partis les Minyens qui se sont installés en Pylie et en Triphylie. Les tombes à tholos se répandent, même si leur construction est plus pauvre, en Thessalie et en Epire, surtout au HR IIIB et C, et la tombe à tholos de Parga, au sud de l'Epire, assure la transition avec la civilisation de Halstatt d'Europe centrale. Il est peut-être difficile d'observer, en Thessalie, les différents stades de l'évolution de la tombe à tholos, puisque bien souvent nous ne sommes pas aidés par la céramique, qui demeure résolument conservatrice avec ses modèles anciens, comme par exemple dans la tombe à tholos près de Prodomos de Karditsa : la céramique l'aurait fait dater du début de l'époque mycénienne, alors que sa construction semble bien postérieure. La plupart des tombes à tholos de Thessalie suivent le principe de la voûte libre ; elles sont bâties sur le sommet aplani de quelque colline, au lieu que la chambre ouvre dans la roche tendre de la pente. Ce trait domine également quelquefois dans le Sud, en Laconie par exemple, en Messénie, en Etolo-Acarnanie. Du point de vue de la datation, très peu de tombes à tholos peuvent être considérées comme de haute date et remonter au Mycénien moyen. En revanche, nombre d'entre elles sont datées du Mycénien récent, même les tombes à tholos de Kapakli et de Dimini. Car il ne fait pas de doute que les tombes à tholos de Goura, l'une des deux tombes de Dimini, une autre près de Sesklo, une autre à Gonnoi et enfin une dans la région de Tsaritsani, sur le mont du prophète Elie, sont du Mycénien récent. Les plus petites des tombes à tholos d'Andranista et de Marmariani sont totalement submycéniennes. Et à plus forte raison les cimetières de tombes à chambre taillées, comme ceux de la région de Pharsale et de Rachmani.

Mais on ne trouve des vestiges d'habitats sûrement mycéniens que dans quelques régions, d'abord et surtout dans les faubourgs de Volos où l'on a identifié le site de Iolkos et un vaste palais qu'il n'a pas été possible de fouiller sur toute sa surface et qui avait connu, nous l'avons vu, des phases antérieures. Dans ce bâtiment mycénien on a mis au jour un assez grand nombre de fragments de fresques dont la plupart semblent appartenir au Mycénien récent avancé. Dans la région de Pagasai aussi — la Démétrias ultérieure — on a retrouvé des restes de bâtiments mycéniens. En face de Iolkos, à Néleia, des fouilles récentes ont fait apparaître des vestiges intéressants. Dans la région de Pharsale on a reconnu deux habitats sur des acropoles, et aussi dans la région de Chasampali. Des tessons et des vases brisés ont été découverts en bien des endroits, surtout dans les remblais des « magoula » qui ont connu des habitats plus anciens. On comprendra aisément qu'il est nécessaire de mener de plus vastes recherches pour découvrir d'autres habitats et nécropoles de la dernière période mycénienne. Les objets de toute nature qui ont été mis au jour jusqu'à aujourd'hui sont assez intéressants et la céramique de bonne qualité, surtout celle qui provient des alentours des sites mycéniens de la côte. Les tombes à tholos, pillées, comme la plupart de celles du Sud, n'ont gardé qu'une infime partie de leur contenu initial. Nous avons déjà vu certains objets qui ont été trouvés dans la tombe à tholos de Kapakli de Volos — par exemple la feuille d'or portant la représentation d'un sanctuaire de sommet tripartite. Une céramique intéressante et de beaux sceaux lenticulaires avec des représentations diverses ont été trouvés par Maria Théochari dans les tombes de la région de Pharsale. Les éléments dont nous disposons pour le Mycénien récent en Macédoine, en Epire et en Thrace sont encore moins nombreux, plus sporadiques et moins sûrs. Les rares recherches menées en Thrace se sont davantage occupées du Néolithique et du début de l'Âge du Bronze ; quant aux éléments recueillis par Casson et Heurtley, ils sont insuffisants pour éclaircir la dernière phase du Bronze. Quelques vases et tessons du Mycénien récent avancé ont été mis au jour à Axioupolis, à Karasouli, à Topsin, à Vardino (tous ces sites sont dans la vallée de l'Axios). Heurtley a fait part de sa découverte d'amphores à étrier à Kilidir, et Rey de tessons mycéniens dans deux tumuli de la région d'Epanomi. Mais dans la région d'Haghios Mamas, un site côtier de Chalcidique, on a mis au jour davantage de vestiges, comme d'ailleurs dans la région d'Olynthe où ont eu lieu des fouilles plus systématiques. On a découvert des tessons et des vases de même type dans un tumulus de Gérakia — toujours sur le golfe de Chalcidique — et dans des sites de la presqu'île du mont Athos, dans des tumuli près des monastères serbe et russe. En Thrace, quelques tessons Mycénien récent ont été trouvés à Paradimi et ailleurs. En Epire — à Kalpaki sur le point le plus au nord et à Parga pour le point le plus au sud — on a mis au jour de petites tombes à tholos avec des vases de la fin du Mycénien récent et submycéniens. Des vases mycéniens ont été retrouvés en différents points de la côte ionienne.

Bien sûr, tous ces éléments contribuent à prouver que la civilisation du Mycénien récent n'a pas pu s'étendre dans le Nord et que les produits céramiques ne sont arrivés, dans le meilleur des cas, que dans les sites côtiers. La civilisation locale a continué à évoluer, mais nous ne savons pas très bien non plus quelle voie elle a suivie en dehors des grandes lignes. Des recherches ultérieures sont nécessaires pour éclairer davantage cette période sombre dans le Nord du continent grec.

Nous avons appris très peu de chose sur la forme prise par la civilisation du point de vue de l'art et de l'artisanat, aussi comprendra-t-on facilement qu'on ne puisse rien dire des autres manifestations de la civilisation. Le peu que nous sachions ne suffit pas à en donner une image même générale. Et d'ailleurs ces quelques éléments sont, pour la plupart, incertains et hypothétiques.

APPENDICE II

CIVILISATION SUBMINOENNE ET SUBMYCÉNIENNE

Comme nous l'avons vu, la phase finale du Mycénien récent — minoenne postpalatiale en Crète — s'est révélée une période de troubles, de bouleversements, de déplacements, de décadence en politique et en matière de civilisation. Le coup final a été, pense-t-on, la descente et l'installation des Doriens qui, si l'on en croit la tradition, mais aussi les résultats des recherches archéologiques, se sont établis dans les régions les plus fertiles et les plus stratégiques après avoir écarté, fait disparaître ou soumis les indigènes ; et ils y développèrent leur propre civilisation qui, bien entendu, a beaucoup hérité de la civilisation mycénienne. C'est l'époque géométrique — protogéométrique, géométrique et orientalisante — qui a été suivie par les époques archaïque, classique et hellénistique. Les nouveaux éléments de la civilisation dorienne étaient l'incinération des morts, l'utilisation du fer pour les armes et les outils, le nouveau vêtement fait de tissu replié et maintenu par des agrafes, enfin la décoration géométrique sur les vases et beaucoup d'autres objets. Nombre de spécialistes ont soutenu que tous ces éléments existaient déjà, mais à un moindre degré, dans la phase C, c'est-à-dire à une époque où les Doriens n'étaient pas encore descendus ni installés et que, par conséquent, leur usage ultérieur n'est pas la preuve d'un changement brutal. Ils préfèrent penser qu'il n'y a pas eu installation massive d'une nouvelle tribu grecque, mais infiltration progressive d'éléments grecs, parents des Achéens porteurs de la civilisation mycénienne qui étaient installés depuis des siècles dans le sud du continent grec. Les éléments de civilisation dont il a été question ci-dessus ont été adoptés par les Doriens lorsqu'ils sont descendus, et l'on en verra la preuve dans le fait qu'on ne les rencontre pas beaucoup dans le berceau des Doriens, à savoir la Grèce du Nord-Ouest.

Ces arguments sont fondés, mais ne sont pas de taille à bouleverser les données importantes qui découlent des fouilles, de l'étude de l'extension des dialectes doriens, et de la tradition antique relative à l'installation des Doriens et au retour d'exil — « descente » (χαθοδος) — des Héraclides. Il est naturel que certains éléments de la nouvelle civilisation aient commencé à se diffuser sur le continent grec avant la descente massive des Doriens, mais il est certain que la plupart de ces éléments, sinon tous, avaient une origine nordique, puisqu'on les rencontre dans la civilisation de Halstatt en Europe centrale.

L'installation des Doriens en Crète, une génération après leur descente et leur établissement dans le Péloponnèse, comme on l'a supposé, a eu pour effet de déloger les véritables Crétois, les Etéocrétois, qui ont dû se réfugier dans les régions de montagnes difficiles d'accès — le Dikté, l'Ida et les monts de Siteia. C'est dans ces derniers, surtout autour du centre jadis prospère de Praisos, que les Etéocrétois ont continué d'exister et de parler leur vieille langue jusqu'à l'époque grecque tardive ; la tradition l'a relaté expressément, et cela a été confirmé par des fragments d'inscriptions étéocrétoises dans une langue inconnue — visiblement l'ancienne langue minoenne — mais écrites en grec, et qui, pour la plupart, ont été trouvés à Praisos. Là, la vie a dû être difficile et les fugitifs se transformèrent obligatoirement en bandits et en corsaires pour s'assurer une survie élémentaire. Leur civilisation, qui prolonge la civilisation minoenne, a été appelée subminoenne. Cette phase correspond toutefois au début de la phase protogéométrique : cela a été prouvé par la découverte de nombreux éléments protogéométriques dans des tombes qui sont essentiellement subminoennes. Les exemples les plus caractéristiques proviennent des hauteurs qui entourent le plateau du Lassithi, et surtout de Karphi, le principal centre étéocrétois d'où il était facile de contrôler l'un des accès principaux de ce plateau. Le nom moderne de Karphi (= le clou) caractérise très bien le « sommet pointu » et les pentes abruptes de cette hauteur. La céramique et les autres trouvailles mises au jour par les fouilles de l'Ecole anglaise sous la direction de Pendlebury un peu avant la Seconde Guerre mondiale, ont révélé qu'il y a eu installation juste après l'arrivée des Doriens dans l'île, peut-être quelques années avant 1100 av. J.-C. C'est exactement de cette époque que daterait le village connu de *L'Odyssée* où il est question des tribus établies en Crète : Etéocrétois, Kydoniens, Pélasges, Achéens et Doriens dont chacune parle une langue différente (*Odyssée*, XIX, 175 et suivants). La vie de cet habitat ne semble pas s'être poursuivie longtemps puisque seul le début de l'époque protogéométrique y est représenté. En 1000 av. J.-C. il était déjà désert.

L'installation s'est faite sur une crête et sur les versants de deux hauteurs moins élevées sous le sommet principal — la Grande et la Petite

Koprana. Sur le plus haut sommet il y avait autrefois un sanctuaire minoen. L'acropole était très différente des hauteurs où les Minoens avaient l'habitude d'installer leurs habitats ; elle était naturellement fortifiée et pouvait être efficacement protégée ; mais on y accédait difficilement, plus facilement pourtant depuis le plateau qui se trouvait sous le contrôle des habitants du site. La construction serrée de complexes irréguliers rectangulaires rappelle les anciennes installations de Gournia, Pseira, Zakros, etc., mais les passages aboutissaient souvent à des impasses et les maisons étaient construites à la hâte et sans véritable organisation interne. Le sanctuaire public n'était qu'une pièce plus grande avec autel au nord (donnant sur le ravin), une banquette le long du mur ouest, et deux pièces annexes (sacristies) où fut mise au jour toute une série d'idoles en terre cuite de la divinité aux bras levés. Les tombes bordaient le sentier qui descendait vers le plateau, et la plupart d'entre elles étaient des tholoi élémentaires rectangulaires, construites avec des pierres de choix mais non travaillées. L'eau était apportée de Vitsilovryssi qui se trouvait à une assez grande distance. Dans ce genre d'habitat la vie devait être très pénible et pauvre, fondée sur l'agriculture et, en grande partie, nous l'avons vu, sur la rapine.

Les habitants subminoens de Crète orientale, surtout ceux de Vrokastro et de Kavousi, n'étaient pas très différents d'aspect. Ils nous donnent fortement l'impression de la peur et de l'angoisse éprouvées par ces fugitifs. Ces hauteurs sont très élevées, abruptes et difficiles d'accès. Le caractère de Vrokastro est plus mélangé (subminoen-protogéométrique). Les maisons de l'habitat montrent que la construction a continué à y être dense, faite de blocs complexes, mais très peu de murs sont en ligne droite et beaucoup de maisons sont bâties en faux mégaron, vieil héritage achéen. Il y a rarement des supports intérieurs et pas toujours là où il le faudrait. Aucun indice d'un confort relatif. Les petites rues étaient irrégulières avec des tournants à angles vifs. L'autre habitat de Vrokastro a un caractère subminoen plus manifeste ; dans le principal ensemble de constructions on pourrait distinguer trois maisons irrégulières, étroitement reliées les unes aux autres. Le type en faux mégaron y est également représenté mais pas de façon nette ni caractéristique. Les maisons sont en schiste local, sans liant. Les entrées ne se distinguent pas toujours. Sur la hauteur de Kavousi qu'on appelle Vrontas, il y a des petites constructions avec une avant-cour et des supports dans deux ou trois d'entre elles. Autrefois, le sommet était le siège d'un sanctuaire hypèthre de type connu. Les maisons sont surtout faites de plaques de schiste avec de la terre glaise pour liant. Un sanctuaire a été fouillé par Alexiou, non loin du village d'aujourd'hui ; il date de la fin de la troisième phase, mais il a continué à servir à l'époque subminoenne et au début de l'époque grecque. Il appartient au type du sanctuaire à banquette et il a fourni des idoles caractéristiques de ce genre de sanctuaires.

On n'a pas retrouvé d'habitats ailleurs, mais simplement des groupes de tombes — surtout des petites tholoi élémentaires avec une chambre rectangulaire, rarement circulaire, et un petit dromos — qui constituaient des cimetières éparpillés. Il y en a en Crète centrale, au pied du Psiloritis — l'Ida —, sur les sites d'Erganos et de Kourtès, dans la région d'Axos, de même qu'au pied du Dikté à Panaghia et à Prophitis Ilias. En Crète orientale, des tombes de la période transitoire ont été mises au jour à Milato, et une grotte funéraire a été utilisée depuis l'époque subminoenne jusqu'au début de l'époque grecque à Bérati de Siteia. Les tombes de Karphi qui, nous l'avons dit, sont de très petites tholoi à entrée élémentaire, s'appuient sur un mur de soutènement qui, à ce qu'il semble, constituait une partie d'un péribole général. A Vrokastro on a également découvert une sorte d'ossuaire.

Le niveau de l'art et de l'artisanat est très bas, quoique se voient de temps en temps des éclats subits qui ont leur source dans la vieille tradition minoenne. Nous pouvons, bien sûr, suivre plus facilement l'évolution de la céramique parce qu'elle se trouve partout en abondance, aussi bien dans les habitats que dans les tombes. Elle constitue le chaînon intermédiaire entre la céramique de la troisième phase du Mycénien récent et celle du premier stade protogéométrique. Nous en avons des exemples caractéristiques provenant des petites tombes à tholos de Mouliana, des cimetières d'Erganos et de Kourtès, de l'habitat de Vrokastro, de la fontaine près du Caravansérail de Cnossos, mais surtout de Karphi. Peut-être ce dernier habitat, isolé et naturellement fortifié, a-t-il duré plus longtemps comme cela semble dans l'évolution de la céramique.

Dans les vases de Karphi on a utilisé une argile locale verdâtre qui n'a pas été assez cuite, de sorte que la surface s'écaille ou se délite et la décoration est extrêmement fragile. Toutes les formes de base du Mycénien récent qu'on avait trouvées dans la troisième phase continuent : les cruches, les amphores, les kylikès à pied haut (mais la coupe est maintenant plus conique), les amphores à étrier avec un bouton conique sur la fausse embouchure, les cratères ouverts, les pyxides cylindriques, les petites bassines coniques, les kalathai, etc. La décoration en métopes portant des motifs très schématiques, presque géométriques, est très courante, surtout sur les cratères. Des cercles concentriques, surtout sur des couvercles coniques, témoignent d'une influence protogéométrique.

Les kalathoi avec deux anses horizontales, dont certains ont les parois percées imitant de véritables paniers, constituent une forme assez fréquente qui va se conserver à l'époque protogéométrique, de même que les vases en forme d'oiseaux qui reposent sur trois pieds. Les motifs décoratifs sont souvent remplis de demi-cercles, de filets, de lignes. Le « style touffu » continue sur de nombreux ustensiles, mais il prend une forme particulière. Sur un critère de Mouliana on a représenté des formes humaines à cheval, et ce sont là les premières figurations de cavaliers. De Karphi proviennent de nombreux vases de forme plastique, ou comportant des éléments plastiques, visiblement destinés à un usage religieux : des rhytons à protomés humaines, des kalathoi avec une idole à l'intérieur, des supports de vases en forme de petites tours avec des animaux plastiques aux angles supérieurs, des symboles religieux ajourés, etc. C'est de Karphi que provient la série la plus importante de divinités aux bras levés à angle droit, idoles laides et primitives couronnées de symboles divers. L'une d'elles, la plus grande, a les pieds mobiles sous l'évidement du vêtement cylindrique.

Dans les autres habitats subminoens et dans leurs cimetières, la céramique a davantage de traits du géométrique commençant. On y trouve également des formes plastiques, surtout liées à des vases comme des kernoi ou des kalathoi. De la fontaine du Caravansérail de Cnossos provient une petite cabane avec une idole à l'intérieur, visible par la porte ouverte. Du sanctuaire de Karphi on a l'un des rhytons plastiques les plus caractéristiques et les plus originaux ; c'est un char avec sa caisse, ses roues, son aurige, tiré par trois bœufs dont seules les têtes ont été rendues, collées sur la caisse ; le liquide de la libation passait de la tête de l'aurige à travers son corps et ses jambes, jusque dans les trois têtes des bœufs, et se déversait par leur mufle. D'autres animaux en terre cuite ont été découverts à Karphi et ailleurs. Des ensembles analogues d'idoles ou d'animaux plastiques, d'ustensiles avec des symboles, ont été mis au jour à Prinias, à Kalo Chorio de Pediada et sur quelques autres sites. Les petites idoles en bronze, en plomb, et peut-être en fer sont rares ; elles gardent, mais très relâché, le vieux type des adorants avec les bras levés ou tendus vers l'avant. L'une d'entre elles, de Vrokastro, est très remarquable.

Il serait particulièrement intéressant d'observer le travail du métal, juste à cette époque où le fer commence à devenir essentiel. Malheureusement, les progrès ont été relativement faibles en raison des difficultés techniques qui se présentaient dans des sites aussi isolés, peut-être également de la difficulté d'avoir des artisans spécialistes du métal. Mais le besoin de s'équiper en armes a fait qu'on s'est beaucoup occupé de l'armement. Les petites armes en bronze ne cessent pas d'être utilisées, certaines d'entre elles héritées de la phase précédente, d'autres de fabrication nouvelle. Parmi les épées en fer et en bronze, on distingue des types nouveaux qui constituent l'évolution de celles de Naue B. Une épée en fer de Kavousi à tranchant biconvave est la copie d'un modèle en bronze. Les épées en bronze et en fer qui ont été trouvées dans les tombes de Mouliana sont analogues. Plus fréquents sont les simples couteaux à deux tranchants, les lances et les javelots en bronze ou en fer. La tradition sera encore plus vivante à l'époque géométrique. De nombreuses armes et des outils en fer, de Vrokastro et de Kavousi, par exemple, ont été abîmés par l'oxydation. Parmi ceux-ci il y avait des haches et des doloires.

Les agrafes-épingles (fibules) et les épingles à tête sphérique ou discoïde, rares à l'époque précédente, deviennent maintenant fréquentes, ce qui implique la diffusion du nouveau vêtement au tissu replié depuis la région où s'étaient établis les conquérants. Elles sont en bronze ou en fer et leur fermeture devient élastique, le fil étant recourbé à l'une des extrémités. D'autres sont en forme d'archet de violon, d'autres encore en arc, d'autres enfin ont une tige perpendiculaire comme une échasse. Leur aiguille se prend dans une lame plutôt large, pas encore développée. Les bijoux d'or sont rares et la plupart d'entre eux sont de simples anneaux ou un fil recourbé. Il y en a beaucoup en fer et en bronze. Certains petits trépieds-supports en bronze — l'un des plus caractéristiques provient de Vrokastro — ont été faits de gros fils qui sont ployés, repliés, réunis pour former de petites spirales sur lesquelles s'appuie le cercle qui supportait les vases. A Cnossos, ces trépieds sont liés au chaudron qu'ils supportent.

La glyptique est en décadence ; les sceaux — la plupart d'entre eux lenticulaires plats — sont presque toujours en stéatite et les motifs gravés sont des animaux simplifiés, schématisés et diverses combinaisons de lignes, de points et de disques. Les quelques beaux sceaux trouvés, en sarde et en jaspe, sont de vieux héritages. Les colliers sont faits de perles en stéatite ou en pâte de verre, sphériques ou discoïdes. Leur technique se poursuit à l'époque protogéométrique. Nous ne savons presque rien de la plupart des autres productions de l'artisanat.

L'évolution a été la même dans le monde mycénien où l'on a un stade intermédiaire correspondant, celui de la civilisation submycénienne. Cette phase est, davantage qu'en Crète, mêlée d'éléments nouveaux, et dans certains cas la distinction avec le protogéométrique n'est pas facile. Les sites ne sont pas très caractéristiques et, souvent, nous trouvons des vestiges pauvres et décadents dans les régions où avaient fleuri les centres mycéniens, ce qui signifie qu'il n'y a pas eu délogement total, mais installation provisoire au milieu de bâtiments complètement détruits. Il est clair que là, la vie devait être très difficile et grandement gênée par les nouveaux conquérants. Mais d'une manière générale on ne voit pas de phénomène analogue à celui de Crète, c'est-à-dire une activité armée, aboutissant à peu au banditisme, de la part des éléments qui se sont réfugiés sur des hauteurs inaccessibles. Peut-être faudrait-il explorer davantage les points difficiles d'accès du Taygète et des montagnes d'Arcadie. Des habitats isolés au cœur de l'Arcadie, de l'Etolo-Acarnanie et de l'Eurytanie, de la Doride et de la Phocide, peut-être même de l'Eubée et des îles du golfe Saronique, surtout de Salamine, sont passés au stade submycénien sans qu'aucune destruction ne soit intervenue, peut-être parce que les nouveaux maîtres du pays n'y sont venus que plus tard. Aussi trouvons-nous dans ces régions des vestiges importants de la civilisation submycénienne qui est, en fait, le prolongement de la phase précédente. La céramique est particulièrement caractéristique, elle est mycénienne dans les formes et dans le décor, mais en pleine décadence. Nous y trouvons des amphores à étrier, des petites cruches, des kalathoi, des pyxides à décoration mycénienne tout à fait simplifiée et, dans beaucoup d'entre elles, des motifs géométrisés, toujours beaucoup plus libres que ceux de la céramique protogéométrique. Il est étrange que la céramique submycénienne ne se rencontre pas seulement dans des endroits isolés mais également dans des centres comme Athènes, Mycènes, Tirynthe, etc., et pas toujours là où s'étaient développés les habitats mycéniens. De nombreux exemples proviennent des tombes. Le keramoikos d'Athènes, Salamine et bien des sites de la zone nord de l'Achaïe, ont fourni des ensembles particulièrement intéressants.

Les différentes manifestations de la civilisation du monde submycénien n'ont pas encore été étudiées de façon satisfaisante, malgré les travaux de Desborough et de Snodgrass. Nous sommes en particulier fort peu renseignés sur le travail du métal, l'art de la pierre, la petite sculpture, la glyptique, les bijoux. Comme en Crète, l'importation d'éléments nouveaux — le vêtement, le fer, l'incinération des morts — a influencé la production, mais pas suffisamment pour qu'on ne sente la suite de la civilisation mycénienne, même en plein déclin. Des armes en fer, des fibules diverses, l'usage parallèle de l'inhumation dans des tombes taillées ou de petites cistes et de l'incinération où l'on recueille les restes dans des urnes cinéraires se rencontrent sur toute l'étendue du monde mycénien, comme en Crète.

Ces pauvres éléments de la civilisation ne nous permettent de tirer des conclusions que sur une partie seulement de la vie dans les habitats subminoens et submycéniens, et nous avons déjà fait état de certains d'entre eux. Mais des recherches plus vastes et plus précises sont nécessaires pour mettre en lumière bien des points obscurs. Maintenant nous ne pouvons que présenter des hypothèses, et c'est pourquoi une analyse plus détaillée est inutile. Ces habitats ont vite cessé d'exister lorsque les nouveaux maîtres ont étendu leur domination ou mirent sous leur contrôle les différentes régions mycéniennes naguère florissantes.

APPENDICE III

TRADITION MYTHIQUE ET HISTOIRE A L'ÉPOQUE MYCÉNIENNE

Quoiqu'on ait, pour l'époque mycénienne, bien plus de renseignements que pour les autres périodes préhistoriques du monde égéen, renseignements que l'on pourrait utiliser pour esquisser une sorte d'histoire qui évoquerait non seulement la civilisation et le mode de vie, mais aussi les principaux événements historiques qui ont contribué à l'évolution de cette civilisation, il faut avouer qu'il n'est pas possible d'atteindre un résultat satisfaisant qui dépasse les simples hypothèses. Il faudra encore beaucoup étudier les mythes et les autres traditions, les généalogies et les chronologies fournies par les textes, pour retrouver de véritables éléments historiques. Nous avons déjà vu certains d'entre eux, ceux qui se rapportent à l'époque mycénienne la plus ancienne et à la naissance de cette civilisation.

En Argolide c'est le problème de l'eau et de l'irrigation qui s'est tout de suite posé, aussi les premiers mythes mentionnent-ils le fleuve Inachos, la génisse Inô — ses cources jusqu'en Phénicie et la recherche de son fils Epaphos — la source de Lerne et les rapports d'Amymoné avec Poséidon. L'origine des premiers habitants de cette région (les Danaens) — qui se sont assimilés aux autochtones, les Pélasges — a été recherchée en Egypte, et le mythe fait allusion aux relations étroites entre Danaos et Egyptos, aux Danaïdes qui épousèrent et tuèrent les fils d'Egyptos. Les relations avec la Lycie semblent étroites également ; c'est là que s'est réfugié Prœtos après s'être disputé avec son frère Acrisios, et c'est de là qu'il a amené les Cyclopes pour fortifier Tirynthe. Le petit-fils d'Acrisios, Persée, après avoir échangé le royaume d'Argos contre celui de Tirynthe qui appartenait à Mégapenthès, fonde la dynastie des Perséides qui étend également sa domination sur Mycènes et sur Midéa, et ces deux villes sont protégées par des murs cyclopéens. Les descendants de cette dynastie sont Héraklès et les Héraclides dont le siège est toujours à Tirynthe. Le dernier roi de la dynastie des Perséides à Mycènes est Eurysthée qui a essayé de tenir sous son joug Héraklès de Tirynthe en lui faisant exécuter divers travaux. Après la mort d'Eurysthée — tombé en Attique en luttant avec les Héraclides — le royaume passe aux Pélopides, dynastie parente (par alliance) de celle des Perséides. Avec celle-ci Mycènes étend son hégémonie sur les régions de Corinthe et d'Aigialie et requiert une zone territoriale aux confins de la Laconie et de la Messénie. La reconnaissance de l'hégémonie mycénienne dans des entreprises communes est confirmée par l'expédition organisée dans l'Hellespont et connue sous le nom de guerre de Troie. L'épopée et le drame ont transmis bien des aventures dramatiques de la dynastie des Pélopides, d'Atrée, de Thyeste, d'Agamemnon, d'Oreste, de Tisaménos ; ce dernier a été chassé par les Héraclides et s'est réfugié en Achaïe, tandis que le Perséide Amphitryon, chassé par le Mycénien Sthénélos, s'est retrouvé à Thèbes où est né Héraklès. Voilà pourquoi la vie et l'activité de ce dernier sont aussi bien liées à la Béotie qu'à l'Argolide, et que ses travaux ont pris place dans la région du Cithéron, à Teumessos, à Thespiès, en Copaïde, en Eubée et, plus tard, sur l'ordre d'Eurysthée, à Némée et à Lerne, dans les montagnes d'Arcadie, à Cérynée, à Erymanthe et à Pholoé, en Elide et en Stymphalie. Le mythe s'est étendue au-delà des mers — Thrace, péninsule Ibérique — et même dans le monde souterrain (réduction de Cerbère). Ses expéditions en Etolo-Acarnanie, en Messénie et en Elide, et même en Asie Mineure — Troade, Mysie, Lydie — se font peut-être l'écho de conflits entre les Etats mycéniens mais aussi de l'effort fait pour exploiter des régions éloignées. D'une manière générale, on reconnaît derrière la tradition mythique les principaux événements historiques des Etats mycéniens. Par exemple, l'éviction temporaire de la dynastie des Pélopides par une branche des Perséides — Egisthe et son fils Aletès — est très probable, puisqu'elle montre l'antagonisme de deux familles royales dont l'une est peut-être d'origine minoenne et l'autre locale, mêlée d'éléments orientaux.

Il semble que les mythes liés à Corinthe, à l'Achaïe et à l'Elide, à la Messénie et à la Triphylie se fassent également l'écho d'événements historiques. Le caractère commercial de l'installation près de Corinthe, tout près de l'important nœud de communications de l'Isthme, transparaît dans les mythes concernant Sisyphe, Autolycos et l'ingénieur Ulysse, fils d'Anticlée et petit-fils d'Autolycos où se remarque une vivacité d'esprit non dépourvue de ruse et parfois de perfidie. Bellérophon, petit-fils de Sisyphe, est lui aussi lié à la Lycie où l'a envoyé Prœtos de

Tirynthe dans de mauvaises intentions ; les missions dangereuses dont il s'est chargé, sur l'ordre de Iobatès, correspondent aux travaux d'Héraklès. En Laconie, le fleuve Eurotas constitue un élément fondamental et ses rapports avec Lélex sont à mettre en relation avec les autochtones. Les héros mythiques Amyclas et Hyakinthos sont liés à l'important centre mycénien d'Amyclées et au culte qu'on y rendait à Hyakinthos. D'étroits liens de parenté unissent la dynastie laconienne et celle d'Argolide (Tyndare — Clytemnestre), mais ils sont encore plus étroits avec la Messénie (Dioscures, Tyndarides et Leucippides). Les heurts et les antagonismes, avec la Messénie et plus tard avec l'Attique — prétendument à cause du rapt d'Hélène encore enfant par Thésée — transparaissent dans les mythes. Et plus tard c'est encore la Laconie, à nouveau sous le prétexte de l'enlèvement d'Hélène, mais cette fois par Pâris, qui conduira les Achéens à la grande expédition contre Troie.

En Messénie les Apharides, avec pour siège Pylos, sont remplacés par les Néléides qui sont des colons minyens venus de la région de Iolkos. Héraklès est à l'origine de la première destruction de Pylos, sous le règne de Nélée. Pendant le long règne — trois générations — de son fils Nestor, cet Etat s'étend également sur la Triphylie et, de là, contrôle la région de l'embouchure de l'Alphée. La catastrophe finale a lieu sous le règne de Pisistrate, le fils de Nestor, et elle est due à l'invasion des Doriens dont le chef est l'Héraclide Cresphontès. C'est alors que les Minyens de Pylos trouvent refuge en Attique. Les mythes s'appuient une fois de plus sur la réalité historique. C'est par exemple des Minyens de Pylos que descendent les Pisistratides d'Attique.

En Elide on considérait que la dynastie des Pélopides était étrangère et qu'elle venait de Lycie ou de Phrygie. L'installation de Pélops, fils de Tantale — son habileté à conduire un char et la ruse lui permettent d'obtenir la fille d'Œnomaos, Hippodamie, et le royaume — est à l'origine d'une situation nouvelle et d'une autre dynastie dont une branche, par alliance de la fille de Nicippe avec le Perséide Sthénélos, gouverna à Mycènes même.

En dehors du Péloponnèse, l'histoire des Etats mycéniens est liée à des mythes très caractéristiques qui varient d'une région à l'autre ; ils laissent toujours transparaître les grandes lignes de l'évolution et les rapports entre les différents centres. En Attique, l'antagonisme des divinités principales, Athéna et Poséidon témoigne de l'opposition de deux mondes différents, le monde minoen et le monde mycénien. C'est finalement l'élément local de la déesse guerrière qui gagne. Les noms de la plupart des rois — Kékrops, Kranaos, Amphictyon, Erechthée, Pandion, Erichthonios, Iôn, etc. — semblent fabriqués et certains d'entre eux se retrouvent deux ou trois fois. On distingue pourtant facilement les grandes oppositions entre dynasties locales, comme celle d'Eleusis qui est davantage théocratique (Boutès, Eumolpos, Pallas et Pallantides) et celle de Mégare (Nisos) dans des régions où l'on sent davantage les apports minoens. Les relations étroites entre l'Attique et la Trœzène apparaissent dans le mythe de Thésée, et c'est dans la deuxième de ces régions qu'il est né et qu'il s'est élevé. Thésée devra faire un long et pénible voyage, plein d'aventures — travaux de Thésée sur la côte nord du Péloponnèse, à l'Isthme et en Mégaride et sur les côtes d'Eleusis — pour venir à Athènes et être reconnu par son père Egée. Le tribut de sang imposé sur les Crétois à l'Attique à la suite du meurtre du fils de Minos, Androgée, aboutit à la dangereuse expédition de Thésée en Crète pour la libération définitive de sa patrie. Son activité est, dans le mythe, enrichie d'éléments qui témoignent des liens avec les autres régions mycéniennes — la Laconie, la Thessalie (Centaures et Lapithes), l'Eubée, la Thrace (combats avec les Amazones), enfin Scyros, où il fut exilé par Ménesthêas et trouva la mort. A époque historique on transporta ses restes de Scyros à Athènes et on les déposa au Théséion. Ses conflits avec les Pallantides d'Eleusis reposent, semble-t-il, sur une base historique. Les roitelets locaux — comme Ikarios, du dème d'Icarie, auquel étaient liées des fêtes très anciennes, peut-être d'origine minoenne comme l'Aiôra pour Erigonè — étaient en meilleurs termes. Finalement le synœcisme (regroupement) réalisé par Thésée a affaibli les petites bourgades et est à l'origine d'Athènes. Les derniers royaumes — Akamas, Démophon, Ménesthéas (époque de la guerre de Troie) et Kodros (époque du retour des Héraclides) — sont liés à d'autres événements qui transparaissent faiblement dans les mythes.

En Béotie, les légendes sont liées aux deux grands centres mycéniens : Thèbes et Orchomène. Dans le premier, l'installation phénicienne est bien liée à Kadmos dont le nom signifie, semble-t-il, l'Oriental. Les relations étroites avec cette région ont été confirmées par la découverte, dans le palais de Kadmos, d'un trésor de cylindres-sceaux d'origine syro-phénicienne. L'incendie du premier Kadmeion est peut-être lié au foudroiement de Sémélé. Cette installation à fort caractère minoen est peut-être à mettre en rapport avec l'influence commerciale d'une colonie minoenne de la Phénicie. Les filles de Kadmos, Sémélé et Agavé, sont directement liées au culte dionysiaque : le fils d'Agavé, Penthée, est mis en pièces par les Ménades, et le fils de Sémélé, Dionysos, établit les fondations de son culte ; le fils d'Inô, Mélicerte — nom phénicien — est transporté de l'Isthme en Phénicie et devient un autre Héraklès, sous le nom de Palaemon. Le fils d'Autonoé, Actéon, est déchiré par ses propres chiens parce qu'il a vu Artémis qui se baignait nue. Mais une autre dynastie, celles des Labdacides, succède à celle de Kadmos ; elle aboutira à Œdipe, le héros tragique, fils de Laïos. Mais dans l'intervalle, des branches parentes de la dynastie, avec Lykos et Nyktée, substituts de la dynastie légitime, donnent un autre cours à l'histoire et c'est à eux qu'il faut rapporter la construction des murs de Cadmée par Amphion et Zéthos. Il est de fait que la construction des murs a été entreprise dans un second stade. Les contacts avec l'Attique s'expliquent par l'exil volontaire d'Œdipe. Les heurts entre Thèbes et les centres mycéniens de Corinthie et d'Argolide sont relatés dans les deux guerres des Sept contre Thèbes et des Epigones qui aboutissent à la destruction totale de Thèbes, au moins une génération avant la guerre de Troie. Les données fournies par l'archéologie confirment en tout point les grandes lignes de la tradition légendaire. Jusqu'à l'époque classique on a gardé le souvenir des sept portes, de la source Dirké, du tumulus d'Amphion, de l'endroit où sont tombés, au cours d'un duel, les frères Etéocle et Polynice. Le drame antique a rendu tout cela très vivant.

Les traditions relatives aux Minyens d'Orchomène faisaient état de contacts étroits avec la région de Iolkos, de la grande opposition à Thèbes, de l'antagonisme pour la mise en valeur de la Copaïde par des travaux d'assèchement et de drainage. Le célèbre « trésor de Minyas », la tombe royale à coupole qui manifeste la splendeur de la dynastie de Minyas en est un témoin, de même que le réseau de canaux de la Copaïde qui conduisaient les eaux dans les gouffres — et qu'Héraklès a refermés pour ramener la plaine à l'état de marais — l'extraordinaire acropole de Gla avec ses murs, ses portes, ses palais et son agora en bordure de la Copaïde. Thèbes a finalement été libérée du roi d'Orchomène Erginos par Héraklès. La jolie maniaque des Minyades, plus tard du roi Athamas, sont peut-être à relier à l'infiltration du culte de Dionysos. L'aventure de Phrixos et d'Hellé dans l'Hellespont et finalement en Colchide, l'expédition navale organisée avec la nef Argô au fin font du Pont-Euxin pour la conquête de la Toison d'or, et dont la principale base était Iolkos, pourraient être l'écho des entreprises commerciales communes des Minyens d'Orchomène et des Minyens de Iolkos. Au fond du golfe de Pagasai, l'antagonisme des deux frères Pélias et Nélée qui, à l'origine, étaient installés sur des sites voisins, Iolkos et Néleia, a abouti à l'émigration d'une branche, celle des Néléides, en Pylie et en Messénie. D'autres complications dynastiques aboutissent au déplacement d'un autre groupe, Jason et Médée, à Corinthe ; l'activité criminelle de cette dernière, fille d'Aeétès, roi de Colchide s'est déplacée de Iolkos à Corinthe, puis de là en Attique. Le royaume local de Phèrai est lié au mythe d'Admète et de sa femme dévouée Alceste. Les heurts de l'élément civilisé, les Lapithes, avec les Centaures — peut-être des peuples barbares qui utilisaient le cheval — ont été illustrés par l'épisode de la Centauromachie aux noces du roi Pirithoüs. Ce dernier est étroitement lié aux entreprises du héros attique Thésée. Dans la région fertile voisine, celle de Phthie, s'est développé un autre royaume, celui de Pélée, fils d'Eaque, le père d'Achille ; la tradition de la domination sur Iôlkos, l'assassinat de son demi-frère Phokos, se font l'écho des tendances expansionnistes sur les régions voisines.

Les mythes se font plus rares et moins sûrs pour les régions nord. Ils sont liés au musicien et charmeur Orphée originaire de Pieria, et à la région du Strymon en Thrace, riche pour son élevage intensif de chevaux (voir les chevaux blancs de Rhésos à Troie).

Dans l'extrême ouest de la Grèce centrale, l'Etolie et l'Acarnanie, les mythes sont très peu nombreux mais tout à fait caractéristiques : ils ont pour centre la région de Calydon où régnaient Œneus et Althée ; leur occupation favorite — la chasse — se retrouve dans le mythe de la chasse au sanglier de Calydon, qui vit la mort d'Atalante ; Méléagre est entré en conflit avec ses oncles pour la peau de ce sanglier et ce fut là le prétexte de sa mort lors de la lutte contre les Courètes. On reconnaîtra dans ses luttes une certaine résistance aux installations crétoises. Les rapports avec Argos datent du fils d'Œneus, Tydée, le père du héros homérique Diomède.

Deux autres villes d'Etolo-Acarnanie, Pleurôn et Oichalie, sont liées aux exploits d'Héraklès pour la conquête de Déjanire et, plus tard, de Iolè. Sous les mythes on distingue de petits antagonismes entre des sites d'Argolide et de l'Ouest du continent grec. Plus tard, sur les tablettes de Pylos, il est dit que Pylos, justement, prépare une expédition navale à Pleurôn.

La tradition mythique et épique se fait davantage l'écho de l'expédition organisée contre Troie, site important pour le contrôle des voies maritimes et terrestres entre l'Asie et l'Europe. La coalition des Achéens s'était préparée à l'éventualité d'une lutte commune de ce genre (voir le serment fait à Tyndare). Naturellement le commandement en chef ne pouvait être confié qu'au roi de Mycènes, l'Atride Agamemnon. L'entreprise a été longue et, pour subvenir aux besoins des Achéens, il a fallu faire bien des petites expéditions pirates ; il était naturel que la distribution du butin et la façon de mener la guerre engendrât quelquefois des rébellions et des antagonismes entre les chefs ; c'est un de ces épisodes avec ses conséquences malheureuses qu'a décrit le poète de *L'Iliade*. La prise de Troie a peut-être pu se faire à l'occasion de terribles tremblements de terre qui auraient provoqué des brèches dans les murailles (épisode du cheval Dourien dans la *Petite Iliade*). Des poèmes secondaires, tels que *La Prise de Troie*, l'*Achilleïs* et l'*Ethiopis*, racontent d'autres épisodes comme celui d'Achille contre les Amazones et celui de l'Ethiopien Memnon. Dans les *Nostoi* (les voyages de retour) et la *Télégonie* sont relatées les aventures du retour et les installations, par exemple celle de Teukros dans la région de Teuthranie à Chypre. Bien des éléments historiques ont été mis au jour qui confirment cette dernière ou, du moins, la rendent plus probable.

Il est encore plus difficile de retrouver la réalité historique dans les mythes crétois, où se mêlent de nombreux éléments religieux.

Les quatre frères : Minos, Rhadamanthys, Sarpédon et Lycastos représentent les quatre centres palatiaux de Cnossos, Phaistos, Malia et Lycastos — dans la région de Kanli Kastelli au sud du Iouktas, la montagne sacrée. Les vestiges de vastes bâtiments mis au jour jadis par Marinatos dans cette région, au lieu-dit Vitsiles, sont probablement les restes d'un palais. Rhadamanthys est lié à Phaistos par son fils Phaistos, Sarpédon à Malia par son amant Milatos que lui disputait Minos. Milatos, qui a fondé Milet en Asie Mineure, se trouvait tout près de Malia qui portait peut-être ce nom à l'origine. Minos a toujours été lié à Cnossos et au labyrinthe. Les enfants de Minos : Deukalion, Glaukos, Katreus et Androgée se sont trouvés en relation avec des sites mycéniens et ont été à l'origine de complications. Le meurtre du dernier a servi de prétexte à l'expédition de Minos dans le golfe Saronique et en Mégaride, et le tribut de sang a été imposé à cause de lui. La domination crétoise a pu se faire à cause des terribles tremblements de terre et de l'infertilité de la terre, peut-être conséquences de la première éruption du volcan de Théra. Une domination de ce type, provisoire, ne semble pas du tout impossible si l'on en juge d'après l'infiltration de nombreux éléments minoens en Attique. Les mythes qui évoquent la thalassocratie crétoise, la colonisation des îles de l'Egée et des côtes sous le commandement de Rhadamanthys, et de sa suite, ont beaucoup plus d'importance ; on a déjà parlé de ces traditions à l'occasion des données archéologiques qui semblent totalement les confirmer. Ces colonies et ces comptoirs commerciaux ont essaimé à leur tour d'autres colonies et installations, et même en Méditerranée occidentale. Il faut toutefois avouer que les vestiges mis au jour jusqu'à présent sont plutôt pauvres et que l'origine minoenne ou mycénienne de certains d'entre eux reste douteuse. Ce qui est sûr, c'est l'expansion d'une haute technologie partie de Crète, qui s'est développée dans le monde mycénien et a peu à peu dominé toute l'Europe du Sud. Il va de soi que les mythes sur la diffusion des découvertes de Dédale, personnification de la technologie créto-mycénienne, et qu'on a vus ailleurs, ne sont pas sans rapport avec cette diffusion. La métallurgie est personnifiée, dans le mythe, par les Dactyles crétois (voir leurs noms : Celmis, Akmôn et Damnameneus) et les Telchines, génies créto-rhodiens. Dans la légende la Crète est étroitement liée à la religion, aux purificateurs, aux devins et aux augures (Melampous, Carmanor, Epiménide), de même qu'au culte des mystères et du monde souterrain.

Dans la phase finale, celle de la guerre de Troie et de la situation anormale qui s'ensuivit, la Crète continue, dans la tradition, à jouer un rôle important, tout d'abord en participant avec une grande force — quatre-vingts bateaux — à l'expédition commune, avec pour chefs Idoménée et son second Mérion, puis par la vaste colonisation achéenne ; le héraut Talthybios et d'autres originaires d'Arcadie, fondèrent dans l'île des villes comme Lappa, Tégée, Mycènes, Pergame.

Les traditions qui relatent les tentatives faites par les Héraclides pour revenir d'exil et par les Doriens pour descendre dans le Sud de la Grèce sont pour l'histoire une contribution très importante. Les Héraclides exilés avaient finalement trouvé refuge et protection en Attique et cela a occasionné des conflits avec les Etats d'Argolide et surtout avec Mycènes ; c'est dans un affrontement de ce genre que le dernier des Perséides, Eurysthéas, a trouvé la mort. Les Héraclides en ont profité et ont essayé de revenir dans le Péloponnèse en organisant une vaste expédition ; c'est peut-être à ce moment-là que les gens du Péloponnèse ont entrepris la construction des murailles à l'isthme de Corinthe, comme l'ont montré les restes de murs dans la région de Kenchreai. L'œuvre ne semble pas avoir été achevée. Malgré tout, les Héraclides ont été repoussés comme le veut la tradition, trois générations avant leur retour définitif qui a pu se faire grâce à l'aide des Doriens. Il est évident que ces derniers ont essayé de profiter des droits légitimes des Héraclides en Argolie, en Laconie et en Messénie. Les chefs des armées, ou mieux des hordes, qui se sont déplacées vers le sud, étaient les Héraclides Téménos, Cresphontès et Proklès avec son frère Eurysthène. L'entreprise était difficile et ils ne sont pas passés par l'Isthme mais par les détroits du golfe de Corinthe. Des bateaux ont été construits dans la région qui prit à cause de cela le nom de Naupacte. L'essentiel des troupes est passé par l'Etolo-Acarnanie, suivant ainsi les conseils de l'Etolien Oxylos. Dans le Péloponnèse, les chefs se sont dirigés vers des régions fixées à l'avance : l'Argolide, la Laconie et la Messénie, où finalement s'installèrent les Héraclides, après avoir mis en fuite les Achéens coalisés. En Argolide c'est le Pélopide Tisaménos qui est tombé le dernier.

Mais le pouvoir, en fait, fut aux mains des Doriens, qui fournissent les principales troupes organisées. Les familles régnantes achéennes des Héraclides — en Laconie, elles étaient doubles à cause des deux frères — ont gardé un semblant de pouvoir, ils ont continué à régner pendant des générations sur des Etats organisés selon le modèle militaire dorien.

APPENDICE IV

LA CIVILISATION DU BRONZE A CHYPRE

J'ai jugé bon d'inclure dans l'étude de l'évolution historique du monde égéen un appendice sur la civilisation et la vie à Chypre ; l'île se trouve en effet entre le monde égéen et le monde oriental et a suivi tantôt l'un, tantôt l'autre, l'Orient aux époques les plus anciennes surtout, puis le monde égéen quand la civilisation créto-mycénienne a commencé à se répandre. Si un matériel abondant de l'époque préhistorique était connu depuis longtemps et était parvenu jusque dans les grands musées d'Europe, ce sont les recherches archéologiques relativement récentes, grâce à l'apport et à la collaboration de très nombreux spécialistes locaux et étrangers, qui nous ont permis de nous faire une idée un peu précise de la civilisation de l'île. Cette investigation est encore à ses débuts et durera vraisemblablement longtemps encore. On a vu, dans le chapitre sur la civilisation néolithique, l'évolution de Chypre du VIIe millénaire av. J.-C. jusqu'au début du IIIe millénaire. Nous jetterons maintenant un coup d'œil sur l'époque du Bronze dans ses différentes phases — Chalcolithique, Bronze ancien, Bronze moyen et Bronze récent — et les problèmes qui se posent dont beaucoup n'ont pas été résolus. La chronologie relative est fondée sur des observations stratigraphiques et sur la typologie dans les différentes branches de l'artisanat, et surtout la céramique. La chronologie absolue a été établie d'après l'examen approfondi des relations avec l'Orient, l'Egypte, la Crète et le monde mycénien, enfin — tout dernièrement —, d'après les données qui découlent de l'adaptation de méthodes physiques, le carbone 14 en particulier. La prospérité de Chypre à l'Âge du Bronze est due, sans conteste, à l'exploitation des minerais locaux, et principalement du cuivre qui doit justement son nom à l'île (cf. ses variantes dans les langues européennes antiques et modernes : *cuprum, copper, Kupfer, cuivre, kunpi,* etc.).

Le Chalcolithique (3000-2300 av. J.-C.)

Il semble qu'on ait commencé à exploiter systématiquement les filons de cuivre dans la phase transitoire (3000-2500 av. J.-C.) entre le néolithique et le Bronze ancien qui, pour cette raison, a été baptisée Chalcolithique ; à cette époque on a très rarement utilisé des objets en bronze et presque tous étaient faits de cuivre pur. Une seconde phase — 2500-2300 av. J.-C. — pourrait, elle, être considérée comme le début du Bronze ancien. Le Chalcolithique a commencé quand des installations nouvelles ont été réalisées dans l'île et ce sont les habitants de cette époque et non des bouleversements géologiques qui sont responsables de l'abandon presque total des habitats néolithiques. Les nouveaux habitats semblent avoir été très nombreux mais peu d'entre eux ont été fouillés ; Erimi a été explorée par l'archéologue chypriote Dikaios, ainsi que par Kalavassos. D'autres agglomérations ont été repérées sur les versants des monts de Kyrénia et dans les régions de Limassol et de Paphos ; il y en a au moins une centaine. Les maisons sont circulaires, en partie creusées dans le rocher ; au-dessus il y en a d'autres, également circulaires, avec soubassements en pierre ou construites avec des poteaux et un soutien central. L'espace intérieur est très restreint et, d'une manière générale, plus petit que dans les habitations néolithiques de Khirokitia. Sous les sols de ces maisons on a mis au jour des sépultures où les squelettes étaient en position contractée. Mais dans la région de Paphos on a trouvé des cimetières de tombes en forme de ruches, avec une large ouverture au sommet qui était bouchée par une dalle. Très peu de mobilier funéraire et quelques figurines accompagnaient les défunts.

La céramique est très caractéristique ; au début elle porte un décor au peigne, puis un décor géométrique rouge sur fond clair fait de motifs en escalier, de bandes horizontales ou verticales, et quelquefois d'éléments végétaux ; les damiers, les méandres, les triangles ou les losanges sont très en faveur. Les formes les plus caractéristiques sont les petites jarres profondes et les cruches à fond pointu. Dans la région de Paphos, dans les cimetières, les formes sont plus variées : pyxides, cruches doubles, gobelets à pied, etc., et la décoration analogue. C'est de ces formes que naîtront les ustensiles les plus élégants du Bronze ancien. On fait, en stéatite, des idoles schématiques, debout ou assises, souvent des formes combinées cruciformes, et en argile des figurines laides, parfois monstrueuses, surtout féminines, qui expriment la fertilité. La dernière phase — la première du Bronze ancien — conserve bien des caractères antérieurs, surtout dans le domaine architectural, alors que la céramique, avec ses vases rouge foncé ou rouge brillant annonce la céramique du style de Philia. Des ressemblances avec la production de Cilicie témoignent peut-être de nouvelles colonisations, sans qu'il y ait toutefois rupture dans l'évolution.

Le Bronze ancien (2300-1850 av. J.-C.)

Les habitats de cette époque ne sont pas bien connus, aucun d'entre eux n'ayant été fouillé de façon systématique. Pourtant, un matériel abondant, provenant des cimetières et des trouvailles fortuites, nous donne une idée de l'artisanat assez évolué. Une céramique transitoire, avec des cruches obliques, a été fournie par des constructions mises au jour à Kyra-Alonia, à Alambra et à Ambélikou.

La civilisation est plus connue sous le nom de civilisation de Philia, du nom de la région où ont été découverts les principaux cimetières et des objets caractéristiques. Les archéologues ont supposé que ces changements importants étaient dus à de nouvelles installations venues d'Asie Mineure, qui ont eu lieu après une catastrophe d'ordre géologique. Les cimetières prennent alors une forme caractéristique et sont toujours en dehors des habitats ; ils sont tantôt faits de fosses peu profondes, tantôt de chambres funéraires taillées, le plus souvent irrégulières, accessibles par un dromos également taillé. Le mobilier funéraire est très caractéristique et, en dehors de la céramique, il comprend des bijoux, des outils et des armes qui témoignent des grands progrès réalisés dans le domaine de l'artisanat, et surtout dans la métallurgie du cuivre qui utilise pour la première fois, sous forme de bronze, des minerais contenant de l'étain. On peut suivre les trois phases de l'évolution, dont chacune présente certaines particularités en ce qui concerne l'artisanat. Les centres sont nombreux, répartis sur la totalité de l'île, mais surtout au sud et au centre. On voit nettement que beaucoup d'entre eux ont atteint une grande prospérité grâce à l'exploitation et à l'utilisation du cuivre, et au développement du commerce. C'est le cimetière le plus important, celui de Vouni, qui a fourni les exemples les plus caractéristiques. Les tombes y sont petites, en forme de grottes, avec un dromos court et une couverture qu'on bouche par une dalle. Elles rappellent celles du cimetière d'Haghia Photia de Siteia, qui est contemporain. Le mobilier funéraire y est très abondant — céramique, armes et outils en cuivre, bijoux. Les céramistes produisent en toute liberté avec beaucoup d'assurance et une imagination débordante qui les amène à fabriquer des formes très variées dont certaines très audacieuses et quelque peu sophistiquées — exagérations dans le rendu des cols, des anses, des bases, formes souvent doubles et nombreuses adjonctions plastiques. L'apparence générale est rougeâtre ou noirâtre brillante avec un décor incisé empli de matière blanche ; il y a également des formes plastiques. Dans les décors on distingue des figures humaines — porteurs de masques, danseurs —, des symboles souvent ajoutés plastiquement — serpents , bucranes, protomés de quadrupèdes et d'oiseaux, figures humaines en ronde-bosse, etc. On pourrait supposer que de tels ustensiles étaient destinés à un usage rituel, nombre d'entre eux sont pourtant des objets d'usage courant.

La phase finale est mieux connue, surtout en ce qui concerne l'artisanat. On a remarqué une augmentation du nombre des habitats dans les régions métallifères, et on en conclut à un développement de la métallurgie du cuivre. Ces habitats présentent une certaine homogénéité, mais quelques-uns, dans le centre de l'île, sont fortifiés. Les relations commerciales sont attestées par les importations syro-phéniciennes et crétoises, mais en Crète on n'a pas retrouvé de céramique chypriote de cette période. Dans les régions où il y a du métal — Ambélikou par exemple — on a mis au jour des installations métallurgiques, des creusets en argile et des moules. Nous connaissons certaines formes architecturales de cette phase : en gamma, avec une cour, construites en briques crues sur des soubassements de pierre, avec des enclos pour les animaux et visiblement des toits en terrasse. En ce qui concerne l'artisanat, la céramique a suivi la même évolution. Les ustensiles plastiques sont plus nombreux. Ces terres cuites ont été particulièrement en faveur — idoles plates à décor géométrique incisé dont le sexe est apparent. Celles-ci, comme d'autres qui représentent des groupes plastiques — courotrophes, accouplements, accouchements, etc. — et des scènes rituelles à l'intérieur de sanctuaires où ont été représentés de nombreux symboles — bucranes, serpents, soana, figurines de chefs, de prêtres ou personnages tenant des enfants, etc. — nous renseignent sur les croyances religieuses de l'époque. Deux scènes rituelles de Korsiatis sont caractéristiques : on y a représenté des xoana accouplés, des têtes de taureaux, des protubérances en forme de cornes et, devant, des offrandes de libations. Un autre groupe comparable provient de Kalopsida ; il pourrait également dater du Bronze moyen. Un groupe plastique, qui représente une scène de la vie agricole avec des paires de bœufs, pourrait bien avoir aussi une signification religieuse. On peut dire de même de quelques animaux creux à l'intérieur.

Le Bronze moyen (1850-1600 ou 1550 av. J.-C.)

Nombre des habitats de la phase finale du Bronze ancien ont été détruits, abandonnés et reconstruits tandis que d'autres s'édifiaient. Toutefois la civilisation continue d'évoluer sans coupure radicale. On distingue deux sous-périodes ou phases, chacune d'elles ayant ses caractéristiques propres. L'abandon relatif du sud de l'île semble étrange. La partie nord-ouest avec les vallées est au contraire très habitée et les bourgs s'étendent petit à petit jusque dans la Messaoria et la péninsule du Karpas. Kalopsida devient l'un des sites les plus importants. Les relations étroites avec la Syro-Phénicie aboutissent à la fondation d'Enkomi, qui deviendra par la suite le siège principal de l'administration, une sorte de capitale de l'île. C'est peut-être à ce site qu'il faut rattacher le nom d'Alasia que nous trouvons dans les textes égyptiens et orientaux, et qui pourrait désigner aussi l'île tout entière. Il semble qu'il y ait eu un port à Alyki de Larnaca. D'une manière générale on remarque une assez grande extension des relations commerciales avec l'Orient, l'Egypte et la Crète, que confirme l'importation de matières premières et de produits finis. Visiblement la principale exportation est le cuivre. Les rapports avec la Syrie-Palestine sont attestés par la diffusion de cruches qui rappellent celles de Tell-el-Yahudije et d'une céramique bichrome tournée de type syrien. Dans les textes du palais de Mari sur le Moyen-Euphrate, on mentionne Alasia comme le pays du cuivre. Des imitations plastiques de bateaux avec leur équipage montrent quels étaient les moyens de transport.

L'architecture domestique est surtout connue par les fouilles de Kalopsida et les couches inférieures d'Enkomi. Dans la première on a mis au jour des bâtiments importants, l'un de dix pièces réparties sur les côtés d'un carré avec une cour au centre. On continue de construire en briques crues, sur un soubassement de pierre. Il ne commence à y avoir des fortifications qu'à la fin de la période, au moment même où l'on remarque un déplacement de la population vers l'intérieur, dans ses régions naturellement fortifiées ; on est alors entré dans une époque de troubles. L'île semble divisée en deux et les relations entre l'Est et l'Ouest paraissent assez tendues, l'objet du litige étant peut-être les régions approvisionnées en eau ou riches en métal. Des positions fortifiées, des sortes de forts, ont été mises au jour à Nitovlika dans le Karpas, à Krini de Kyrénia et à Haghios Sozoménos. Il semble qu'à la fin ce soit la partie est qui l'ait emporté, celle qui se trouvait en relations étroites avec la Syrie-Palestine, tandis que dans le nord-ouest — qui continue à avoir des contacts avec le monde égéen — il ne paraît pas y avoir eu de nouvelles installations ou des importations notables. La zone est s'est également liée au monde égéen et s'est développée du point de vue commercial. Enkomi et son port ont atteint une grande prospérité. Puis on entre dans une nouvelle période.

En ce qui concerne l'architecture funéraire, ce sont les tombes à chambre taillées qui prédominent. Le dromos d'une tombe de ce type, à Palialona, a fourni la plus ancienne figure sculptée connue. Quelquefois la façace de la tombe prend l'allure d'une maison construite. C'est à une influence syro-palestinienne qu'on doit les tumuli comme celui de Palioskoutela dans le Karpas. Les vieilles coutumes funéraires se perpétuent, mais souvent les défunts sont assis, appuyés contre les murs de la chambre.

Les styles de la céramique se renouvellent dans les formes, la technique, la décoration qui fait preuve de plus d'imagination mais est moins charmante et moins précise. Souvent les ustensiles portent un décor sombre mat sur fond clair, simple ou complexe. Dans la décoration plastique ou incisée ce sont les éléments anthropomorphiques qui sont les plus nombreux. La décoration géométrique a remplacé les vieux rouges brillants. On trouve en abondance des askoi et des rhytons plastiques en forme d'animaux et des représentations humaines de type plat, à moitié réaliste, surtout féminines. Les groupes plastiques de personnages qui exécutent des travaux manuels ou officient ne sont pas rares. La céramique de la péninsule du Karpas est assez étrange. Les bronzes semblent à leur apogée, mais souvent on importe des objets, surtout des armes, de Crète et de Syrie.

Le Bronze récent (1600 ou 1550-1100 av. J.-C.). Epoque mycénienne

La dernière période se caractérise par de fortes influences minoennes et mycéniennes, et finalement par l'installation des Achéens dans l'île. Aussi est-elle considérée comme mycénienne et Chypre comme une partie importante du monde mycénien. On peut distinguer les phases suivantes : A) la phase prémycénienne ; B) la phase commerciale, qui s'accompagne d'expansion politique ; C) la phase de la colonisation achéenne.

La première — jusqu'en 1400 — pourrait être considérée comme transitoire ; c'est peut-être une époque d'insécurité et de dangers d'origines diverses, occasionnés par des catastrophes naturelles. De nombreuses fortifications sont édifiées, et celles qui ont été détruites refaites. Les Hyksos ont été chassés d'Egypte et la XVIIIe dynastie est montée sur le trône ; les conditions sont donc plus favorables en Méditerranée orientale, surtout en Syrie-Palestine et à Chypre. Le déplacement du centre de gravité du nord-ouest et du centre vers le secteur oriental de l'île — qu'on avait déjà noté à la fin de la période précédente — est devenu définitif avec la prospérité de nouveaux centres commerciaux dans la zone est. Dans le nord-ouest seule la région de Morphou, riche en métal, est encore florissante. Conséquence d'un bonheur quelque peu général, la population s'est accrue et cela a fait progresser aussi bien l'artisanat et le commerce que l'agriculture et l'élevage. L'industrie du cuivre s'est systématisée et est devenue la ressource essentielle de l'île (exportation vers l'Orient, l'Egypte, la Crète et le reste de la Grèce insulaire et continentale). Les installations pour fondre, couler, mouler le métal, fabriquer des ustensiles, des outils et des armes, par exemple à Enkomi, le prouvent.

Le premier travail se faisait sur place dans la région métallifère où l'on trouvait également du bois pour les fours, car les environs étaient boisés. Il faut souligner la vigueur du commerce ; des relations commerciales étroites se sont nouées avec la Crète et le monde mycénien, comme le prouvent l'importation de céramique et, inversement, l'exportation et la diffusion de la céramique chypriote, surtout des beaux vases à engobe blanc finement et simplement décorés. Les relations avec la Syrie-Palestine voisine sont encore plus étroites, si bien qu'on a cru à l'existence d'installations chypriotes dans cette région et de centres orientaux à Chypre. On reconnaît de toute façon une influence dans les différents styles céramiques, dans les cylindres-sceaux, et peut-être même dans la langue et la plus ancienne écriture chypriote, que certains ont considérée comme chypro-minoenne. L'importation et l'assimilation de ces éléments a duré deux siècles.

Parmi les habitats on distingue Enkomi-Alasia, Alyki de Larnaca et Kition, dont l'architecture et l'urbanisme sont à peu près semblables. L'architecture domestique a suivi des modèles antérieurs, mais on voit nettement qu'elle a été influencée par l'architecture créto-mycénienne en évolution. Les pièces sont souvent réparties sur les trois côtés d'une cour et nombre de maisons ont le confort — salles de bains avec baignoires, installations sanitaires et réseaux d'égouts — et, comme en Crète, on utilise des latrines. Beaucoup de rues, étroites la plupart du temps, sont dallées. Des groupes de maisons forment des îlots plus ou moins réguliers, séparés par des rues ou des impasses.

Certains sanctuaires sont caractéristiques et nous renseignent sur les croyances religieuses et le culte à Chypre à cette époque. Deux d'entre eux, trouvés à Kition, avec un adyton entouré d'un mur au fond d'une cour, étaient séparés par un assez grand jardin duquel ne sont conservés que les trous des arbres et les canaux pour les arroser. Un autre sanctuaire, hypèthre celui-ci, a été mis au jour à Haghios Iakovos. Deux autels destinés au culte d'un couple de divinités étaient séparés par un mur de la cour qui recevait les ex-voto. Un autre sanctuaire du XIIIe siècle av. J.-C. a été découvert à Myrto Pigades. L'élément le plus important en est une sorte d'autel fait de grandes pierres de taille couronnées de doubles cornes de consécration, comme celles de Crète. Le sanctuaire a été détruit au début du XIIe siècle.

A Enkomi, dans la dernière phase mycénienne, c'est-à-dire à l'époque du déplacement des Peuples de la Mer, auxquels est due, semble-t-il, la catastrophe de la ville précédente, de longs murs cyclopéens entourent l'habitat. La partie supérieure du mur était en briques. Sur la porte nord on a construit une grande tour rectangulaire tandis que d'autres plus petites renforçaient, de place en place, la muraille. L'espace ainsi enclos était de 400 × 300 mètres. Un mur a commencé à être découvert à Kition, où un vaste habitat est enseveli sous les maisons de la Larnaca moderne. Le nouvel urbanisme s'appuie sur un système plus régulièrement rectangulaire. D'imposants bâtiments ont été construits avec de belles façades en pierres de taille ; l'un d'eux — longue et majestueuse façade qui atteste une influence à la fois orientale et mycénienne (une sorte de mégaron incorporé) — a été considéré comme le palais du chef local. Il semble qu'il y ait eu, dans le bâtiment où a été mise au jour l'idole en bronze du dieu cornu, un sanctuaire tripartite, peut-être d'origine crétoise. Dans un autre sanctuaire d'Enkomi on trouve la crypte crétoise avec son pilier carré. Nombre de chercheurs ont attribué la transformation architecturale d'Enkomi et l'apparition d'une nouvelle céramique à l'installation de colons achéens.

L'architecture et la construction des tombes et des nécropoles continuent soit la tradition créto-mycénienne, soit la tradition locale ancienne. De grandes nécropoles ont été mises au jour dans la région de Kourion (Kaloriziki), de Lapithos, d'Enkomi et de Salamine toute proche. Le type fondamental est celui de la chambre taillée dans la roche tendre avec un long dromos droit ; à Enkomi on avait découvert, il y a longtemps, des tombes souterraines à l'intérieur du village et c'est la raison pour laquelle toute la région avait été considérée, au début, comme un cimetière ; en dehors de celles qui ont été fouillées clandestinement, la mission suédoise (1930) puis les fouilles de Schaeffer (depuis 1934) — qui fut le premier à définir le site comme un vaste habitat — en mirent au jour toute une série d'autres. La plupart des tombes avaient été creusées sous les sols des cours. Une tombe à voûte en encorbellement rappelle les modèles créto-mycéniens, mais elle a aussi un rapport direct avec les tombes à Tholos syro-phéniciennes. Deux autres tombes semblables sont postérieures. On est impressionné par l'abondance du mobilier funéraire de la plupart d'entre elles — celles, évidemment, qui n'ont pas été pillées —, même de celles qui datent des dernières années de l'Age du Bronze. Dans une tombe de Kaloriziki-Kourion (XIe siècle) on a trouvé un beau sceptre en or décoré. Des tombes analogues, sous les cours des maisons, ont également été mises au jour récemment à Kition (la Larnaca moderne), et leur mobilier est très riche ; elles ont été en usage jusqu'à la fin du XIIIe siècle.

Dans le domaine de l'artisanat de grands progrès ont été réalisés au Bronze récent. Nous pouvons suivre l'évolution de la céramique, qui se distingue par une grande variété et l'imagination créatrice des potiers, aussi bien dans le rendu des formes que dans la décoration. Le matériel est très abondant car on avait l'habitude de déposer de nombreux vases dans les tombes. Les céramistes ont souvent imité ou emprunté des éléments aux modèles étrangers, surtout dans le cycle créto-mycénien, mais ils ont quand même suivi leur propre voie, s'appuyant sur la vieille tradition, tout en essayant de faire quelque chose de nouveau. La céramique imite grandement les œuvres en métal et les ustensiles en matériaux fragiles comme la faïence, le verre ou l'albâtre. On a voulu attribuer cette grande floraison à l'installation d'artisans étrangers et à l'importation massive de produits finis céramiques. Cela laisserait inexpliqué le caractère local de la plupart des articles. Presque tous les styles pourraient être considérés comme mixtes, égéens-orientaux ou chypro-mycéniens.

Un style figuratif local se développe et le vase principal, en raison de ses grandes surfaces qui se prêtent à la décoration, est le cratère à large embouchure. La décoration s'organise en métopes et en bandes, et puise ses thèmes — au début — dans le monde des animaux (mer, terre, air) puis dans la vie des hommes, surtout dans leurs rapports avec la lutte et le culte. Des chars isolés ou en rangs se meuvent tranquillement ou s'élancent dans des courses que suivent des hommes ou des femmes. Des guerriers partent au combat et on trouve une représentation de « pesée » peut-être pour désigner le destin des combattants. Les taureaux, dans des scènes tranquilles et idylliques, ou bondissant sont très fréquents. Certaines représentations donnent l'impression qu'elles sont mythologiques. Des oiseaux ont été exagérés, ce qui leur donne une allure mythique. Certains d'entre eux poursuivent des guerriers. Il y a des cratères qui représentent des scènes de culte, par exemple des femmes en prière, devant des piliers carrés comme ceux des cryptes crétoises ; d'autres sont davantage amphoroïdes. La richesse des décors est peut-être à rapprocher des tissus orientaux. Chypre pourrait avoir joué un rôle dans le transport de ce genre de décors depuis l'Orient. L'île est de toute façon l'un des principaux centres du style dit levanto-mycénien, qui utilise souvent des motifs pris dans la broderie, des formes avec contour et intérieur brodés. L'esprit n'est pas tant réaliste que décoratif. Dans la céramique du XIVe siècle on utilise beaucoup d'éléments de remplissage qui comblent les vides entre les motifs principaux. Nombre des exemples de cette céramique ont été trouvés à Tell-el-Amarna dont le style a pris le nom. A partir de ce moment les décors se simplifient et leur provenance est plus difficile à reconnaître. On continue pourtant à représenter des taureaux — le plus souvent des protomés toutes brodées — et des oiseaux. Vers le milieu du XIIIe siècle on a tendance à donner du mouvement à des motifs figurés simplifiés. C'est à cette catégorie qu'appartiennent les œuvres du « Peintre des hirondelles ». Un autre style, de la fin du XIIIe siècle a été très nettement influencé par la gravure, surtout celle des ivoires : on incise des silhouettes humaines ou d'animaux avec de fines lignes pour les détails. Les figures deviennent réalistes et rappellent souvent la technique à figures noires d'Attique. C'est Enkomi qui a fourni les meilleurs exemples. Un cratère en cloche a ainsi été superbement décoré d'un taureau et d'une chèvre sauvage près d'un buisson. Ce style décline rapidement, les rendus deviennent rudes et donnent souvent l'impression de caricature. Enfin, dans la période troublée du XIIe siècle av. J.-C. (installation de la nouvelle vague de colons achéens) se répand le *Granary Style* : technique à la va-vite et décor extrêmement simplifié. Le mélange des éléments Mycénien récent et orientaux continue ; les derniers vases prennent un caractère submycénien qui annonce le style protogéométrique. Mais en même temps on continue de fabriquer des vases qui prolongent le *Granary Style* et le style touffu avec plus de relâchement, de même que des vases d'un style local, un peu lourds, portant un décor incisé assez maladroit.

Les terres cuites ont conservé bien des éléments du Bronze ancien et du Bronze moyen. Les figurines, surtout féminines et nues, débout ou assises, avec les caractères de la fécondité nettement marqués, oscillent entre le réalisme et le rendu conventionnel stéréotypé. Le pubis est marqué par une abondante couleur noire. D'autres figurines, surtout des courotrophes nues, présentent des caractéristiques monstrueuses : les traits du visage sont exagérés, l'incision largement employée et des boucles d'oreilles représentées sur les oreilles percées. Quelques rhytons plastiques prennent la forme d'animaux, surtout du taureau — ou seulement la tête — et sont plus proches des modèles mycéniens. Une figure simplifiée de capture de taureaux (certains y voient le groupe d'un bouvier et d'un taureau) provient de la région de Nicosie. On a souvent représenté des formes grossières de pseudo-centaures.

Il était normal, puisque la matière première se trouvait sur place en abondance, que la métallurgie du cuivre enregistrât de grands progrès. Il est évident que l'art créto-mycénien a souvent été utilisé comme modèle, aussi bien dans les formes et les motifs décoratifs que dans la technologie en général. Quelques objets sont même directement importés de Crète et de la Grèce mycénienne continentale et insulaire. Une cruche en bronze d'Enkomi a une forme tout à fait mycénienne, ainsi qu'une coupe de type Vaphio, en argent, qui provient du même endroit. La belle phiale en argent d'Enkomi, admirablement décorée de bucranes, de fleurs et d'arcs, avec des rosaces incrustées en or et en niellé, a des parallèles exacts en Argolide (Midéa) ; c'est peut-être une importation. On pourrait dire de même de la belle attache de Kourion portant des génies de type Ta-Urt qui procèdent à des libations avec des cruches, et des poulpes qui nagent librement sur l'anse. Les Achéens qui se sont installés dans l'île ont également enseigné d'autres techniques, et celles-ci, jointes à la grande expérience locale, ont été à l'origine de la vaste production d'ustensiles de formes diverses, d'armes et d'outils. Les petits trépieds ou ustensiles à quatre pieds, supports de vases qu'on chauffait en les posant au-dessus du feu, sont particulièrement intéressants. Puisque l'usage de nombre de ces objets était rituel, on a souvent représenté dessus, sculptés, incisés ou ajourés des scènes ou des symboles qui n'étaient pas sans rapport avec la religion. C'est le cas du support à quatre côtés et à quatre pieds de Kourion sur lequel figure, entre les pieds, un homme devant un arbre sacré qui transporte sur son épaule, en offrande, un talent de cuivre ; sur l'autre face, on voit un joueur de harpe qui rend hommage à la divinité, encore une fois devant un arbre sacré. On remarque là les rapports étroits entre la métallurgie du cuivre et les sanctuaires, qui sont d'ailleurs confirmés en Crète et dans le monde mycénien — surtout à Pylos. D'autres supports à quatre faces de ce type ont été décorés, sur les plaques qui ferment les côtés ou sur la couronne supportant les vases, d'animaux sacrés en relief. Certaines scènes sont impressionnantes par la fougue des animaux. Un support carré, décoré de sphinx ailés a été rendu mobile par l'adjonction d'un système de roues. Les petits décorés plus simplement, surtout de grenades ou de pistils de pavots et de pattes de lion ; des pièces de renforcement étaient placées entre les pieds. Une maquette de voiture à quatre roues d'Enkomi transporte un homme et un taureau. Il y a aussi des lampes décorées d'éléments annexes. Mais ce sont surtout des figurines humaines et animales qu'on a faites en bronze. Il y a beaucoup de taureaux et de lions, dans des positions très caractéristiques. La plus importante des idoles est le dieu cornu qui provient d'un sanctuaire d'Enkomi. Il date de la phase finale et on considère comme certain que c'est une création des Achéens installés dans l'île. Il a été rapproché de l'Apollon Kéréatas arcadien. Ce nom a survécu dans une autre partie de l'île comme celui d'Apollon Alasiôtas. Il est en fonte pleine et à 0,55 m de haut. Il devait être fixé sur une base faite à part. Il porte un pagne court avec des franges au milieu des cuisses, et est retenu par une ceinture. Il semble que les cornes décorent une sorte de bonnet ajusté en fourrure et dessinent un grand arc en forme de croissant de lune. Une main est ramenée sur la poitrine, l'autre tendue vers le bas, paume ouverte. Les caractéristiques rappellent des figurines grecques archaïques qui sont assez semblables.

Une deuxième figurine de ce dieu, de 0,35 m de haut, qui provient elle aussi d'un sanctuaire d'Enkomi-Alasia, peut-être un peu postérieure (début du XIIe siècle av. J.-C.) est plus grossière et plus schématique. Il figure en guerrier, avec une lance et un petit bouclier rond ; il repose sur un talent de cuivre. C'était là une façon d'exprimer la protection qu'il exerçait sur la métallurgie du cuivre. Une autre figurine, beaucoup plus petite, nous montre une divinité assise sur un trône, qui tient dans la main une coupe. Le trône a un dossier et un repose-pieds. Plus élémentaire et encore plus petite, une autre figurine assise tient une offrande. Une idole de déesse nue, debout sur un talent, les mains à angle droit sous la poitrine, est intéressante. Elle a de longues nattes et porte un grand collier, avec des pendeloques.

Presque tous les outils et les armes suivent la tradition mycénienne ; nous n'en parlerons donc pas.

L'orfèvrerie et le travail de l'argent contiennent la technique crétomycénienne, et enregistrent des progrès très importants. Il y a de nombreux chefs-d'œuvre, surtout des bijoux. On distingue des diadèmes décorés au repoussé de palmettes, de rosaces, de spirales, d'êtres supraterrestres comme les sphinx, de lions, de chèvres sauvages, de protomés humaines, de boucliers en huit, etc. En général les bijoux en or donnent l'impression de se faire l'écho d'une technique égéo-orientale. Les colliers sont caractéristiques ; on y utilise souvent des perles en sarde ou autres pierres semi-précieuses. Les perles en or prennent la forme de grenades ou de grains de blé, de boucliers en huit, etc., qu'on dispose quelquefois en rangs. Il n'est pas rare qu'ils soient pourvus de pendentifs, grands ou petits ; on en a un en forme de grenade, dont le décor en grènetis forme des triangles alignés. Les épingles pour les vêtements ou les cheveux sont souvent élaborées ; elles allient décoration en chaîne et têtes en pierre colorée ou en faïence. Les boucles d'oreilles prennent la forme d'une demi-lune ou d'un bucrane, tandis que d'autres, en croissant de lune, sont faites d'un fil torsadé. Les bagues ont tantôt un fin anneau et un chaton en forme de bucrane, tantôt un anneau en fer à cheval et un chaton rond ou ellipsoïdal décoré soit d'une représentation gravée — lions par exemple — soit de motifs décoratifs en cloisonné avec des incrustations de matières polychromes. Le meilleur objet exécuté dans cette technique est le sceptre en or de Kourion - Kaloriziki. Il est fait d'un court bâton en or, creux à l'intérieur, qui se termine, sur le dessus, par une boule décorée d'écailles en cloisonné sur laquelle sont posés deux faucons. Il date de la fin du XIIe ou du début du XIe siècle av. J.-C. Ainsi, comme dans le reste du monde égéen, l'art des bijoux a produit de beaux exemplaires qui associent pierres semi-précieuses et faïence. Il existe beaucoup d'autres bijoux meilleur marché en pâte de verre et en pierres tendres comme la stéatite.

Il semble, si l'on en juge d'après quelques chefs-d'œuvre d'importance, comme le rhyton conique de Kition, la coupe de Katydata qui porte à l'intérieur la représentation de deux hommes, d'oiseaux et d'un poisson, et un vase cylindrique très fin, peut-être pour des parfums, que l'art de la faïence ait été relativement développé. Ces objets montrent la grande influence de l'Egypte et de la Crète. Le premier, dont la surface est recouverte d'une épaisse couche d'émail, est décoré de frises de taureaux, d'une chèvre sauvage courant, de chasseurs qui poursuivent les taureaux et de systèmes de spirales.

Les artistes chypriotes ne se sont pas distingués dans la fabrication des vases de pierre. Les quelques vases en albâtre qui ont été mis au jour sont probablement des importations égyptiennes. Au contraire dans le domaine de la glyptique la production est d'importance, surtout en ce qui concerne les cylindres-sceaux, fortement influencés par l'Orient et beaucoup moins par le monde égéen. Il semble que la plupart d'entre eux aient été fabriqués d'après des modèles orientaux par des Mycéniens installés à Chypre. C'est ainsi que s'est créé un type chypro-égéo-oriental. Les sceaux lenticulaires sont peu nombreux et datent de la phase finale. L'un d'eux, qui provient d'Enkomi, représente une divinité assise portant une robe à écailles, une sorte de *Potnia thérôn* de type oriental.

C'est l'ivoirerie qui a enregistré les progrès les plus importants. La variété, l'abondance de la production, les caractères distinctifs témoignent de l'existence d'ateliers locaux. On ne citera ici que quelques exemples représentatifs. L'un des plus beaux est la pyxide — boîte à jeux — d'Enkomi qui se trouve au British Museum : sur les longs côtés, des scènes de chasse en relief (taureaux, chèvres sauvages, lions) avec un char qui suit un personnage tenant une hache ; un autre chasseur transperce un lion avec sa lance. Sur les petits côtés ont été représentés des taureaux qui se reposent sous les arbres et une scène hiératique de chèvres sauvages autour de l'arbre sacré. Le couvercle était peut-être utilisé comme table à jeux. Deux manches de miroir, le premier de Palaipaphos, l'autre d'Enkomi, sont de vrais chefs-d'œuvre. Celui de Palaipaphos est décoré d'un combattant gravé luttant farouchement avec un lion ; le manche proprement dit porte des feuillages. L'autre, semblable dans la décoration du manche, est décoré d'un lion qui tombe sur un taureau et, de l'autre côté, d'un guerrier transperçant de son couteau un griffon ailé.

L'écriture chypriote antique

C'est vers 1500 av. J.-C. qu'apparaissent à Chypre les premiers documents écrits, à une époque où les relations avec la Crète et le monde égéen ne sont pas très étroites. Voilà peut-être la raison pour laquelle le syllabaire chypriote est relativement autonome, quoique quelques variantes aient des signes communs avec le Linéaire A crétois. Les signes combinés avec de petites lignes droites ou courbes sont gravés sur des tablettes d'argile, incisés ou peints sur des ustensiles en terre cuite ou sur des talents de cuivre votifs. Vers la fin du IIe millénaire on a également des inscriptions sur des lames de cuivre. Celles qui sont en argile sont bien cuites, peut-être pas par accident comme en Crète ou dans les centres mycéniens, mais exprès. Elles ont été gravées avec des instruments spéciaux qu'on a retrouvés sur les différents sites chypriotes. Le plus ancien provient d'Enkomi ; il ne comporte que quelques syllabogrammes et certains signes ressemblent à ceux de Crète. Leur date ne doit pas être éloignée de 1500. Les autres inscriptions sur tablettes ou sur vases datent d'entre 1400 et 1150 av. J.-C. Un cylindre en argile comporte 27 signes syllabiques, divisés en mots, répartis sur toute la surface. Le déchiffrement de ces documents n'a pu être réalisé car on ne connaît pas de texte bilingue et la langue, qui semble être d'un type méditerranéen, est inconnue. Une écriture de style chypro-minoen a également été identifiée à Ugarit. Cela s'explique peut-être par l'installation dans cette région de commerçants chypriotes. Ce pouvait être là que se rencontraient Crétois et Chypriotes. Il est clair que la langue transcrite sur ces tablettes est restée la même jusqu'au début du XIIe siècle, et cela veut peut-être dire qu'il n'y avait pas assez d'installations achéennes pour que la langue grecque l'emportât. L'écriture de la plupart des tablettes donne un peu l'impression du cunéiforme, mais cette impression est fausse car les signes ont été gravés avec un instrument pointu en toutes petites lignes. La phase finale (1150-1050) est représentée par de courtes inscriptions sur des objets — vases, ustensiles et objets de bronze —, sur des ex-voto, sur des cylindres-sceaux, sur des poids de métiers à tisser. Mais le système qui est représenté n'est pas bien connu. De toute façon, l'écriture a été utilisée jusqu'à la fin et c'est sans aucun doute la raison pour laquelle nombre des signes se retrouvent dans le syllabaire chypriote de l'époque grecque. Les inscriptions les plus anciennes en langue grecque dans ce syllabaire remontent au VIIIe siècle, et l'écritue chypriote a continué à être utilisée jusqu'au IVe siècle av J.-C., époque à laquelle elle a finalement été remplacée par l'alphabet grec. Les rapports du syllabaire chypriote grec avec le vieux syllabaire et, à travers celui-ci, avec les plus anciens systèmes d'écriture crétois explique qu'on ait cherché à fixer la valeur phonétique de certains signes en s'aidant du nouveau syllabaire chypriote. Des trois théories sur l'origine de l'écriture chypriote — origine crétoise directe, origine plus récente à partir du monde mycénien et enfin dérivée de l'écriture qui s'est développée en Syro-Phénicie au contact des commerçants crétois et chypriotes — c'est la dernière qui semble la plus plausible.

Histoire et tradition chypriotes

L'évolution historique de Chypre est conditionnée par son environnement ; au début, c'est l'Orient qui a joué le plus grand rôle, par la suite la Crète et le monde mycénien. L'autonomie de son développement a été assurée par la mer qui l'entourait, et qui a en même temps beaucoup facilité les communications. Les relations étroites avec le monde égéen ont contribué à faire de l'île une partie intégrante de celuici, au même titre qu'elle avait au début appartenu à l'Orient. La tradition mythique ou historique n'a toutefois presque rien transmis de la première histoire de Chypre, et nos informations sur la vie proviennent exclusivement des éléments mis en lumière par l'archéologie préhistorique. L'exploitation du cuivre a été le facteur essentiel d'une évolution plus rapide et mieux organisée, le cuivre étant très recherché dans tout le monde égéen et même au-delà. L'île s'est donc vite enrichie et, grâce à ses nouvelles ressources, elle a réussi à élever son niveau de vie.

Comme dans le reste du monde égéen, les destructions successives sont plus imputables à des causes géologiques qu'à des populations nouvelles — ennemies au début — ou à l'activité de pirates, même s'il ne fait pas de doute que Chypre y ait également été exposée. Au début du Bronze récent, aux environs de 1500 et 1400 av. J.-C., deux éruptions successives du volcan de Théra, une petite, l'autre beaucoup plus grande, ont eu des répercussions, la dernière indirectement même, par la destruction des centres néopalatiaux de Crète. A partir de ce moment l'île subit l'influence du monde mycénien, constitue le principal enjeu du commerce mycénien et devient finalement le champ des installations sporadiques puis massives des Achéens. C'est surtout l'exploitation et le commerce du cuivre qui a attiré dans l'île de nombreux étrangers. Quelques savants croient que les Mycéniens ont commencé à s'installer dans l'île un peu après la destruction des sites crétois et le déplacement du centre de gravité vers le monde mycénien. D'autres, au contraire, assurent que les Achéens ne s'y sont pas fixés avant la fin du XIIIe siècle. Ces installations ont dû se faire pacifiquement, puisqu'on ne distingue pas, à Enkomi ou ailleurs, de traces d'une grande catastrophe ; on voit seulement un renouvellement général des habitats. Ce n'est qu'à l'époque où tout le monde égéen est sens dessus dessous, à l'époque connue comme celle des Peuples de la Mer, qu'on remarque des bouleversements impliquant une incursion ennemie. Il y a d'ailleurs à ce sujet des témoignages historiques : la correspondance trouvée dans les archives d'Ugarit, où les chefs locaux expriment leurs craintes d'une action éventuelle de ces éléments. Le roi d'Alasia prévient son allié, le roi d'Ugarit, que des navires ennemis sont apparus et l'incite à organiser la défense. Ce dernier fait savoir que le mal est déjà fait et que nombre de villes ont été détruites par les nouveaux débarqués. Finalement, on le sait, le gros des forces des Peuples de la Mer a été vaincu en Egypte et repoussé par Ramsès III en 1191 av. J.-C. Un autre témoignage, hittite celui-ci, parle d'une bataille navale entre Chypriotes et Hittites de Syrie, sous le règne de Soubiloulioua III, où les premiers furent vaincus et obligés de payer un tribut, en or et en cuivre. Après la destruction d'Ugarit, bon nombre de réfugiés du nord de la Phénicie se fixèrent dans l'île tandis que les Achéens s'installaient en masse. Un grand tremblement de terre détruit Enkomi aux environs de 1070 et la ville commence à être abandonnée alors qu'elle est en pleine décadence. Le centre de gravité se déplace alors vers Salamine qui ne se trouve pas très loin d'Enkomi.

L'installation progressive des Grecs achéens à Chypre a abouti au changement radical du caractère de la civilisation, mais aussi — cela ne fait pas de doute — de la composition de sa population. La concentration des éléments mycéniens a fait que bien des traits de la civilisation, de la religion, de la composition sociale et politique se sont maintenus aux époques ultérieures. Il y a eu, par exemple, de nombreux royaumes jusqu'à une époque très avancée. Et, comme nous l'avons vu, la base du système de l'écriture était préhistorique. Le dialecte grec mycénien a joué un rôle dans la formation définitive de la langue chypriote en y ajoutant des éléments achéens qui ressemblent à ceux du dialecte arcadien. Cela a une grande importance quand on étudie l'hellénisation de l'île.

Le souvenir de la colonisation achéenne à Chypre s'est transmis dans des mythes. Il convient, évidemment, de les examiner avec beaucoup de circonspection, car il est très probable que nombre d'entre eux ont été fabriqués après coup, à des fins politiques ou autres. Le mythe de la colonisation de Salamine par Teukros, le fils de Télamon, qui donna à la colonie le nom de sa propre patrie — la légende veut qu'il ait été accusé comme responsable du meurtre d'Ajax — a été confirmé. Naturellement, Salamine semble avoir été construite au début du XIe siècle, mais les Achéens se sont d'abord installés à Enkomi où l'on a observé un changement brusque à la fin du XIIIe siècle. Les éléments orientaux qui apparaissent alors ne sont peut-être pas sans rapport avec une installation provisoire de Teukros à Sidon avant son arrivée à Chypre. La tradition rapporte encore que des colons venus d'Argos se sont installés à Kourion, et cela expliquerait l'abondance des éléments argiens dans la région. Les légendes relatives à l'installation d'Agapénor et de ses Arcadiens à Paphos après la Guerre de Troie, alors que sa flotte avait été poussée vers Chypre après une grande tempête, sont intéressantes. C'est Agapénor qui a bâti le sanctuaire d'Aphrodite dont des vestiges ont été mis au jour à Palaipaphos. Le prêtre d'Aphrodite Kinyras, qui vivait à l'époque de la Guerre de Troie et qui fut finalement chassé par Agapénor, était de cette ville. La première installation achéenne semble avoir eu lieu dans la région de Palaikastro-Maa, où l'on a découvert dernièrement une petite acropole fortifiée de la fin du XIIIe siècle. Ses murs cyclopéens rappellent ceux du monde mycénien, et la céramique est également de style mycénien.

Il y a encore des mythes qui mentionnent la fondation de villes par des héros de la Guerre de Troie : Kyrénia par Képheus, Golgoi par Golgos, Chytra par Chytros et Aipeia par Démophon ; ces légendes cachent peut-être un fond de vérité historique. De toute façon on sait qu'au cours du dernier siècle de la préhistoire chypriote les installations achéennes ont été nombreuses, et cela se voit nettement dans l'évolution historique ultérieure. Beaucoup d'éléments mycéniens continuent d'exister, et il arrivera souvent que des caractères très anciens retrouveront une nouvelle vie. Dans le palais de Vouni, au ve siècle av. J.-C., un roi a bâti un appartement du type du mégaron mycénien, pour montrer son opposition au dynaste perse. A Chypre on a toujours conscience de liens avec l'époque préhistorique et que l'on descendait des colons achéens.

CARTES

CARTE DES CYCLADES PRÉHISTORIQUES

CARTE DE LA GRÈCE DU SUD PRÉHISTORIQUE

CARTE DE LA GRÈCE DU NORD PRÉHISTORIQUE

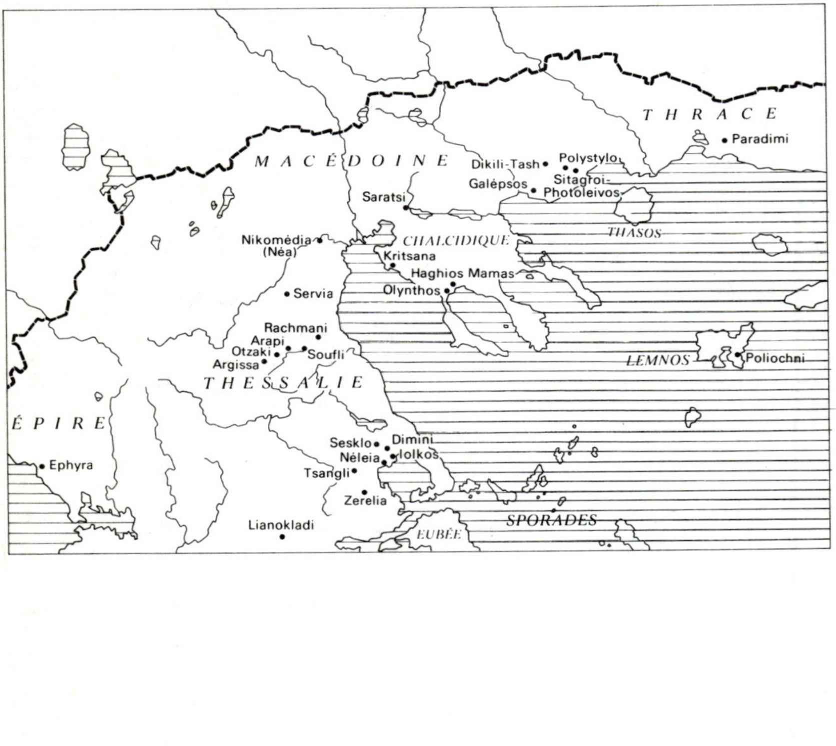

CARTE DE L'ÉGÉE EST PRÉHISTORIQUE

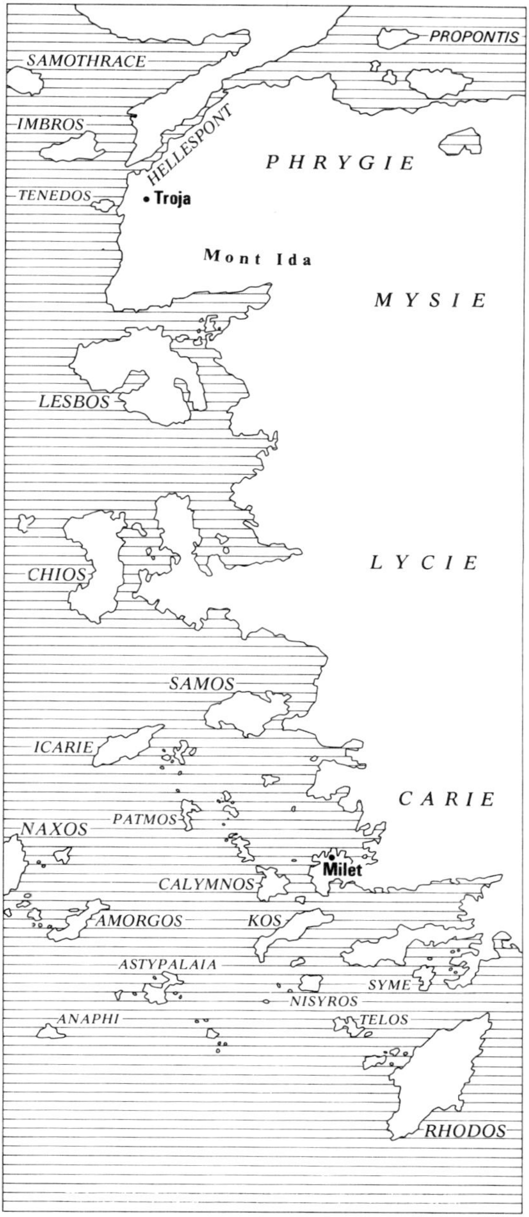

CARTE DE L'ÎLE DE CRÈTE

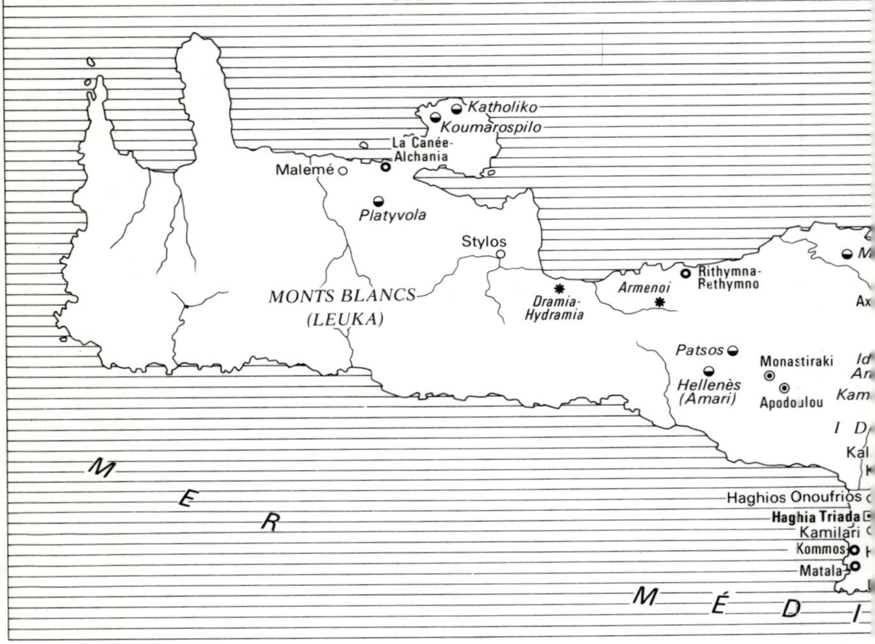

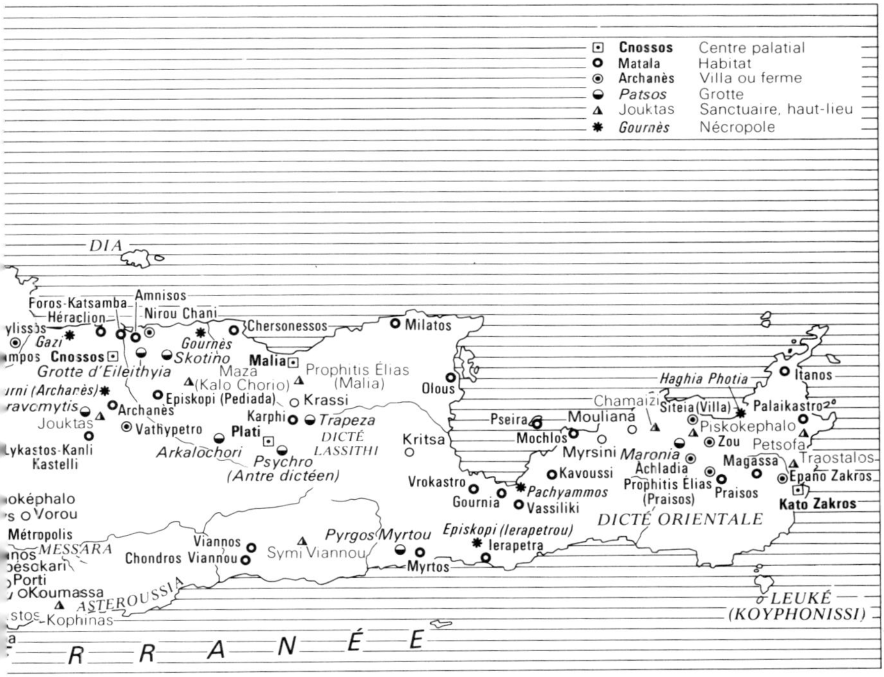

Cnossos Centre palatial
Matala Habitat
Archanès Villa ou ferme
Patsos Grotte
Jouktas Sanctuaire, haut-lieu
Gournès Nécropole
DIA
Amnisos
Foros-Katsamba
Héraclion
Nirou Chani
Gazi
Gournès
Chersonessos
Milatos
Cnossos
Skotino
Malia
Grotte d'Eileithyia
Maza
(Kalo Chorio)
Prophitis Élias
(Malia)
Olous
Episkopi (Pediada)
Krassi
Archanès
Jouktas
Vathypetro
Karphi
Trapeza
Plati
DICTÉ
LASSITHI
Arkalochori
Psychro
(Antre dictéen)
Kastelli
Kritsa
Vrokastro
Gournia
Pachyammos
Vassiliki
Pseira
Mochlos
Mouliana
Myrsini
Kavoussi
Chamaizi
Haghia Photia
Siteia (Villa)
Piskokephalo
Zou
Maronia
Achladia
Prophitis Élias
(Praisos)
Praisos
Magassa
Itanos
Palaikastro
Petsofa
Traostalos
Epano Zakros
Kato Zakros
DICTÉ ORIENTALE
Episkopi (Ierapetrou)
Ierapetra
Pyrgos Myrtou
Myrtos
Viannos
Chondros Viannou
Symi Viannou
Métropolis
MESSARA
Porti
Koumassa
ASTEROUSSIA
Kophinas
LEUKÉ
(KOYPHONISSI)
R R A N É E

TABLE DES PLANCHES

44. Idole d'adorateur en bronze provenant de Grivigla (district de Rethymnon).
45. Bijoux en or : Partie d'un collier en forme de canard (Palais de Cnossos) ; épingle et pendentif ayant la forme de deux abeilles (Malia).
46. Bague en or provenant d'Isopata (région de Cnossos).
47. La fresque aux singes. Maison B de la colonie minoenne de Théra.
48. La fresque aux antilopes et aux enfants boxeurs. Maison B de la colonie minoenne de Théra.
49. Pot à fleurs de la colonie minoenne de Théra.
50. « Cymbé », sorte de poissonnière provenant de la colonie minoenne de Théra.
51. Rhyton en forme de tête de taureau en argent et en or provenant des tombes royales de Mycènes.
52. Canthare en or provenant des tombes royales de Mycènes.
53. Bague en or représentant des sphinx antithétiques, provenant de la nécropole de Mycènes.
54. Une galerie à casemates de Tyrinthe.
55. Le tombeau à coupole dit « des lions ». Mycènes.
56. Représentation d'un char guerrier sur un cratère de Mycènes.
57. La « Belle Mycénienne », fresque de Mycènes.
58. Sarcophage en terre cuite du district de Rethymnon. Détail.
59. Tête d'une idole : déesse en terre cuite provenant de Gazi, district d'Hérakleon.

Crédit photographique

Fr. MATZ, *Kreta und frühes Griechenland*, 1962 (Holle Verlag, Baden-Baden) : documents 51, 52, 54, 55, 56, 57.

TABLE DES FIGURES

BIBLIOGRAPHIE

ÅBERG (N.), *Bronzezeitliche und früheisenzeitliche Chronologie, IV Griechenland*. Stockholm 1933.

ALEXIOU (St.), *A Guide to the Minoan Palaces*. Herakleion 1970.

ALEXIOU (St.), *Minoan Civilization*. Herakleion 1969.

ALEXIOU (St.), *Ysterominoikoi taphoi limenos Knossou (Katsamba)*. Athènes 1967.

ALEXIOU (St) PLATON (N.) GUANELLA (H.) VON MATT, *Ancient Crete*. London 1968.

ÅLIN (P.), *Das Ende der mykenischen Fundstätten auf dem griechischen Festland* (Mediterranean Studies I). Lund 1962.

ARCHAEOLOGIA HOMERICA, Göttingen 1967.

BANTI (L.) PUGLIESE CARRATELLI (G.) LEVI (D.), *Arte minoica e micenea (Enciclopedia dell' arte antica classica e orientale, Vol. V)*.

BIESANTZ (H.), *Kretisch-mykenische Siegelbilder*. Marburg 1954.

BLEGEN (C.W.), *Korakou. A Prehistoric Settlement near Corinth*. Boston-New York 1921.

BLEGEN (C.W.), *Troy and the Troyans*. London 1963.

BLEGEN (C.W.), *Zygouries, a Prehistoric Settlement in the Valley of Cleonae*. Cambridge Mass. 1928.

BOARDMAN (J.), *The Cretan Collection in Oxford*. Oxford 1961.

BOARDMAN (J.), *Greek Gems anf Finger Rings*. London 1970.

BOSSERT (H.), *Alt-Kreta*[3]. Berlin 1937.

BRANIGAN (K.), *Copper and Bronze Working in Early Bronze Age Crete*. (Mediterranean Studies XIX.) London 1968.

BRANIGAN (K.), *The Foundations of Palatial Crete*. London 1969.

BRANIGAN (K.), *The Tombs of Messara*. Letchworth 1970.

BRICE (W.C.), *Inscriptions in the Minoan Linear Script of Class A*. Oxford 1961.

BUCHOLZ (H.-G.) KARAGEORGHIS (V.), *Prehistoric Greece and Cyprus*. London 1973.

BULLE (H.), *Die ältesten Ansiedlungsschichten*. Munich 1907.

BURN (A.), *Minoans, Philistines and Greeks*. 1930.

CATLING (H.W.), *Cypriot Bronzework in the Mycenaean World*. Oxford 1964.

CARPENTER (R.), *Discontinuity in Greek Civilization*. Cambridge 1966.

CASKEY (J.L.), *Greece and the Aegean Islands in the Middle Bronze Age*. Cambridge Ancient History[3], II, 1, IV (a), 732-8. Cambridge 1973.

CASKEY (J.L.), *Greece and the Aegean Islands in the Early Bronze Age*. Cambridge Ancient History[3], I, 2. XXVI (a), 982-988. Cambridge 1971.

CASKEY (J.L.), *Keos Excavations Preliminary Reports*. Hesperia 1962-1972.

CHADWICK (J.), *The Decipherment of Linear B*. Cambridge 1958. (*Le déchiffrement du Linéaire B*. Paris 1972.)

CHARBONNEAUX (J.), *L'art égéen*. Paris 1929.

CHILDE (V.G.), *The Dawn of European Civilization*[2]. London 1950.

Corpus der minoischen und mykenischen Siegel (plusieurs vol.) Berlin 1964 et ss.

DAVARAS (C.), *Guide to Cretan Antiquities*. New Jersey 1976.

DEMARGNE (P.), *L'art dédalique*. Paris 1947.

DEMARGNE (P.), *Naissance de l'art grec*. Paris 1964.

DESBOROUGH (V.R.), *The Last Mycenaeans and their Successors*. Oxford 1964.

DOUMAS (Chr.), *The Goulandris Collection of Early Cycladic Art*. Athens 1968.

DUSSAUD (R.), *Les Civilisations préhelléniques dans le bassin de la mer Égée*[2]. Paris 1914.

ÉTUDES MYCÉNIENNES. *Colloque du Centre National de la Recherche Scientifique*. Paris, 1956.

EVANS (A.), *Mycenaean Tree and Pillar Cult (in Journal of Hellenic Studies*, XXI, 99 ss.). London 1901.

EVANS (A.), *The Palace of Minos at Knossos. Vol I-IV*. London 1921-1936 (reprinted 1964).

EVANS (A.), *The Prehistoric Tombs at Knossos. (Archaeologia LXI*). London 1906.

EVANS (A.), *The Tomb of the Double Axes and Associated Group. (Archaeologia LXV)*. London 1914.

EVANS (A.), *Scripta Minoa I : The Hieroglyphic and Primitive Linear Classes*. Oxford 1909.

EVANS (A.) MYRES (J.L.), *Scripta Minoa II : The Archives of Knossos*. Oxford 1952.

EVANS (A.) MYRES (J.L.), *Scripta Minoa III : Linear Script A, etc.* Oxford 1954.

EVANS (J.D.) RENFREW (C.), *Excavations at Saliagos near Antiparos*. London 1968.

FAURE (P.), *Fonctions des cavernes crétoises*. Paris 1964.

FAURE (P.), *La Vie quotidienne en Crète au temps de Minos*. Paris 1973.

FIMMEN (D.), *Die kretisch-mykenische Kultur*[2]. Leipzig-Berlin 1924.

FINLEY MOSES, *Les Premiers Temps de la Grèce*. Paris 1973.

FORSDYKE (E.J.), *Minoan Art (Proceedings of the British Academy XV)*. London 1929.

FRÖDIN (O.) PERSSON (A.W.), *Asine. Results of the Swedish Excavations 1922-1930*. Stockholm 1938.

FURUMARK (A.), *The Chronology of Mycenaean Pottery*. Stockholm 1941.

FURUMARK (A.), *The Mycenaean Pottery. Analysis and Classification*. Stockholm 1941.

GLOTZ (G.), *La Civilisation égéenne*[3]. *« L'Évolution de l'Humanité », Albin Michel*, Paris 1952.

GOLDMAN (H.), *Excavations at Eutresis in Boeotia*. Cambridge Mass. 1931.

GRAHAM (J.W.), *The Palaces of Crete*. Princeton 1962.

GUTHRIE (W.), *The Religion and Mythology of the Greeks*. Cambridge Ancient History II, 45 ss. 1961.

HALL (H.R.), *The Civilization of Greece in the Bronze Age*. London 1928.

HAUPTMAN (H.) MILOJČIĆ Vl., *Frühe Dimini-Zeit aus der Arapi-Magula*. Bonn 1969.

HAWES (H.B.), *Gournia, Vassiliki and other Prehistoric Sites on the Isthmus of Hierapetra*. Univ. of Philadelphia 1908.

HAWKES (J.), *Dawn of the Gods*. London 1968.

HAZZIDAKIS (J.), *Tylissos à l'époque minoenne*. Paris 1921.

HAZZIDAKIS (J.), *Les Villas minoennes de Tylissos (Études crétoises III)* Paris 1934.

HIGGINS (R.A.), *The Aegina Treasure Reconsidered. Annual of the British School at Athens* LII (1957), 42-57.

HIGGINS (R.A.), *The Greek Bronze Age*. London 1970.

HIGGINS (R.A.), *Minoan and Mycenaean Art*. London 1967.
History of the Hellenic World. Vol. A Prehistory and Protohistory. Athens 1974.
HOOD (S.), *The Home of the Heroes. The Aegean Before the Greeks*. London 1967. (*L'Égée avant les Grecs*. Bruxelles 1969).
HOOD (S.), *The Minoans. Crete in the Bronze Age*. London 1971.
HUTCHINSON (R.W.), *Prehistoric Crete*. Harmondsworth 1962.
IAKOVIDIS (Sp.), *Perati* (deux volumes). Athinai 1970.
KAISER (B.), *Untersuchungen zum minoischen Relief*. Bonn 1976.
KANTOR (H.J.), *The Aegean and the Orient in the Second Millenium B.C.* Bloomington (Indiana) 1947.
KARAGEORGHIS (V.), *Chypre*. (Archaeologia Mundi). Genève 1968.
KARO (G.), *Greifen am Thron. Erinnerungen am Knossos*. Baden-Baden 1959.
KARO (G.), *Kreta* (Pauly-Wissowa *Realencyclopädie*).
KARO (G.), *Die Schachtgräber von Mykenae*. Munich 1930.
KENNA (V.E.G.), *Cretan Seals*. Oxford 1960.
KENNA (V.E.G.), *The Cretan Talismanic Stone in the Late Minoan Age*. (Mediterranean Studies, XXIV). Lund 1969.
KUNZE (E.), *Orchomenos* II : *Die neolithische Keramik*. III : *Die Keramik der frühen Bronzezeit*. Munich 1931, 1934.
LACY (A.D.), *Pottery in the Bronze Age*. London 1967.
LEVI (D.), *Le cretule di Haghia Triada. Le cretule di Zakro*. (Annuario VIII-IX). Roma 1929.
LEVI (D.), *Festòs e la civiltà minoica*. Vol. I-II. P1. I-II. Roma 1976.
LONG (Ch.), *The Ayia Triadha Sarcophagus* (Mediterranean Studies XVI). Göteborg 1974.
LORIMER (H.L.), *Homer and the Monuments*. London 1950.
LUCE (J.V.), *The End of Atlantis*. London 1969.
MARINATOS (Sp.), *La marine créto-mycénienne*. (Bulletin de Correspondance hellénique, 57, 170 ss.) 1933. *Études crétoises* (nombreux volumes). École française d'Athènes. Paris.
MARINATOS (Sp.), *Excavations at Thera*. I-IV Athens 1968-1972.
MARINATOS (Sp.) HIRMER (M.), *Kreta, Thera und das mykenische Hellas*. Munich 1973.
MATZ (Fr.), *Die Ägäis*. (Handbuch der Archäologie, II, 1950, 175 ss.).
MATZ (Fr.), *Die frühkretischen Siegel*. Berlin-Leipzig 1928.
MATZ (Fr.), *Göttererscheinungen und Kultbild im minoischen Kreta* (Abhandl. d. Akademie Mainz) 1958.
MATZ (Fr.), *Die kretisch-mykenische Kunst*. (Die Antike XI). 1935.

MATZ (Fr.), *Kreta und frühes Griechenland*. Baden-Baden 1962. Trad. française : *La Crète et la Grèce primitive*, Paris (Albin Michel).

MATZ (Fr.), *Kreta-Mykene-Troya*[2]. Stuttgart 1956 (*Le Monde égéen Troie-Crète-Mycènes*. Paris 1956).

MATZ (Fr.), *The Maturity of Minoan Civilization. The Zenith of Minoan Civilization*. Cambridge Ancient History[3], II, I, IV (b) and XII. Cambridge 1973.

MAVRIYANNAKI (C.), *Recherches sur les larnakes minoennes de la Crète occidentale*. Roma 1972.

MONTELIUS (O.), *La Grèce préclassique* I-II. Stockholm 1924-1928.

MUHLY (J.D.), *Copper and Tin (in the Bronze Age)*. New Haven (Connecticut) 1973.

MYLONAS (G.), *Aghios Kosmas, an Early Bronze Age Settlement and Cemetery in Attika*. Princeton 1959.

MYLONAS (G.), *Ancient Mycenae, the Capital City of Agamemnon*. London 1957.

MYLONAS (G.), *Mycenae and the Mycenaean Age*. Princeton 1966.

MYLONAS (G.), *O taphikos kyklos B ton Mykinon*. Athinai 1973.

MYLONAS (G.), *To Dytikon nekrotaphion tis Eleusinos*. A.-ΓAthinai 1979.

MYRES (J.L.), *Who were the Greeks*. Univ. of California 1930.

NILSSON (M.), *Geschichte der griechischen Religion*[2]. (Handbuch der Religionswissenschaft, V). 1950.

NILSSON (M.), *The Minoan-Mycenaean Religion*[2]. Lund 1950.

PAGE (D.L.), *History and the Homeric Iliad*[3]. Univ. of California 1966.

PALAIKASTRO, *Excavations Preliminary Reports* (in Annual of the British School at Athens, VIII-XII). *The Unpublished Objects* 1902-1904 (by *Bosanquet R.C.* and *Dawkins R.M.* B.S.A. Suplem. Paper I, London 1923).

PALMER (L.), *Mycenaeans and Minoans*. London 1961.

PALMER (L.) BOARDMAN (J.), *On the Knossos Tablets*. Oxford 1962.

PENDLEBURY (J.), *Aegyptiaca*. London 1930.

PENDLEBURY (J.), *The Archaeology of Crete*. London 1939 (Reprinted, New York 1963).

PENDLEBURY (J.), *A Handbook to the Palace of Minos*[2]. London 1954.

PERNIER (L.), *Il palazzo minoico di Festòs*. Vol. I.

PERNIER (L.) BANTI (L.), *Il palazzo minoico di Festòs*. Vol. II.

PERNIER (L.) BANTI (L.), *Guida degli scavi italiani in Creta*. Roma 1947.

PERSSON (A.), *New Tombs at Dendra near Midea*. Lund-Leipzig-London-Oxford 1942.

PERSSON (A.), *The Religion of Greece in Prehistoric Times*. (Sather Lectures XVII), 1942.

PERSSON (A.), *The Royal Tombs at Dendra near Midea*. Lund-London-Oxford-Paris-Lepzig 1931.

PHYLAKOPI, *Excavations at Phylakopi in Melos* (Soc. Prom. Hell. Studies Paper n° 4). London 1904.

PICARD (Ch.), *Les religions préhelléniques (Crète et Mycènes)*. Paris 1948.

PINI (Ingo), *Beiträge zur minoischen Gräberkunde*. Wiesbaden, 1968.

PLATON (N.), *Crète* (« Archaeologia Mundi »). Genève-Paris-Munich 1966.

PLATON (N.), *Cretese-Miceneo* (Enciclopedia Universale dell' arte IV 70 ss.).

PLATON (N.), *Zakros. The Discovery of a Lost Palace of Ancient Crete*. New York 1971.

POMERANCE (L.), *The Final Collapse of Santorini* (Mediterranean Studies). Göteborg 1970.

POPHAM (M.R.), *The Destruction of the Palace at Knossos* (Mediterranean Studies XII) ; Göteborg 1970.

POPHAM (M.R.), *The Last Days of the Palace at Knossos* (Mediterranean Studies V). Lund 1964.

PRASHNIKER (C.), *Kretische Kunst*. bloc 1921.

Pylos, The Palace of Nestor at Pylos in Western Messenia. Vol. I. *The Buildings and their Contents*, by *C.W. Blegen* and *M. Rawson*. Vol. II *The Frescoes*, by *M.L. Lang*. Vol. III *Acropolis and Lower Town*, by *C.W. Blegen* and others. Princeton 1966, 1969, 1973.

RAISON (J.), *Le Grand Palais de Knossos* (Répertoire photographique et bibliographie). Roma 1969.

RAISON (J.), *Les Vases à inscriptions peintes de l'âge mycénien et leur contexte archéologique*. Roma 1968.

REICHEL (W.), *Die mykenischen Grabstelen*. Wien 1893.

RENFREW (C.), *The Emergence of Civilization. The Cyclades and the Aegean in the Third Millenium B.C.* London 1972.

REUSCH (H.), *Die zeichnerische Rekonstruktion des Frauenfriezes im böotischen Theben*. Berlin 1956.

RODENWALDT (G.), *Der Bloc des Megarons von Mykenae*. Halle 1921.

RUTKOWSKI (B.), *Cult Places in the Aegean World*. Warszawa 1972.

SAKELLARIOU (A.), *Mikinaiki sfragidoglyfia*. Athinai 1966.

SAKELLARIOU (M.), *Peuples préhelléniques d'origine indo-européenne*, Athènes 1977.

SAMUEL (A.E.), *The Mycenaeans in History*. Englewood Cliffs, N.J. 1966.

SCHACHERMEYR (Fr.), *Ägäis und Orient*. Wien 1967.

SCHACHERMEYR (Fr.), *Die ältesten Kulturen Griechenlands*. Stuttgart 1955.

SCHACHERMEYR (Fr.), *Die minoische Kultur des alten Kreta*. Stuttgart 1964.

SCHACHERMEYR (Fr.), *Die prähistorischen Kulturen Griechenlands* (Pauly-Wissowa *Realencyclopädie*, 22) 1954.

SCHIERING (W.), *Funde auf Kreta*, Göttingen 1976.

SCHWEITZER (B.), *Altkretische Kunst* (in Antike II, 191 ss.), bloc 1926.

SEAGER (R.B.), *Excavations on the Island of Pseira*. (University of Penssylvania, Museum Anthropological Publications III, I). Philadelphia 1910.

SEAGER (R.B.), *Explorations in the Island of Mochlos*. Boston-New York 1912.

SHAW (J.W.), *Minoan Architecture. Materials and Techniques*. (Annuario XVIX, N.S. XXXIII). Roma 1973.

SIMPSON (R.) HOPE, *A Gazetteer and Atlas of Mycenaean Sites*. London 1963.

SMITH (W.S.), *Interconnections in the Ancient Near East*. New Haven and London 1965.

SNIDJER (G.A.S.), *Kretische Kunst. Versuch einer Deutung*. Berlin 1936.

SNODGRASS (A.), *Arms and Armour of the Greeks*. London 1967.

SNODGRASS (A.), *Early Greek Armour and Weapons*. Edinburgh 1964.

SNODGRASS (A.), *The Dark Age of Greece*. Edinburgh 1971.

STELLA (L.), *La civiltá micenea nei documenti contemporanei*. Roma 1965.

STUBBINGS (F.), *Chronology of the Aegean Bronze Age*, Cambridge Ancient History VI, 69 ss. 1962.

STUBBINGS (F.), *Mycenaean Pottery from the Levant*. Cambridge 1951.

STUBBINGS (F.), *Prehistoric Greece*. London 1972.

SYMEONOGLOU (S.), *Kadmeia, I : Mycenaean Finds from Thebes* (Mediterranean Studies XXXV). Göteborg 1973.

TAYLOUR (LORD W.), *Mycenaean Pottery in Italy and Adjacent Areas*. Cambridge 1958.

TAYLOUR (LORD W.), *The Mycenaeans*. London 1964.

THEOCHARIS (D.), *Neolithiki Hellas*. (National Bank of Greece) Athinai 1973.

THOMPSON (G.), *The Prehistoric Aegean*[2]. London 1954.
Tiryns, Vol. I-VII (1912-76).
TSOUNTAS (Chr.), *Ai prohistorikai akropoleis Diminiou kai Sesklou*. Athinai 1908.
VAN EFFENTERRE (H.), *La Seconde Fin du monde. Mycènes et la mort d'une civilisation*. Toulouse 1974.
VENTRIS (M.) CHADWICK (J.), *Documents in Mycenaean Greek*. Cambridge 1959.
VERCOUTTER (J.), *L'Égypte et le monde égéen préhellénique*. Le Caire 1956.
VERCOUTTER (J.), *Essai sur les relations entre Égyptiens et Préhellènes*. Paris 1954.
VERMEULE (E.T.), *The Art of the Shaft Graves of Mycenae*. Cincinnati 1975.
VERMEULE (E.T.), *Greece in the Bronze Age*. Chicago 1964.
WACE (A.J.B.), *Mycenae, an Archaeological History and Guide*. London - Princeton 1949.
WACE (A.J.B.), STUBBINGS (F.H.), *A Companion to Homer*. London 1962.
WARREN (P.), *The Aegean Civilization*. Oxford 1975.
WARREN (P.), *Minoan Stone Vases*. Cambridge 1969.
WARREN (P.), *Myrtos. An Early Bronze Age Settlement in Crete*. Oxford 1972.
WEINBERG (S.), *Relative Chronology of the Aegean in the Neolithic and the Early Bronze Age* (in Relative Chronologies in Old World Archaeology, 86 ss.). 1954.
WEINBERG (S.), *The Stone Age in the Aegean*. Cambridge Ancient History, I, I, X, 664-72. Cambridge 1970.
XANTHUDIDES (St.), *The Vaulted Tombs of Messara*. Liverpool 1924.
ZERVOS (Chr.), *L'Art de la Crète néolithique et minoenne*. Paris 1956.
ZERVOS (Chr.), *L'Art des Cyclades du début à la fin de l'âge du bronze*. Paris 1957.
ZERVOS (Chr.), *La Naissance de la civilisation en Grèce*. Vol. I-II. Paris 1962.
ZOIS (A.), *Der Kamares-Stil, Werden und Wesen*. Tübingen 1968.
ZOIS (A.), *Vassiliki I*. Athinai 1976 (en grec).

INDEX DES PERSONNES ET DES LIEUX

Les noms de personnes modernes sont composés en capitales romaines. Les noms de personnes historiques et mythologiques, en capitales italiques.

Apparaissent également les principaux termes éthiques (nations, tribus, familles) réels ou mythologiques, les termes géographiques et technologiques.

Les localités et sites marqués d'un astérisque figurent sur les cartes placées à la fin du volume.

Cnossos, Crète, Cyclades, Grèce, minoen et mycénien (au sens large) et les noms des provinces continentales (Attique...) ne sont pas indexés.

Les renseignements qui peuvent s'obtenir en consultant la table des matières ne sont pas directement fournis par l'index, qui vise à ouvrir une autre voie de recherche.

A

B

C

D

H

I

J

K

L

N

O

P

R

S

U

V

W

X

TABLE

QUATRIÈME PARTIE

II

LE BRONZE RÉCENT EN CRÈTE

CINQUIÈME PARTIE

LA CIVILISATION MYCÉNIENNE

LA CIVILISATION ÉGÉENNE

Tome I

LA CIVILISATION NÉOLITHIQUE

La civilisation néolithique, précurseur
de la civilisation égéenne

LE BRONZE ANCIEN

Le Bronze ancien en Crète
(civilisation prépalatiale)

Le Bronze ancien dans les Cyclades
(civilisation du Cycladique ancien)

Le Bronze ancien en Grèce
(Helladique ancien)

Le Bronze ancien dans l'Est égéen
(civilisation prototroyenne)

LE BRONZE MOYEN

Le Bronze moyen en Crète
(civilisation minoenne protopalatiale)

Le Bronze moyen dans les Cyclades
(Cycladique moyen)

Le Bronze moyen dans le Sud du continent grec
(Mésohelladique)

Le Bronze moyen dans l'Est égéen
(Troyen moyen)

LE BRONZE RÉCENT EN CRÈTE

Architecture et construction à l'époque
des Nouveaux Palais

La fabrication de cet ouvrage
a été réalisée
par l'Imprimerie Chirat, 42540 Saint-Just-la-Pendue

Achevé d'imprimer en septembre 1981
N° d'édition 7277. N° d'impression 2345
Dépôt légal 4e trimestre 1981

IMPRIMÉ EN FRANCE